新编21世纪中国语言文学系列教材

国际中文教育概论

主编　蔡永强

An Introduction to International Chinese Language Education

中国人民大学出版社
·北京·

编委会名单

顾问　崔希亮

主编　蔡永强

编者　（按姓氏音序先后排列）
蔡永强（中国人民大学）
刘振平（南宁师范大学）
吕吉宁（海福格尔学院，加拿大）
童小娥（北京语言大学）
殷何辉（中国人民大学）
张　洁（中国人民大学）
张锦玉（北京华文学院）
章　欣（中国人民大学）

内容简介

面对世界百年未有之大变局和中华民族伟大复兴战略全局，国际中文教育既要通过“讲好中国故事，传播好中国声音，促进民心相通”，“展现可信、可爱、可敬的中国形象”，又要通过“构建中国语言文化全球传播体系和国际中文教育标准体系”，助力“对外文化交流和多层次文明对话”“建成文化强国”，这是新时期赋予国际中文教育的历史使命。

基于这种认识，本书在梳理国际中文教育学科发展脉络及内涵、外延的基础上，系统阐述了跨文化交际、语言学习与语言教学、语言要素教学与文化教学、语言技能教学与多元教学模式、教学资源建设、专门用途汉语教学、华文教育、教学测试与评价、教师资格与教师教育等事业发展和学科发展问题，力求展示国际中文教育作为事业、学科和教学活动的全貌。

主编简介

蔡永强 文学博士，中国人民大学国际文化交流学院教授。主要研究领域为汉语语法学、国际中文教育、汉语学习词典学，发表学术论文四十余篇，出版专著《汉语方位词及其概念隐喻系统》《对外汉语学习词典学》《汉语读写教学一体化研究》等五部，编写国家级规划汉语教材、论文集及工具书等十余部。曾于日本爱知大学讲学，于爱尔兰都柏林大学孔子学院担任中方院长。

序

崔希亮

国际中文教育是一个新兴学科，也是一个交叉学科。这个学科横跨语言学、汉语言文字学、教育学、心理学、传播学和现代教育技术等不同的学科。70多年来这个学科的名称从对外汉语教学变为汉语国际教育，现在又更名为国际中文教育。名称虽然变了，学科的内涵并没有变，关心的内容都是关于汉语作为第二语言教学的有关问题。而汉语作为第二语言教学涉及的问题很多：既包含教什么的问题，也包含怎么教的问题，还包含学习者怎么学的问题。国际中文教育作为一个学科，必然要研究学科的历史、学科的认识论和方法论。这三点是支撑一个学科存在和发展的必要因素。蔡永强教授主编的这部《国际中文教育概论》就是因应学科发展的需要而编写的。

2019年12月在长沙召开了第一届国际中文教育大会，这标志着汉语国际教育已经开始转型，进入了国际中文教育时代。2022年国际中文教育专业博士学位被列入了国务院学科目录，标志着国际中文教育的人才培养体系发生了重大变化。国际中文教育专业博士学位没有设在中国语言文学门类之下，而是设在了教育学门类之下，这是关乎学科发展方向的重大改变。在这样的背景下，《国际中文教育概论》的问世恰逢其时。永强教授和他的团队抓住了事业发展和学科发展的关键节点，对国际中文教育这个学科的内涵和外延进行了界定，对国际中文教育发展的历史进行了梳理，对学科基本理论和学科框架进行了论证，对语言教学法的理论和方法进行了阐释，并在此基础上讨论了文化教学和语言要素教学的具体方法和教学模式。以上这些内容都是国际中文教育领域最基本的知识，在当前形势下特别需要进行系统的总结和评估。这里边就包含了国际中文教育这个学科的理论基础、学科认知和学科方法论。

除此之外，这本书还专门探讨了国际中文教育资源建设的问题，这是当前国际中文教育学科发展、事业发展的重要问题。资源建设是学科基本建设、人才培养和科学研究的基础，尤其是国际中文教育数字化教学资源的建设更是当前迫切需要的，例如语料库、智慧教学平台、教材资源库、外向型词典、科研支持系统、短视频资源、课程资源等等。

中国的“一带一路”倡议在“一带一路”沿线国家得到了积极的响应，中国的企业也随着“一带一路”建设的步伐走了出去，在“一带一路”沿线国家落地生根。这些国家中学习汉语的人数越来越多，学习者的需求日趋多元化，国际中文教育领域出现了“中文＋专业”的教育模式。在“中文＋”背景下，专门用途的汉语教学已经成为大家关注的热点。科技汉语、医学汉语、商务汉语、旅游汉语、工业汉语、职场汉语、体育汉语等专门用途的汉语教学模式和教材如雨后春笋般涌现出来。这部教材专门以一章的篇幅来探讨专门用途汉语教学的问题，这已经触及了国际中文教育学科领域发展的前沿问题和热点问题。

与国际中文教育领域并行发展的还有国际华文教育领域，这个领域起源于海外华人华侨教育，但是从国际华文教育事业发展的内涵和外延来看，华文教育与国际中文教育有着不可分割的内在联系，因此，这本书也专门以一章的篇幅来探讨华文教育的相关问题。国际华文教育与国际中文教育毕竟还是有区别的，如何促进国际华文教育与国际中文教育的深度融合和共同发展是当前一个重要课题。

语言测试也是国际中文教育的题中应有之义。中文测试包括汉语水平考试，如 HSK 考试，也包括汉语能力测试，如 C-Test 考试。语言测试既是对教学效果的检验和评估，也是对学习者学习成绩的评测。

教师、教材、教学法是国际中文教育的基础，它们合起来被称为“三教”问题。而这三个问题当中最重要的是教师问题。因此教师的职业生涯规划和职业发展是国际中文教育领域关键的关键，教材也好，教学法也好，都必须通过教师来实现教学目标，提升教学质量。这本书专门讨论了教师教育和教师职业发展的问题。

在这本书的最后作者还专门对学科发展进行了前瞻性讨论，对国际中文教育发展中的机遇和挑战进行了论述。综观以上内容，我认为《国际中文教育概论》全面系统地触及了国际中文教育事业发展和学科发展的大部分问题，填补了当前国际中文教育领域的空白。

现代教育技术的发展、网络技术的发展和人工智能技术的发展，为国际中文教育提供了很多有用的工具。最近一段时间以来，与 ChatGPT 相关的讨论成了热门话题。ChatGPT 对国际中文教育会产生什么样的影响？这是所有从业者都十分关心的问题。有人甚至担心国际中文教师这个职业会被人工智能取代。就我们目前所看到的情况来说，ChatGPT 给我们带来的机遇多于挑战。教师和学习者如果运用得当，它完全可以成为我们国际中文教育的辅助工具。这就需要我们在教材编写、词典编写、课程设计、教学路径、教学模式、教学方法、资源建设和人才培养方面作出较大的调整，尤其是在思维方式方面要进行实时更新。人工智能技术的发展会给很多领域带来革命性的变化，我们对这个变化要有预期并做好相应的准备。我们曾尝试让 ChatGPT 帮助我们进行某一具体课程的课程设计，帮助我们进行同义词辨析，帮助我们生成短课文，帮助我们搜索参考文献，帮助我们按照要求造句等等，它都出色地完成了任务，这可以大大减少教师在备课中的工作量，也可以在教学过程中随机利用人工智能技术创造出可以讨论的话题。当然，我们也必须清醒地认识到，ChatGPT 的智能与人类的智能相比还有相当大的差距，在聊天的过程当中我们发现它的中文知识储备是相当有限的，又不懂得“知之为知之，不知为不知”的道理，它会一本正经地胡说，在百科知识和专门知识领域要特别小心。例如下面一段对话：

> 问：你知道林黛玉倒拔垂杨柳这个典故吗？
>
> 答：是的，我知道这个典故。林黛玉倒拔垂杨柳是《红楼梦》中的一个重要场景，描述了林黛玉对父亲的爱和对家庭的忠诚。当她的父亲受到了姥爷的冤屈，她决定为父亲洗刷名誉，于是她倒拔了垂在庭院中的杨柳，向姥爷证明自己的决心和勇气。这个场景鲜明地表现了林黛玉的坚定不移、忠诚不渝的性格。
>
> 问：你说得有道理，但是你也知道林黛玉三打白骨精的故事吗？
>
> 答：是的，我知道林黛玉三打白骨精的故事。在《红楼梦》中林黛玉因为不满自己的儿子被白骨精抢走，于是她决定前去营救。她在途中经历了许多困难和考验，最终成功地救回了自己的儿子。这个故事彰显了林黛玉作为一个母亲的爱心和勇气，也体现了她作为一个女性的不屈不挠和坚强。

从上面的对话我们可以看出，机器毕竟是机器，我们千万要小心，不要被它误导。像所有的工具一样，用好了可以提高工作效率，用不好可能会伤及自身。《国际中文教育概论》对现代教育技术和人工智能技术的发展关注不够。自从 2019 年底发生全球性公共卫生事件以来，网络教学几乎成了国际中文教育的唯一途径，很多人总结出了网络教学的优点和不足，并对网络教学的前景进行了预测。伴随着学习者学习需求多元化的现实，教学模式和教学路径也必然会发生多元化的转变。这样的转变势必会带动教学方法的转变，这是需要我们特别关注的。

关于国际中文教育学科建设中的学术研究问题，这本概论关注得不够。第二语言习得的问题是国际中文教育绕不过的话题，可惜这本书在这方面着墨不多。

永强教授在一线从事国际中文教育工作多年，既有在国内对来华留学生进行教学和管理的经验，也有在海外孔子学院担任院长的经验。这些年来他在国际中文教育领域的研究和思考是很深入的，很多观点都是切中肯綮的。这本书的团队成员都是活跃在国际中文教育第一线的教师，有着丰富的教学经验。我们有理由相信，《国际中文教育概论》的出版一定可以为国际中文教育事业的发展添砖加瓦。

是为序。

2023 年 3 月 6 日

于北京语言大学

目　录

第一章

从对外汉语教学到国际中文教育

《中华人民共和国国民经济和社会发展第十四个五年规划和2035年远景目标纲要》指出，展望2035年，我国将不断提升中华文化影响力。“加强对外文化交流和多层次文明对话，创新推进国际传播，利用网上网下，讲好中国故事，传播好中国声音，促进民心相通。开展‘感知中国’、‘走读中国’、‘视听中国’活动，办好中国文化年（节）、旅游年（节）。建设中文传播平台，构建中国语言文化全球传播体系和国际中文教育标准体系。”“建成文化强国、教育强国、人才强国、体育强国、健康中国，国民素质和社会文明程度达到新高度，国家文化软实力显著增强。”在历经从“请进来”“走出去”到“请进来”“走出去”兼顾、从所谓“中国人都能教汉语”的小儿科到形成涵盖教师、教材、教学法等较为完整的学科理论体系的成熟学科后，国际中文教育在21世纪迎来了新的发展契机。新时代国际中文教育被赋予了崭新的角色，成为“讲好中国故事，传播好中国声音”“展现可信、可爱、可敬的中国形象”“加强对外文化交流和多层次文明对话”以及提升国家文化软实力、助力构建人类命运共同体的重要参与者。国际中文教育学科地位的提升是随着汉语国际化进程逐渐实现的，随着我国跃居世界第二大经济体等国家硬实力的增强，汉语国际化进程已呈不可逆转之势，“汉语教学和学习、研究和应用的国际化，已然不仅是个趋势，更是正在进行着的现实”“这种趋势将随着中国国际化程度的不断加深而不可逆转”（李泉，2021），汉语国际化进程的趋势与现实已成为国际中文教育事业可持续发展的根基。

第一节
汉语与中华文化走出去

语言与文化你中有我我中有你，相辅相成不可分割，不存在没有语言的文化，也不存在没有文化的语言。例如，语言学家萨丕尔（Edward Sapir）在其《语言论》中指出：“语言的背后是有东西的，而且语言不能离开文化而存在。”语言学家帕默尔（Palmer）在《现代语言学导论》（*An Introduction to Modern Linguistics*）中也曾指出：“语言的历史和文化的历史是相辅而行的，它们可以互相协助与启发。”正如德国语言学家洪堡特（Wilhelm von Humboldt）所说，“民族的语言即民族的精神，民族的精神即民族的语言”，作为我国汉民族及其他各少数民族共同使用的语言，汉语汉字的发展史与中华文明发展史可以说是同步的，汉语汉字强烈地体现了使用者的民族精神，是中华文化的最重要载体。具体来说，汉语与中华文化的关系主要体现为四点：（1）中华文化包括汉语，汉语是中华文化的重要组成部分。（2）汉语是记录中华文化的载体与容器。（3）汉语是中华文化传播的重要方式，促进了中华文化的广泛传播。（4）汉语与中华文化一体两面，相辅相成又相互制约。

人类文明或文化在接触过程中总是体现出极强的双向交流特征。在世界文明史发展进程中，由于汉语汉字对外传播的时空限制，中华民族对外文化交流时，虽然“其璀璨辉煌的物质文化出超现象常常令人眼花缭乱”，“但在制度、精神层面，中华民族似乎并非出超大户，相反，却有‘文化入超’大户之嫌。例如，在古代，佛教、伊斯兰教文明流入中华，甚至基督教文明亦曾在中国境内一度‘寺满百城’，而中国的儒家学说流播的范围却仅限于朝鲜半岛、日本、越南以及近代以来新加坡与东南亚华人聚居区；又如，即使在物质文化层面，比较起丝绸、瓷器与四大发明这些高级复杂劳动的产品来，在那些比较简单劳动的物质文化领域，中华民族恐怕也处于‘文化入超’之列”（何芳川，2016）。基于实物的物质文化的传播可以借助陆上丝绸之路与海上丝绸之路来实现，然而儒家思想等“制度、精神层面”的文化传播必须借助汉语汉字来实现。对此，国学大师季羡林先生在《三十年河东　三十年河西》中提出，我们应该秉承“送去主义”，把中华文化的精华送到西方国家去。季羡林先生指出，西方以及世界其他国家已经从中华民族优秀文化中拿走了不少优秀的精华，但仍然有许多精华他们没有拿走，比如中国传统的伦理道德、“天人合一”思想、改革开放、由计划经济转入市场经济的成功，对世界上其他国家就很有借鉴价值。他们不来拿，我们就送去。怎么送呢？季羡林先生说“射人先射马，擒贼先擒王”，汉语是“王”，首先要送去的就是汉语。中华民族古代和现代的智慧、优秀文化大部分保留在汉语言文字中。我们要想弘扬中华民族的优秀文化，外国人要想学习中华民族的优秀文化，都必须首先抓汉语。为了增强中外文化交流，增进中外人民的相互理解和友谊，我们必须首先抓汉语。因此，我们要奉行送去主义，而首先送出去的也必须是汉语。[①] 季羡林先生的“汉语送去主义”无疑强调了中华文化传播进程中汉语汉字传播的重要性，制度或精神层面的文化传播必须以汉语汉字的传播和普遍学习为先导。从宏观视角来看，我们也可以说中华文化要走向世界，必先要汉语走向世界、中文走向世界。

关于汉语走向世界，陆俭明先生在2021年商务印书馆和中国人民大学联合举办的国际中文教育学科建设高端论坛上的发言中指出，为确保中文走向世界必须做好四件事。一是“以语言文字教学为核心抓好汉语书面语教学”，这是让更多国外民众掌握汉语并了解中华文化、取得汉语国际话语权的需要。二是“花大力气抓紧做好培养本土中文教师的工作”，助推汉语本土化教学发展。三是“以科研引航切实做好国际中文教材建设工作”，以便为汉语汉字教学提供凭借。四是“抓紧研究加强建设国际儿童中文教育”，以助力更多国家将汉语/中文纳入本国基础教育体系。四件事的核心要义在于推动汉语汉字教学工作，特别是汉语书面语的教学工作，因为“中华民族古代和现代的智慧、优秀文化大部分保留在汉语言文字中”，只有通过培养本土中文教师、编写中文教材以及加强国际儿童中文教育等举措大量普及汉语书面语的教与学，才能确保中文稳步走向世界，从而最终实现中华文化走向世界。

中华文化上下绵延五千年，源远流长，然而纵观世界文明发展史，除了汉代、唐代、

---

① 季羡林先生的话充分说明了语言和语言教学的重要性，值得我们深思，也给我们一个清晰的警示，即我们在坚持语言教学和文化教学辩证原则的过程中可能忽视了汉字这一语言文化载体的特异功能。汉字自诞生之日起就担负起了记录中华语言文明的责任，是传承和弘扬中华文化的最重要的载体。从文化记载的角度来看，我们甚至可以说“一汉字一故事”，中华文化传播中抓住汉字并充分挖掘汉字的音形义就等于得到了理解中华文化的钥匙。语言文化教学中任何淡化汉字教学甚至因所谓“汉字难学”而彻底放弃汉字书写及教学的做法都是十分荒谬的。其实，已有高水平汉语学习者和业内专家指出，所谓“汉字难学”或“汉语难学”是假命题。例如，著名汉学家白乐桑先生就曾提出“字本位教学法”，将“汉字”放在汉语教学系统的突出位置；同时指出，所谓汉语难学“都是你们中国人”的看法。（法国著名汉学家白乐桑先生在回答记者“你不觉得中文难吗?”的问题时说：“我经常听到中文难这样的说法，很奇怪，说这话的都是你们中国人。”）［张保淑，等．说中文难的都是你们中国人：白乐桑的汉语人生．人民日报（海外版），2005－07－26.］李泉在《关于“汉语难学”问题的思考》［语言教学与研究，2010（2）］一文中也曾指出，“汉语难学”是个伪命题。汉字是影响学习者汉语学习信心、进程、效率和水平的关键因素，汉语学习的成败很大程度上取决于汉字学习的成败，汉字教学的突破就是汉语教学的突破。实际上，结合学习汉语来学习汉字并不是那么难，应该学习的汉字数量也很有限，教师应该树立乐观务实和充满人文精神的汉字教学观，不断努力化解汉字难学的观念。

宋代中国是世界公认的“文化大国”外，其他时期西方世界对中国的了解远不如中国对西方的了解。易中天（2012）曾为《南方周末》撰文《“文化入世”与“文化航母”》指出，在与世界对话过程中，我们大量引进了西方的科学、技术、思想、观念、制度、主张，西方国家却并没有对等引进我们的文化、价值和价值观。究其原因，主要在于三种心态。首先是老惦记着“年轻”的时候，一说就是“文明古国三千年，李杜文章众口传”。开口先秦诸子，闭口唐诗宋词，却不想想现在能提供什么。这叫“徐娘心态”。其次是习惯于小打小闹，今天弄个剪纸，明天弄个杂技，后天弄个太极拳，全是手工作坊式的文化交流。这叫“小农意识”。再就是生怕人家看不起，总喜欢说自己多么光荣伟大、灿烂辉煌。站在世界舞台上，也以为是领导干部作报告，不管说什么，下面都得鼓掌。这叫“官僚作风”。三种心态除了揭示出文化传播方式和文化古董态度的问题，还点出了“不想想现在能提供什么”“手工作坊式的文化交流”的现象。李泉、丁秋怀（2017）曾指出，当前文化教材存在严重的“重古轻今”“一说中国，就回到从前、回顾历史”“一提中国文化，就讲昨日辉煌、过去习俗”的严重倾向。那些在教材编写或课堂教学中大谈奇风异俗的做法不仅远远偏离了现实生活的需要，而且容易给域外人士留下关于中国形象的负面印象。教材编写应广泛涉及诸如“饺子与汉堡包”“大枣、百合、枸杞、红薯与维生素”“茶与咖啡”“黄酒与葡萄酒”“茶的内涵”“中国人怎样喝酒”“酸味论”“吃的学问”“筷子与 AA 制”“厕所文化”等体现现实生活的接地气文化内容。这再次印证了“以语言文字教学为核心抓好汉语书面语教学”的重要性。我们在汉语教材中到底应该展示哪些文化内容，如何在这些内容的基础上讲好关于中国道路、中国发展、中华民族伟大复兴和中华优秀文化的中国故事，不但事关“展现可信、可爱、可敬的中国形象”，更会影响中华文化走向世界的速度和趋势。

历史语言学的既有研究表明，政治和经济比较发达地区的语言对政治和经济相对落后地区的语言具有强大的辐射力和影响力，语言的兴盛与衰落反映了国家的兴盛与衰落，其国际地位与话语权直接映射的是国家的“硬实力”。英国英语与美国英语相继成为世界通用语言便是一个典型例证。纵观历经 5 000 年文明发展的当代中国，已稳居世界第二大经济体，综合国力和国际话语权得到明显提升，伴随全球范围内“汉语热”持续升温的汉语国际化趋势已不可逆转。基于对外贸易“出超”的对比，中华文化交流与传播则是严重“入超”和“文化赤字”（赵启正，2006）。在汉语国际化进程中，我们应该紧紧抓住“因其人之言而为之言”这把开启跨文化交流之门的语言钥匙（赵启光，2007），不断提高语言文化软实力。只要我们紧紧抓住汉语、不断“送去”汉语，中华文化走出去就指日可待，我们就能在既成政治大国和经济大国的基础上建成文化强国，进而大幅度提升国家文化软实力。

2022 年 12 月 8 日召开的国际中文教育大会相关数据显示，随着全球化深入发展及世界各国对中文学习需求的持续旺盛，全球已有 180 多个国家和地区开展中文教学，81 个国家将中文纳入国民教育体系，8 万多所各类学校及培训机构开设中文课程，超过 3 000 万人正在学习中文。国际中文教育的蓬勃发展，有力地促进了中外人文交流、文明互鉴、民心相通，彰显了语言学习交流在推动构建人类命运共同体中的重要作用。

风物长宜放眼量。2 600 年前，孔子“乘桴浮于海”的理想一生都未能实现；而 2 600 年后的今天，孔子已开始走向五大洲，其思想和学说开始为世界各国所了解。各国孔子学院的建立，已成为孔子“四海之内皆兄弟”“和而不同”思想的最佳注解方式。除了孔子学院，国外的其他教学机构、华文学校也在通过规模不等的各层次中文教学诠释中华文化，促进人文交流、文明互鉴、民心相通。虽然和英语相比汉语在“第二语言使用者人数”“使用该语言的国家数与人口数”“国际上使用该语言的科学外交等主要领域数”“使用该语言国家的经济、军事、金融实力”“语言的社会文化地位”等决定语言影响力的参数上尚未占据优势，距离成为国际共同语也还有很长的一段路要走，但“国际共同语不是一成不变的，以前从法语变为英语，今后英语也可能被别的语言所代替”（周有光，2000）。正如季羡林先生（2006）所指出的：“东方文化和西方文化的关系是：三十年河东，三十年河西。目前流行全世界的西方文化并非历来如此，也绝不可能永远如此。到了21世纪，西方文化将逐步让位于东方文化，人类文化的发展将进入一个新的时期。”

本节关键词

语言与文化　中华文化走出去　文化入超　国际共同语　软实力

第二节 国际中文教育的内涵与外延

2019年12月，国际中文教育大会取代“孔子学院大会”在湖南长沙举行，和以往以“教学”为关键词不同，此次会议“教育”成为关键词。《现代汉语词典》（第7版）对“教学”和“教育”的解释是：教学——“教师把知识、技能传授给学生的过程”，教育——“按一定要求培养人的工作，主要指学校培养人的工作”。由此解释可以看出“教育”是“教学”的上位概念，“教学”是“教育”的实现手段之一。从“教学”到“教育”，从“对外汉语教学”到“国际中文教育”体现了学科内涵发展的丰富性与外延拓展的逻辑性，“国际中文教育”这一充满学理性的称谓终于让传统对外汉语教学有了一个科学的名称定位，同时也让传统对外汉语教学这一学科初现“大学科”的端倪与格局。

从对外汉语教学到国际中文教育无疑彰显了汉语国际化进程的广度和深度，同时也体现出学科专业内涵与外延的拓展，但我们首先应该对“国际中文教育”有一个准确的认识：该术语的出现并不是完全否定或替代“对外汉语教学”等之前的术语。首先，国际中文教育的对象并没有改变。中文教学的对象依旧是国内的汉语二语学习者、国外的汉语二语学习者以及海外华人社会中的华裔子弟，在学理上则分别体现为国内的汉语作为第二语言教学、国外的汉语作为外语教学以及海外华文教育。其次，国际中文教育的执教者并未发生改变，教学者依旧包括中国籍教师、外籍本土教师以及旅居海外的华侨华人，但三类教师所占的比例可能有变化，比如外籍本土教师的数量会有所上升。最后，教学地点并未发生改变，依旧是国内和国外两个市场，不同的是随着智能技术的发展，网络虚拟空间教学渐渐成为普遍教学形态。

虽然新术语和之前的术语之间并非完全更迭的关系，但毕竟名称发生了改变，“名”是形式和现象，“实”是内容和本质，从对外汉语教学到国际中文教育的更名绝不是形式和现象的简单改变。除了教学对象、执教者以及教学地点未发生改变外，教学规模和教学内容的变化应该是“国际中文教育”的题中应有之义。首先，“国际”暗含了教学规模的变化，教学场所应该涵盖更多的海外教学机构，如果仅仅在国内进行国际中文教学或国内中文教学的比重远远大于海外的比重，就不能充分彰显“国际性”。同时，中文教师的成员应该涵盖更多的外籍本土教师，如果仅仅是中国籍教师进行中文教学或中国籍教师的比重远远大于外籍教师的比重，也不能说充分体现了“国际性”。只要审视一下当前英语教学的态势就不难明白这个道理。其次，“中文”的概念范围大于“汉语”，中文“从特指标准汉语普通话到涵盖诸多汉语方言，从特指汉族语言文字扩大为中国语言文字，从特指汉语言文学扩展为中国语言文学”都是题中应有之义（邵滨，刘帅奇，2020）。因此，“中文”暗示教学内容将进一步立体化，普通话、地方普通话、汉语方言、其他少数民族语言文字以及中国境内各类语言文学形态都将成为教学内容的选项。① 最后，“教育”暗示着教学内容的深度和广度将发生变化。“教育”是“教学”的上位概念，“教师把知识、技能传授给学生的过程”是“按一定要求培养人的工作，主要指学校培养人的工作”的手段和方式之一。国际中文教育需要培养什么样的人呢？一言以蔽之，当是知华、友华、爱华。对外汉语教学“以培养汉语交际能力为目标”，即让以汉语作为第二语言的学习者“掌握用汉语进行听说读写交际活动的能力”（刘珣，2000）。换言之，对外汉语教学的主要任务是汉语言教学，文化教学只是语言教学的附庸。新时代国际中文教育被赋予了崭新的角色，成为“讲好中国故事，传播好中国声音”“展现可信、可爱、可敬的中国形象”等提升国家文化软实力的重要参与者。要达成这些目标，仅仅依靠“培养汉语交际能力”是远远不够的。在语言教学内容中安排基于“中国故事”的文化教学内容，让学习者能够全方位“感知中国”“走读中国”“视听中国”，了解、理解和感悟中华文化特别是当代中国文化，培养更多的知华、友华、爱华人士，应该成为国际中文教育的重要目标。

因此，从对外汉语教学到国际中文教育并不是简单地否定或替代，而是迭代升级，用国际中文教育统筹国内汉语作为第二语言教学、国外汉语作为外语教学和海外华文教学，体现了前者内涵发展的丰富性与外延拓展的逻辑性。

本节关键词

教育　教学　中文　国际性

第三节 关于国际中文教育术语的历时演变

作为一门学科和一项事业，自新中国成立 70 多年来中文教学主要经历了从对外汉语教学到汉语国际教育再到国际中文教育的术语历时嬗变。

新中国面向外国留学生的汉语教学肇始于 20 世纪 50 年代。“对外汉语教学”之名始于 1983 年 6 月由北京语言学院（现更名为“北京语言大学”）、北京大学、北京师范大学、复旦大学、华东师范大学、南京大学、南开大学、山东大学、中山大学、武汉大学、厦门大

① 鉴于书面表达的便利性和读者理解的习惯性，如无特殊说明，本书正文内容不严格区分“中文”和“汉语”的使用。

学、暨南大学等30多所院校发起成立“中国教育学会对外汉语教学研究会”的筹备会，此后该名称被越来越多的人和机构广泛使用。例如，中国教育学会在发给中国教育学会对外汉语教学研究会成立大会的贺信中指出“对外汉语教学已发展成为一个新的学科”；1984年教育部部长何东昌在报告中指出“多年的事实证明对外汉语教学已发展成为一门新的学科”；王力先生1984年致人民教育出版社的题词中明确提出“对外汉语教学是一门科学”；1986年中国教育学会对外汉语教学研究会更名为中国高等教育学会对外汉语教学研究会（1988年5月更名为中国对外汉语教学学会）；1987年7月中国国家对外汉语教学领导小组办公室（简称“国家汉办”）成立；1989年5月国家教委《关于印发〈全国对外汉语教学工作会议纪要〉的通知》中指出，“发展对外汉语教学事业是一项国家和民族的事业”；1993年《中国教育改革和发展纲要》明确提出“大力加强对外汉语教学工作”。同时“对外汉语教学”也在学界学术研究中被普遍使用。尽管“对外汉语教学”这一称谓自提出之日起就受到关于“名不正言不顺”的种种质疑，但并未影响其在业界的“全天候”使用（刘珣，2020）。从针对的对象来看，用“对外汉语教学”专门指称针对外国人的汉语教学是没有问题的，但考虑到其外延就存在不准确性。例如，有没有“对内”汉语教学？国外学者或外籍汉语教师使用“对外汉语”是否合适？国内少数民族学习汉语也不能称为“对外汉语”。

也许有人意识到了这个问题，在1985年召开的第一届国际汉语教学讨论会上出现了“国际汉语教学”这一名称。《语言教学与研究》（1984年第6期）发布的会议通知写道：“当前，世界各国的汉语教学正处在一个重要的发展时期。为了加强国际学术交流与合作，推动世界各国的汉语教学，中国教育学会对外汉语教学研究会和北京语言学院将于1985年8月在北京举办第一届国际汉语教学讨论会，邀请世界各国从事汉语教学的专家、学者，共同就汉语言文学的理论与实践进行交流和研讨。”这则通知同时提到了“中国教育学会对外汉语教学研究会”“世界各国的汉语教学”“世界各国从事汉语教学的专家、学者”，从中也可以看出“对外汉语”之名适用范围的局限性。国际汉语教学在很大程度上避免了“对外”造成的指称问题，后来历届会议均以“国际汉语教学讨论会”命名，并出版了包括此名称的论文集，以至于后来孔子学院总部/教育部对外汉语教学发展中心颁布的三个标准化文件——《国际汉语教师标准》《国际汉语能力标准》《国际汉语教学通用课程大纲》也都冠以“国际汉语”之名。

2004年，第一所海外孔子学院在韩国首尔挂牌运营。2005年，以“世界多元文化架构下的汉语发展”为主题的世界汉语大会在北京召开。2007年，“汉语国际教育”首次出现在国务院学位委员会下发的《汉语国际教育硕士专业学位设置方案》中，汉语国际教育硕士专业学位（Master of Teaching Chinese to Speakers of Other Languages）获准设立。2012年，教育部在颁布的《普通高等学校本科专业目录和专业介绍》中将“对外汉语”专业更名为“汉语国际教育”。海外孔子学院成立以及首届世界汉语大会①的召开是汉语国际教育产生的重要背景，因为两件大事预示着大量的汉语师资需求，可以说“汉语国际教育”是在师资培养需求背景下产生的。虽然该名称中的“教育”与英文中的“teaching”并不匹配，但给大家的感觉是它比“对外汉语教学”要适切得多。

---

① 世界汉语大会（The World Chinese Conference）是在全球持续升温的“汉语热”需求背景下召开的以汉语为主题的大会，旨在为促进世界各国汉语教学的发展和加强中外语言文化的交流与合作搭建一个有效的工作平台。其主要宗旨包括：（1）凝聚各方力量，共同加强汉语推广工作，让汉语随同开放的中国走向世界，让世界了解开放的中国；（2）提供中国政府在推动世界汉语教学方面的政策和项目的相关信息；（3）增进世界各国与中国在语言推广政策上的相互理解和通力合作；（4）促进世界各国汉语教学的发展和对中华文化的了解，为来自世界各国的人士提供文化交流的平台；（5）研讨汉语作为外语的教学理论与实践，推动对外汉语教学学科的发展。

除了“对外汉语教学”“国际汉语教学”“汉语国际教育”等名称，业界还出现过以下名称。

其一，汉语教学。将“对外”二字省略以避免国外学者或教师不适用的问题。例如有的国家称为中文教学，有的国家称为中国语教学。

其二，汉语作为第二语言教学。这个名称学术性比较强，内涵、外延界定也比较清晰，在学术界被广泛使用，外延方面比较适合国内的“对外汉语教学”。

其三，汉语作为外语教学。这个名称内涵、外延界定也比较清晰，比较适合称说国外的“对外汉语教学”，就像我们学习英语时将之称为外语，国外民众在学习汉语时当然可以将汉语视为外语。

除此之外，像“对外汉语”“国际汉语”“对外汉语教育学”“对非母语者汉语教学”“汉语国际传播”“国际汉语教育”等可以说都是上述术语的衍生品，使用的范围或场合也相对有限。

特别值得一提的另一个相关术语是“华文教育”，该术语主要指称的是针对海外华侨华人的汉语言文化教育。“华文教育”“华文教学”“华语教育”“华语教学”的内涵和外延基本一致。华文教育在教育目标、教学对象、教学内容、教材编写、教学方式方法以及学生学习需求、特点、动机、社会文化心理等诸多方面均与“对外汉语教学”存在差异。华文教育的主要教学场所在海外，国内只有北京华文学院、暨南大学华文学院、华侨大学华文学院等为数不多的几所专门从事华文教学的机构。

2019 年 12 月 9 日，国际中文教育大会取代“孔子学院大会”在湖南长沙开幕，会议以“新时代国际中文教育的创新与发展”为主题。从“教学”到“教育”，从“汉语”到“中文”，术语越来越规范化，其内涵和外延也更加丰富。语言教育是教育事业的重要内容，以孔子学院为龙头的国际中文教育是世界各国民众学习中文、了解中国的有效途径，是中外双方的共同事业。“支持中外高校、企业、社会组织开展国际中文教育项目和交流合作，聚焦语言主业，适应本土需求，帮助当地培养中文教育人才，完善国际中文教育标准，发挥汉语水平考试的评价导向作用，构建更加开放、包容、规范的现代国际中文教育体系”成为国际中文教育事业未来的发展方向。国际中文教育在内涵与外延上均超过了之前的对外汉语教学、国际汉语教学、汉语国际教育、汉语国际推广等，是对之前所有名称的综合概括，为未来大学科建设和发展奠定了基础。为进一步支撑国际中文教育事业的发展，教育部还成立了中外语言交流合作中心①（简称语言合作中心），具体负责统筹建设国际中文教育资源体系，参与制定国际中文教育相关标准并组织实施；支持国际中文教师、教材、学科等建设和学术研究；组织实施国际中文教师考试、外国人中文水平系列考试，开展相关评估认定；运行国际中文教育相关品牌项目；组织开展中外语言交流合作等。“国际中文教育”的出现统筹了汉语言文化教学的“三驾马车”，即国内汉语作为第二语言教学、国外汉语作为外语教学以及海外华文教学，既可指称事业亦可称谓学科，在很大程度上避免了上述各种术语在内涵、外延方面造成的不确定性。国际中文教育预示的是从“走出去”到“融进去”、从普及化到专业型、从通用到职场、从外派到本土的深层逻辑发展路径（吴勇毅，2020），但我们也应该清晰地认识到，这些术语的更迭并不是后者否定前者的完全取

---

① 中外语言交流合作中心（简称语言合作中心）成立后，原国家汉办/孔子学院总部名称不再继续使用，其功能平移至语言合作中心。语言合作中心为中国教育部直属事业单位，是发展国际中文教育事业的专业公益教育机构，致力于为世界各国民众学习中文、了解中国提供优质的服务，为中外语言交流合作、世界多元文化互学互鉴搭建友好协作的平台。孔子学院品牌将由“中国国际中文教育基金会”全面负责运行。该基金会是由多家高校、企业等发起成立的民间公益组织，它会同孔子学院中外方合作伙伴，继续支持全球孔子学院发展。

代。正如李泉（2022）所指出的，这些说法的不同在于产生背景、使用场合、话语角度和所指范围等方面的差异，名称“多元化”是汉语二语教学学科在海内外发展的标记，也是研究深化和指称方便使然。对学科名称的热议，更反映出业界同行对学科发展方向的关注。这种基于不同产生背景、使用场合、话语角度和所指范围形成的称谓更替，恰好说明了从“对外汉语教学”到“国际中文教育”历时演进的深层逻辑，也必将进一步增加这一学科发展的广度和深度。

本节关键词

对外汉语教学　汉语国际教育　国际中文教育　华文教育

【本章小结】

从对外汉语教学到国际中文教育是一个学科从无到有、从青涩到成熟、从量变到质变的螺旋上升过程，尽管中间有曲折有反复，但国际中文教育已演变成一门独立的综合性交叉学科已成业界共识。从对外汉语教学到国际中文教育是事业、学科和教学活动的迭代升级，体现了学科内涵发展的丰富性与外延拓展的逻辑性。汉语与中华文化走出去相辅相成、相得益彰，在汉语国际化进程中，国际中文教育应该被赋予新角色，成为提升国家文化软实力及构建人类命运共同体的重要参与者。

【思考与练习】

1. 举例说明语言与文化的关系。
2. 谈谈中华文化走出去的具体策略。
3. 谈谈你对“国际中文教育”这一术语的认识。
4. 谈谈你对华文教育特殊性的认识。
5. 通过文献检索与阅读，说说汉语国际化进程面临的机遇与挑战。

【拓展阅读】

陈昌来．对外汉语教学概论．上海：复旦大学出版社，2005.

崔希亮．全球突发公共卫生事件背景下的汉语教学．世界汉语教学，2020（3）.

李泉．对外汉语教学、国际汉语教学、汉语国际教育．世界汉语教学，2019（2）.

李泉．2020：国际中文教育转型之元年．海外华文教育，2020（3）.

王海峰．国际中文教育的国际化与本土化．汉字文化，2021（9）.

吴应辉．国际中文教育新动态、新领域与新方法．河南大学学报（社会科学版），2022（2）.

赵金铭．对外汉语教学概论．修订本．北京：商务印书馆，2019.

周小兵．对外汉语教学入门．3版．广州：中山大学出版社，2017.

本章参考文献

蔡永强．孔子学院的文化张力与中华文化海外传播策略．常熟理工学院学报（哲学社会科学），2020（6）．

何芳川．中外文化交流史：上卷．北京：国际文化出版公司，2008.

季羡林．三十年河东三十年河西．北京：当代中国出版社，2008.

李泉．论汉语国际化规划．辽宁大学学报（哲学社会科学版），2021（1）．

李泉．国际中文教育视域下的教师培养与教材建设：访中国人民大学李泉教授．世界华文教育，2022（4）．

李泉，丁秋怀．中国文化教学与传播：当代视角与内涵．语言文字应用，2017（1）．

刘珣．对外汉语教育学引论．北京：北京语言文化大学出版社，2000.

刘珣．浅议汉语国际教育专业．国际汉语教学研究，2020（1）．

邵滨，刘帅奇．说说“国际中文教育”．语言文字报，2020－12－02.

吴勇毅．国际中文教育“十四五”展望．国际汉语教学研究，2020（4）．

易中天．“文化入世”与“文化航母”．南方周末，2012－01－26.

赵启光．因其人之言而为之言：跨文化交流之门的钥匙．对外大传播，2007（5）．

赵启正．跨越文化障碍　更好向世界说明中国．(2006－08－30)［2023－01－05］．http：//www.cccf.china.cn.

周有光．英语是怎样成为国际共同语的？．群言，2000（5）．

周有光．中文在世界上的真实地位．金融博览，2011（9）．

第二章

作为独立学科的国际中文教育

国际中文教育自诞生之日起就被冠以“年轻的学科”“新兴的学科”和“交叉学科”等学科称谓，虽然历经70多年的发展后，“年轻的学科”不再年轻，“新兴的学科”已非新兴，但“交叉学科”却一直是国际中文教育作为一门学科的本质特征。同时经过70多年的发展，国际中文教育已经形成以教师、教材、教学法为主旨核心以及以“教什么”“怎么教”“如何学”为问题导向的完整理论体系与教学体系。作为一门日臻成熟的独立学科，国际中文教育业已形成自身独有的特质、完整的理论与实践研究框架、本硕博专业体系以及系列行业执业标准。在世界百年未有之大变局、构建人类命运共同体以及新世纪前半段世界单边主义有所抬头、逆全球化趋势有所加剧的国际大背景下，国际中文教育宜进一步发挥语言文化软实力学科优势，从学科定位及性质、理论基础、学科体系及研究框架、学科专业建设及国际标准制定与实施等方面加强自身建设，在贡献中国智慧和提供中国方案方面贡献自己的力量。

第一节 国际中文教育的性质、特点及主要任务

一、国际中文教育的性质和特点

虽然历经从对外汉语教学到汉语国际教育再到国际中文教育的术语历时演变，但作为一门独立的学科，国际中文教育的性质和特点却基本未发生改变。

（一）综合性交叉学科

国际中文教育是一门应用语言学门类下的综合性交叉学科。综合性交叉学科属性和独立学科属性并不矛盾。前者指的是国际中文教育与语言学、教育学、心理学、文化学、跨文化交际学、社会学、计算机科学、传播学等都有着不可分割的联系，其中与语言学、教育学、心理学和文化学之间的关系尤为密切；后者指的是国际中文教育总体上属于应用语言学范畴，但又有其自身的独立性，不是别的其他学科可以替代的。将国际中文教育归属于应用语言学，业界学者可能见仁见智，但国际中文教育从本质上讲终归是语言教学为主、文化教育为辅的学科。正如戴维·克里斯特尔（David Crystall）在《现代语言学词典》中对“应用语言学”的界定：“应用语言学主要关心的是如何应用语言学理论、方法和成果来阐释其他经验领域遇到的语言问题。应用语言学发展最充分的分支是外语教学，有时这个名称似乎只指这个领域。”

（二）汉语言文化教育

国际中文教育的主体是全球范围内的汉语言文化教育，即在全球范围内对各个层次各

种需求的中文学习者开展中文教学。具体来说，我们既要教书面语汉字，又要系统传授语音、词汇、语法、语段、篇章的理论知识及具体用法，培养学习者基于听、说、读、写、译的综合交际能力。同时在语言教学中还要融入中华文化内容，既要强调中文教学中的文化因素教学或文化环节教学，又要注重文化内容特别是当代中国文化内容的系统性教学，以具体可感的汉字、图片、音频、视频展现“可信、可爱、可敬的中国形象”。语言和文化一体两面，中文教学是主体，文化教学要紧密融入语言教学的过程中，二者不可偏废。

（三）汉语作为第二语言或外语的教育

和第一语言教育不同，国际中文教育是汉语作为第二语言或外语的教育。第一语言教育即语文教育一般是在母语环境中进行的，学习者在接受教育前一般已经具备成熟的听说能力。第一语言教育既要进行基于民族的语言系统理论知识以及运用规则的母语运用能力（特别是读写能力）和语文基础知识的教学，还要进行基于该语言形成的优秀文学文化作品的文化文学修养、审美能力、思想品德培养的教学。第二语言或外语教育则不同，学习者在接受教育之前一般处于目的语零起点水平，对中文的语言系统（语音、词汇、语法、汉字）一概不知，因此在具体教学实践中，中文学习者的年龄、语言水平、学习需求和动机等参差不齐是一种常态，这种常态决定了国际中文教育是一项内部极为复杂的语言文化教育工程。我们一方面要进行基于不同语言水平的分级教学，另一方面要通过短期集中速成的方式迅速提高学习者的听、说、读、写、译等语言技能。

（四）跨文化教育

和母语教育不同，国际中文教育是一种面向世界多国多文化的跨文化教育。无论是国内中文作为第二语言教学还是国外中文作为外语教学，抑或是海外华文教育，教学的主体内容都是汉语言文化。汉语作为第二语言或外语学习者来自世界各地，拥有各自不同的文化背景，即便是海外华侨华人也会由于常年生活在非母语环境中而产生对中华文化的一定程度的生疏，这无疑会在中文和学习者之间造成语言理解和运用障碍的可能性，如果这些障碍影响到学习甚至是交际就会形成文化冲突。从文化冲突的可能性及严重程度来看，国内中文作为第二语言学习者由于受到语言和目的语环境的双重影响，产生文化冲突的可能性最高，有时程度也会比较严重，而国外中文作为外语学习者以及海外华侨华人学习者面临的文化冲突压力可能会小一些。

二、国际中文教育的主要任务

国际中文教育自诞生之日起就有比较明确的任务界定。例如，刘珣（2000）将对外汉语教学视为对外汉语教育学科的核心内容：“通过研究汉语作为第二语言教与学的全过程和整个教学系统中各种内部和外部因素及其相互作用，揭示汉语作为第二语言学习和教学的本质特征以及学习规律和教学规律，从而制定出对外汉语教学的基本原则和实施方法，并用来指导教学实践，以提高教学效率。”而对外汉语教育学科的任务则是“研究汉语作为第二语言的教育原理、教育过程和教育方法，并用来指导教育实践，从而更好地实现学习者德智体美全面发展的教育”。陈昌来（2005）则根据对外汉语教学的不同含义，将对外汉语教学的任务分为三种：作为教学活动的对外汉语教学的任务、作为学科的对外汉语教学的任务（细分为对外汉语教学研究与对外汉语教学和对外汉语学科建设）、作为事业的对外汉语教学的任务。周小兵（2017）将二语教学的目标概括为一句话："培养出能用目的语进行交际的人才。""短期速成教学，主要是培养具有一定听说能力、能应付一般日常生活需要或能应付某个特定交际领域内简单交流需要的人；长期进修和汉语专业教学，则要求培养具有听说读写多种交际能力的人才。"

在汉语国际教育阶段，从学科和事业层面上，国际中文教育本科专业主要任务是培养具有汉语国际教育基本素养及基本技能和汉、英（外）双语知识及实际运用能力，能在各类学校从事国际汉语教学与汉语国际推广工作和在国内外相关部门与文化企事业单位从事中外文化交流，以及相关文秘工作的双语型、跨文化、复合型、实践型专门人才；硕士专业主要培养具有熟练的汉语作为第二语言教学技能和良好的跨文化交际能力，适应汉语国际推广工作，胜任多种教学任务的高层次、应用型、复合型专门人才。本科专业和硕士专业设定的主要目标则是提高我国汉语国际推广能力，加快汉语走向世界，改革和完善国际汉语教学专门人才培养体系，培养适应汉语国际推广新形势需要的国内外从事汉语作为第二语言/外语教学和传播中华文化的专门人才。在教学活动层面上，国际中文教育的主要任务则是推广面向海外母语非汉语者的汉语教学。

国际中文教育的内涵与外延可谓对外汉语教学和汉语国际教育的迭代升级，其主要任务相较于后者更加具体明确与立体化。在汉语言文化教学层面上，国际中文教育旨在统筹国内汉语作为第二语言教学、国外汉语作为外语教学和海外面向华侨华人的华文教学三股力量形成合力，全方位推进汉语言文化教学。通过课堂教学、教材编写、总体设计、语言测试评估、文化教学等环节推动汉语及中华文化走向世界，以语言文字"讲好中国故事，传播好中国声音""展现可信、可爱、可敬的中国形象"，让世界读懂中国。在学科建设层面上，一是加强国际中文教育教学活动研究，既要深究教师、教材、教学法，也要在"教什么""怎么教""如何学"问题上取得进一步突破，还要注意研究如何处理好作为事业与作为学科、国内与国外汉语教学、汉语教学中的语言与文化、本体理论与外来理论、汉语国际化与母语国等国际中文教育的五种宏观关系，以及汉语与汉字、汉字与拼音、本体与教学、教学与习得、线下与线上等国际中文教育的五种微观关系（李泉，2021；李泉、孙莹，2021）。二是加强国际中文教育学科建设及研究，在深刻理解国际中文教育所处时代背景、面临机遇和挑战的前提下，通过本、硕、博三级培养体系和学科建设理论及实践研究，保持国际中文教育学科发展的可持续性。要兼顾国际中文教育学科的理论体系构建与知识体系构建，"前者应着力夯实基础，兼顾系统性与分支领域特色、注重原创性与本土性、突出时代性与国际性，遵循主动服务中国国家战略和世界各国中文教育需求，注重继承、转型与重构等基本策略。在内容和框架上涵盖学科基本理论、学科应用理论、区域/国别/语别中文教育特色理论和学科交叉融合理论。后者应突出特色，遵循本、硕、博分层构建、层次衔接，突出主干学科并充分体现多学科交叉融合，注重普适性与针对性"（吴应辉、梁宇，2020）。同时也要"加快完善国际中文教育全球和区域布局，加强国际中文教育制度和标准体系建设，推进人才培养模式多元化，强化安全风险防控机制，积极应对中文教育低龄化趋势，全面推动本土化、特色化与智慧化发展等新时代国际中文教育转型发展的因应对策"（李宝贵、刘家宁，2021）。在事业发展层面上，作为教学活动的国际中文教育与作为学科的国际中文教育都是为作为事业的国际中文教育服务的。国际中文教育教学活动以及学科建设是理论与实践的关系，其最终目的是推动国际中文教育事业的全面发展。国家层面之所以提出"国际中文教育"，除了让国内外更多的教育组织和机构参与进来，其主要意图也是“集成海内外中文教育力量，共同推进国际中文教育事业的发展”（李泉，2020b）。语言文化是心灵之桥，正如著名剧作家萧伯纳一段名言所说：你有一个苹果；我有一个苹果，彼此交换，我们每人仍只有一个苹果；可是如果你有一种思想，我有一种思想，彼此交换，我们就有了两种思想。国际中文教育事业的主要任务就是促进世界各国语言文化交流与民心相通，加强对外文化交流和多层次文明对话，助力构建中国语言文化全球传播体系、国际中文教育标准体系以及人类命运共同体，全力提升国家文化软实力，从而助推建设文化强国，这是一项国家和民族的事业。

本节关键词

应用语言学　学科性质　学科任务

第二节 国际中文教育的理论基础

任何一门学科均有其自身的基本概念、理论基础和基本方法，国际中文教育也不例外。上一小节指出，作为综合性交叉学科，国际中文教育和语言学、教育学、心理学、文化学、跨文化交际学、社会学、计算机科学、传播学等都存在着强度不等的联系，特别是和语言学、教育学、心理学、文化学之间的关系尤为密切。换言之，语言学、教育学、心理学、文化学是和国际中文教育关系最密切的学科，前者构建了后者的理论基础。

一、语言学

语言学理论是国际中文教育最重要的专业理论基础，语言学与国际中文教育相辅相成互相促进。

1. 语言学的理论知识对国际中文教育具有指导作用

作为一种音义结合的约定俗成的符合系统，语言是人类最重要的交际工具和思维工具，人类借助语言表达思想进行交流，同时使用语言将思维的结果以书面或口头方式表达出来。作为教学活动和学科的国际中文教育本质上是一种语言教育，同语言学及其相关分支学科（如普通语言学、社会语言学、文化语言学、应用语言学等）的关系最为密切。在中文教学及研究过程中，应该紧紧抓住汉语的交际工具属性和思维工具属性，将语音、词汇、语法和汉字教学的目标统一到让学习者掌握汉语并运用汉语进行熟练交际这一核心任务中来；同时在具体研究中也应该具有将语音、词汇、语法的一般规律应用到教学实践中的自觉意识，以语言学理论知识指导教学实践。这就要求国际中文教育从业者必须具备扎实的语言学基础知识，能够正确认识语言并运用正确的研究方法对各种语言现象进行分析研究。对汉语语言学来说，加强汉语本体研究无疑是作为教学活动和学科的国际中文教育可持续发展的原动力，离开汉语本体研究，国际中文教育将成为无本之木、无源之水。朱德熙先生曾提出汉语教学水平的提高需要依靠汉语研究水平的提高："上课很多问题说不清，是因为基础研究不够。……应该强调汉语研究是对外汉语教学的基础，是后备力量，离开汉语研究，对外汉语教学就无法前进。"（吕必松、陈亚川、朱德熙等，1989）

例如，"上"是现代汉语中使用频率极高、表达功能极多、语义极为复杂的方位词，留学生在使用过程中常常出现方位词缺失、方位词冗余、方位词误用、介词缺失等类型的偏误现象。通过考察语料可以发现，方位词"上"所依附的前位语言成分（主要是体词性成分）主要有以下几种类型。

（1）具体无生（inanimate）名词。这些名词所代表的实体具有离散、有形、可视、可触摸、没有生命等高可触知性特征；占据一定的空间，依类型不同可以表现出大小、厚薄等长宽高物理几何属性。例如："桌子"等家具类名词，"冰箱"等电器类名词，"楼房"等建筑类名词，"汽车"等交通邮电工具类名词，"花"等植物类名词，"杯子"等器具类名词，"帽子"等衣物类名词，"篮球"等文教体育类名词，"书"等介质类名词，"地球"等自然界物体类名词，"玻璃"等原料类名词，"米饭"等食物类名词，"考场"等场合场所类名词，"垃圾"等废弃物类名词，以及"钱币"等其他人造物名词。

（2）具体有生（animate）名词。这类有生名词所代表的实体属于广泛分布于自然界中的微生物，绝大多数个体在显微镜下才能观察到，因此具有离散、有形、可视、有生命等高可触知性特征；占据一定的空间。例如，细菌、病毒、衣原体、支原体、细胞。

（3）部件名词。这类名词所代表的可以是具体物、人、动物等实体的一部分，可以是具体名词的抽象部分，还可以是人和动物的整个身体。例如，"（桌子）腿"等具体物部件类名词，人和动物身体类名词，以及动物、植物、人体部件类名词。

（4）抽象名词。这些名词所代表的抽象实体具有连续、无形、不可视、不可触摸等低可触知性特征；现实世界中不能占据一定的空间，没有大小、厚薄等长宽高物理几何属性。例如，"形式""思想"等整体之部分类（方面）名词，"（……的）份儿"等原因类名词，"某种意义"等范围类名词，"程度"等程度类名词，"历史"等时间类名词，"账户""名义"等责任者代表类名词。

（5）谓词性短语。这类谓词性短语大致可以分为三种类型：光杆动词、动词＋宾语，宾语＋的＋动词。例如，"管理""加强管理狠抓落实"等。

从（1）～（5）可以看出，"并非所有的名词都能出现在X的位置上，因为只有具有空间方位特征或心理上的空间方位特征的名词才具备起码的条件"。下面这些名词因为"不能表达物质的空间方位"（崔希亮，2001），所以不能构成"X上"格式。

（6）称谓。例如，阿姨、哥哥、先生、同志、皇帝。

（7）时间名词。例如，今天、当初、现在、过去、未来、春天、礼拜一。

（8）方位词。例如，里、外、前、后、前边、后边、外头、里头、中间、东面。

（9）处所名词。例如，郊区、边疆、角落、农村、图书馆、学校、北京、上游。

（10）集合名词。例如，花朵、河流、山川。

（11）边界不清的普通名词。例如，阴谋、黑夜、西医、暴雨、民间、民族、居民。

再如，关于副词"反而"的教学也是难点之一。马真在《说"反而"》（《中国语文》1983年第3期）一文中指出，对副词"反而"的教学必须加强对语义背景的阐释，副词"反而"的使用必须基于以下语义背景：

A. 甲现象或情况出现或发生了；

B. 按说［常情］/原想［预料］甲现象或情况的出现或发生会引起乙现象或情况的出现或发生；

C. 事实上乙现象或情况没有出现或发生；

D. 倒出现或发生了与乙相悖的丙现象或情况。

按照这种分析，包含“反而”的复句结构具有如下的内部语义关系（李大忠，1996）：

A. 小王给女朋友买了一件毛衣，B. 以为女朋友一定会很高兴，C. 可是女朋友不但不高兴，D. 反而把他批评了一顿。①

这种基于语义背景的分析比较容易让汉语学习者理解“反而”的释义中出现的“与前文意思相反”或“出乎意料”“违背常情”等释义用语，是基于用法的释义。

上述两个研究实例说明，语言学研究特别是本体研究成果对作为教学活动的国际中文教育具有重要的指导意义，没有这些本体研究成果，国际中文教育的教学活动“就无法前进”。

语言是思维的工具，对国际中文教育的启示主要体现在这样两点上。一是必须在学习者具备一定汉语水平的基础上强调汉语目的语教学，逐渐引导学生用汉语思考，用汉语表达自己的思想。例如，可以通过强化写作的方式引导学习者书面语言输出，以书面语输入与输出提高学习者用汉语进行思考的可能性。二是在汉语教学中要注重让学生理解汉民族的思维方式，通过对比不同民族思维方式的差异，尽量减少学习者在口头或书面交际过程中产生的障碍。

2. 国际中文教育教学实践是语言学研究的试金石

国际中文教育教学实践虽然必须以语言学理论知识为指导，但前者却又往往是后者的“试金石”。我们在教学实践中从语言现象中抽象出来的词汇或语法规则及其定义、用法，“究竟是一些表面现象，还是真正的本质，说汉语的人往往看不出来，因为我们用一个词并不是严格地按照定义去用的。学汉语的外国人就不是这样。他们是严格地按照定义去理解运用一个词的。如果我们给的定义只接触到表面现象而没有揭露出本质，他们往往就会用错”（王还，1994）。例如，汉语教材或学习词典对虚词“反而”的解释一般着意突出“与前文意思相反”或“出乎意料”“违背常情”等三个关键词。

反而①：副词，表示与前文意思相反或者结果出乎意料。［《发展汉语》（第二版·中级综合Ⅰ）］

反而②：on the contrary，相反地，连词“不但”与“反而”配合使用，表示前后两个句子的意思相反，有“不但”的句子一定是否定句，带“反而”的句子一定是肯定句。［《成功之路》（进步篇·读和写 1）］

反而③：表示跟上文意思相反或出乎预料和常情。风不但没停，反而越来越大了。｜你太拘礼了，反而弄得大家很不自在。［《现代汉语词典》（第 7 版）］

反而④：用在后半句，表示跟上文意思相反、违背常情或出乎意料。我好心帮助他，

① 我们在教学中对这种语义关系进行了尝试，在讲解“反而”的语义背景以及包含“反而”复句的内部语义关系的基础上，让学生做完整形式和简约形式的还原练习。结果显示，学习者普遍掌握了“反而”的意义及用法。

反而被他埋怨。｜父亲的反对，反而坚定了她学漫画的决心。[《当代汉语学习词典（初级本）》]

但这种处理方式在教学中的使用效果如何呢？释义中的“与前文意思相反”具体是与什么相反？“出乎意料”和“违背常理”中的“意料”和“常理”具体指的是什么？学习者如何判断得知？汉语母语者对汉语有着清晰的语感，一般不会产生这种理解上的困难，因为“我们用一个词并不是严格地按照定义去用的”。然而对汉语学习者来说，情况完全不是这样，因为教学实践及中介语语料库中出现了大量“反而”的错误用例。这一现象告诉我们，从汉语学习者的角度来看，对“反而”的释义或解说可能还需要进一步优化（马真，1983）。

3. 语言学及其相关分支学科与不同语言学流派也为国际中文教育提供理论依据

语言学在发展过程中一方面产生了许多分支学科，如普通语言学、心理语言学、社会语言学、文化语言学、应用语言学等；另一方面也形成了诸多不同理念及语言观的语言学流派，如历史比较语言学、结构主义语言学、转换生成语法、功能主义语言学、认知语言学、互动语言学等。语言学的分支学科可以为国际中文教育提供基础理论方面的借鉴，例如普通语言学所揭示的语言的普遍规律对汉语作为第二语言或外语教学具有指导作用，心理语言学关于人类学习和使用语言的探讨对国际中文教育会产生直接影响，社会语言学所关注的语言文化与职业的关系为语言教学法提供了参照。不同理念及语言观的诸多语言学流派可以为国际中文教育提供基于认识论方面的借鉴，例如对某种语言现象的认识，不同的语言学流派会有所差异，这些不同认识为我们更准确地理解语言现象提供了不同视角。

二、教育学

教育学是国际中文教育重要的学科理论基础，教育学的一般理论是汉语作为第二语言教学的理论基础。

教育学是研究教育活动和教育规律的科学，通常通过对教育现象或教育问题的研究来揭示教育的一般规律。国际中文教育作为一门独立的学科固然有其自身的特殊规律，但总体上应该遵循教育学的一般规律。“教育学跟语言教学的关系最为直接，最为密切，课堂教学的方法、技巧和手段，主要是教育学的问题。”（盛炎，1990）教育学理论，特别是其中的教学论对国际中文教育具有直接的理论影响。

1. 教育学中的教学原则和教学理论对国际中文教育具有指导意义

教学原则是根据具体教学目标和教学规律制定的指导教学的基本要求，是长期教学实践和经验的总结概括，比如科学性与思想性相统一原则、理论联系实际原则、传授知识与发展能力相结合原则、直观性与抽象性相协调原则、教师主导和以学生为中心相结合原则、系统性和循序渐进相结合原则、统一要求与因材施教相结合原则、理解性与巩固性相结合原则、量力而行与难度适中相结合原则等。这些原则相互独立又互相制约，对作为教学活动和学科的国际中文教育均具有指导意义。此外，教育发展史上出现的结构主义教学理论、掌握学习教学理论、范例教学理论、多元智能理论、发展性教育理论、教学过程最优化理论、合作教育理论、建构主义教育理论及后现代主义教育理论等教育理论形态也可以为国际中文教育提供借鉴。

2. 教学过程的一般原理影响国际中文教育的教学过程

教学过程是师生互相配合共同完成教学任务的过程。《礼记·中庸》中所说“博学之，审问之，慎思之，明辨之，笃行之”，《论语·为政》中所说“学而不思则罔，思而不学则殆”，都是对教与学过程的描述。教学过程往往涉及教师、学生、教学内容、教学方法、教学模式、教学手段、教学媒介和教学环境等因素，这些因素的互相配合会直接影响到教学效果。国际中文教育作为教育学的一个下位概念，在具体教学实践中也应该遵循教学过程的基本规律，从易到难，循序渐进，并根据教学对象的特点灵活选择不同的教学模式，如以捷克民主主义教育家夸美纽斯为代表的“观察—记忆—理解—练习”传授式、以美国实用主义教育家杜威为代表的“设置问题的情境—确定问题的性质—拟定解决问题的方案—执行计划—检验与评估”活动式、以美国心理学家和教育家布鲁纳为代表的发现学习式、以苏联心理学家赞可夫为代表的发展式等（刘珣，2000）。

3. 教学论中的教学方法会直接影响国际中文教育的教学方法

教学方法主要指教师在完成教学任务的过程中所采取的方式方法。在侧重点差异方面，既有注重知识传授的教学法，也有以训练为主的教学法，既有注重性情陶冶的教学法，也有以观察为主的教学法。在具体实例方面，话题式教学法、翻转课堂教学法、情境教学法、对分课堂教学法、创客教学法、案例教学法、基于内容的教学法等都是常常使用的教学方法。国际中文教育教学主张“精讲多练”，具体采取何种教学方法会受到诸多主客观条件的制约。教学有法而无定法，没有一成不变的教学方法，也没有十全十美的教学方法。具体选择何种教学方法，需要教学者因地制宜，根据学习对象、学习内容、学习环境等多种因素做出选择。

三、心理学

心理学是国际中文教育重要的学科理论支撑。

心理学是研究心理现象及其一般规律的科学，是国际中文教育的重要支撑学科。心理学研究领域广泛，主要涉及感觉、知觉、注意、表征、联想、想象、思维、概念、理解、记忆、遗忘、性格、动机、需要、人格、IQ、行为习惯、人际关系、社会关系等，甚至与家庭、健康、教育和社会等诸多日常生活领域也有不同程度的关联。心理学构建国际中文教育的理论基础主要体现为以下三个方面。

1. 心理学中的记忆及记忆规律对国际中文教育具有启发意义

记忆是人脑对过去经验的识记、保存、再现和提取，是进行思维和想象等高级心理活动的基础。记忆可以根据不同的标准进行分类，例如根据记忆内容可将记忆分为形象记忆、逻辑记忆、情绪记忆和动作记忆，根据记忆内容保持的时间可将记忆分为瞬时记忆、短时记忆和长时记忆。国际中文教育教学中可根据教学内容的不同发挥不同记忆类型的优势，并按照记忆过程规律和遗忘规律采取不同的策略和方法增强学习者的记忆效果和记忆能力。

2. 心理学发展过程中形成的不同心理学流派对国际中文教育教学法产生了深刻影响

心理学的类别通常包括普通心理学、建构主义心理学、行为主义心理学、格式塔心理学、精神分析学派心理学、社会心理学、认知心理学以及人本主义心理学等。不同学派的心理学理论往往构成语言教学法的心理学基础。例如行为主义心理学主张通过强化手段让被试建立一个刺激—反应的联结过程，强调模仿、重复和强化的“刺激—反应—强化”模式，这一理论后来成为听说法、视听法和程序教学法等教学法流派的重要心理学理论基础。再如格式塔心理学反对研究中的元素分解，主张把心理作为一个整体研究，强调整体并不是部分的简单相加，而是整体大于部分之和。这一理论对视听教学法具有一定的影响。又如，认知心理学成为认知教学法的理论基础，人本主义心理学则成为默教法和咨询法的理论基础。

3. 心理学关于学生的个体差异理论对国际中文教育学习者个体因素差异研究具有指导意义

心理学对个体智力差异以及学习风格差异等个体差异的阐释，对作为教学活动和学科的国际中文教育学习者个体因素差异的研究无疑具有重要的指导意义。语言学习者的个体因素主要包括生理因素、认知因素和情感因素。生理因素主要表现为年龄差异，例如母语习得的关键期假说、学习者年龄对语言习得和学习的影响等。认知因素主要指智力、语言学能、学习策略、交际策略和认知方式，例如对学习策略和交际策略的探讨有利于我们更好地了解语言习得的过程及影响因素，再如了解不同的认知方式有利于教师更好地因材施教。情感因素主要包括动机、态度和性格，情感因素往往对语言学习产生重要影响，如学习动机不同往往会影响语言学习的广度和深度。对这些语言学习者的个体因素差异的分析和研究，无疑需要借助心理学关于个体差异的分析和阐释。

四、文化学

文化学是国际中文教育不可或缺的专业理论基础。

文化是人类创造的一切物质财富和精神财富的总和，文化具有民族性、社会性、系统性。文化和语言一体两面不可分割，虽然国际中文教育在教学活动层面上属于语言教学，但国际中文教育却一刻也不能离开文化，我们甚至可以说语言就是文化，学习语言就是学习文化。

1. 国际中文教育的语言教学属性离不开跨文化交际理论的指导

跨文化交际是指具有不同文化背景的人们之间的语言和非语言交际行为。作为一个交际过程，跨文化交际往往要经历蜜月期、挫折期、调整期和适应期四个阶段。作为跨文化语言教学，国际中文教育必须遵循跨文化交际的一般规律和特点，注重教师和学习者的跨文化交际意识培养，兼顾语言规则和交际规则，采用以语言交际为主、非语言交际为辅的方式培养学习者的跨文化交际能力。

2. 国际中文教育需要正确看待语言教学与文化教学的关系

语言与文化不可分割，语言教学与文化教学亦如此。“要真正地掌握汉语言，就必须学习中国的文化，中国文化的有关知识是对外汉语教学内容的一部分。交际能力中社会语言能力、话语能力和策略能力等都与文化密切相关。不了解中国文化，很难用汉语进行交际。……很多场合下交际的误会不是因为语言而是因为文化。”（陈昌来，2005）文化和文化教学对国际中文教育的重要性可见一斑。

关于语言教学与文化教学的关系业界颇有论述，基本的共识是语言教学是主体，文化教学必须为语言教学服务，即语言教学第一性、文化教学第二性，文化教学附庸于语言教学。从对外汉语教学的主要目标是培养学习者掌握用汉语进行听、说、读、写交际活动的能力这一角度来看，这种共识是没有问题的。但从文化及文化教学与语言教学特别是语言交际的重要性来看，这种观点似乎又低估了文化教学的重要性。当前文化教学的主要方法是“文化教学内容应体现语言的、交际的、对外的三条原则，即与语言的学习和使用紧密相关且体现汉语文化特点的、为培养跨文化语言交际能力所必需的、针对外国学习者实际需要的那部分文化”（刘珣，2000）。除了基本国情文化和专业所要求的专门性文化知识的教学外，国际中文教育文化教学尤为注重语言文化因素的教学，如体现民族思维方式和心理模式的语构文化、语义文化和语用文化等。作为中文教学的重要凭借，教材在文化教学中发挥的作用不容忽视。然而，“如何将中国文化浸润、融合在教材之中，对这一问题还缺乏认真、深入的考虑。……古今中外，任何外语教学都伴随着文化教学，概莫能外。在当今的汉语教学中，‘文化教学’叫得很厉害，但卓有成效的作为不多”（陆俭明，2019）。在新时代背景下，如何卓有成效地开展中华文化教学，以“随风潜入夜，润物细无声”的方式让学习者了解、理解、接受中华文化是一个时间紧迫的大课题。要在国际中文教育中“讲好中国故事，传播好中国声音”“展现可信、可爱、可敬的中国形象”都离不开卓有成效的文化教学。那么我们应该教授哪些文化？如何教授这些文化？令人可喜的是，经过多年的游移不前，《国际中文教育用中国文化和国情教学参考框架》终于问世。这是国际中文教育领域第一部文化教学的参考框架，对中国文化和当代国情的教学内容和目标进行梳理和描述，旨在为海内外大中小学、孔子学院（课堂）和其他中文教学机构在文化课程设置、课堂教学、教材编写、学习者文化能力测评等方面提供参考和依据。该框架力求全面、系统、客观地介绍中国文化和当代中国国情，为新时代国际中文教育中文化教学的内容与方法提供了一种新理念和新思路。

3. 注重语言文化交流的双向性，关注并尊重异国文化

交际具有双向性，国际中文教育在文化教学的过程中不但要展示中华文化内容，也要注意关注并尊重他国文化。中文教师和中文学习者来自不同的国家，各自有着不同的文化背景，教学过程中中文教师应该注重对比分析法的运用，特点因比较而显，在中华文化教学的基础上通过对比分析异国文化可以凸显中华文化的特点，更便于学习者理解和掌握。而中文教师对异国文化的关注和尊重也更容易营造和谐的教学氛围，从而大大提高文化教学的效率。

总之，国际中文教育是一门独立学科，更是一门综合性交叉学科，与语言学、教育学、心理学和文化学关系密切并从中汲取了大量的理论营养，不断将自身丰富充实为日臻成熟的学科。

本节关键词

理论基础　心理学　语言教学与文化教学

第三节 国际中文教育研究的基本框架

国际中文教育历经 70 多年的发展，已经形成比较稳定的研究课题及研究领域。基于教师、教材和教学法的“三教”问题以及基于“教什么”“怎么教”和“如何学”的研究三角问题已成为国际中文教育研究的重要课题和主要领域。

一、基于教师、教材和教学法的“三教”问题

基于教师、教材和教学法的“三教”问题可谓国际中文教育研究的基本问题，其中教师是该问题的核心与关键（崔希亮，2010）。教材和教学法均与教师密切相关，教师的个人素养、知识理论体系、价值取向、能力素质、心理素质、创新能力、教学理念、语言文化敏感性等直接关系到教材编写内容的选择及呈现方式，同时也会直接影响教学方法的选择和运用。因此教师是“三教”问题的核心与关键，处理好教师环节，教材和教学法问题的解决就容易得多了。

（一）教师

新时代，教师教育发展日渐成为一项聚焦课题，关于对教师问题的研究主要集中在以下三个方面。

1. 加强中文教师的理论知识体系研究

国际中文教育是一门综合性交叉学科，作为一线执业者，国际中文教师应该具备哪些知识理论一直是业界关心的核心问题之一。联系到与国际中文教育密切相关的几个学科，国际中文教师的知识理论体系大致包括普通语言学理论知识、汉语语言学理论知识、中华文化理论知识，以及心理学、教育学、文化学和融媒体学等方面的知识。在这些知识体系中，汉语语言学和中华文化的理论知识是核心，换言之，一名合格的国际中文教师必须首先具备扎实的汉语语言学和中华文化的理论知识。

2. 加强中文教师的能力体系研究

作为一名国际中文教师，在理论知识储备的基础上应该具备哪些能力？说到底，国际中文教育在教学活动层面上是一门实践学科，需要中文教师在讲台上传播汉语言文化。因此，中文及外语的语言表达能力、跨文化交际能力、协调沟通能力、课堂及活动组织能力、课堂管理能力、应急事件处置能力、调查研究能力、亲和能力等应该成为中文教师的必备素质。

3. 加强师资储备及培养研究

作为外语教学或第二语言教学，国际中文教育应该同时兼顾国内、国外两个市场，但

主战场应该在国外。伴随越来越多的国家将中文列入本国国民教育体系，把中文列为中考甚至高考科目，如何培养世界各国的本土中文教师成为一项重要任务。但这并不是说要弱化国内的国际中文教育市场，中国作为中文的母语国，应该放眼长远，担当起作为全球中文教学基地、中心和学科理论研究基地的重任。如何统筹国内外中文教师的储备及培养，同时兼顾培养规格的全球化与本土化，坚持国际中文教师执教资格认证，将是今后一段时间的研究热点。

（二）教材

教材是中文教育的主要凭借，是汉语书面语教学的主体素材来源，在国际中文教育中发挥着重要作用。加强中文教材研究，应该从以下几个方面着力。

1. 加强中文教材的编写基础研究

鉴于学习对象的特殊性，中文教材编写是一项大工程，是戴着镣铐跳舞的过程。教材编写的基础研究主要包括面向中文教材编写的语音、词汇和语法研究，语用研究，汉字研究，文化研究，以及话题主题研究等。这些研究虽不在一个层面上，但对教材编写的作用毋庸置疑。例如初级中文教材的注音如何与《汉语拼音方案》结合起来，如何在教材编写中尽量减少《汉语拼音方案》可能造成的识读困难（如字母 ü 上两点的省略、变调的声调处理、单元音和韵母第一字母 i 和 u 改成 y 和 w 的问题等）就非常值得研究；随着近年来中文学习需求的多元化，汉语拼音在中文学习中的地位越来越凸显，如何发挥汉语拼音的第二文字作用值得进一步研究。再如面向教材编写的词汇和语法的研究，这些语言要素要不要分类分级，如果要分类分级，那么标准应该如何把握？文化研究及话题主题研究的重要性亦不言而喻。中文教材应该选择哪些话题主题以及应该融入哪些中华文化、以何种方式融入这些中华文化，更是需要编写者的大智慧。

2. 加强通用型教材编写与研究

通用型教材也可以成为普适性教材，即放在世界各国都能使用的中文教材，如《新实用汉语课本》、《发展汉语》（第二版）、《长城汉语》、《中文》、《快乐汉语》、《汉语乐园》、《跟我学汉语》等都是目前比较流行的通用型教材，在国际中文教育领域受到普遍欢迎。新时代国际中文教育的角色地位更加凸显，加强通用型教材的编写与研究，让中文教材更有利于推动中文及中华文化的传播，让中文教材更加契合世界各国学习者的需要成为题中应有之义。

3. 加强国别化及语别化教材的研究与开发

通用化教材虽然言之“通用”“普适”，但在具体环境中终究有不适切之处，国别化教材和语别化教材可谓中文教材的精准化编写。每个国家、每个语种，都有自己独特的文化背景及国情文化现状，编写针对不同国家和语种的中文教材，可以说是教学内容层面上的因材施教。随着国际中文教育发展的不断深入，世界各国中文教学从业者也开始编写在自己国家使用的中文教材，《中文听说读写》《中文入门教材》《步步高中文》《爱尔兰中学过渡年教学资源包》《意大利人学汉语》《聊聊》等都是比较成功的由本土中文教师参与编写的国别化中文教材。和全球范围的中文教学规模相比，当前的国别化或语别化中文教材规模还比较小，还有很大的提升空间。

4. 不断夯实教材编写的理论研究与实践研究

中文教材编写是一门学问，需要理论研究作为支撑。当前中文教材编写渐呈多元化趋势，除了普遍使用的通用型教材，还有地域化教材、国别化教材和语别化教材，这更体现出加强教材编写理论研究的紧迫性。教材编写理论主要包括对教材基本属性的定位、对教材基本功能的认识、对教材编写原则的概括、对教材基本理念的提炼，以及如何体现某种教学法、如何处理语言知识和语言技能的关系等等。总之，教材编写是一项系统工程，既要明确编写的基本程序，又要遵循一些通用编写原则和教学大纲。如果编写系列教材，还需要综合考虑不同级别之间的纵向衔接以及不同技能之间的横向区别。

5. 进一步加强国际中文教材评估研究

国际中文教材编写的多元化趋势明显增强，通用型教材，针对不同年龄学习者的教材，面向不同地区和国家的区域化、国别化和语别化教材大大丰富了教材的类别，极大地拓展了学习者对教材的选择空间。那么如何知道各类教材的质量如何？这就需要介入教材评估，对已出版的教材进行多角度、多层次的全方位评估。教材评估的目的是保持优良传统，把符合规律的东西发扬光大，但更重在教材的更新，注重教材编写框架的突破，要通过评估寻求教材的创新（赵金铭，1998）。多元化中文教材的发展趋势，需要多元化的教材评估标准和评估体系，以确保教材质量稳步提升。

（三）教学法

教学方法可以说是国际中文教学的翅膀，好的教学方法能够大幅提升教学效率，让语言教学事半功倍。语言教学史上出现过很多教学法流派，例如语法翻译法、直接法、听说法、认知法和全身反应法、静默法、咨询法、交际法、任务型教学法等，这些方法都被不同程度地运用到了国际中文教学中。近年来，随着国际中文教育研究的不断深入，也出现了一些新的教学法，例如附丽于特定语言的教学法、案例教学法、对外汉语教学激创法，以及基于结构、功能和语境的三一语法等。不同的教学法由于所处时代、话语背景、教学理念的差异，适用的场合和对象也存在差异。教学有法而无定法，选择何种教学法常常受到教学对象、教学内容、教师个体因素等多方面的影响，因此没有任何一种教学法是万能的。随着人工智能、大数据、5G、AR/VR 技术的发展，技术赋能的国际中文教育将进一步普及化，智能技术如何赋能中文教学、如何用智能信息技术打造智慧化中文教学已成为摆在我们面前的重要理论与实践课题。这种趋势一方面会促进以往教学法的整合，另一方面势必也会进一步催生新的教学方法。

二、基于“教什么”“怎么教”和“如何学”的研究三角问题

基于“教什么”“怎么教”和“如何学”的研究三角问题是国际中文教育研究基本框架的主要组成部分，也是对国际中文教育学科体系和研究课题的凝练。例如，陆俭明（2004）在《增强学科意识，发展对外汉语教学》一文中曾提出 14 个迫切需要研究的基础性课题。赵金铭（2019）系统梳理了“教什么”“如何学”和“怎样教”的关系，认为国际中文教育

学科研究首先要研究“教什么”，其次研究“如何学”，最后的研究才是“怎样教”，并进一步指出，国际中文教育定位于应用语言学研究范畴内，应该处于语言学、心理学、教育学、计算语言学和现代教育技术的交叉地带，这种逻辑关系充分体现了国际中文教育作为独立学科的研究特点。作为独立学科的国际中文教育[①]应该有四个研究层面。

第一层面，本体论：从事作为第二语言的汉语本体研究，其理论基础为语言学。

第二层面，认识论：从事汉语作为第二语言习得与认知研究，其理论基础是心理学。

第三层面，方法论：从事汉语教学理论与方法研究，其理论基础是教育学。

第四层面，工具论：从事现代科技手段应用于教学与学习的研究，其理论基础为计算语言学和现代教育技术。

四个研究层面与“教什么”“如何学”和“怎样教”构成了国际中文教育研究的系统工程（见表 2－1）。

表 2－1　国际中文教育研究的系统工程

	理论基础	研究层面	研究目的
国际中文教育研究	语言学	本体论：汉语本体研究	教什么
	心理学	认识论：汉语习得与认知研究	如何学
	教育学	方法论：教学理论与方法研究	怎样教
	计算语言学和现代教育技术	工具论：现代科技手段在教学与学习中的应用研究	用什么技术手段

三、新时代国际中文教育的主要研究课题和研究领域

70 多年来，国际中文教育学科定位已基本明确，研究框架也已基本形成。站在世界百年未有之大变局及构建人类命运共同体的宏观视角来看，国际中文教育在既有“三教”问题和研究三角问题的基础上，应该拥有更加开阔、更有深度的研究课题和研究领域。

1. 单边主义有所抬头及逆全球化趋势有所加剧的国际环境对国际中文教育的影响

一段时间以来，国际贸易保护主义和单边主义有所抬头，逆全球化趋势有所加剧，这给世界经济发展带来了很大的不确定性。这种国际大环境加上近年来的新冠病毒感染疫情，无疑会对国际中文教育产生一定的负面影响，如学校生源数量下降，传统线下教学模式面临改变，学习者的学习需求和动机发生转变等等。但“危”中有“机”，作为世界第二大经济体的中国，开放的大门不会关上，只会越开越大。构建人类命运共同体理念及“一带一路”倡议等中国治理方案无疑为不确定的经济全球化带来了确定性，为促进公平贸易和推动经济全球化朝着开放包容和互利共赢的方向发展注入了活力。国际中文教育应该加强关于国际大环境对其造成的负面影响的研究，“危”中找“机”，并从中找出因应对策，促进教学、学科和事业可持续发展。

2. 进一步加强汉语汉字特点的研究

汉字是汉语言相较于其他语言的最本质的特征，然而多年来我们似乎并未找到一条合

① 赵金铭（2019）使用的术语为“对外汉语教学”。

适的符合汉语汉字教学规律的路子。吕叔湘先生在20世纪80年代就指出："介绍国外的学说当然需要，我们现在介绍得还很不够，但是介绍的目的是借鉴，是促进我们的研究。我们不能老谈隔壁人家的事情，而不联系自己家里的事情。"（吕叔湘，1981）"道理很简单，把汉语作为外语来教，跟把英语或日语作为外语来教，遇到的问题不全相同；把汉语教给英美人，或者阿拉伯人，或者日本人，或者巴基斯坦人，遇到的问题不全相同。"（吕叔湘，1984）我们在"语文并进"还是"语文分开""先语后文"问题上的游移不定、左右摇摆，也许恰好说明我们对自己的语言——汉语缺乏科学的认识。吕必松（2003）指出，我们在对外汉语教学理论与实践方面存在的最大问题是"对汉语的特点缺乏足够的认识，总是在西方语言学理论和语言教学理论的框架内思考问题"，"总是拿西方语言学理论和语言教学理论作为理论的根据，很少从汉语的特点出发研究问题"，"至今还没有找到一条符合汉语特点和汉语学习规律的教学路子"。赵金铭（2008）指出："汉语作为第二语言教学的教学模式与教学方法，归根到底，要从汉语和汉字的特点出发，要结合汉语和汉字应用的特点，而不能生搬硬套现成的以印欧系语言为对象而设计出来的语言教学法。"李泉（2020a）提出，应该加强"以汉语教学自身问题为主的研究取向，要更多地关注汉语汉字特点及其教学规律的探索"，"指望从拼音文字的二语教学理论和方法中，找到适合汉语教学的理论和方法过于理想化"。到底什么是"汉语汉字特点及其教学规律"？什么是"符合汉语特点和汉语学习规律的教学路子"？对这些问题的回答，需要我们系统梳理之前的基础研究，并在"借鉴"国外学说的基础上不断加强理论创新，进一步探究汉语汉字的本质特征，从而凝练出符合汉语汉字特点的教学路子。

3. 加强教材多元化建设，以高质量中文教材为依托，切实加强中文书面语的教学与研究

多元化是国际中文教材建设发展的重要特征，在加强教材多元化建设的同时要兼顾中文教材的多元化评估。无论是通用型教材还是地域化、国别化或语别化教材，其主体内容都应该是基于中华民族思维方式的汉语汉字的书面表达形式。国际中文教育的纵深发展，必须在口语教学的基础上广泛普及书面语教学。正如李泉（2020b）指出的，国际中文教育在泛指汉语口语和书面语教学的同时，也预示着新时代的学科建设将着力发展中文书面语教学和研究。由于"中华民族古代和现代的智慧、优秀文化大部分保留在汉语言文字中"，因此，中文书面语教学与研究的加强必将为我国"制度或精神层面"的文化传播提供强大驱动力。中文书面语的教学与研究应该成为国际中文教育研究的一个重要领域。

4. 加强汉语学习词典及语料库建设

教学资源建设是国际中文教育学科建设的重要内容。据统计，截至2020年底，全球共有纸质中文教材19 530种（1901—2020年）；其中2001—2020年的20年间为快速增长期，尤其是2011—2020年10年间出版教材种类最多，达8 039种（吴应辉，2021）。汉语学习词典和语料库是重要的教学资源，对中文教师和中文学习者不可或缺。语言学习离不开词典，但用于二语学习的词典明显不同于母语学习词典。目前编纂出版的汉语学习词典基本上没有市场，究其原因主要在于学习者对词典不满意。相较于发行几千万册的《牛津高阶英语学习词典（*Oxford Advanced Learner's Dictionary*），汉语学习词典的发行规模实在相形见绌。词典编纂的出路之一是必须以大规模语料库为依托，除了目前建成的中介语语料库，还应该建设用于教材编写和词典编纂的语料库。除了编纂新型国际中文学习词典和建设国际中文教育语料库，面向二者的理论研究也应该得到进一步加强。

5. 加强语言学习理论与语言教学理论研究

语言学习理论是揭示学习者“如何学”的理论。掌握语言学习理论是中文教师执业过程中“知己知彼”了解学习者的重要方式。例如第一语言学习和第二语言学习的一些假说，可以从理论层面引导中文教师进一步理解国际中文教育的学科内涵，对中文学习者的语言学习表现进行理论思考。语言教学理论是揭示教师“怎么教”的理论。对语言教学史上出现的诸多教学法流派的教学理念及理论基础的把握，以及对国际中文教育总体设计、课堂教学、教材编写、语言测试等诸多环节的内在逻辑认识，将从理论层面上对具体教学活动产生指导作用。换言之，加强语言学习理论与语言教学理论研究应该成为国际中文教师的必备素质，一名优秀的国际中文教师不但是匠人更应该是学者。

6. 加强不同教学模式研究

教学模式是基于某种教学理念和教学理论形成的一套比较稳定的教学活动框架和程序，例如传统讲授教学模式（lecture-based learning，LBL）、问题导向教学模式（problem-based learning，PBL）、基于团队学习教学模式（team-based learning，TBL）、案例教学模式（case-based learning，CBL）、研究型教学模式（research-based learning，RBL）等。国际中文教育领域内的教学模式一般有两种：一种是基于语言技能的模式，即综合课打头、按技能设课教学模式；另一种是基于授课媒介的模式，即传统线下教学模式与新时代线上教学模式。综合课打头、按技能设课教学模式适用于沉浸式集中授课学习，但对绝大部分海外中文教学机构来说就不适合，后者基本上是一本教材打天下，听、说、读、写、译全包揽。伴随信息技术及人工智能技术的发展，特别是新冠病毒感染疫情的影响，语言线上教学从无到有，大大丰富了课堂教学形态。加强教学模式研究，实现中文教学模式多元化，可以大幅度提高国际中文教学效率。

7. 加强文化教学内容及教学策略研究

鉴于中华文化海外传播的入超现状，国际中文教育必须进一步加强文化教学内容及文化教学策略的研究。汉字是中华文化的记录符号，是“中华文化的基石——它既是中华文化流传和发展的载体，自身的结构中又保存着很多中华文化的信息”（王宁，2018）。文化教学中不但要包括中华优秀传统文化，更要关注当代中国的文化内容，以当代“中国故事”为线索客观展现“可信、可爱、可敬的中国形象”，不说教不弘扬，以讲故事的方式“随风潜入夜，润物细无声”。文化教学必须和汉语书面语教学紧密联系，将文化内容融入书面语教学中。此外还应该加强中国书法的教学与研究，将中国书法引入文化教学，让中文学习者体会汉字的书法艺术之美。在文化内容的选择上，可以借鉴《国际中文教育用中国文化和国情教学参考框架》，审慎考虑我们“应该提供什么”而非“能提供什么”，加强文化教学的针对性和系统性。

8. 加强国际中文教育育人体系研究

党的十八大以来，习近平总书记围绕“培养社会主义建设者和接班人”的系列重要论述深刻回答了“为谁培养人、培养什么人、怎样培养人”这一教育根本问题。作为教育体系的重要组成部分，国际中文教育同样面临“为谁培养人、培养什么人、怎样培养人”的问题。国际中文教育应该通过中国语言文化教学、语言文化交流活动、“三巡”（巡演、巡讲、巡展）、各类语言信息服务等四个维度，采用有所为有所不为、立足当代兼顾传统、注重语言文化双向交流、区分传播层次、注重传播方式方法、紧紧依托汉字、制定本土化文化大纲等策略，向世界实事求是地介绍中国，讲好中国故事，培养了解中国、理解中国、读懂中国、热爱中国文化的知华、友华、爱华的国际汉语人才。

9. 加强中文教师师资储备及教师教育研究

一支稳定的高素质教师队伍是国际中文教育健康可持续发展的重要保证。经过 70 多年的不懈努力，目前已经形成包括国内中文教师、外派中文教师、国外本土中文教师、外派海外教师志愿者等在内的多元化教师队伍。长期来看，中文教师队伍的主阵地在海外，如何迅速扩大海外本土中文教师规模是一项长期任务，大量外派中文教师和中文教师志愿者仅是权宜之计。鉴于教师来源的多元化，应该持续加强教师教育研究，通过中文教师的职业化与专业化建设、国际中文教师执业资格考试等手段不断提升师资质量，为建设一支高质量的稳定的教师队伍提供制度和体制保障。与此相关的另一个课题是中文教师的职业发展，相关部门应该为中文教师创造一个稳定舒适的环境，使之以国际中文教育工作为荣并愿意以之实现自己的人生价值。

10. 加强国际中文教育技术赋能研究

郑艳群（2008）早在 2008 年就发现，表达手段的局限性造成了现有汉语学习词典的诸多不足，并据此构建出“虚拟词语空间”模型，提出利用虚拟现实技术和计算机仿真技术构建语言知识系统（即理想的对外汉语学习词典）的设想，这一设想在当时无疑具有很强的超前性。进入 21 世纪以来，人工智能、大数据、AR/VR 技术、5G 技术的迅猛发展，大大改变了语言文化教育的单一教学形态，技术赋能的国际中文教育研究引起了业界一线教师和学者的高度关注。智慧教育、教育元宇宙、融媒体意识等新理念的出现大大拓展了人们对语言教学与学习的想象空间，为开展技术赋能的国际中文教育提供了极大可能性。例如智慧教育理念，本质在于通过数字化、网络化、智能化等信息技术实现教育信息化，本着“精准、个性、优化、协同、思维、创造”等原则建立一个开放、交互、协作、共享、泛在的虚拟教学环境，通过人机协同作用优化教学过程与促进学习者的美好未来发展。以写作教学为例，智慧教育理念下宜运用多元手段进行深度作文讲评，Word 文档的审阅功能（批注、修订），学生优佳表达的展示和欠佳表达的分析，作文优秀语段、优秀例文的有声朗读，都能在很大程度上测算学习者语言文字表达与地道汉语的距离，作文讲评的深度、广度和效果直接关系到学生发自内心的期待，而能否满足以及在多大程度上满足这些期待往往成为写作教学成败的关键。因此，技术赋能需要理念支撑，教育理念需要技术赋能来实现，国际中文教育宜顺应并广泛研究这种信息化发展趋势，及时吸收新技术、新理念为我所用。

11. 以典型教学案例，推动国际中文教育需求侧研究

国际中文教育领域内基于教师、教材、教学法的“三教”问题研究，以及“教什么”“怎么教”“用什么技术手段”的系统框架研究，本质上属于供给侧的研究范畴，具有“能提供什么”而非“应该提供什么”的性质。从微观层面来看，国际中文教育宜加强基于需求侧的研究，就像裁衣需量体，没有对学习者“如何学”、学习者学习动机和需求、国外学校及教学机构的中文需求等问题的实证考察研究，基于供给侧的相关研究就会缺乏靶向针对性。典型教学案例为推动国际中文教育需求侧研究打开了一扇窗户。国际中文教育的跨文化属性，决定了其实践过程中的复杂性。作为“包含问题或疑难情境的真实发生的典型性事件”的案例，为国际中文教学提供了丰富的一线教学实证或数据。朱勇主编的《国际汉语教学案例分析》《国际汉语教学案例争鸣》为我们展示了大量来自海外中文教学的具体案例，弥补了国际中文教育领域“案例搜集数量不足，整理不系统”的缺陷，为国际中文教育需求侧研究提供了宝贵的一线素材。

12. 加强中文传播平台建设研究

《中华人民共和国国民经济和社会发展第十四个五年规划和2035年远景目标纲要》提出："建设中文传播平台，构建中国语言文化全球传播体系和国际中文教育标准体系。"国际中文教育仅仅依靠课堂教学与学习是远远不够的，需要建立立体化的中文传播平台网络。从实物形式上看，可以建立线下平台和线上平台，前者如国内专门从事国际中文教育的学校或机构、海外孔子学院、海外中国文化中心等，后者如线上课堂教学、微课、视频录播公开课等。从媒介形式上看，可以建设纸质平台和广播影视平台，前者如中文教材、海外中文报纸和期刊，后者可以创立"中国之声"中文广播电台，通过互联网、手机、车载平台、社交媒体等移动终端提供新闻资讯和文化节目，也可以创建中国优秀影视展播平台。从内容上看，可以建设课堂教学平台、学术讨论平台、文化活动平台和教学资源平台等。立体化中文传播平台网络的构建，将最终助力构建完成中国语言文化全球传播体系。

13. 加强国际中文教育考试及教育标准与等级大纲的研究

家有家法，行有行规，中文水平考试大纲、教育标准及等级大纲的制定与实施将确保国际中文教育运行在可持续发展的健康轨道上。中文水平考试作为标准化考试，是国际中文教育的重要出口，是检验国际中文教学效果及学习者学习效果的重要参照，如何参照《欧洲语言共同参考框架：学习、教学、评估》（欧洲理事会文化合作教育委员会，2008）等其他国际标准制定出可操作性强的中文水平考试大纲是中文水平考试研究的重要任务。国际中文教学史上，我们曾经出台过很多大纲和等级标准，这些大纲和等级标准在不同时期对教材编写、词典编纂、中文水平考试等都发挥了重要作用。新时代国际中文教育被赋予新的角色和任务，新型大纲和等级标准的制定也应该尽量契合国际中文教育的内涵提升与外延拓展，更好地为国际中文教育的发展保驾护航。

本节关键词

"三教"　四个研究层面　教学模式　中文传播平台　需求侧

第四节 关于国际中文教育专业

一、国际中文教育学科专业发展历程

来自教育部中外语言交流合作中心微信公众号的信息显示，在国际中文教育学科专业建设方面，全国目前共有424所高校设立了本科专业，198所高校设立了硕士专业学位，27所高校试点开展专业博士培养，金字塔形的专业学科布局总体上比较合理，但博士学位高端人才培养的规模相对较小。2022 年 9 月发布的《研究生教育学科专业目录（2022 年）》中，增设国际中文教育（由汉语国际教育更名）博士专业学位类别，国际中文教育从而获得了“准一级学科”的地位，此举标志着国际中文教育本科、硕士、博士贯通培养体系正式建成，对国际中文教育事业发展及学科建设具有深远意义。表 2 - 2 展示了国际中文教育学科专业发展的大致历程。

表 2 - 2　国际中文教育学科专业发展大致历程

时间	发展过程	专业学科代码
1983 年	教育部批准北京语言学院在外语系设立对外汉语教学专业，以培养对外汉语教师为主要目标，这是国内最早设立的培养对外汉语教学师资的专业	—
1985 年	教育部设立“对外汉语”本科专业，并指定北京语言学院、北京外国语学院、上海外国语学院和华东师范大学四所院校招生培养对外汉语教学师资，北京语言学院将这一专业独立成语言文学系	对外汉语本科（代码：050103）是中国语言文学一级学科（代码：0501）下设的二级学科
1986 年	北京语言学院、北京大学开始招收对外汉语教学研究方向的硕士研究生	隶属于语言学及应用语言学（代码：050102）
1998 年	北京语言文化大学（现北京语言大学）开始招收对外汉语方向的博士研究生，对外汉语方向隶属于语言学及应用语言学	隶属于语言学及应用语言学（代码：050102）
2007 年	国务院学位委员会下达关于《汉语国际教育硕士专业学位设置方案》的通知，决定设置汉语国际教育硕士专业学位，同时成立全国汉语国际教育专业学位研究生教育指导委员会，批准首批 24 所院校试点招生	“汉语国际教育硕士”（代码：570100）隶属于专业学位类别“汉语国际教育硕士”（代码：5701）
2012 年	教育部颁布《普通高等学校本科专业目录和专业介绍（2012 年）》，对外汉语专业更名为汉语国际教育	“汉语国际教育本科”（代码：050103）是中国语言文学一级学科（代码：0501）下设的二级学科
2018 年	为培养高端专业人才，国务院学位办联合教指委调研分析总结汉语国际教育专业人才培养和学科建设成果，与教育专业学位教指委合作在教育博士专业学位下开展汉语国际教育领域研究生培养。北京大学等 7 所高校在教育博士专业学位（学校课程与教学）下试点招收汉语国际教育方向专业博士研究生	学校课程与教学领域汉语国际教育方向博士（教育博士）（代码：045171）、“汉语国际教育领域教育博士（专业博士）”（代码：045174）均为教育一级学科（代码：0451）下设的二级学科
2022 年	国务院学位委员会和教育部发布《研究生教育学科专业目录（2022 年）》（2023 年起实施），“汉语国际教育”专业学位类别更名为“国际中文教育”专业学位类别，同时增设博士专业学位	“国际中文教育”（代码：0453）成为教育学门类下的一级学科

二、增设博士专业学位意义重大

《研究生教育学科专业目录（2022 年）》中增设博士专业学位，首次实现了本专业本科、硕士和博士培养体系的贯通，对国际中文教育的未来发展意义重大。由于受到总体教育水平以及生源数量的限制，20 世纪 80 年代设置本科专业是可以理解的。随着国际中文教育事业的不断推进特别是“汉语热”的持续升温，为了补充高质量的师资，2007 年设立汉语国际教育专业硕士学位也就顺理成章。汉语国际教育硕士专业的设立，一方面大大提升了国际中文教师队伍的学历层次、知识水平和专业化水平；另一方面也有效填补了海内外国际中文教师的岗位缺口，自设立汉语国际教育硕士专业学位以来，累计培养国际中文教育各类专业人才 7 万余人（其中包括来自 72 个国家的本土中文教师 1.5 万人）（语言交流合作中心，2022）。

随着 2019 年国际中文教育大会的召开，世界各国的中文教育进入转型升级关键期，实现国际中文教育提质增效、高质量创新发展的呼声渐起。面对新形势，国际中文教育供给侧进入动能转换关键期，在原来本科和硕士培养的基础上培养具有博士学位的高层次、高水平的领军式人才成为支撑国际中文教育学科发展的关键举措。新增设博士专业学位，一方面首次实现了本、硕、博贯通人才培养，对汇聚各方资源力量支撑国际中文教育学科建设具有至关重要的作用；另一方面突破了 27 所高校试点招生专业博士的局限，可以促动越来越多的高校参与其中，共同培养国际中文教育领域的领军人才。

三、国际中文教育本科教育层次不可或缺

扩大国际中文教育领域高端领军人才培养规模并非意味着国际中文教育硕士和本科教育层次的地位被降低，同时开展本科、硕士、博士招生培养工作往往是一个学科成熟的标志之一。有观点认为，鉴于当前硕士和博士的大量扩招，建议压缩调整甚至直接取消国际中文教育本科专业，在大学任教的汉语教师从硕士研究生开始培养。这是一种极为冒进的观点。观点持有者以国外 TESOL（对外英语教学）只有硕士和博士专业学位点没有本科专业就提出我国 TCSOL（对外汉语教学）也应该照搬这种所谓的经验取消本科专业，这是极不了解国际中文教育的现状和历史的表现，同时也是在英语是世界共同语和强势语言这一现实问题上选择性失明。至于将学生毕业后的出路作为理由建议压缩调整甚至取消本科专业更是站不住脚，果真以此为由，我们应该取消多少本科专业呢？本科专业是硕士和博士的基础阶段，只能加强不能削弱。

首先，只能加强不能削弱是就培养质量来说的，可以考虑对 424 所高校的本科专业进行标准化质量评估，对达不到培养要求的可以进行“压缩调整”。其次，可以采取强化措施提高本科专业的培养质量，在专业对口上下功夫，通过课程设置、师资配置等环节切实加强学习者从事汉语二语教学的功底和本领。最后，进一步增加生源的多样性，扩展招收外籍学生攻读本科专业，此外也可以考虑设立面向留学生的国际中文教育本科专业，以培养海外中文教学本土师资。

本节关键词

博士专业学位　国际中文教育本科层次

第五节
国际中文教育标准的制定与实施

家有家法，行有行规。国际中文教育自诞生之日起就着手制定各种规范、大纲及等级标准等规范性文件，以促进该学科的标准化建设。

一、《汉语水平等级标准和等级大纲（试行）》

《汉语水平等级标准和等级大纲（试行）》由中国对外汉语教学学会组织研制，北京语言学院 1988 年出版，是我国正式颁布的第一部国际中文教育标准。大纲共由五部分组成：汉语水平等级标准（试行）、词汇等级大纲（试行）、语法等级大纲、功能意念等级大纲和文化等级大纲。[①] 大纲以“结构、功能、文化”相结合为主要原则，规定了听说读写译的等级标准、词汇划分和语法大纲等级，制定了一至三级汉语水平等级标准以及甲、乙、丙三级词汇和语法项目。这部标准的出台为推动世界各地的中文教学和科研起到了引领和标杆的作用，具有里程碑意义（吴勇毅，2020）。

二、《汉语水平词汇与汉字等级大纲》

《汉语水平词汇与汉字等级大纲》由国家汉考中心编写，北京语言文化大学出版社 1992 年出版，包括词汇等级大纲和汉字等级大纲两个部分。词汇等级大纲按照词语的常用程度将词语划分为甲、乙、丙、丁四级，收录甲级词 1 033 个、乙级词 2 018 个、丙级词 2 202 个、丁级词 3 569 个，共计 8 822 个词。汉字等级大纲按照甲、乙、丙、丁四级排列，共收字 2 905 个，包括甲级字 800 个，乙级字 804 个，丙级字 590 个、丙级字附录 11 个，丁级字 670 个、丁级字附录 30 个。大纲的主要用途为：(1) 作为我国初等、中等汉语水平考试［简称 HSK（初中等）］和高等汉语水平考试［简称 HSK（高等）］的主要依据；(2) 作为我国对外汉语教学总体设计、教材编写、课堂教学和成绩测试的重要依据；(3) 作为我国少数民族汉语教学及中小学语文教学的重要参考；(4) 作为编制汉语水平四级通用字典及编纂其他辞书的框架范围。

三、《汉语水平等级标准与语法等级大纲》

《汉语水平等级标准与语法等级大纲》由国家汉办主持编写，高等教育出版社 1996 年

---

① 其中汉语水平等级标准（试行）、词汇等级大纲（试行）、语法等级大纲已完成或部分完成，语法等级大纲、功能意念等级大纲和文化等级大纲未及问世。

出版。作为面向世界汉语教学的规范性等级标准和水平大纲，该大纲主要由两部分组成：一部分是汉语水平等级标准，分为一、二、三、四、五级，并对每一级进行了详细说明；另一部分是语法等级大纲，分为甲（129 点）、乙（123 点）、丙（400 点）、丁（516 点）四级。大纲的主要用途包括：（1）作为我国对外汉语教学总体设计、教材编写、课堂教学和课程测试的主要依据；（2）作为我国汉语水平考试［包括 HSK（初中等）和 HSK（高等）］命题的主要依据；（3）作为我国少数民族汉语教学、中小学语文教学及其他相关标准化语言考试的重要参考；（4）作为编制对外汉语教学和普通话四级语法等级大纲详解以及计算机词汇库、语法库的框架范围或重要参考。

四、《高等学校外国留学生汉语教学大纲（长期进修）》

《高等学校外国留学生汉语教学大纲（长期进修）》由国家汉办主持编写，北京语言大学出版社 2001 年出版，为来华长期学习的留学生制定，教学对象主要是母语为非汉语的外国人和海外华人华侨。大纲的制定旨在明确外国留学生长期进修教学的性质和特点，规定其教学目标、教学内容和教学原则，并对教学途径、教材编选以及测试进行指导。大纲后附四个附录：词汇表、汉字表、语法项目表和功能项目表。大纲词汇表主要包括初等阶段词汇（最常用）764 个、初等阶段词汇（次常用）1 635 个、中等阶段词汇 2 849 个、高等阶段词汇 2 760 个，总计 8 008 个词；汉字表包括初等阶段汉字 1 422 个、中等阶段汉字 704 个、高等阶段汉字 503 个；语法项目表包括初等阶段语法项目 185 个、中等阶段语法项目 83 个、高等阶段语法项目 106 个；功能项目表包括功能项目 110 个。

五、《高等学校外国留学生汉语教学大纲（短期强化）》

《高等学校外国留学生汉语教学大纲（短期强化）》由国家汉办主持编写，北京语言大学出版社 2002 年出版，为来华短期学习汉语的留学生制定。大纲旨在明确短期强化教学的性质和任务，规范教学内容和教学要求，并为教学途径、教材编写、测试和教学质量评估提供依据。大纲分别对初等阶段、中等阶段和高等阶段的教学内容进行了列表说明，主要内容包括：交际任务、语言范围、话题内容、言语能力和文化内容。此外，大纲附件还列出了汉语交际任务表，初等阶段项目分为 26 类 100 项，中等阶段项目分为 21 类 89 项，高等阶段项目分为 20 类 84 项。

六、《高等学校外国留学生汉语言专业教学大纲》

《高等学校外国留学生汉语言专业教学大纲》由国家汉办主持编写，北京语言大学出版社 2002 年出版，为指导高等学校外国留学生汉语言专业教学而设置。大纲对汉语言专业的教学对象、培养目标、教学内容、教学安排、教学原则、课程设置及教学要求等做了规定。大纲所做的各项规定是本专业组织教学、编写教材与检查教学质量的基本依据。大纲附件包括词汇表、汉字表、语法项目表、功能项目表。词汇表按照一年级、二年级和三、四年级分别收选，一年级词汇表收词 2 704 个，二年级词汇表收词 2 215 个，三、四年级词汇表收词 2 635 个，共计 7 554 个词；汉字表也按照一年级、二年级和三、四年级分别收选，一年级收入 1 491 个汉字（一级字 795 个，二级字 696 个），二年级收字 545 个，三、四年级收字 467 个；语法项目表收入语法条目 102 项；功能项目表收入功能项目 100 项。

七、《中国汉语水平考试大纲》

汉语水平考试（HSK）是为测试母语非汉语者的汉语水平而设立的标准化考试，也是中国首次推向海外的标准化考试。考试分为 HSK（基础）（一～三级）、HSK（初、中等）（三～八级）和 HSK（高等）（九～十一级）三等十一级，构成了中国汉语水平考试的完整系统。这个阶段的考试试题设计基于《汉语水平词汇与汉字等级大纲》和《汉语水平等级标准与语法等级大纲》，难度很大，后来被形象地称为 HSK 1.0（指的是 2009 年之前的汉语水平考试）。与此对应，《中国汉语水平考试大纲》也相应分为基础、初中等和高等三个级别，对考试的依据、用途、分数等级、试卷构成及题型、考试要求、获证条件、咨询与服务等进行说明。通过考试获得的“汉语水平证书”可以作为达到进中国高等院校入系学习专业或报考研究生所要求的实际汉语水平的证明、汉语水平达到某种等级或免修相应级别汉语课程的证明、聘用机构录用人员时评价其汉语水平的依据。

八、《新汉语水平考试大纲》（HSK 一～六级）

自 2004 年海外孔子学院建立以来，海外汉语学习者热情高涨但普遍起点较低。为帮助海外汉语学习者循序渐进提高汉语水平，孔子学院总部对 HSK 考试进行改革并于 2009 年推出新 HSK 考试，后来被形象地称为 HSK 2.0（指的是 2009—2021 年的汉语水平考试）。新 HSK 分为一至六级，分笔试和口试两部分。试题设计坚持以学习者为中心的理念，重点考查考生在生活、学习和工作中运用汉语进行交际的能力，同时大大降低初学者的门槛。新 HSK 与《国际汉语能力标准》《欧洲语言共同参考框架》存在对应关系（见表 2-3）。

表 2-3　新 HSK 与《国际汉语能力标准》《欧洲语言共同参考框架》的等级对应关系

新 HSK	词汇量（个）	《国际汉语能力标准》	《欧洲语言共同参考框架》
HSK（六级）	5 000 及以上	五级	C2
HSK（五级）	2 500		C1
HSK（四级）	1 200	四级	B2
HSK（三级）	600	三级	B1
HSK（二级）	300	二级	A2
HSK（一级）	150	一级	A1

《新汉语水平考试大纲》（HSK 一～六级）便是在上述背景下产生的。大纲在设计上

遵循“考教结合”“以考促教”“以考促学”原则，是指导新 HSK 考试的规范性和指导性文件。

九、《汉语国际教育用音节汉字词汇等级划分》

《汉语国际教育用音节汉字词汇等级划分》于 2010 年发布，是国家语言文字规范，规范了汉语国际教育用音节、汉字、词汇的等级划分，给出了汉语国际教育用分级的音节表、汉字表、词汇表，体现了三维基准体系。其中，汉语国际教育用一级音节 608 个，二级音节 300 个，三级音节 163 个，三级附录（规范性附录）音节 39 个，共 1 110 个。汉语国际教育用一级汉字 900 个，二级汉字 900 个，三级汉字 900 个，三级附录（规范性附录）汉字 300 个，共计 3 000 个。汉语国际教育用一级词 2 245 个，二级词 3 211 个，三级词 4 175 个，三级附录（规范性附录）词 1 461 个，共 11 902 个。该规范适用于国际中文教育总体设计、教材编写、课堂教学、语言测试、词典编纂以及字库词库建设等。

十、《国际汉语教学通用课程大纲》（修订版）

《国际汉语教学通用课程大纲》（修订版）由孔子学院总部/国家汉办为满足世界各国对汉语教学内容规范化需求而编制，2014 年颁布执行，旨在为汉语教学机构和教师在教学计划制订、学习者语言能力评测和教材编写等方面提供参考依据和参考标准。大纲描述了一～六级目标及内容，并在附件中设置了汉语拼音声母韵母与声调、常用汉字表、常用汉语词语表、常用汉语语法分级表、汉语教学话题及内容建议表、汉语课堂教学常见课型结构流程建议表、汉语课堂常用综合教学模式课例、汉语教学常用评价活动建议表。

十一、《国际汉语教师标准》和《国际汉语能力标准》

《国际汉语教师标准》和《国际汉语能力标准》均由孔子学院总部/国家汉办于 2007 年发布。前者是对从事国际汉语教学工作的教师应具备的知识、能力和素质的全面描述，旨在建立一套完善、科学、规范的教师标准体系，为国际汉语教师的培养、培训、能力评价和资格认证提供依据。后者是为适应各国汉语教学需求制定的指导国际汉语教学的纲领性文件，文件面向汉语作为外语的学习者，从不同层面对其运用汉语知识和技能进行交际的能力面提供了五个级别的描述，可作为制定国际汉语教学大纲、编写教材和测评汉语学习者语言能力的参照标准。

十二、《国际中文教育中文水平等级标准》（GF 0025—2021）

《国际中文教育中文水平等级标准》于 2021 年 3 月由教育部和国家语言文字工作委员会发布，属于国家语言文字规范，是面向外国中文学习者全面描绘评价学习者中文语言技能和水平的一套规范标准，主要用以指导中文学习、教学、测试与评估各个环节，推动教育教学质量和效果的提升，将为国际中文教育事业的发展提供有力支撑。标准将学习者中文水平分为“三等九级”，并以音节、汉字、词汇、语法四种语言基本要素构成“四维基准”，以言语交际能力、话题任务内容和语言量化指标形成三个评价维度，以中文听、说、读、写、译作为五项语言技能，从而准确标定学习者的中文水平。基于“三等九级”的汉语水平考试，被称为 HSK 3.0，目前七～九级考试已开始试点，一～六级考试仍旧使用 HSK 2.0 考试体系，但不久的将来将会形成如表 2-4 所示的新的中文水平考试体系。

表 2-4　《国际中文教育中文水平等级标准》“三等九级”新范式及量化指标（组合）总表

<table>
<tr><th>三等</th><th>九级</th><th>音节</th><th>汉字</th><th>词汇</th><th>语法</th><th>备注</th></tr>
<tr><td rowspan="3">高等水平</td><td>九级</td><td rowspan="3">202/1 110</td><td rowspan="3">1 200/3 000</td><td rowspan="3">5 636/11 092</td><td rowspan="3">148/572</td><td rowspan="3">七～九级等级量化指标（组合）不再细分，包容统合在一起</td></tr>
<tr><td>八级</td></tr>
<tr><td>七级</td></tr>
<tr><td rowspan="3">中等水平</td><td>六级</td><td>86/908</td><td>300/1 800</td><td>1 140/5 456</td><td>67/424</td><td rowspan="6">一～六级每级都有一组音节汉字词汇语法等级量化指标（组合），每一级标准都相对独立</td></tr>
<tr><td>五级</td><td>98/822</td><td>300/1 500</td><td>1 071/4 316</td><td>71/357</td></tr>
<tr><td>四级</td><td>116/724</td><td>300/1 200</td><td>1 000/3 245</td><td>76/286</td></tr>
<tr><td rowspan="3">初等水平</td><td>三级</td><td>140/608</td><td>300/900</td><td>973/2 245</td><td>81/210</td></tr>
<tr><td>二级</td><td>199/468</td><td>300/600</td><td>772/1 272</td><td>81/129</td></tr>
<tr><td>一级</td><td>269</td><td>300</td><td>500</td><td>48</td></tr>
<tr><td colspan="2">总计</td><td>1 110</td><td>3 000</td><td>11 092</td><td>572</td><td></td></tr>
</table>

十三、《国际中文教师专业能力标准》（T/ISCLT 001—2022）

《国际中文教师专业能力标准》由世界汉语教学学会于 2022 年 8 月 26 日发布实施。这是世界汉语教学学会首个以团体标准形式发布的规范引领国际中文教师培养、培训、能力评价与认定及教师专业发展的准则。这一标准的发布对加快构建国际中文教育标准体系、增强标准服务质量、提升标准国际化水平、促进国际中文教育高质量发展具有重要意义。

除了上述大纲或等级标准，国际中文教育领域还曾出版过《对外汉语教学初级阶段教学大纲》（杨寄洲主编，北京语言文化大学出版社 1999 年出版）、《对外汉语教学初级阶段课程规范》（王钟华主编，北京语言大学出版社 1999 年出版）、《对外汉语教学中高级阶段课程规范》（陈田顺主编，北京语言大学出版社 1999 年出版）、《对外汉语教学中高级阶段功能大纲》（赵建华主编，北京语言大学出版社 1999 年出版）、《旅游汉语功能大纲》（上海师范大学对外汉语学院编著，世界图书出版公司 2008 年出版）等大纲或规范，对各阶段中文教学起到了很好的规范和指导作用。

路漫漫其修远兮，学科的标准化建设永远在路上。70 多年来国际中文教育的规范化和标准化建设不断推陈出新，这些规范和标准的制定与实施必将引领国际中文教育教学活动、学术研究和事业发展与时俱进，不断开拓创新。

本节关键词

大纲　等级标准　汉语水平考试　标准化建设　三等九级　四维基准

【本章小结】

国际中文教育作为一门独立的综合性交叉学科，具有语言学、心理学、教育学和文化学等学科理论基础。在不同历史时期，国际中文教育的主要任务在具体层面上表现出一定程度的差异。国际中文教育的研究框架宜以基于教师、教材、教学法的“三教”问题和基于“教什么”“怎么教”“如何学”“用什么技术手段”的四层次体系，加强十三个重点领域的课题研究。增设博士专业学位，实现了本专业本科、硕士和博士培养体系的贯通，对国际中文教育的未来发展特别是高端领军人才培养具有重要的意义。《国际中文教育中文水平等级标准》《国际中文教师专业能力标准》等教育标准和等级大纲的制定与实施，可从规格和规范等方面促进学科的标准化建设。

【思考与练习】

1. 说说你对国际中文教育学科属性的看法。
2. 谈谈你对国际中文教育的五种宏观关系和五种微观关系的看法。
3. 谈谈你对国际中文教育应该“为谁培养人、培养什么人、怎样培养人”的看法。
4. 应该如何建设中文传播平台？
5. 举例说明你对技术赋能国际中文教育的理解。
6. 查找资料，梳理一下近年来国际中文教育学科建设与研究的新进展。

【拓展阅读】

崔希亮．略论汉语国际教育学科的知识体系．世界汉语教学，2019（2）．

李泉．中国对外汉语教学七十年．语言战略研究，2019（4）．

欧洲理事会文化合作教育委员会．欧洲语言共同参考框架：学习、教学、评估．刘骏，傅荣，主译．北京：外语教学与研究出版社，2008.

赵成新．国际中文教育学科发展之路．学位与研究生教育，2022（10）．

赵金铭．对外汉语教学概论．修订本．北京：商务印书馆，2019.

本章参考文献

毕继万．跨文化非语言交际．北京：外语教学与研究出版社，1999.

毕继万．跨文化交际与第二语言教学．北京：北京语言大学出版社，2009.

陈昌来．对外汉语教学概论．上海：复旦大学出版社，2005.

程棠．对外汉语教学目的、原则、方法．2 版．北京：北京语言大学出版社，2008.

崔希亮．语言理解与认知．北京：北京语言大学出版社，2001.

崔希亮．汉语国际教育“三教”问题的核心与基础．世界汉语教学，2010（1）.

崔希亮．略论汉语国际教育学科的知识体系．世界汉语教学，2019（2）.

李宝贵，刘家宁．新时代国际中文教育的转型向度、现实挑战及因应对策．世界汉语教学，2021，35（1）.

李大忠．外国人学汉语语法偏误分析．北京：北京语言大学出版社，1996.

李泉．中国对外汉语教学七十年．语言战略研究，2019（4）.

李泉．新时代对外汉语教学研究：取向与问题．语言教学与研究，2020a（1）.

李泉．2020：国际中文教育转型之元年．海外华文教育，2020b（3）.

李泉．论国际中文教育五种宏观关系．汉语国际传播研究，2021（12）.

李泉，孙莹．论国际中文教育五种微观关系．民族教育研究，2021（5）.

刘珣．对外汉语教育学引论．北京：北京语言大学出版社，2000.

陆俭明．汉语言文字应用面面观．语言文字应用，2000（2）.

陆俭明．增强学科意识，发展对外汉语教学．世界汉语教学，2004（1）.

陆俭明．汉语二语教学要为构建人类命运共同体出力做贡献．国际汉语教学研究，2019（4）.

吕必松．对外汉语教学发展概要．北京：北京语言学院出版社，1990.

吕必松．对外汉语教学研究．北京：北京语言学院出版社，1993.

吕必松．汉语教学路子研究刍议．暨南大学华文学院学报，2003（1）.

吕必松，陈亚川，朱德熙，等．纪念《语言教学与研究》创刊十周年座谈会上的发言（摘登）．语言教学与研究，1989（3）.

吕叔湘．把我国语言科学推向前进．中国语文，1981（1）.

吕叔湘．对外汉语教学研究会成立大会贺词．对外汉语教学（内部刊物），1984（1）.

马真．说“反而”．中国语文，1983（3）.

欧洲理事会文化合作教育委员会．欧洲语言共同参考框架：学习、教学、评估．刘骏，傅荣，主译．北京：外语教学与研究出版社，2008.

盛炎．语言教学原理．重庆：重庆出版社，1990.

王还．对外汉语教学：汉语内部规律的试金石：以“反而”为例．世界汉语教学，1994（1）.

王宁．汉字与中华文化十讲．北京：生活·读书·新知三联书店，2018.

吴为善，严慧仙．跨文化交际概论．北京：商务印书馆，2009.

吴应辉．全球中文教学资源现状与展望．云南师范大学学报（对外汉语教学与研究版)，2021（5）.

吴应辉，梁宇．交叉学科视域下国际中文教育学科理论体系与知识体系构建．教育研究，2020（12）.

吴勇毅．国际中文教育“十四五”展望．国际汉语教学研究，2020（4）.

中外语言交流合作中心新设专博！国际中文教育专业学位人才培养开启发展新篇章！．中外语言交流合作中心微信公众号，2022－09－15.

赵成新．国际中文教育学科发展之路．学位与研究生教育，2022（10）.

赵金铭．论对外汉语教材评估．语言教学与研究，1998（3）.

赵金铭．对外汉语研究的基本框架．世界汉语教学，2001（3）.

赵金铭．汉语作为第二语言教学：理念与模式．世界汉语教学，2008（1）.

赵金铭．对外汉语教学概论．修订本．北京：商务印书馆，2019.

赵杨．汉语国际教育的“变”与“不变”．天津师范大学学报（社会科学版)，2021（1）.

郑艳群．理想的对外汉语学习词典模型．辞书研究，2008（2）.

中国对外汉语教学学会，《世界汉语教学》编辑部，《语言教学与研究》编辑部．对外汉语教学的定性、定位、定量问题座谈会纪要．世界汉语教学，1995（1）.

周小兵．对外汉语教学入门．3版．广州：中山大学出版社，2017.

祖晓梅．跨文化交际．北京：外语教学与研究出版社，2015.

DODD C H. Dynamics of intercultural communication. 上海：上海外语教育出版社，2006.

SAMOVAR L A，PORTER R E，MCDANIEL E R. 跨文化交际．董晓波，等编译．北京：北京大学出版社，2012.

第三章

国际中文教育与跨文化交际

跨文化交际是不同文化背景的人们之间的交流，国际中文教育本质上是一种跨文化交际活动。一方面，当前国际中文教育活动中的师生主体绝大部分具有不同的文化背景，特别是面向来华留学生的中文教育活动及海外孔子学院和孔子课堂的中文教育活动，师生双方文化背景之不同不言而喻，跨文化交际能力是使教学顺利进行的保证；另一方面，第二语言教育的重要目标之一就是培养学生的跨文化交际意识，使其具备对不同文化之间差异的敏锐感知力，从而具备跨文化交际能力。国际中文教育作为一种二语教育，培养学生的跨文化交际能力自然也是其教学目标之一，因而具备能进行有效而得体交际的跨文化交际能力和培养学习者跨文化交际能力的教学能力是国际汉语教师必备的基本素质。

第一节 文化、交际与跨文化交际

汉语中的“文化”一词可以用于很多不同的场合。例如：

他从小没有机会上学，没有什么文化。

虽然只上过两年小学，他却是村里不多的几个文化人之一。

这里要建一座文化产业园。

大汶口文化遗址出土的文物将中国的文明史往前推进了几千年。

中国的酒文化和茶文化源远流长。

虽然封建帝制早已被推翻了，但是封建文化的影响却依然存在。

中华文化博大精深。

这些句子中，我们都用到“文化”一词，但是很显然，这些“文化”的意义并不相同。那么究竟什么是文化？文化和交际有何关系？

一、文化

（一）文化的界定

作为一个学科术语，“文化”是人类学和社会学的重要概念，中外学者对文化有着不同的定义。

张岱年、方克立（2003）在《中国文化概论》（第 3 版）中梳理了中外“文化”一词的概念发展，认为“凡是超越本能的，人类有意识地作用于自然界和社会的一切活动及其结果，都属于文化；或者说，‘自然的人化’即是文化”，“这是文化研究学者们的共识”。文化概念的内涵和外延有广狭之分，广义的文化是指人类创造的一切物质产品和精神产品，狭义的文化专指包括语言文学艺术及一切意识形态在内的精神产品。我国学者普遍接受广义文化与狭义文化之说。

赵爱国、姜亚明（2003）认为，苏联 1980 年出版的《苏联百科全书》中关于“文化”的定义，“是迄今为止最为精确和完整的定义之一，也是最符合辩证唯物主义和历史唯物主义观点的，它较之西方经典的把文化概念限定在精神文化之内的定义前进了一大步，因此也是我们较易接受的”。该定义认为：“文化这一概念，用以表征一定的历史时代（如古希腊罗马文化），也用以说明具体的社会、部族和民族（如玛雅文化），以及人们生活和活动的独特范围（劳动技能、生活方式、艺术文化）的特征。比较狭窄的理解是，文化就是人们的精神生活。文化还包括人们活动所创造的具体成果（机器、建筑物、认知成果、艺术品、道德规范和法律准则），以及人们在生产活动中体现的创造力和才智的成果（知识、技能、熟巧；智力、道德和美学发展水平；世界观；人们交际的方式和形式）。”

比较张岱年、方克立（1994）和《苏联百科全书》关于文化的定义，可以看到两个定义的一致性，都强调从物质和精神两个层面来定义文化，强调人的创造，这为我国学者所普遍接受。

西方学者对“culture”的内涵与外延也众说纷纭。美国人类学家克鲁伯与克拉克洪（Kroeber & Kluckhohn）1952 年发表的《文化观念与定义评述》（*Culture：A Critical Review of Concepts and Definitions*），是一本专门研究文化定义的著作，书中阐述了 160 多种“文化”的定义并对之进行了分类。

随着学科发展和研究的深入，文化的定义越来越多。但由于文化现象本身的丰富性和复杂性，迄今为止，学术界尚未形成一个统一而简单的文化定义，对文化的理解，往往是见仁见智。张岱年、方克立（2003）认为“‘文化’概念广狭的确定，应由研究者的学科、课题、内容而定”，诚哉斯言！实际上，学者们一直以来也正是根据自己研究的领域来定义文化的。下面从国际中文教育的学科出发，梳理一下第二语言教学领域及跨文化交际学界对文化的界定。

（二）跨文化交际学界对文化的界定

在跨文化交际学科领域，人们往往关注影响交际的文化因素，对文化的定义往往与交际结合，形成了一些比较有影响的关于文化的定义。

皮埃斯（Pearce，1994）认为：“文化是冻结了的人际交流，而交际是流动着的文化。”布朗（Brown，1987）认为：“文化是一种生活方式，文化是我们生存、思维、感觉及与别人发生关系的环境，是联结人们的‘黏合剂’。”美国人类学家、跨文化交际学创始人爱德华·霍尔（Hall，1959）认为“文化是交际，交际是文化”，明确地把文化与交际联系起来，指出了交际和文化的相互影响，并于 1991 年提出“文化即是交流”的观点（Hall，E. T. & Hall M. R.，1991）。霍夫斯泰德（Hofstede，2004）强调文化对人们行为的指导作用，认为“文化是心灵的软件”。布里斯林（Brislin，2000）认为：“文化是大多数说同一种语言和住在一起的人所分享的价值和观念，这些价值和观念是世代相传的，而且为人们提供对日常行为的指导。”该定义说明了文化和跨文化交际之间的关系，把文化看成价值和观念，并表明了文化和语言的密切关系。这个定义还强调了文化具有共享性以及世代传承的特点，强调了文化对于日常行为的指导意义。毕继万（2009）认为，文化的异同点是跨文化交际的决定因素，从跨文化交际学研究角度来看，“文化是行为的方式和交际的模式”。

（三）第二语言教学领域比较重要的几组“文化”概念

第二语言教学领域是跨文化交际研究的重要阵地，我国国际中文教育界学者结合自己的研究，提出了一些颇有价值的重要的“文化”概念。比如，赵金铭（2014）对文化做了更为简洁和通俗的描述：“文化就是语言习惯，文化就是生活习惯，文化就是风俗习惯。”李泉（2017）从语言学习的角度指出：“文化包括中国人的生活方式、价值观念、处世哲学、思想文化、习俗文化以及中国历史、当代国情，等等。这些文化有的直接或间接地体现在汉语词汇、语法结构、表达角度和方式、日常交际的习惯用语中，有的不跟语言和语言表达直接相关。”下面介绍第二语言教学领域几组比较重要的“文化”概念。

1. 大写 C 字母文化与小写 c 字母文化

大写 C 字母文化和小写 c 字母文化是国外第二语言教学界最流行的文化观念。大写 C 字母（Culture 中的 C 大写）文化又称“大文化”，小写 c 字母（culture 中的 c 小写）文化又称“小文化”。大文化包括地理、历史、文学、科学、艺术、政治制度、经济制度、教育制度、家庭制度等；而小文化包括风俗习惯、行为举止、思维方式、价值观念等。西方外语教学领域在 20 世纪 60 年代就使用了“大文化”和“小文化”的概念，并且主张第二语言教学中文化教学的主要内容应为“小文化”。20 世纪 70 年代开始兴起的交际语言教学法更强调了“小文化”与交际功能的密切关系。第二语言教学领域的“大文化”和“小文化”，在跨文化交际领域通常被称为客观文化和主观文化。据斯图尔特与贝内特（Stewart & Bennett，2000）的观点，“客观文化是指文化的社会制度及人工制品。主观文化是指文化的心理特征，它包括观念、价值及思维方式”，学习主观文化与培养跨文化能力密切相关。

2. 广义文化和狭义文化

国际中文教育界普遍接受广义文化和狭义文化的划分，《国际汉语教师标准》（2007）即采用了广义文化和狭义文化的表达。广义文化与西方外语教学领域所说的“大文化”的范畴相当，而狭义文化则与“小文化”相当。我国国际中文教育学界当前的文化课和文化研究基本上属于大文化范畴，重点教授和探究的是中国文化背景和文化知识，包括历史、传统文化、宗教、文学、汉语、建筑艺术、书法、绘画、戏剧、音乐和武术等。

3. 知识文化与交际文化

张占一（1990）从第二语言教学的角度把文化分为“知识文化”和“交际文化”。“所谓知识文化，指的是那种两个文化背景不同的人进行交际时，不直接影响信息准确传递的语言和非语言的文化因素。所谓交际文化是指那种两个文化背景不同的人进行交际时，直接影响信息准确传递（即引起偏差或误解）的语言和非语言因素。”吕必松（1992）把交际文化的内涵扩大为“隐含在语言系统中，反映一个民族的价值观念、是非标准、社会习俗、心理状态、思维方式等，跟语言理解和语言使用相关的一种特殊的文化因素”。交际文化和知识文化的划分，突出了语言教学中文化教学的特点和重点。

4. 语构文化、语义文化和语用文化

陈光磊（1992）从语言本体角度出发把文化教学内容分为“语构文化、语义文化和语用文化”，并主张以语用文化为中心、以语义文化和语构文化为两翼构建文化教学体制。所

谓语构文化即知识文化；而语义文化，其作为静态汉语词义的组成部分在进入交际的过程中就可以演变成动态的语用文化，这两者紧密相连，我们可以把语义文化和语用文化一并看作是上文提到的交际文化。

5. 文化产品、文化习惯和文化观念

文化产品、文化习惯、文化观念又称“3P文化”，是美国《21世纪外语学习标准》中提出的关于文化的阐述。“美国标准”把外语教学中的文化划分为三个组成部分：文化产品（products）、文化习惯（practices）和文化观念（perspectives），简称“3P文化”。

文化产品，包括书籍、工具、食品、法律、音乐、游戏等。

文化习惯，包括节日风俗、服饰习惯、饮食习惯等。

文化观念，包括态度、信仰、价值观等。

文化产品、文化习惯和文化观念之间存在着密切关系，形成如图3-1所示的文化三角形。

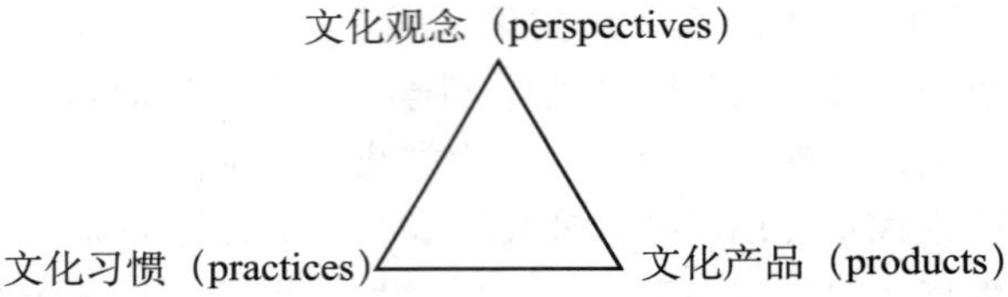

图3-1 “3P文化”示意图

位于三角形底边的“文化习惯”和“文化产品”与语言的运用和沟通能力有极为密切的关系；三角形的顶端是指与世界观密切相关的文化观念，它体现了一种对目的语国家文化与国情的整体性理解。文化观念体现在文化产品和文化习惯中，文化产品和文化习惯反映了文化观念，外语学习者需要理解这三者之间的关系。其中，理解文化观念是如何体现在文化产品中和文化习惯中的，是文化学习的核心内容。以贴春联为例，“产品”是春联，“活动”是“贴春联”，而“观念”就是在中国人心目中春联本身以及贴春联这种活动的意义和价值（陈绂，2006）。

二、交际

（一）交际的定义

马克思主义认为，人是社会的人，社会性是人成为人的重要属性，交际即对于人的社会性的确认。“交际”在《现代汉语词典》中解释为“人与人之间的往来接触”。20世纪80年代初，intercultural communication与cross-cultural communication，经国内外语学界的学者介绍引进到国内，被翻译为“跨文化交际”。不过，英语中的“communication”可用于不同学科，这些不同学科表达的概念在汉语中常常有不同的翻译。比如“交际”“沟通”“交流”“传播”等，国际政治外交领域多倾向于使用“交流”，国际商务领域喜欢用“沟通”，传播学领域则使用“传播”，外语教育领域习惯使用“交际”。

在跨文化交际学科领域，关于“交际”的定义也非常丰富和复杂。比较有影响的定义出自萨默瓦（Samovar）和古迪昆斯特（Gudykunst）等。萨默瓦（Samovar，2010）认为交际是一种动态的过程，在这个过程中，人们试图通过使用象征符号与他人来分享自己的内在状态。古迪昆斯特和金（Gudykunst & Kim，2003）把交际定义为编码和解码的过程，但是这种编码和解码的过程并非单纯的传递和接受的过程，而是包含着意义的协商和共建。

贾玉新（1997）在综合介绍了国外一些关于交际的定义后，概括出了如下的定义：交际是符号活动，它是一个动态多变的编译码过程，当交际者把意义赋予言语或非言语符号时，就产生了交际。交际受制于文化、心理等多种因素。交际不一定以主观意志为转移：可能是无意识的和无意向的活动。这些交际的定义，从不同角度概括出了交际的一些本质特征：交际是一个动态的过程，交际是一种符号性的活动，交际是编码和解码同时发生的互动性活动，交际包含了意义的协商和共建。

（二）交际的构成要素和分类

交际是一个信息编码、传递和解码的动态过程，该过程的完成须包含一定的要素。萨默瓦和波特（Samovar & Porter，2009）在他们的《跨文化交际》中认为，交际包括八个要素，即信息源/行为源、编码、信息、途径、接收者、解码、接收者的反应和反馈、干扰。

（1）信息源/行为源（message of behavioral source），也即信息的来源和发出者，也是信息内容的组织者和编码者，往往是具有交际需要和愿望的具体的人。

（2）编码（encoding），是信息传递者选择用什么样的符号传达信息的过程。信息源在编码的过程中，需要依据交际发生的社会、文化背景和相关规则，选择恰当的符号来表达自己的思想，传达信息，是一种思想转化为符号的过程。语言是人类最伟大的文化创造，是人类交际最便捷最常用的编码符号系统，除了语言之外，人们也用各种非语言符号系统来进行交际编码。

（3）信息（message），是被编码了的思想，也即交际的内容，也是信息传送者进行编码的外在表现形式。它是一个由语码、非语言信息及交际环境组成的综合体，其中渗透了某种特定的社会和文化密码。

（4）媒介（media），也被称作途径、通道，是信息的传播渠道。

（5）接收者（receiver），即接收信息的人，也是信息的解码者、反馈者。

（6）解码（decoding），是指信息的接收者在接收到信息编码后，对信息编码进行解读并赋予意义的过程。信息接收者在解码过程中，除了解码语言符号，还要解释附加的非语言信息，如此才能准确解码。特别是在跨文化交际中，有不同文化背景的交际者在解码非语言信息时，往往容易因为对对方文化符号不熟悉而产生误解或冲突。

（7）反应和反馈（response & feedback），是信息接收者收到信息并对之解码之后，对交际内容做出的反应。有了反应和反馈，交际才成为互动性的、持续进行的过程。

（8）干扰（noise），是指可能影响信息传递从而阻碍交际进行的因素，有文献用噪音来统指各种干扰。它不仅指物理噪音，也包括生理的、心理的阻碍交际顺利进行的因素。环境嘈杂、身体不适或者自己的思维习惯都可能成为干扰交际的因素。在跨文化交际中，人的心理因素，比如不同的信仰、态度和交际方式都可能成为彼此交流沟通的障碍。

在交际的各要素中，编码和解码至关重要，正确地编码和解码是保证交际过程顺利进行的必要条件。交际过程中，信息发送者是否能准确地表达自己所要传递的信息内容，很大程度上取决于信息编码者对信息内容与编码所采用的象征性符号之间形义关系的把握是否准确，而信息接收者是否能准确理解信息内容，则取决于解码者对编码符号的形式与意义能否正确理解（见图 3－2）。

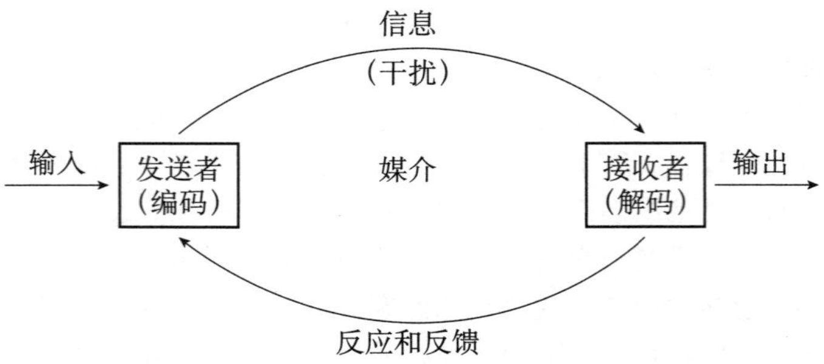

图 3-2　交际的各要素在交际过程中的关系图示

根据交际编码采用的符号，交际分为语言交际和非语言交际。对语言交际而言，编码和解码都使用自然语言，对语言各要素的准确理解与把握是正确编码与解码的关键。而非语言交际，则主要是利用非语言符号进行编码，这些非语言符号一般包括体态语、副语言、时间处理、空间利用等，其社会规约性对编码和解码的理解起着至关重要的作用，交际的双方只有准确理解这些非语言符号的社会规约意义，才能正确地编码和解码，交际才能顺利进行。

（三）文化对交际的影响

跨文化交际领域关于"文化"的定义，基本上都是基于对文化与交际之间关系的观察而做出的概括，反映了文化与交际二者之间密不可分的关系。跨文化交际学的奠基者霍尔从微观的角度研究文化，特别是研究人们无意识的文化层面，认为文化即交际，交际即文化（Hall，1959）。这个表述将"文化"与"交际"紧密联系在一起，使得"文化"对"交际"的影响成为跨文化交际研究的核心内容。萨默瓦、波特和麦克丹尼尔（Samovar，Porter & McDaniel，2010）把文化对交际的影响概括为文化影响人们的感知、语言行为，也影响人们的非语言行为。古迪昆斯特和金（Gudykunst & Kim，2003）则认为文化对交际的影响体现在指导人们如何交际及如何解释别人的交际行为上。因为不同文化背景的人从自身的文化环境中习得了符合该社会价值观念的文化规则，这些文化规则影响人们形成自身的行为规范，也影响人们对别人交际行为的感知和解释。

三、跨文化交际

（一）跨文化交际的定义

跨文化交际作为一个术语，既指人类的一种社会活动，也指研究跨文化交际活动的学科。作为人类活动，跨文化交际，顾名思义，就是具有不同文化背景的人所从事的交际。历史发展到今天，世界各国的文明交流互鉴日益频繁，跨文化交际活动是我们随时可见甚至是经常从事的活动：东西方外交人员的外交对话是在进行跨文化交际，进出口公司的工作人员与外国商人谈生意也是在进行跨文化交际。即使我们不与外国人直接接触，仍然可能在进行跨文化交际。例如，阅读外国小说、观看外国电影和电视节目的过程也是跨文化交际。不过，跨文化交际活动作为学者研究的对象，不同学者对其却有不同的观察和认识，因而也有不同的定义。

在各种定义中，胡文仲（1999）以简短的语言概括了“跨文化交际”的外延，将跨文化交际定义为“不同文化背景的人们之间的交际”。丁允珠（Ting - Toomey，1999）认为“跨文化交际是来自不同文化背景的人们之间符号性交流的过程。有效的跨文化交际目标是在交互的情境中给不同的个体创造共享的意义”。该定义全面突出了跨文化交际活动的几个特点，为不少跨文化交际教材编写者所接受与采用。祖晓梅（2015）将该定义所突出的特点概括为：跨文化交际是不同文化背景的人们之间的交流，跨文化交际是通过象征符号来体现的，跨文化交际是一种动态的过程，跨文化交际是一种双向的互动，跨文化交际的目标是创建共享的意义。

（二）跨文化交际中的文化差异

文化的异同点是跨文化交际的决定因素。世界上没有两片完全相同的树叶，个人受其性别、年龄、职业、地域及受教育状况的影响，都会形成与他人不完全相同的文化背景，比如男性和女性、老年人和年轻人、中国南方人和北方人在思维方式、生活方式或习惯甚至某些价值观念上都有不同。因此，确定是否为跨文化交际不仅仅需要考虑交际参与者的文化背景的异同，更需要考虑交际参与者所属群体的文化特征异同。讨论国际中文教育与跨文化交际的相关问题，需要明确的是，在国际中文教育活动中，跨文化交际主要指的是不同国家不同母语文化背景者之间的交际，所讨论的群体文化特征包括群体共同价值观念、思维方式、风俗习惯和交际规则。其中，价值观是影响跨文化交际的最重要的文化因素。在跨文化交际的文化差异比较研究中，荷兰裔学者霍夫斯泰德基于全球范围内大规模的文化价值调查，提出并不断发展的文化维度理论获得了广泛的应用，影响深远。下文将扼要介绍霍夫斯泰德的文化维度理论，然后说明影响跨文化语言交际和非语言交际的文化差异。

1. 霍夫斯泰德的文化维度理论

霍夫斯泰德认为，文化是在同一个环境中的人们所具有的“共同的心理程序”，在此，文化被解释为具有相同社会经验、受过相同教育的许多人所共有的心理程序，而不是一种个体特征。而文化差异也就被定义为群体文化差异，而非个人文化特征的不同。霍夫斯泰德提出了以下描述文化差异的指标：

（1）权利距离（power distance）。指某一社会中地位低的人对于权力在社会或组织中不平等分配的接受程度。各个国家由于对权力的理解不同，在这个维度上存在着很大的差异。欧美人不是很看重权力，他们更注重个人能力；而亚洲国家由于体制的关系，注重权力的约束力。

（2）不确定性的规避（uncertainty avoidance）。指一个社会受到不确定的事件和非常规的环境威胁时是否通过正式的渠道来避免和控制不确定性。回避程度高的文化比较重视权威、地位、资历、年龄等，并试图以提供较高的职业安全、建立更正式的规则、不容忍偏激观点和行为、相信绝对知识和专家评定等手段来避开这些情境。回避程度低的文化对于反常的行为和意见比较宽容，规章制度少，在哲学、宗教方面容许各种不同的主张同时存在。

（3）个人主义/集体主义（individualism versus collectivism）。该维度是衡量某一社会总体是关注个人利益还是关注集体利益的维度。个人主义倾向的社会中人与人之间的关系是松散的，人们倾向于关心自己及小家庭；而具有集体主义倾向的社会则注重族群内关系，关心大家庭，牢固的族群关系可以给人们持续的保护，而个人则必须对族群绝对忠诚。

（4）男性化与女性化（masculinity versus femininity）。该维度主要看某一社会代表男性的品质如竞争性、独断性更多，还是代表女性的品质如谦虚、关爱他人更多，以及对男性和女性职能的界定。男性度指数（MDI：masculinity dimension index）的数值越大，说明该社会的男性化倾向越明显，男性气质越突出；反之，则说明该社会的女性气质突出。

（5）长期取向与短期取向（long-term versus short-term）。该维度指的是某一文化中的成员对延迟其物质、情感、社会需求的满足所能接受的程度。这一维度显示的是有道德的生活在多大程度上是值得追求的，而不需要任何宗教来证明其合理性。长期取向指数与各国经济增长有着很强的关系，20 世纪后期东亚经济突飞猛进，学者们认为长期取向是促进发展的主要原因之一。

（6）自身放纵与约束（indulgence versus restraint）。该维度指的是某一社会对人基本需求与享乐欲望的允许程度。Indulgence（自身放纵）的数值越大，说明该社会整体对自身约束力不大，社会对人自身放纵的允许度越大，人们越不约束自身。

2. 影响跨文化交际的文化差异

第二语言教学界通常关注跨文化交际中影响交际顺利进行的两种文化差异：语言交际中的文化差异和非语言交际中的文化差异。

语言交际中的文化差异是交际过程中的编码符号——语言所负载的文化信息差异。这些差异存在于语言系统的各个要素中，语音、词汇、语法系统中都有文化要素的不同，这些不同都会影响交际的顺利进行。如：汉语有声调，声调不同则词语意义有别，对于不少非汉语母语的留学生来说，容易面临由声调造成的交际误会，如流行歌曲《对不起，我的中文不好》就描述了汉语初学者分不清“水饺”和“睡觉”造成的交际障碍。在语言系统中，虽然语音、词汇、语法等各要素都负载一定的文化要素，但是各语言要素与文化的关系紧密度并不相同。由于词汇系统对社会生活现象的反应最为直接，也最为迅速，因此社会文化现象与词汇的关系最密切。不同文化背景的人们对于客观事物的主观情感态度、价值评价的不同集中反映在词汇的联想意义上。相对而言，语音、语法与文化的联系要松散一些，因而其包含的文化要素不如词汇丰富。比如语言中的颜色词汇、动物词汇等，不少都有其象征意义，但是不同语言中的概念意义相同的词，其联想意义可能有同有异，反映了语言使用群体的文化差异。比如猫头鹰，中国人认为是一种不吉利的动物，而英美国家的人则认为它是智慧的化身，所以不少欧美动画中，猫头鹰的角色都是聪明智慧的形象。

非语言交际中的文化差异包括不同国家中的风俗习惯、交际礼仪、思维方式、价值观念等的差异。日常交际中的礼仪，比如称呼、问候、感谢与致歉、打招呼与告别、时间观念、餐饮习俗、恭维、馈赠习俗等，各个国家是有差异的；价值观念，比如子女教育观念、家庭观念、个人隐私观念、集体主义与个人主义的价值取向等，不同国家也是不同的。

四、跨文化交际学

（一）跨文化交际学的学科发展

跨文化交际学兴起于 20 世纪 50 年代的美国，于 20 世纪 80 年代传入我国。其兴起与第二次世界大战后美国的社会和政治需求密切相关。美国是个移民国家，不同族裔、不同语言和不同文化背景的移民之间的交流与共处对个人生活和政府治理都提出了巨大的挑战，而战后美国国际地位的提升，使得美国在全球事务中承担着更多重要的角色，国际上的政治外交活动频繁，美国发达的经济和教育也吸引着世界各地的人们源源不断地前往美国，因此美国迫切需要解决广泛存在于其社会生活中的跨文化交际导致的误解和冲突，跨文化交际学科便应运而生。1959 年，人类学家霍尔《无声的语言》（*The Slient Language*）一书的出版，标志着跨文化交际学的诞生。

20 世纪 70 年代，美国大约有 200 所学校开设了跨文化交际课程，出现了一批有影响的跨文化交际著作，成立了跨文化交际专业协会“跨文化教育、培训与研究协会”（SIETAR），开始举办跨文化交际学国际研讨会，并创立了跨文化交际研究领域两个最有影响力的学术期刊①，推动了跨文化交际学科的学术研究。

课程的开设，著作的涌现，专业协会及期刊的创立，标志着跨文化交际学科的确立。20 世纪80 年代，金和古迪昆斯特合编的《跨文化交际理论》（*Intercultural Communication Theories*：*Current Perspectives*）、《跨文化研究的方法》（*Methods of Intercultural Research*）以及阿森特（Asante）与古迪昆斯特合编的《跨文化交际手册》（*Handbook of International and Intercultural Communication*）相继出版。这几本著作集中探讨了跨文化交际学的理论框架和研究方法。理论的建构和研究方法的探索使学科迅速发展并趋于成熟。

（二）跨文化交际学的主要内容

综合现有跨文化交际学教材和论著等相关文献，跨文化交际学的主要内容可以概括为以下十个方面。

1. 文化与交际

文化是跨文化交际研究的核心概念。文化的定义和文化的特征是理解跨文化交际中文化影响的理论基础。跨文化交际的文化定义更侧重于文化的主观因素、文化与交际的关系。

2. 价值观与文化模式

价值观是影响跨文化交际的最重要的文化因素。重要的价值观和文化模式理论有克拉克洪和斯托特柏克（Strodtbeck）的价值取向理论、霍夫斯泰德的文化维度理论、霍尔的高语境与低语境文化理论等。另外，个体主义和集体主义文化维度理论被广泛应用于跨文化交际的文化差异比较研究中。

3. 语言交际

跨文化语言交际主要内容包括文化与语言的关系、语义和语用的文化差异、外语教学、翻译等，它是与第二语言教学最相关的内容。

4. 非语言交际

跨文化非语言交际主要探讨肢体语言、时间观念、空间利用等方面的文化差异，是早期跨文化交际研究的重要领域。

---

① 两个期刊分别为 1974 年创刊的 *International and Intercultural Communication Annals*，1977 年创刊的 *International Journal of Intercultural Relations*。

5. 文化身份

文化身份主要研究人的各种社会身份，如种族身份、性别身份、年龄身份、地域身份、国家身份等是如何参与跨文化交际的。文化身份协商理论是比较重要的理论。

6. 文化适应

文化适应主要包括文化适应过程和模式，以及“文化休克”现象、成因和对策等问题。

7. 跨文化交际的心理因素

主要探讨一些心理因素如刻板印象、偏见、种族中心主义等对跨文化交际的影响，以及如何战胜这些心理因素等，目的是帮助学习者形成文化相对主义的态度和视角。

8. 不同领域（教育、商务）的跨文化交际

教育领域的跨文化交际研究主要讨论学习方式和动机、师生关系、课堂行为等方面文化的差异。商务领域主要讨论商务礼仪、谈判方式、领导风格等方面的文化差异。

9. 跨文化交际能力

跨文化交际能力主要关注如何提高跨文化交际的有效性、如何培养跨文化意识等。学者们特别强调留心、倾听、反思、搁置价值判断、移情等提高跨文化交际能力的策略。

10. 跨文化交际训练

跨文化交际训练是一个应用性分支，体现了跨文化交际学注重实践的特点。训练模式主要有认知型训练模式和体验型训练模式。常用的方法主要有关键事件（critical incident）、文化敏感器（cultural sensitizer）和案例分析。

本节关键词

文化　跨文化　交际　跨文化交际　跨文化交际学

第二节 跨文化交际与国际中文教育的链接

第二语言教学领域是跨文化交际研究的重要阵地之一。这不仅是因为语言是交际的工具，更是因为语言是文化的载体，与文化联系紧密，不可分割。要掌握并恰当运用一种语言进行交际，必须同时学习该语言所负载的文化，在跨文化交际中，对目的语文化的了解越多越深入，越有利于语言交际能力的提高。因此，增强学生的跨文化交际意识，培养学生的跨文化交际能力是第二语言教学的重要目标之一。国际中文教育是以中文作为第二语

言的教育。对学生来说，理解语言和文化的关系，理解中外语言交际的跨文化差异，在接受汉语言知识教育的同时，也能受到中华文化的浸润与熏陶，从而跨越中外语言文化鸿沟，提高自身跨文化交际能力。

一、语言与文化的关系

语言、思维与文化关系密不可分，错综复杂，是人类学家和语言学家思考关注的重要问题。李宇明（2022）认为："语言是人类用于交际和思维的最为重要的符号体系，是文化最为重要的组成部分，是文化最为重要的构建者、阐释者、记录者、负载者、传播者，是民族的图腾。"李宇明的论述，揭示了语言和文化的四种关系。

（一）语言是一种特殊的文化现象

语言是一种特殊的文化现象，是人类在社会发展过程中创造的最重要的精神文化。德国人类学家洪堡特[①]说："每一种语言里都包含着一种独特的世界观。人用语言的世界把自己包围起来，以便接受和处理事物的世界，我们的这些表述绝对没有超出简单真理的范围，人同事物生活在一起，他主要按照语言传递事物的方式生活，而因为人的感知和行为受制于他自己的表象，我们甚至可以说，他是完全按照语言的引导在生活。……在某种程度上说，这确实是事实，因为每一种语言都包含着属于某个人类群体的概念和想象方式的完整体系。""语言仿佛是民族精神的外在表现，民族的语言即民族的精神，民族的精神即民族的语言。"（姚小平，1995）洪堡特所言"世界观""概念和想象方式""民族精神"正是一个民族精神文化的核心内容。张岱年、方克立（2003）指出："当民族在人类历史上作为一种语言、居住地域、经济生活、心理状态上稳定的共同体出现时，语言就深深地打上了民族烙印，成为民族文化最典型的表征。一个民族的文化心理结构深藏在民族语言之中，因而语言结构具有民族文化的通约性。"每一个民族因文化的不同而持有不同的语言系统，就像最简单的中国人说中文、美国人说英语、韩国人说韩文，一个民族的语言蕴含着一个民族特有的传统文化、思维方式、社会心理、民族风情、价值取向、社会观念等。对比中外语言的不同特点，我们可以体会中外民族不同的思维方式及审美意趣。

（二）语言是文化的载体

语言作为文化的一部分，不仅是一种文化现象，更是文化的载体，是记录文化的符号系统。"语言是人类特有的一种符号系统，……当它作用于文化的时候，它是文化信息的载体和容器。"（许国璋，1986）语言伴随人类社会的产生而产生，"在人对世界、对自身的困惑、探究和理解的无穷进程中，语言占有核心地位，它构成人最重要的文化环境。……是表达人的思想、感情、意志的主要手段，是传统和文化发展的主要媒介"（许国璋，1986）。正是由于人类有了语言，人类知识才得以被记录、保存、积累，文化才得以传承。

（三）语言是思维和交际的工具，是文化的桥梁和鸿沟

语言是思维和交际的工具，人类的思维活动和文化交流实际上也是文化形成和传播的表现，人类因有思维而在不断的社会实践中逐步创造了文化，又在不断的语言交流中互相

① 本章关于洪堡特的观点均引自姚小平相关文献。

传播各自民族的文化。李宇明（2022）认为，语言是人类用于交际和思维的最为重要的符号体系，是文化群体的构建者。人类在使用语言进行交际的过程中，因使用不同的语言而构成不同的文化群体。“就文化群体而言，语言具有认同性和排他性，也就是说，语言会把人分为‘我者’和‘他者’，对我者而言，语言是同群体相互关联的纽带，对他者而言，语言形成了隔离群体的鸿沟”；同时，双语人的存在，使得语言成为“文化群体沟通的桥梁，是文化的沟通者和传播者”。

（四）语言和文化的发展相互影响、相互制约

语言是思维的工具，文化的形成和发展都离不开思维。作为思维的工具，语言在一定程度上影响和制约着思维的方式、范围和深度。德国人类学家洪堡特说：“语言用不同的方式对现实进行范畴划分，这些迥异的方式限定了我们大脑组织知识的方式。”“语言就整体而言，处于人与对人有内部和外部影响的自然界之间。因为人的认识和活动取决于观念，故观念与事物的关系完全受语言制约。”“每一种语言里都包含着一种独特的世界观。”美国人类学家和语言学家萨丕尔和沃尔夫（Benjamin Lee Whorf）探讨了语言、思维和文化的关系，提出了著名的萨丕尔-沃尔夫假说（Sapir-Whorf hypothesis），认为语言不仅表达和反映了思想，还塑造了人们的思想和世界观。语言虽然影响和制约着思维发展，然而当人们的思维发展到一定程度，或者人们的认识发生变化，或者异文化传入，造成语言形式不能满足其需要或者阻碍其发展时，人们也会自觉或不自觉地对之加以改造，促使语言发生变化。从这个意义上说，文化影响和制约着语言的发展。中国近代史上的白话文运动、现代汉语中欧化句式的发展以及互联网时代网络语言的发展，都反映了文化对语言的影响。

二、推动构建人类命运共同体是国际中文教育的崇高使命

2022 年 4 月 25 日，习近平总书记在视察中国人民大学时强调，要发挥哲学社会科学在融通中外文化、增进文明交流中的独特作用，传播中国声音、中国理论、中国思想，让世界更好读懂中国，为推动构建人类命运共同体作出积极贡献。

“构建人类命运共同体”是以习近平为代表的中国共产党人贡献给世界的中国智慧。2011 年《中国的和平发展》白皮书对经济全球化浪潮下的国际关系做出了精准的判断，首次提出“命运共同体”的概念，指出当今世界不同制度、不同类型、不同发展阶段的国家相互依存、利益交融，形成“你中有我，我中有你”的命运共同体。此后，习近平总书记多次在重要国际会议上阐释“构建人类命运共同体”的思想内涵：建立平等相待、互商互谅的伙伴关系，营造公道正义、共建共享的安全格局，谋求开放创新、包容互惠的发展前景，促进和而不同、兼收并蓄的文明交流，构筑尊崇自然、绿色发展的生态体系。2017 年 1 月，我国国家主席习近平出席日内瓦“共商共筑人类命运共同体”高级别会议，发表题为《共同构建人类命运共同体》的主旨演讲，阐释了构建人类命运共同体的中国方案。2017 年，联合国社会发展委员会第 55 届会议决议首次写入了“构建人类命运共同体”理念；同年，构建人类命运共同体作为“新时代中国特色社会主义思想和基本方略”被写进了《党章》，2018 年，构建人类命运共同体被写入了作为治国安邦总章程的《宪法》。

构建人类命运共同体，建立持久和平、普遍安全、共同繁荣、开放包容、清洁美丽的世界，特别需要尊重世界文明多样性，以文明交流超越文明隔阂、文明互鉴超越文明冲突、文明共存超越文明优越。中华文化崇尚和平，追求和而不同、天下大同的理想信念，在构

建人类命运共同体中应该发挥其重要作用。

国际中文教育在推进构建人类命运共同体的历史使命中应有自己的担当。国际中文教育包括中国国内主动发起的“请进来”的对留学生汉语教学、“走出去”的海外孔子学院和孔子课堂、世界各国自发的本土汉语教学、世界华人华侨组织的海外华文教育几个部分。自改革开放以来，中国的发展成就世界有目共睹，中国速度、中国力量、中国态度在世界上掀起了“汉语热”。孔子学院成为世界认识中国的一个重要平台，成为中外语言文化交流的窗口和桥梁，为世界各国民众学习汉语、了解中华文化发挥了积极作用，也为推进中国同世界各国人文交流、促进世界文明发展做出了重要贡献。

2017 年 12 月 12 日，第十二届全球孔子学院大会以“深化合作，创新发展，为构建人类命运共同体贡献力量”为主题，引领了新时代国际中文教育的发展方向。2018 年在第十三届全球孔子学院大会上，国务院副总理孙春兰作了“推动孔院高质量发展，为构建人类命运共同体贡献力量”的主旨演讲。孙春兰指出，中国政府一贯鼓励跨文化交流，积极支持中外双方合作办好孔子学院。孙春兰指出，构建人类命运共同体，推动各国共同繁荣发展，需要更好地发挥语言在增进理解、凝聚共识、促进合作、深化友谊中的独特作用。孔子学院要创新教学方法，加强师资队伍建设，健全质量评价体系，打造汉语教学权威平台。要开展丰富多彩的文化活动，发挥汉学家的文化使者作用，培育人文交流综合平台。要实施“中文＋”项目，因地制宜开设技能、商务、中医等特色课程，建立务实合作支撑平台。要坚持开门办学，发挥双方办学优长，培养更多熟悉对方国家的优秀人才，构建国家友好交往平台，为深化中外友好、构建人类命运共同体做出贡献。

崔希亮（2018）详细论证了国际中文教育与人类命运共同体之间的密切关系：“汉语国际教育的根本使命就是要为人们扫除语言障碍和文化障碍，让不同国家和地区的人们合作和交流更顺畅，让偏见和误解越来越少，让理解和共识越来越多，从这个角度来说，构筑人类命运共同体离不开汉语国际教育。”他认为人类命运共同体的理念为国际中文教育学科和事业发展提供了内生动力，主要表现在四个方面：（1）国际中文教育要为构建人类命运共同体服务；（2）国际中文教育要与构建人类命运共同体同行，国际中文教育应该成为构建人类命运共同体中外人文交流机制平台的重要组成部分；（3）国际中文教育要立身中国，放眼世界，借鉴世界各国第二语言教学的成功经验和研究成果；（4）构建人类命运共同体会为国际中文教育提供更好的发展环境。

有效提升中华文化传播力是国际中文教育的重大挑战。习近平主席多次强调，作为中外语言文化交流的窗口和桥梁，孔子学院属于中国，也属于世界。增强国际中文教育的全球公共产品属性是国际中文教育的重要任务。国际中文教育应着力增强文化自信，强化中华文化所蕴含的追求和谐、强调“和而不同”价值理念的教育。将中华文化注重利他、注重和谐的东方品格与释放着和平信息的人文精神有效融入汉语教学实践，对于思考和消解当今世界个人至上、恶性竞争、掠夺性开发以及种种令人忧虑的非和平现象，对于追求人类的安宁与福祉将提供重要的思想启迪，实现现代汉语国际化。

三、国际中文教育的目标是培养具有跨文化交际能力的中文桥构筑者

语言是文化的重要载体，文化教学理应成为语言教学的重要组成部分。结合了语言、文化、交际的第二语言教学应该以培养学生的跨文化意识、提高学生的跨文化交际能力为

其最终目的。第二语言教学的主要目标是培养学生的跨文化交际能力，中外第二语言教学标准都明确说明了这一点。由于语言和文化的密切关系，在当今世界交流频繁、科技日新月异的情况下，语言成为一种重要的战略资源，“语言能力对个人、国家和整个人类意义重大，提升语言能力事关国家综合实力的提升”（陆俭明，2016）。一些国家早已经从战略高度对待语言问题，特别是美国，制定了一系列语言政策及相关文件。1996 年，美国外语教学委员会及多个外语教学协会共同研发并出版了《外语学习标准：为 21 世纪做准备》，1999 年修订后更名为《21 世纪外语学习标准》（*Standards for Foreign Language Learning in the 21 st Century*）。该标准确立了其外语教育的指导思想：语言和交际是人类经验的核心，美国必须培养学生能够在多元社会的语言和文化中进行交际的能力，所有学生必须在继续保持英语水平的基础上，掌握至少一门现代外语或古典外语。来自非英语母语国家的学生也必须有机会提高他们的母语水平。在该思想指导下，该标准提出了外语教育的 5 个目标，即 communication（语言交流）、cultures（文化沟通）、connections（相关知识）、comparisons（比较能力）和 communities（社团活动），也简称“5C”标准。“5C”标准体现了当今外语教育的新理念，具有突出的交际性特点。围绕语言交际能力这一中心，从不同方面强调了外语教学中培养交际能力的重要性，强调培养学生外语使用能力是外语课程的核心目标，而让学生获得交际能力，也是外语教学的最终目的。《21 世纪外语学习标准》首章简要概述了制定该标准依据的三个理论假设，分别是关于语言和文化的假设（the assumption about language and culture）、关于语言和文化学习者的假设（the assumption about learners of language and culture）、关于语言和文化教育的假设（the assumption about language and culture education）。《21 世纪外语学习标准》指出，任何一种语言的学习都无法脱离孕育该语言的文化土壤。它强调通过让学生对本国文化和外国文化的比较，加深学生对本国文化和外国文化的理解和洞察力，从而促进学生在多元文化中了解和交流思想感情。这样不仅能够提高学生在多元文化中运用外语的能力，还能够提升学生从多元文化的角度进行批判性思维的能力，从而增强学生的跨文化交际能力。

我国的外语教育在新中国成立后很长一段时间未能获得足够的重视，直到改革开放后，国家现代化建设和开展国际交往活动都迫切需要高水平的外语人才，培养外语人才成了刻不容缓的战略任务，以英语为主的外语教育才逐步开展并普及到中小学。在我国最新的外语课程标准中，同样提出了培养学生跨文化交际能力的要求。教育部 2003 年颁布的《全日制义务教育普通高中英语课程标准》提出了培养学生跨文化交际意识及基本的跨文化交际能力的要求。2007 年教育部组织有关专家制定并由上海外语教育出版社出版发行《大学英语课程教学要求》，作为各高等学校开展非英语专业本科生英语教学的主要依据。《大学英语课程教学要求》对大学英语的教学性质和目标作了如下描述：“大学英语教学是高等教育的一个有机组成部分，大学英语课程是大学生的一门必修的基础课程。大学英语是以外语教学理论为指导，以英语语言知识与应用技能、跨文化交际和学习策略为主要内容，并集多种教学模式和教学手段为一体的教学体系。”这与美国《21 世纪外语学习标准》的培养目标有异曲同工之处。由此可见，培养学生的跨文化交际能力是世界各国第二语言教学的重要目标。

国际中文教育是以外国人和海外华人华侨为教学对象主体的、汉语作为第二语言的外语教育，培养母语为非汉语学生的跨文化交际能力也必然是教学的重要目标之一。2021 年 3 月，教育部、国家语言文字工作委员会发布了《国际中文教育中文水平等级标准》。该标准是对之前的 HSK 大纲、《国际汉语能力标准》、《汉语水平词汇与汉字等级大纲》、《汉语水平等级标准与语法等级大纲》等各项标准的继承、汇总和提升，反映了国际中文教育科学化的发展理念。《国际中文教育中文水平等级标准》创新性地提出了包容性混合型全方位“三等九级”新范式，反映了新时代面向全球多层次考试、教学、学习和评估的需求，反映了国际中文教育理念的系统性变革。《国际中文教育中文水平等级标准》发展了“言语交际能力”“话题任务内容”“语言量化指标”三个维度，优化了听、说、读、写、译五项语言技能，延续了聚焦语言交际能力、以“能做”描述界定语言水平的思路，通过掌握对应语言要素的量化指标，与“外语使用者运用目标语言能够做什么”两个角度相结合描述语言能力，确保每一级标准的科学性、精准性和可操作性。从标准内容不难看出，衡量学习者的中文水平仍是聚焦在语言的交际能力上。毋庸赘言，作为外语的中文语言交际能力当然是一种以中文作为交际工具的跨文化交际能力。

国际中文教育本身是一项跨文化交际活动，“深化合作，创新发展，为构建人类命运共同体贡献力量”（2017 年 12 月 12 日第十二届全球孔子学院大会主题）是新时代国际中文教育的使命和方向。无论是在国内从事国际中文教育工作还是被派往海外从事中文教学工作的教师，跨文化交际都应成为日常生活和教学工作的重要组成部分，具备进行有效而得体交际的跨文化交际能力和培养学习者跨文化交际能力的教学能力是汉语教师应有的基本素质，也是汉语教师迫切的现实要求。为指导汉语国际教育①人才培养工作，孔子学院总部/国家汉办 2007 年组织研制并出版了《国际汉语教师标准》。该标准由五个模块组成，分别为：（1）语言知识与技能，包括“汉语知识与技能”和“外语知识与技能”两部分，对教师应具备的汉语及外语知识与技能进行了描述；（2）文化与交际，包括“中国文化和中外文化比较”与“跨文化交际”两部分，要求教师具备多元文化意识，了解中国和世界其他国家的文化知识及其异同，掌握跨文化交际的基本规则；（3）第二语言习得理论与学习策略，要求教师了解汉语作为第二语言的学习规律和学习者特点，能够帮助学习者成功学习汉语；（4）教学方法，包括“汉语教学法”“测试与评估”“课程、大纲、教材与教辅材料”和“现代教育技术与运用”四部分，要求教师掌握汉语作为第二语言的教学理论和教学方法，具备教学组织和实施能力；（5）综合素质，主要对教师的职业素质、职业发展能力和职业道德进行描述。2012 年，孔子学院总部/国家汉办对该标准进行了修订，出台了新的《国际汉语教师标准》，突出汉语教学、中华文化传播和跨文化交际三项基本技能。任晓霏等人（2019）研究认为，这三项技能在《国际汉语教师标准》（2012 年版）中均指向了跨文化交际能力：首先，汉语教学是汉语作为第二语言（外语）的教学，本身就是一种跨文化交际活动；其次，教师应该具有较强的跨文化敏感度，分析判断教学对象在汉语学习过程中母语文化的迁移现象，增强交际参与度、差异认同感、交际信心、交际愉悦和交际专注度等跨文化敏感度五个方面的能力，从而有效提高教学效率；最后，传播中华文化是汉语国际教育硕士跨文化交际的神圣使命。国际汉语教师应该了解中华文化，将文化阐释、传播与语言教学有机结合。关于跨文化交际本身，《国际汉语教师标准》（2012 年版）指出，国际汉语教师需了解跨文化交际的基本原则和策略，掌握跨文化交际技巧，能有效解决跨文化交际中遇到的问题，能使用任教国语言或英语进行交际和教学。由此可见，汉语国际教育硕士跨文化交际能力的培养是研究生培养三项技能的核心，跨文化敏感度、跨文化意识和跨文化效力三者的相互作用应该贯穿于汉语作为第二语言教学能力培养和中华文化传播力提升的全过程。2022 年 8 月，世界汉语教学学会发布了《国际中文教师专业能力标准》并正式实施。《国际中文教师专业能力标准》适应新时代国际中文教育发展新趋势新要求，

① 随着学科的发展，汉语国际教育后来更名为国际中文教育，此处是介绍《国际汉语教师标准》，故仍然采用汉语国际教育的说法。若无特别需要，一般采用“国际中文教育”的称说。

构建了国际中文教师专业能力结构，突出师德为先、素养为基、学习者为本、跨文化能力为重等国际中文教师发展理念，以中文作为第二语言教学、教师专业发展、教师评价等理论为基础，参考借鉴多国语言教师标准，继承和发展了《国际汉语教师标准》（2012 年版），是国际中文教育领域的最新成果。《国际中文教师专业能力标准》突出以学习者为中心的理念，强调教师终身发展，突出教师跨文化交际能力与数字技术应用能力，以国际中文教师胜任力模型为基础，将国际中文教师应具备的知识、技能、态度以及专业发展等能力划分为初级、中级、高级三个水平，对每一级水平进行了详细描述。同时，《国际中文教师专业能力标准》将《国际中文教师专业能力分级认定规范》作为规范性附录，规定了国际中文教师分级认定的评价指标和认定标准，进一步增强了指导性、实用性。

《国际中文教师专业能力标准》设立的专业理念、专业知识、专业技能、专业实践和专业发展 5 个一级指标和 16 个二级指标大多都有与跨文化交际息息相关的内容：专业理念里设立的多元文化意识指标，专业知识里的中华文化与中国国情知识指标，专业技能部分的跨文化交际的文化理解力与阐释力及跨文化交际能力，专业实践中的跨文化交际活动——课堂教学及课堂组织与管理。在这个指标体系中，跨文化交际能力毫无疑问是国际中文教师的核心能力。

总之，《国际中文教育中文水平等级标准》将国际中文教育的培养目标聚焦在以中文为工具的交际能力上，而《国际中文教师专业能力标准》则从教师的角度明确了国际中文教育对跨文化能力的要求，这正是从教师和学生两个维度培养具有跨文化交际能力的中文桥构筑者。

本节关键词

构建人类命运共同体　萨丕尔-沃尔夫假说　《国际中文教育中文水平等级标准》《国际中文教师专业能力标准》

第三节 跨文化交际能力

培养学生跨文化交际能力是国际中文教育的重要目标之一。何为跨文化交际能力？对于国际中文教育的对象来说，跨文化交际能力有哪些具体的内涵呢？下面将首先介绍与跨文化交际能力相关的几个核心概念，进而明确跨文化交际能力的构成。

一、与跨文化交际能力相关的几个核心概念

（一）文化休克

文化休克是 cultural shock 的汉译，该词也曾被译作“文化震荡”“文化冲击”，目前普

遍接受的译法是“文化休克”。1960 年美国人类学家奥博格（Kalvero Oberg）首次提出“文化休克”（cultural shock）的概念，指“一个人进入不熟悉的文化环境时，因失去自己熟悉的所有社会交流的符号与手段而产生的一种迷失、疑惑、排斥甚至恐惧的感觉”。简单地说，文化休克就是当一个人从自己熟悉的文化进入另一种陌生的异文化环境之中时产生的一定时期和一定程度的心理与生理上的不适应。后来学者也都基于这一认识来定义文化休克。比如，布朗（Brown，1987）认为文化休克“是一种心理现象，表现为从轻微的气恼到深度的惶恐和心理危机”。

毕继万（2009）将“文化休克”界定为“初处异文化环境中的人，对陌生环境产生的一种不知所措和惶恐不安的心情，并由此产生的抗拒新文化和留恋旧文化的病态心理反应”。该定义把文化休克看成是一种跨文化适应过程中的障碍，明确地概括了文化休克的产生原因和表现。产生文化休克的最主要原因是文化的差异，不同的生存环境和宗教信仰会形成不同的人生价值观和生活习俗等文化差异。不同的文化造成了对同一种行为或方式的不同理解，当处于一个新的文化环境中时，一个习惯了自己母体文化方式的人失去了熟悉的行为习性，会出现人际交往障碍，产生文化身份危机，从而出现文化休克症状，具体表现为不知所措，惶恐不安，心理上会产生焦虑、易怒、偏执、极度想家、孤独、惊恐和无助等症状。这些心理症状反映到生理上就会出现头痛、反胃甚至失眠现象，在与他人沟通方面可能会有回避甚至排斥与人交往、总是抱怨或者不想说话等行为方式。

文化休克是一个人从一种文化环境进入另一种文化环境时必然会出现的心理和生理反应。最初人们普遍认为，文化休克所表现出的不知所措和惶恐不安甚至对新文化的抵触和反感是一种病态现象，是跨文化交际的消极障碍。人们研究文化休克也是为了更好地适应跨文化环境，顺利进行跨文化交际。但随着研究的深入，也有学者认为文化休克是跨文化交际过程中不可或缺的学习经验，是跨文化意识增强过程中不可或缺的重要部分。阿德勒（Adler，1987）将文化休克看成是“深入学习的经验”，认为文化休克“可以提高自我意识和促进自身进步。文化休克不只是需要通过文化适应进行医治的疾病，也是积累跨文化学习经验需要处理的核心所在。这一经验是自我理解和转变不可或缺的”。文化休克给跨文化交际带来的积极作用主要包括：获得重新认识自我的新视角，更加理解不同文化的价值观、人生观的差异，思维更加活跃、客观和开放，情感更加丰富，更加坚强、独立和成熟，人际交往能力更强，适应新的文化环境的能力更强（祖晓梅，2015）。

在国际中文教育中，由于对所任教国的语言掌握不足，赴海外任教的中文教师和中文教师志愿者都经历过或短或长的文化休克及适应过程。

（二）跨文化适应

文化休克是在跨文化交际过程中必然出现的对新文化的不适应现象，如何克服文化休克的影响，如何更好更快更顺利地适应新文化等问题，成为跨文化交际的核心——跨文化适应探究的内容。

跨文化适应（cross-cultural adaptation），一般也称为文化适应（cultural adaptation 或 cultural adjustment）。美国人类学家罗伯特·雷德菲尔德（Robert Redfield）、拉尔夫·林顿（Ralf Linton）在 1936 年合著的《文化适应研究备忘录》一书中首次提出了“跨文化适应”这一概念，以及研究课题与研究方法。他们指出，文化适应是指两种拥有不同文化背景的群体在持续的接触过程中引起的文化模式变化，理论上这种变化是双向的，相接触的群体的文化模式都会发生变化，但实际上，群体接触过程中往往要求弱势群体适应新的文化模式。金（Kim）把跨文化适应定义为"一种综合现象，指的是初居一种生疏的社会文化环境中的人努力在自己与新文化环境之间建立起并维持一种相对稳定的（stable）、互动的（reciprocal）和有功效的（functional）关系"（转引自毕继万，2009）。毕继万将跨文化适应定义为一个对新文化环境适应的过程，指的是初居一个新文化环境的人，不断克服文化休克的负面影响，从交际行为、生活习惯到思维方式与价值观念做出相应调整或改变，最终达到适应新的文化环境或学会在新文化环境中进行有效交际的过程。

跨文化适应是对一种新文化的适应过程，是"一个艰难地克服文化休克，在语言、生活、交际和思维等方面的习惯逐步由本文化转向目的文化的过程"，"也是价值观念和文化身份调整或改变的过程"（毕继万，2009）。学界根据跨文化适应的时间因素，把跨文化适应分为短期文化适应和长期文化适应两种类型。短期文化适应是指因学习或工作而暂时处于另一文化背景中的人对新文化环境的适应，目的是保证其在异文化环境中任务的顺利完成。短期文化适应不必达到文化认同，更不要求文化身份的改变，只求相互理解、友好合作、和谐共处。这些短期旅居者包括要完成某项使命或任务的人，如留学生、海外学者、商人、军事人员、科技人员、短期宣教士等。长期文化适应是一种对永久居留环境的适应，主要指移民的文化适应，其目的是融入居住国文化，成为该文化的一员。通常情况下，长期文化适应需要经过三个阶段：（1）克服文化休克，达到初步文化适应，即短期文化适应的要求；（2）逐步摆脱母语文化的羁绊，获得过渡文化人格；（3）实现文化身份的彻底转变，完全融入移民文化。其中，获得过渡文化人格是进入长期文化适应的关键期。不少永久移民在新文化环境中基本克服了短期文化适应过程中文化休克的阻碍，在语言、生活、工作和交际等方面都已无大的困难，但是他们依旧难以融入当地居民群体和文化，缺乏文化归属感。他们往往感到自己已成为既不被新文化接受又不为母语文化所认同的边缘人物（marginal person）。就国际中文教育而言，无论是中文教师还是外国汉语学习者，一般要达成的目标都是短期文化适应。当然，已经定居国外的中文教师则会面临长期文化适应的挑战。

加拿大跨文化心理学家约翰·贝里（John Berry）分析了不同人群的文化适应策略。从是否保持原有的文化和是否接受目的文化两个方面来考察，贝里将个人跨文化适应的策略归纳为同化、分离、融合和边缘化四种。

（1）同化（assimilation）。同化是指个人不希望保持原来的文化传统和身份，寻求与新环境中的人们多多进行日常交往，试图建立新的人际关系的适应。这在移民中比较多见，而旅居者的目标不是在新的文化中永久定居，因此大多不采用同化的适应策略。

（2）分离（separation）。分离是指个人希望保持自己原有的文化身份、文化习惯和传统的适应策略。他们经常与自己的同胞一起活动，避免与目的国家的人们进行接触和交流。到发达国家或发展中国家留学或工作的一些人会采用这种文化适应策略。

（3）融合（integration）。融合是指个人希望保持自己的原有文化，同时也接受新的文化的一些价值观念和行为方式的适应策略。该策略吸收和融合了两种文化中积极的方面。许多旅居者和移民采用这种文化适应的策略。在贝里看来，融合是最成功和最理想的适应策略。

（4）边缘化（marginalization）。采用该策略的个人对保持自己原有的文化传统没有兴趣，也不认同目的文化的价值观和行为方式。他们与自己的同胞交往不多，也很少与目的文化中的人们交往，生活比较封闭，独来独往，采取把自己边缘化的方式。选择这种文化适应策略的人是少数。

大多数中文教师在国外工作期间采用融合或分离的适应策略，而采用同化和边缘化策略的人占少数。在中国留学的外国学生中，很多人采用融合的策略，表现出对学习汉语和中国文化的浓厚兴趣，喜欢与中国人交流，因此他们的汉语交际能力也比较强。当然，也有相当一部分留学生采用分离的适应策略。

文化适应是一个复杂、动态的发展过程。西方学者提出了多个跨文化适应模型来描述这一过程，比较流行的是吕斯高（Lysgaard，1955）的U曲线模型。

根据该模型，奥博格（Oberg，1960）在描述文化休克时，把短期旅居者的跨文化情感适应过程分为四个阶段：蜜月期、挫折期、恢复期和适应期（见图3-3）。蜜月期因为新奇而觉得“一切都很美好”。挫折期即“文化休克”阶段，因为新环境中有很多规则与自己原有的文化不同，从而造成生活不便，进而感觉“一切都很糟糕”，心情变得失望、沮丧、焦虑，开始想家，不愿意与当地人接触，对当地人和这种陌生文化产生了负面的印象。恢复期意识到了文化的差异，慢慢开始接受和理解，感觉“一切都还行”。适应期对文化的差异持有更客观、宽容的态度，开始接受目的文化的一些观念和行为方式，并愿意调整自己的方式去适应不同的情况。

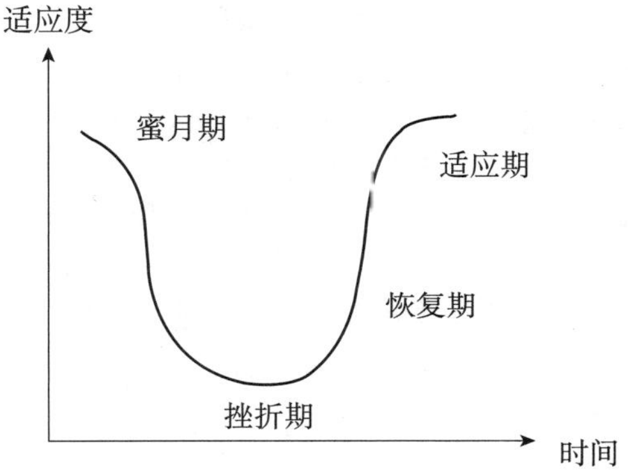

图3-3　文化适应的U曲线模型图

莱文与阿德尔曼（Levin & Adelman，1982）以一年左右侨居期为例，将文化适应过程分为蜜月阶段、文化休克阶段、初步适应阶段、孤独阶段和结合阶段五个阶段。文化适应五段论为更多人所接受。

哪些因素会影响人们文化适应的过程和结果呢？综合国内外众多学者的观点，跨文化适应的影响因素可分为外部因素和内部因素。外部因素包括文化距离、社会支持网络、环境变化等；内部因素包括民族中心主义、刻板印象和歧视与偏见、评价和应对方式，以及个体自身因素等。

（1）文化距离。所谓文化距离是指跨文化适应者自身文化与目的文化之间的差异。这些差异包括文化价值观、行为规范、语言、交际风格等方面的差异，也包括宗教、政治、经济制度等的差异。其中，价值观差异是造成文化冲击和引起文化不适应的主要原因。文化距离越大，个人受到的文化冲击越大，要跨越这些文化差异所需要的努力和资源就越多，跨文化适应的难度越大。

（2）社会支持网络。社会支持包括家人、朋友以及其他认识的人的支持。没有社会支持网络的支撑，人们容易产生孤独感和焦虑感。在文化适应的初始阶段，家人的支持和来自同一文化的朋友的友谊会带来情感上的支持，缓解文化适应方面的焦虑。但是到目的文化中居住了一段时间以后，与当地人的交往会有助于了解目的文化的规则，减轻文化适应中的心理不适。

(3) 环境变化。在跨文化接触中必然面临着一系列生活环境的变化，如饮食习惯、生活节奏、气候等，这些变化会给人带来压力，影响人的心理适应。

(4) 民族中心主义（ethnocentrism，又译为“民族优越感”）。人类学家认为民族中心主义存在于每一种文化中，是普遍存在的现象和心理倾向。在民族中心主义作用下，人们用自己文化的价值观去判断别的文化群体的行为方式，以刻板印象的方式来看待其他文化的成员，常常下意识地提高自己的文化而贬低其他文化。在跨文化交往中，民族中心主义会妨碍双方的沟通和理解。

(5) 刻板印象和歧视与偏见。很多研究发现，种族歧视和旅居者的心理幸福感之间有很强的负相关。从文化距离的角度来看，文化距离较近的国家彼此应该比较容易适应，但很多研究发现事实并非如此。有些文化距离较近的国家彼此的文化适应会比较差，其中一个主要原因就是一方在另一方受到歧视。可以看出，歧视与偏见也是影响跨文化适应的一个很重要的因素。

(6) 评价和应对方式。对生活变化的不同认知和评价方式，也会影响旅居者的跨文化适应，其中研究得比较多的是旅居者对旅居生活的期望值。期望是指旅居者在进行跨文化接触之前，对跨文化接触的想象。丁允珠（Ting-Toomey，1999）指出：“合乎现实的期望值会有助于跨文化适应，而以准确为基础的正面期望值会减少文化适应中的焦虑。”拥有比较切合实际的期望值的人会对文化适应过程中可能出现的问题做更充分的心理准备，从而促进旅居者良好的适应。

(7) 个体自身因素。旅居者的外语熟练程度、先前海外经历、跨文化训练的经历、对东道国文化的了解以及人口统计学变量，包括性别、年龄、收入和教育等也会影响跨文化适应程度（阮桂君，2017）。

(三) 跨文化意识

跨文化意识（cross-cultural awareness/cultural awareness）是西方学者汉威（Hanvey，1979）提出的理论，指的是理解和承认文化差异的能力（the capacity of understanding and accepting cultural differences）。培养跨文化交际能力的关键是培养学生的跨文化交际意识。学者对跨文化意识内涵的界定可谓仁者见仁、智者见智，国外学者汉威、阿德勒、哈里·特里安迪斯（Harry Triandis）、勒科克和托马斯（Legutke & Thomas）、陈国明和斯达罗斯特（Starosta）、贝内特分别将跨文化意识与参与者对文化因素的敏感性认识、内化性的洞察力、文化互动、意识的不断协商和观念的互动等关联起来。

我国学者胡文仲、高一虹、毕继万则认为，跨文化意识是对自身文化和他人文化的理解而形成的对周围世界认知上的变化，是对另一种文化的理解能力，是促使目的语与本族语两种文化相互融合的一种积极的意识。毕继万（2009）认为，跨文化意识指的是“在跨文化交际中，对不同文化之间的差异和冲突具有感觉的敏锐性（善于发现矛盾和问题）、理解的科学性（理性的分析和科学的判断）、处理的自觉性（自觉排除干扰，有效得体地解决问题）”。跨文化意识的有无或程度的强弱直接影响交际质量，是衡量一个交际者能否成功实现跨文化交际目的的重要准绳之一。

培养跨文化意识，理解接受和处理文化差异殊非易事。跨文化意识培养的阻力一方面源于文化自身的复杂多样，另一方面来自跨文化交际过程中交际主体的文化优越感、文化模式和文化偏见等主观心理因素。

文化自身的复杂多样，使人们几乎不可能认识文化的全貌，必然会引起跨文化交际中的误解和冲突，甚至是以猝不及防的方式发生。1984 年，为了帮助人们更好地认识与分析“文化”这一抽象概念，从而使跨文化交流更积极有效，AFS 国际文化交流组织[①]首先提出了“文化冰山”这一模型，将“文化”具象化地比喻成漂浮在海面上大若山川的冰柱。冰山漂浮在海平面以上的可视部分就像是显性的文化现象，冰山的主体部分掩盖在风平浪静的海平面以下，且远远大于海平面以上的部分，就像隐性的文化现象，看不见，摸不着，却在不同文化的碰撞过程中危机四伏。作为冰山的巨大地基的隐性文化，如社会历史习俗、政治背景、意识形态、人际交往、价值观、道德准则、社会规范等等，支撑并决定了人的行为以及文化的表现形式。不同文化背景的人展开交流时，像是两座冰山慢慢靠近。交流中的任何一方都只能看到对方这座冰山的“显性部分”，而难以观察到海平面下庞大的文化“隐性部分”。当两座冰山相遇时，往往是海平面以下的冰山发生碰撞，产生冲突，造成海平面上可视“显性部分”瓦解，进而是不可挽回的灾难性后果。

跨文化意识培养中主观心理方面的阻力，主要包括文化优越感（ethnocentrism）、文化模式化（stereotypes）与文化偏见（prejudice）的干扰。毕继万（2009）称之为跨文化意识的“三大敌人”。

文化优越感，即上文所说的民族中心主义。具有文化优越感的人，认为自己文化的行为标准必须是所有文化的标准，将母语文化的风俗习惯、交际规则、思维方式和价值观念作为唯一的标准，来衡量和判断世界一切文化的行为。这样的认识导致在跨文化交际中唯我独尊，对其他文化产生严重偏见，无法客观地认识和对待与自己不同的文化，失去获取跨文化意识的意愿与要求，甚至采取敌对的态度。

文化模式化，又称文化定式，也即上文所说的刻板印象，就是人们对文化表面特征的理解，是指对一个群体过度简单化（oversimplified）、过度概括（over-generalized）或夸张化（exaggerated）的看法。定式具有三个特点：以人们最明显的特征加以分类，以一组特征涵括全体，用同一种方法对待整群人。文化定式在不同文化群体交往过程中起着重要的作用，虽然有时会夸大群体差异，忽略个性差异，甚至扭曲事实而产生负面影响，但是它在跨文化交际初期能帮助人们快速辨识不同文化群体的特点，在与陌生文化接触的过程中具有导向作用，减少交际的盲目性和复杂性，是一种合理的认知心理过程。

文化偏见（prejudice）是在文化模式化基础上形成的，文化偏见论者依据其过于简化、过于概括或夸大其词的错误观念观察和看待某一文化群体。采取一种出于固有的成见所持的不公平的、带有偏见的甚至是顽固不化的歧视态度对待与己不同的文化，喜欢专门搜集可以证实自己偏见的“证据”，对与之相矛盾的其他事物和现象则置若罔闻。

获取跨文化意识要经历一个漫长而又艰苦的过程，毕继万（2009）借鉴西方理论，结合实际，提出了提高跨文化交际意识的几个步骤。

（1）尊重新文化并乐于与新文化的人交往（respect and willingness）；

（2）积极参与新文化和/或与新文化的人交往（communication and/or participation）；

（3）理解新文化的现象与交际行为，并相信这些现象是合理的，是有其文化渊源的（understanding and believability）；

（4）愿意调整自己的认识与行为，开始理解并主动适应新的交际环境或文化环境（plasticity and empathy）；

（5）最终达到适应新文化的交际行为和新文化环境的水平（adaptation）。

---

① AFS 国际文化交流组织（AFS Intercultural Programs）是一个从事国际教育交流的非营利性民间国际组织。该组织成立于 1947 年，前身是美国战地服务团（American Field Service）。

（四）跨文化交际能力

跨文化交际能力的研究可以追溯到美国社会语言学家海姆斯（Hymes，1972）提出的“交际能力”概念。海姆斯将语言看作交际的工具，认为对语言的研究，既要研究人们内在的语言能力，也要研究人们在具体语境中正确而得体地运用语言的“交际能力”（communicative competence）。交际能力包括语言能力、语言技能、语篇能力和社会文化能力四个方面。海姆斯的“交际能力”重视语言的交际工具性，正确而得体地使用语言进行交际的能力逐渐成为第二语言教学的目标。交际能力关注同文化语境中的言语交际行为，而跨文化交际学的引入和世界多元文化共存和互动的新形势，使越来越多的学者和教师意识到，交际能力不能满足第二语言的教学需要，更不能满足跨文化交际环境的要求。金（Kim，2001）提出了“跨文化交际能力”（intercultural communication competence）的概念，以区别于特定文化的交际能力，并认为这是处理交际中的文化差异、使跨文化交际获得成功的必要条件。培养跨文化交际能力应该是第二语言教学的更高目标。

培养学生的跨文化交际能力是外语教育的目标之一，这已然是学界共识，但是迄今为止国内外学者对跨文化交际能力（intercultural communication competence）概念的内涵和外延认识各不相同，这种不同突出表现在对跨文化交际能力和跨文化能力（intercultural competence）的概念所指及二者的关系上。高永晨（2014）将学者们对二者所指的界定归纳为三类：等同说（跨文化交际能力 ＝ 跨文化能力）、大于说（ 跨文化交际能力＞跨文化能力）和小于说（跨文化交际能力＜跨文化能力）。“等同说”认为跨文化交际能力与跨文化能力是同一概念，并可互用，这是国内外学界占大多数的观点，代表人物有鲁斯汀（Lusting）、陈国明和斯达罗斯特、斯皮茨伯格（Spitzberg）。“大于说”是指跨文化能力只是跨文化交际能力的一个组成部分，其典型代表人物是拜拉姆（Byram）。“小于说”认为跨文化能力包括诸多要素，跨文化交际能力只是其中之一，其代表人物为考特霍夫和斯宾塞-澳蒂（Kotthoff & Spencer-Oatey）。

祖晓梅（2003）梳理了国内外关于跨文化能力和跨文化交际能力的概念内涵，她赞同拜拉姆的观点。拜拉姆（Byram，1997）认为跨文化能力由知识、态度、技能和批判性文化意识等构成，语言能力、社会语言能力和语篇能力与这些因素结合才能形成跨文化交际能力。祖晓梅认为跨文化能力和跨文化交际能力二者应有不同，第二语言教学的目标是培养学生的跨文化能力，它是一种包括知识、技能、态度和文化意识的综合能力：不仅包括外在的技能和知识，而且包括内在的情感和态度；不仅包括关于本族文化和目的文化的知识、技能、态度，而且包括对一般性文化现象、特点以及它们之间关系的理解、洞察和评价。在国际中文教育领域，祖晓梅关于跨文化能力构成的观点影响较大。

虽然祖晓梅区分了跨文化能力和跨文化交际能力的不同，但是正如祖晓梅（2003）在文章中指出的，国内学者们基本上使用“跨文化交际能力”的概念，很少使用“跨文化能力”的概念。这说明在国内学界，人们并不严格区分二者的内涵和外延，而是将二者视为一体。

除非需要明确说明，本书也不严格区分跨文化能力和跨文化交际能力。

二、跨文化交际能力的构成要素

跨文化交际能力是一种综合能力体系，其构成十分复杂，包含许多要素，中外学者对构建一个完整的跨文化交际能力模型从不同的视角出发，有着不同的尝试，各成一家之言。

斯皮茨伯格和库帕克（Spitzberg & Cupach，1984）从传播学视角提出的动机、知识和技能三大跨文化交际能力要素模型具有较大影响力。金（Kim，2001）认为跨文化交际能力应该包括认知、情感和行为三个层面，也就是知识、态度和技能三个方面。凡蒂尼（Fantini，2007）认为跨文化交际能力是“一种与语言和文化不同的人们进行有效而得体的交往所需要的综合能力”，包括跨文化交际的知识（knowledge）、跨文化交际的技能（skill）、跨文化交际的态度（attitude）和跨文化交际的情感（awareness）四个要素。陈国明和斯达罗斯特（Chen & Starosta，1996）提出的跨文化交际能力模型包含认知、情感和行为三个相依相存的层面：认知层面即跨文化意识，强调经过对自己和交际对方文化的理解，改变对对方文化的个人观感的过程；情感层面即跨文化敏感，代表个人在某种特殊情境或与不同文化的人交际时，情绪或情感的变化；行为层面即跨文化效能，指的是个体跨文化环境下完成交际任务与实现交际目的的能力。

贾玉新（1997）认为跨文化交际能力应包括基本交际能力系统、情感和关系能力系统、情节能力系统和交际策略能力系统。文秋芳（1999）认为跨文化交际能力包括交际能力和跨文化交际能力，其中交际能力包括语言能力、语用能力和策略能力，跨文化交际能力包括对文化差异的敏感性、对文化差异的宽容性和处理文化差异的灵活性。陈国明（2009）的跨文化交际能力模型则包含三个相互依存的层面：（1）认知层面，指跨文化理解；（2）情感层面，指文化敏觉力；（3）行为层面，指跨文化效力。毕继万（2009）认为跨文化交际能力指的是跨文化环境（cross-cultural context）中的交际能力，是在跨文化交际环境中由语言交际能力、非语言交际能力、语言规则和交际规则转化能力以及文化适应能力所组成的综合能力。孙有中（2016）综合学术界关于跨文化能力的众多定义，着眼于外语教育的专业定位，将跨文化能力的核心内涵描述为如下的构成要素：尊重世界文化多样性，具有跨文化同理心和批判性文化意识；掌握基本的跨文化研究理论知识和分析方法；熟悉所学语言对象国的历史与现状，理解中外文化的基本特点和异同；能对不同文化现象、文本和制品进行阐释和评价；能得体和有效地进行跨文化沟通；能帮助不同语言文化背景的人士进行有效的跨文化沟通。

跨文化交际能力的构成要素与跨文化交际能力的培养息息相关，在众多的跨文化交际能力构成要素理论或模型之中，对国际中文教育影响较大的理论主要有拜拉姆（Byram，1997）、凡蒂尼（Fantini，2007）以及陈国明（2009）的理论。三种理论虽有所区别，但基本上都认为跨文化交际能力包括态度、知识、技能和文化意识等要素，是一种涉及认知、情感和行为的综合能力。尤其是拜拉姆（Byram，1997）的观点，为《欧洲语言共同参考框架》所认可并接受，被称为欧盟模式，对第二语言教学领域的影响深远。拜拉姆区分了跨文化能力和跨文化交际能力，认为跨文化能力包括知识、态度和技能三个要素，这三者与一定的语言能力、社会语言能力和篇章语言能力相结合形成跨文化交际能力。跨文化交际能力“要求学生获得跨文化交际方面的知识、技巧、态度和客观评判型的文化意识”。其构成要素主要有：

（1）跨文化交际的态度。对文化问题要保持好奇和开放的态度，不再对其他文化和自身文化持怀疑态度。这意味着愿意去比较描述自身的价值观、信仰和行为，而且不再假定它们是唯一的和绝对正确的，能够客观地从其他文化的角度看待自身的价值观、信仰和行为，即不再将自身的文化看作是“中心文化”。

（2）知识。知识是指社会群体的成就性“产品”和自身文化或其他文化的行为规则，以及社会交际和个体交际的具体过程。因此知识包括两大要素：一是社会交际过程的知识；

二是解释这些社会交际过程和产物的知识，后者包括他人如何认识你和你对他人的认识与理解。

(3) 解释与讲述的技巧。解释来自其他文化的文献或事件，从自身文化的角度来解释或是讲述其他文化的文献或事件。

(4) 发现和互动的技巧。能够习得文化和文化实践中的新知识并且运用这些知识，以适当的态度和技巧来处理实际交际中互动上的一些问题。

(5) 客观评判型的文化意识。能够根据来自自身文化和其他文化的外在显性标准、洞察力、实践和结果来客观评判文化问题。

本节关键词

文化休克　跨文化适应　跨文化意识　跨文化交际能力

第四节 国际中文教师跨文化交际能力及培养

一、国际中文教师应具备的跨文化交际能力要素

祖晓梅综合学界关于跨文化交际能力的研究成果，特别是第二语言教学领域的相关研究成果，结合国际中文教育的专业特点及时代要求，对国际中文教师应具备的跨文化交际能力要素提出了自己的看法。祖晓梅（2015）认为，国际中文教师的跨文化交际能力应该包括两种能力：跨文化交际的能力和跨文化交际的教学能力。前者是生活在全球化时代的国际中文教师应该具备的基本素质，后者则是国际中文教师应该具备的专业素质。在国际中文教师的跨文化交际能力要素方面，祖晓梅（2015）结合凡蒂尼（Fantini，2007）的观点，将该能力具体化为以下几个方面。

(1) 跨文化交际的知识。

- 了解文化与交际的关系以及文化是如何影响交际的。
- 了解世界上主要的价值观模式的特点以及价值观对文化行为的影响。
- 了解跨文化语言交际的特点和语言交际的跨文化差异。
- 了解跨文化非语言交际的特点和非语言交际的跨文化差异。

(2) 跨文化交际的技能。

- 掌握应对文化冲击的有效策略，具有跨文化的适应能力。
- 具有与不同文化背景的人有效而得体交往的能力。
- 具有解决跨文化交际中的误解和冲突的能力。
- 具有与不同文化背景的人建立良好关系的能力。

(3) 跨文化交际的态度。

• 乐于参与跨文化的交际，并采取开放和积极的态度。

• 对于不同文化背景的人的行为不做过度概括，避免进行简单的价值判断。

• 对于与自己不同的文化行为和概念，采取宽容和尊重的态度。

(4) 跨文化意识。

• 意识到每个人的行为和观点都受到自身文化的制约。

• 注意挖掘跨文化交际失败和冲突现象及事件背后的文化原因。

• 经常反思自己跨文化交际的经历并对不当行为作出调整。

• 在跨文化交际中经常换位思考并发展移情能力。

祖晓梅（2015）认为，国际中文教师跨文化交际的教学能力是实现培养学习者跨文化交际能力的教学目标的专业必备素质。《国际汉语教师标准》（2007）列出的跨文化交际的基本技能可以理解为国际中文教师应具备的跨文化交际的教学能力。具体包括：

(1) 了解文化及跨文化交际在语言教学中的作用，在语言教学过程中具有跨文化交际意识。

(2) 能解释在课文和教学材料中出现的各种文化概念。

(3) 能在安排课堂任务和课堂活动时考虑学习者的文化背景。

(4) 能根据学习者的文化背景和语言水平选择适当的教学方法和教学手段。

(5) 能在不同的文化氛围下有效地开展语言教学。

(6) 能够帮助学习者克服在语言学习过程中由文化不同和交际失误引起的各种困难。

(7) 能够在跨文化交际的场合帮助学习者建立文化敏感意识。

除《国际汉语教师标准》提到的这些基本技能之外，国际中文教师还需具备能够帮助学生对其他文化建立好奇、开放、宽容和尊重态度的能力（祖晓梅，2015）。国际中文教师跨文化交际的教学能力，在 2007 年版《国际汉语教师标准》中体现得比较清晰细致，在 2012 年新版《国际汉语教师标准》及 2022 年的《国际中文教师专业能力标准》中不断发展，内容上更具有指导性。《国际中文教师专业能力标准》从信念、知识、行为三个方面规定了国际中文教师的跨文化交际能力。

(1) 信念方面要求国际中文教师“具有开放包容的态度，尊重任教国家和地区的文化传统与社会现实。”“具有团队协作精神，与同事、家长、社区及其他相关者开展合作。”

(2) 知识方面则要求中文教师具备中华文化与中国国情知识并运用于教学，以与时俱进的态度实践于教学，能够做到以下方面。

• 了解并能够介绍教学中涉及的历史、哲学、文学、艺术、民俗等中华文化知识。

• 了解并能够介绍教学中涉及的中国社会、政治、经济、教育、科技、生态等国情知识。

• 分析常见的社会和文化现象，解决教学与交流中的问题。

(3) 在行为层面，国际中文教师要具备如下的跨文化交际专业技能：

• 了解世界文化的多样性，尊重不同文化，培养学习者文化平等意识和文化理解能力。

• 了解任教地区人们在思维方式、价值观念、交际规约、行为方式等方面的主要特点，适应不同文化环境。

• 掌握跨文化交际的基本理论，能够运用不同策略，有效解决教学中的跨文化交际问题。

而在具体的教学实践中，要能够考虑学习者的文化背景，并做到以下方面：

(1) 制定适合学习者年龄、文化背景、中文水平、兴趣爱好、认知特点、学习需求等因素的教学目标。

（2）理解语言与文化的关系，能够处理语言要素中的文化因素，帮助学习者理解语言中的文化。

从教师标准的变化，可以清晰地了解到，国际中文教育对语言的交际功能、对中文教师跨文化交际能力的日益重视。

二、国际中文教师跨文化交际能力的培养途径

第二语言教学过程不仅仅是语言教学过程，而是语言和文化相结合的教学过程，更是培养跨文化交际能力的过程。现阶段，国际中文教育遍布全球各地，国际中文教师大多面临出国任教的跨文化交际活动，这决定了国际中文教育既有对国际中文教师的跨文化交际能力培养的问题，也有对中文学习者的跨文化交际能力培养的问题。在国际中文教育中，国际中文教师如何培养自身跨文化交际能力？

2022 年 8 月，世界汉语教学学会发布并实施《国际中文教师专业能力标准》。该标准继承了 2012 年《国际汉语教师标准》关于跨文化交际能力的一些标准，分层级从专业信念、专业知识、专业技能几个维度构建了国际中文教师必备的跨文化交际能力标准体系，为国际中文教师培养、培训、能力评价和认定、专业发展提供依据。

随着国际中文教育广泛而深入地开展，特别是孔子学院在全球范围内的建设，不少公派国际中文教师、国际中文教育志愿者赴海外教学，他们身处海外国际中文教育一线，亲身参与跨文化交际实践。他们经历的或面临的各种跨文化交际的障碍与冲突，为跨文化交际能力培养提供了实践上的“后事之师”。朱勇（2018）通过对多个国别志愿者的访谈，分析发现海外志愿者在跨文化交际上的问题主要有四个方面：（1）语言障碍导致的交际广度、话题深度、信息技巧与交际信心不足；（2）文化方面的风俗习惯、价值观念、时间观及非语言行为差异造成的交际障碍；（3）个体性别、人格差异与民族中心主义及身份维持意愿造成的交际障碍；（4）工作环境形成的社交圈子相对封闭。跨文化能力的强弱直接反映在跨文化适应的状况上。朱勇的调查访谈所反映出来的海外志愿者跨文化交际问题也可以归因于上文毕继万（2009）所述的三大敌人，因此跨文化交际能力的培养过程就是帮助攻克跨文化适应的三大敌人的过程。

前述跨文化交际能力构成理论虽然各有差别，但是核心要素均包括认知、情感和行为三个层面。认知层面包括目的文化知识以及对自身价值观念的意识；情感层面包括对不确定性的容忍度、灵活性、共情能力、悬置判断能力；行为层面包括解决问题的能力、建立关系的能力、在跨文化情境中完成任务的能力。跨文化能力构成要素的理论为跨文化能力培养的研究提供了理论框架，明确了方向。萨默瓦和波特（Samovar & Porter，2010）对于提高跨文化交际能力有以下建议：

（一）认识自我

了解自身的文化、情感态度和交际风格。文化是人们的行为指南，人们倾向于用自己本民族的价值观、社会规范和行为模式衡量他人的行为，因此了解自身文化的特点及优缺点可以帮助人们克服民族中心主义中的狭隘倾向，提高跨文化交际能力。了解自己的情感态度，交际者能够在一定程度上克服由于刻板印象带来的先入为主消极情绪，减少负面情

绪对交际的影响。通过自我观察了解自己的交际风格，交际者可以根据交际对象的反应来判断、总结自己的交际风格，发扬好的方面，改正或避免失败的交际策略，克服自身的缺点，提高交际能力。

认识自我是提高交际者自我意识的方法，认识自己不是让自己成为交际的中心，而是深入了解自己的文化，认识自己对于其他文化的态度以及自身的交际风格。坦诚看待自己的行为并不容易，但是对于提高跨文化交际能力很有帮助。

(二) 考虑物理环境因素和人际环境因素

萨默瓦认为时间观念、物理环境因素和习俗是影响交际的重要环境因素。

时间观念可以理解为不同文化的人们看待和处理准时、预约、最后期限等使用时间的方式。霍尔（Hall，1976）把这种时间观念分成单一时间取向和多项时间取向，了解交际者的时间取向可以帮助提高交际效率和效果。单一时间取向文化背景者做事讲究效率，谈判或者交际风格较为直接，要求严格遵守约会时间，迟到一方要向他人表示歉意。在多项时间取向的文化中，人们不严格遵守约会时间，在约会之前应该向主人确认一下时间安排。有国家的商务合同可以在两到三小时的午餐休息时间内签署，并且在会议快结束时才开始谈生意的现象也经常发生。

物理环境是非语言交际中的空间利用，不同文化在不同语境中的交际规则大相径庭。对不同文化中的非语言交际规则的了解可以帮助交际者预测目的文化中自己所处环境的交际要求，从而使举止更加得体。在有些国家，商务谈判通常安排在会议室中，谈判双方面对面坐着，气氛比较紧张。而有些国家则倾向于避免这种正面的冲突，他们喜欢圆桌会议形式，或者干脆席地而坐。

一种文化中的习俗反映人们的价值观念和行为模式，适应当地的文化习俗和传统是一种跨文化交际能力。不了解陌生文化中的习俗，往往会导致交际的障碍。例如，在有的国家的人们家里做客，你会发现没有沙发或者椅子，你不知该站着还是坐在地板上。而有的国家，人们不睡床，而是睡在地板上。因此，了解目的文化环境中的文化习俗与禁忌，尊重他国文化并入乡随俗，能够帮助交际者更快地适应陌生环境。

(三) 掌握不同的信息系统

到陌生文化环境中生活或者工作，或与来自其他文化的人进行交际，需要交际者掌握该种文化的信息系统，包括语言和非语言交流方式。

语言是重要的交际工具，学习前往地的语言或者当今世界上的通用语，从而熟练使用对方文化的语言是体会该文化的有效途径，学习使用该文化的工具，是跨文化交际能力的重要方面；了解目的语中承载的文化信息，才能使用准确合适的相关目的语表达方式开展交际。比如，各种语言中习语和谚语都蕴含着丰富的文化信息，汉语中的成语更是中华文化宝库。据估计，以英语为母语的人经常使用的习语就有 15 000 多条。习语的特点是字面意思不是习语本身的意思，了解习语的文化含义才可能理解并正确使用习语。

人们在交际时除使用语言交际符号外，还伴随大量的非语言交际符号，如目光、体态、味道等。非语言交际符号，在不同文化中意义不同，误用或误解非语言交际符号的意思会引起误会和矛盾。跨文化交际者应该掌握目标文化中非语言交际符号的含义，并练习正确使用和解读非语言符号的意义。比如对远赴海外的国际中文教师来说，穿着可能会成为一个问题，因为在有些国家，学校比较重视教师的穿着，而另有一些国家则对老师的穿着不太关注。

（四）培养移情能力

移情能力是情感能力的重要组成部分，主要指摆脱民族中心主义的束缚，不以本民族的价值观念看待和评判其他文化，设身处地为他人着想。萨默瓦总结出了移情的六个步骤：（1）承认世界的多元性，认识到文化差异的存在是普遍现象；（2）充分认识自我；（3）悬置自我；（4）以别人的视角看待问题；（5）做好移情的准备；（6）重塑自我。

（五）学习处理冲突

无论在跨文化交际还是在文化内部交际中，都有可能发生冲突。发生冲突的原因很多，不同文化对冲突可能持有不同的态度。处理冲突一般有五种方法或策略。

（1）退避。退避是比较常用的避免冲突的方法，也是最简单的方法之一。退避，可以包括心理上的，如保持沉默不参与谈话，也可以包括身体上的，如远离冲突，表明交际者不愿意卷入的态度。

（2）和解。和解建立在放弃自己的立场和观点、满足他人要求、达到他人满意的基础之上。这种策略一方面表明交际者无所谓的态度，另一方面显示交际者的软弱，因此会造成一方占另一方便宜的现象。

（3）竞争。竞争的策略代表交际者坚持立场、争取胜利的态度。该策略往往把自己的要求强加于人，而且有很多种形式，包括威胁、言语侵犯、胁迫或剥削等。

（4）折中。折中是找到双方都同意接受的途径。使用这种策略时，人们通常要牺牲某些东西以换取解决冲突的方法。

（5）合作。合作的核心是双方都想解决冲突，往往会寻求使用富有建设性的方法，以满足双方的目标和需要。以积极的观点看待冲突，合作是最理想的解决方式。

从跨文化交际的视角来看，有些文化倾向于积极地对待冲突；而有些东方文化倾向于避免冲突，对待冲突的态度比较消极。交际者需要了解目的文化中人们对待冲突的态度，从而选取合适的处理方式。

祖晓梅（2016）把国际中文教师在跨文化交际能力教学中的角色和作用定位为：文化知识的咨询者、文化技能的训练者、探讨文化意义的引导者、文化态度转变的促进者、跨文化交际的中介者、文化学习的合作者。这种角色定位，从国际中文教育培养目标的角度对国际中文教师在培养学习者的跨文化交际能力方面提出了要求。国际中文教师如何培养中文学习者的跨文化交际能力呢？这是一个值得深入持续研究的课题。

本节关键词

跨文化交际能力要素　认识自我　培养途径

【本章小结】

国际中文教育本质上是具有不同文化背景的主体参与的一种跨文化交际活动。教学内容不仅仅是正确的词汇语法等语言知识，更重要的是能够使学习者得体地运用中文进行交际的语言和文化知识；教学过程不仅是语言和文化知识的传授过程，更是跨文化交际能力的培养过程。跨文化交际链接国际中文教育，后者需要面对跨文化交际意识、跨文化交际能力及跨文化适应的理论与实践问题。语言是文化的鸿沟与桥梁，国际中文教育是架设世界文明交流互鉴之文化桥梁的跨文化交际活动，承担着传播中华文化、推动构建人类命运共同体的崇高使命，应该以培养具有跨文化交际能力的中文桥构筑者为重要目标。

【思考与练习】

1. 查阅文献，通过中外比较归纳中华文化的主要特征。
2. 观看电影《刮痧》，分析跨文化环境如何影响交际。
3. 举例说明语言和文化的关系。
4. 第二语言教育与跨文化交际有什么关系？
5. 国际中文教师赴海外任教时，如何克服跨文化交际障碍，适应跨文化环境？
6. 什么是跨文化意识？国际中文教师如何培养跨文化意识？
7. 国际中文教师需要具备什么样的跨文化交际能力？如何培养跨文化交际能力？

【拓展阅读】

陈国明．跨文化交际学．上海：华东师范大学出版社，2009.

胡文仲，高一虹．外语教学与文化．长沙：湖南教育出版社，1997.

洪堡特．论人类语言结构的差异及其对人类精神发展的影响．姚小平，译．北京：商务印书馆，1999.

BROWN H D. Teaching by principles：an interactive approach to language pedagogy. 3rd ed. White Plains，NY：Pearson Longman，2007.

BYRAM M. Teaching and assessing intercultural communicative competence. Clevedon：Multilingual Matters，1997.

SAMOVAR L A，PORTER R E，MCDANIEL E R. 跨文化交际．董晓波，等编译．北京：北京大学出版社，2009.

本章参考文献

毕继万．跨文化交际与第二语言教学．北京：北京语言大学出版社，2009．

陈绂．五个“C”和AP汉语与文化课教材的编写．语言文字应用，2006（增刊）．

陈光磊．语言教学中的文化导入．语言教学与研究，1992（3）．

陈国明．跨文化交际学．上海：华东师范大学出版社，2009．

崔希亮．汉语国际教育与人类命运共同体．世界汉语教学，2018（4）．

高永晨．中国大学生跨文化交际能力测评体系的理论框架构建．外语界，2014（4）．

关世杰．跨文化交流学．北京：北京大学出版社，1995．

国家汉语国际推广领导小组办公室．国际汉语教师标准．北京：外语教学与研究出版社，2008．

国家汉语国际推广领导小组办公室．国际汉语教学通用课程大纲．北京：外语教学与研究出版社，2008．

洪堡特．论人类语言结构的差异及其对人类精神发展的影响．姚小平，译．北京：商务印书馆，1999．

胡文仲．跨文化交际学概论．北京：外语教学与研究出版社，1999．

贾玉新．跨文化交际学．上海：上海外语教育出版社，1997．

教育部中外语言交流合作中心．国际中文教育用中国文化和国情教学参考框架．北京：华语教学出版社有限责任公司，2022．

李泉．中国文化教学与传播：当代视角与内涵．语言文字应用，2017（2）．

李宇明．语言是文化的鸿沟与桥梁．宁波诺丁汉大学人文专家大讲堂学术讲座，2022－06－28．

李宇明，翟艳．来华留学汉语教育70年：回顾与展望．语言教学与研究，2021（4）．

陆俭明．语言能力事关国家综合实力提升．人民日报，2016－02－17．

陆俭明，马真．汉语教师应有的素质与基本功．北京：外语教学与研究出版社，2016．

吕必松．对外汉语教学概论：讲义．世界汉语教学，1992（2）．

欧洲理事会文化合作教育委员会．欧洲语言共同参考框架：学习、教学、评估．刘骏，傅荣，主译．北京：外语教学与研究出版社，2008．

任晓霏，刘锋，佘红艳，等．跨文化交际与国际中文教育．南京：东南大学出版社，2019．

阮桂君．跨文化交际与实践．武汉：武汉大学出版社，2017．

斯图尔特，贝内特．美国文化模式．卫景宜，译．天津：百花文艺出版社，2000．

孙春兰．推动孔子学院高质量发展　为构建人类命运共同体贡献力量．(2018－12－05)．

孙有中．外语教育与跨文化能力培养．中国外语，2016（3）．

王松，刘长远．外语学习者的跨文化意识培养．外语学刊，2016（5）．

文秋芳．英语口语测试与教学．上海：上海外语教育出版社，1999．

习近平．共同构建人类命运共同体：在日内瓦联合国总部的演讲．人民日报，2017－01－20．

许国璋．语言的定义、功能、起源．语言教学与研究，1986（2）．

姚喜双．以语言文字凝聚文化自信．人民日报，2016－07－18.

姚小平．洪堡特：人文研究和语言研究．北京：外语教学与研究出版社，1995.

张岱年，方克立．中国文化概论．3版．北京：北京师范大学出版社，2003.

张卫东，杨莉．跨文化交际能力体系的构建．外语界，2012（2）．

张占一．试议交际文化和知识文化．语言教学与研究，1990（3）．

赵爱国，姜雅明．应用语言文化学概论．上海：上海外语教育出版社，2003.

赵金铭．国际汉语教育中的跨文化思考．语言教学与研究，2014（6）．

庄恩平．跨文化能力：我国21世纪人才必备的能力："2006跨文化交际国际学术研讨会"综述．外语界，2006（5）．

中华人民共和国教育部，国家语言文字工作委员会．国际中文教育中文水平等级标准．北京：北京语言大学出版社，2021.

朱勇．海外志愿者跨文化交际影响因素及对策．中华文化海外传播研究，2018（1）．

祖晓梅．跨文化能力与文化教学的新目标．世界汉语教学，2003（4）．

祖晓梅．跨文化交际．北京：外语教学与研究出版社，2015.

祖晓梅．国际汉语教师在跨文化交际能力教学中的角色和作用．国际汉语教育（中英文），2016（1）．

American Council on the Teaching of Foreign Language（ACTFL）. Standards for foreign language learning：preparing for 21st century. New York：Yonkers，1996.

ALDER P S. Culture shock and the cross-cultural learning experience//LUCE L F，SMITH E C（eds.）. Toward internationalism：a reader. Cambridge，MA：Newbury，1987.

BENNETT M J. Intercultural communications：a current perspective // BENNETT M J（ed.）. Basic concepts of intercultural communication：selected readings. Yarmouth，ME：Intercultural Press，1998.

BENNETT M J，ALLEN W. Developing intercultural competence in the language classroom.
Greenwich：Information Age Publishing，2003.

BRISLIN R W. Understanding culture's influence on behavior. 2nd ed. Orlando，FL：Harcourt，Inc.，2000.

BROWN H D. Principles of language learning and teaching. Englewood Cliffs，N J：Prentice-Hall，1987.

BROWN H D. Teaching by principles：an interactive approach to language pedagogy. 3rd ed. White Plains，NY：Pearson Longman，2007.

BYRAM M. Teaching and assessing intercultural communicative competence. Clevedon：Multi-lingual Matters，1997.

CHEN G M，STAROSTA W J. Intercultural communication competence：a synthesis. Communication yearbook，1996（19）.

FANTINI A E. A central concern：developing intercultural competence. SIT occasional paper series，2007（1）.

GUDYKUNST W B，KIM Y Y. Communicating with strangers：an approach to intercultural communication. 4th ed. New York：McGraw-Hill，2003.

HALL E T. The silent language. Garden City：Doubleday，1959.

HALL E T. Beyond culture. New York：Doubleday，1976.

HALL E T , HALL M R. Understanding cultural differences: Germans, French and Americans . Yarmouth, ME: Intercultural Press, 1990.

HANVEY R G. Cross-cultural awareness//SMITH E C, LUCE L F (eds.) . Toward internationalism: readings in cross-cultural communication. Newbury: House Publishers, Inc. , 1979.

HOFSTEDE G, HOFSTEDE, G J. Cultures and organizations: software of the mind. 2nd ed. New York: McGraw-Hill, 2004.

HYMES D. On communicative competence//PRIDE J B, HOLMES J. Sociolinguistics. Harmondsworth: Penguin, 1972.

KIM Y Y. Becoming intercultural: an integrative theory of communication and cross-cultural adaptation. Thousand Oaks, California: Sage Publication, Inc. , 2001.

KOTTHOFF H, SPENCER-OATEY H. Handbook of intercultural communication. Berlin: Mouton de Gruyter, 2009.

KROBER A L, KLUCHKHOHN C. Culture: a critical review of concepts and definitions. New York: Vintage, 1952.

LEGUTHE M, THOMAS H. Process and experience in the language classroom. Harlow: Longman, 1991.

LEVINE D R, ADELMAN M B. Beyond language: intercultural communication for English as a second language. Englewood Cliffs, N J: Prentice-Hall, 1982.

LYSGAARD S. Adjustment in a foreign society: Norwegian fulbright grantees visiting the United States. International social science bulletin, 1955 (7) .

OBERG K . Cultural shock: adjustment to new culture environments. Practical anthropology, 1960 (4) .

PEARCE W B. Interpersonal communication: making social words. New York: Harper Collins College Publishers, 1994.

REDFIELD R, LINTON R, HERSKOVITS M J. Memorandum for the study of acculturation. American anthropologist, 1936 (1) .

SAMOVAR L A, PORTER R E, MCDANIEL E R. Communication between cultures. 7th ed. Boston: Wadsworth, 2010.

SPITZBERG B, CUPACH W. Interpersonal communication competence. Beverly Hills CA: Sage, 1984.

TING-TOOMEY S. Communicating across cultures. New York: Guilford Press, 1999.

第四章

语言学习与语言教学法

“教学”一词非常准确地反映了教与学密不可分的关系。“教学”实际涵盖了三个层次的内容：教学活动的主体，教学活动的客体，以及教学行为本身。语言教学活动不同于其他科目的教学活动，语言教学最终目的是培养学生运用语言成功进行交际的能力，语言教学的根本任务是教好语言。因此，语言教学具有独特性。语言教学当中虽然包含一定的语言知识和语言规律的教学，但知识教学与规律讲授都是为培养学生运用语言进行交际的能力而服务的。一语与二语习得、二语教学、汉语作为二语教学以及汉语作为二语的课堂教学构成了教与学理论和实践的整体框架。我们需要明确的是，一语习得与二语习得有什么样的不同，基于中文的二语学习理论和教学法与基于其他语言的学习理论和教学法有什么不同，以及对汉语作为第二语言教学进行的教学研究与对汉语作为母语进行的教学研究究竟有什么不同。

第一节 语言学习的基本理论

一、基本概念

（一）学习

1. 学习的定义

从心理学角度而言，人与动物在生活过程中依靠反复经验产生的相对持久的行为（或潜能）变化都可称为“学习”，这是对“学习”一词的广义界定。但人类的学习与动物的学习有着本质的区别：首先，从学习的目的上来讲，动物的学习更多是出于生存的需要，而人类的学习并不仅仅是为了获取行为经验与满足生存需要，其更重要的目的是掌握人类祖先遗留下来的社会历史经验和科学文化知识。其次，从学习的过程与方式来看，人的学习是以语言为中介的，这是动物学习所不具备的。最后，从学习的主体而言，人类能够有目的地进行积极主动的自觉学习，而且人类具备认知并监控自己学习行为的能力。

狭义的学习专指学生的学习，指在教师的指导下进行的目的明确、有组织、有规划的系统性学习，这种学习能够使学生在有限时间内和固定环境下快速地获得间接经验，例如前人所积累的科学文化知识、技能等。狭义的学习在内容上大体可分为三个部分：（1）知识与技能的掌握；（2）解决问题的能力和创新能力的发展；（3）道德、品质与思想的完善。

2. 学习理论

20 世纪中期认知心理学领域的巨大发展与跨学科研究领域——“认知科学”的创建，启发了人们对“学习理论”的新认识，“建构主义学习理论”应运而生。

建构主义学习理论与早期的两大学习理论在对知识的认知方面有着实质性的差异。行为主义认为学习是“刺激—反应—强化”的结果，认知主义认为学习是“信息加工”的过程。建构主义学习理论则认为，学习的过程即“建构内在的心理表征的过程，学习者并不是把知识从外界搬到记忆中，而是以已有的经验为基础，通过与外界的相互作用来建构新的理解”（Cunningham，1992）。建构主义学习理论提倡在教师指导下的、以学习者为中心的学习，既强调学习者的认知主体作用，又不忽视教师的指导作用。教师是意义建构的帮助者、促进者，而不是知识的传授者与灌输者。学生是信息加工的主体，是意义的主动建构者，而不是外部刺激的被动接受者和被灌输的对象。

总的来看，学习理论的研究焦点随着研究的深入而不断发展变化，人们对于人类学习的认知也在不断扩展。我们通过对“行为主义—认知主义—建构主义”这一理论连续体的分析与回顾不难发现，人们对学习理论的研究开始由研究动物外显行为逐渐向研究人类头脑中的认知结构的方向转变，并实现了从简单形式问题到复杂意义建构的过渡。

3. 语言学习理论

刘珣（1993）指出，作为一种跨学科理论，语言学习理论主要研究语言学习的心理过程与学习规律，它跟语言学、心理学、教育学、心理语言学、应用语言学和神经语言学等学科有着非常紧密的关系。

早期的语言习得理论主要集中在儿童一语习得方面。到了20世纪五六十年代，在行为主义心理学和认知主义心理学的辩论以及语言学界“乔姆斯基革命”的影响下，第二语言和外语的学习研究领域出现了一些非常有影响的理论、假说和模式。例如乔姆斯基（Avram Noam Chomsky）的“普遍语法”和“语言习得机制”假说，科德（S. Pit Corder）的“内在大纲”假说等等。这些理论的出现，在揭示二语学习过程和说明二语学习的特征方面拓宽了人们的思路，人们开始逐渐意识到二语习得是一个不同于儿童一语习得的新研究领域，有关二语习得的理论也逐渐从其他语言学习理论的研究中独立出来。

二语习得是一个既古老又年轻的学科。说其古老，是因为作为二语习得研究的源头，西方的外语教学历史悠久，向前甚至可以追溯到距今两千多年的古罗马时期。而说其年轻，是因为二语习得真正作为一个独立存在的学科是20世纪50年代以后的事。直至20世纪末期，二语学习理论研究终于迎来了大发展。据统计，20世纪末的西方至少存在四十种有关二语学习的理论。通过这些理论，人们能在一定程度上了解到二语学习者学习过程中的外显行为与学习结果，并通过观察去推测出学习者们普遍存在的一些学习规律，但对于他们具体是怎样学的、怎么做的，到底是如何掌握一门语言的，还没有构建一个完整而说服力十足的理论体系。故而，如何将现阶段现成的语言学习理论与具体的教学实践有机结合起来，仍然是二语习得研究领域亟待解决的一个重要问题。

4. 学习的分类

（1）加涅的学习结果分类理论。

美国心理学家加涅（Robert Mills Gagne）以信息加工理论为基础研究人类学习的问题。他根据习得的能力倾向性的改变——学习结果，把教学目标划分为以下几种主要类型。

• 智慧技能。智慧技能的实质是人们运用符号办事的能力。

• 认知策略。认知策略是一种特殊的智慧技能。它的功能是调节监控概念和规则的使用，是处理内部世界的能力，是个体对认知过程进行调节与控制的能力。

• 言语信息。言语信息又称“陈述性知识”。言语信息的学习，不但是使学过的东西能逐字逐句地被回忆出来，而且是要用自己的语言表达出来。

• 动作技能。动作技能有两个成分：动作技能的学习就是使一套操作规则支配人的肌肉协调，个体不仅完成某种规定的动作，而且使这些动作组织起来构成流畅、合规则和准确的整体行为。

• 态度。它是通过学习而建立起来的一种影响人选择自己行动的内部状态。态度包括认知、情感和行为三种成分。

（2）布鲁姆的学习目标分类理论。

布鲁姆（Benjamin Bloom）等人在其教育目标分类系统中将教学目标分为认知、情感和动作技能三大领域。其中，他的认知目标分类影响最为深远，包括知道、领会、应用、分析、综合、评价六类。

• 知道（知识）（knowledge），是指认识并记忆。

• 领会（comprehension），是指对事物的领会，但不要求深刻领会。

• 应用（application），是指对所学习的概念、法则、原理的运用。

• 分析（analysis），把材料分解成它的组成要素部分，从而使各概念间的相互关系更加明确、材料的组织结构更为清晰，详细地阐明基础理论和基本原理。

• 综合（synthesis），是以分析为基础，全面加工已分解的各要素，并再次把它们按要求重新组合成整体，以便综合地创造性地解决问题。

• 评价（evaluation），是认知领域里教育目标的最高层次。这个层次的要求是理性地深刻地对事物本质的价值作出有说服力的判断，它综合内在与外在的资料、信息，做出符合客观事实的推断。

布鲁姆的认知领域教育目标分类理论 20 世纪八九十年代在我国非常盛行，我国学者据此提出了目标教学法，并在教育实践中广泛应用。2001 年布鲁姆认知领域教育目标分类理论有了修订版，修订版吸收了现代认知心理学成果，认为目标由两个方面构成：知识和认知过程。

（3）奥苏贝尔的有意义接受学习类型分类理论。

奥苏贝尔（David Pawl Ausubel）是美国著名的心理学家，他根据学习方式把学习分为“接受学习”和“发现学习”，又根据学习材料与学习者之间的关系把学习分为“机械学习”和“有意义学习”。这四种学习类型通过交叉组合形成了四种学习方式：有意义接受学习、有意义发现学习、机械接受学习、机械发现学习。在这四种学习方式中，有意义接受学习在学校教学中最常出现。因此，奥苏贝尔对有意义接受学习做了深入研究，将其分为四种类型：表征学习、概念学习、命题学习和发现学习。

• 表征学习。表征学习是学习单个符号或一组符号的意义，或者说学习符号代表什么。

• 概念学习。实质上是掌握同类事物共同的关键特征。

• 命题学习。命题是以句子的形式表达的，可以分为两类：一类是非概括性命题，只表示两个以上的特殊事物之间的关系；另一类命题表示若干事物或性质之间的关系，这类命题叫概括性陈述，是学习若干概念之间的关系。命题学习中也包含了表征学习。

• 发现学习。奥苏贝尔对发现学习的解释有些与众不同。他认为，发现学习是指学习内容不是以定论的方式呈现给学生的，而是要求学生在把最终结果并入认知结构之前，先要从事某些心理活动，如对学习内容进行重新排列、重新组织或转换。因此，发现学习可以在前面提及的三种学习类型中发生。

（二）中介语

中介语是二语习得的核心概念，也是二语习得研究领域所探讨的核心问题。这一概念最早由塞林克（Selinker）在 1972 年提出，后为二语习得研究界广泛采用。

中介语也称“语际语”或“过渡语”。“中介语是指在二语习得过程中，学习者通过一定的学习策略，在目的语输入的基础上所形成的一种既不同于第一语言也不同于目的语、随着学习的进展向目的语逐渐过渡的动态的语言系统。”（刘珣，2000）不同于一语与二语，中介语的发展过程是动态的，体现为学习者的中介语水平逐渐离开一语而向目的语靠拢。学习者的偏误会在这一过程中反复或持续出现。

（三）迁移

1. 一语迁移

成人二语习得与儿童一语习得的主要区别在于：在儿童一语习得的过程中，儿童的语言能力与思维能力是同步发展的。成人的二语习得却不然，成人思维能力的形成是先于二语语言能力的，因此，成人在习得二语之初，很难建立起实际事物与二语的直接联系，中间往往要通过一语来进行思维。在这种状态下，成人学习与运用二语时就要经过一个将语言形式解码再编码的复杂过程，成人很难克服一语系统对这一过程的影响，一语迁移也由此产生。

西方语言学家很早便注意到了学习者在学习二语时总会求助于一语。20 世纪 50 年代迁移概念的提出即源于此。1953 年瓦恩里希（Weinreich）表示“语言干扰”作为迁移的一种表现形式而存在；1957 年拉多（Lado）提出“对比分析假说”，对迁移概念做出了更为详尽的阐释。拉多认为，两种语言结构特征相同之处产生正迁移，不同之处导致负迁移。

2. 可迁移性

“可迁移性”这个概念最早是由凯勒曼（Kellerman）于 1979 年提出来的。他认为，一语在二语习得中扮演角色的前提是学习者对一语和二语之间距离的感知，感知距离近则更有可能发生迁移，感知距离远则发生迁移的可能性小。根据这种观点，一语中的哪些语言项可以迁移到二语中，不是由它们在一语和二语中的相似或不同决定的，而是由学习者决定的。这样就从根本上摒弃了对比分析假说的迁移观，不再局限于语言的共时静态对比。

从“迁移”向“可迁移性”的转向被认为是语言迁移研究历史上最重要的发展之一。该研究为扑朔迷离的语言迁移现象提供了多学科的阐释模式和研究方法，使语言迁移研究具有更明显的跨学科特色。“它使研究者不再纠结于迁移发生的绝对性问题，而是通过对语言使用环境与语际影响共变关系的考察，来发现迁移发生的可能条件及其权重关系，是过渡语变异研究在迁移研究领域的延伸。”（徐庆利、蔡金亭、刘振前，2013）

3. 中介语迁移

中介语迁移是指在掌握一语之后进而在习得多种语言的过程中，一种二语（广义）对另一种二语的影响，也是已知语言影响的一种表现形式。

中介语迁移具有以下特点：（1）中介语迁移主要发生于那些具备“多语能力”的学习者身上，他们拥有两种语言的知识且二语水平比较高（Cook，1991）。（2）中介语迁移能够发生在多种不同的语言层面，包括显性层面和隐性层面。例如："学习印欧语言的中国学生写作中有时出现欧式句，句子长且逻辑复杂，过多地使用语篇标记来表示起承转合。"（3）语言间距离会对中介语迁移造成影响。林邦（Ringbom，1978）的研究发现，一语是芬兰语、二语是瑞典语、三语是英语的学习者写的英文文章，无论是实词还是虚词，三语英语中极少有一语芬兰语迁移的现象，迁移主要源自二语瑞典语，原因是从语言类型上看芬兰语与英语相距较远。

中介语迁移研究是对一语迁移研究范围的进一步拓展，同时也推动了已知语言影响的研究。但就国内现在仅有的相关研究成果看，全部是从三语习得角度对国外研究的介绍，或用教学实验的方法探讨如何在课堂上促进三语教学，在中介语迁移的专门实证研究方面基本上还是空白。

4. 语言迁移的主要表现形式

（1）易化与干扰。

二语习得过程中，一语对二语的习得可能起积极的、正面的作用，但也可能产生负面的干扰作用。这就是常说的正迁移与负迁移，也称易化与干扰。

易化指的是学习者通过语言迁移，使新的语言知识或技能与已有语言知识或技能联系起来，并通过已有的语言结构使新语言知识的习得变得简单。

干扰现象可分为"前摄干扰"和"后摄干扰"。前者指的是先前的学习经验被学习者自觉或非自觉地迁移到新的学习情境中，并对新的学习任务产生干扰，起到消极的抑制作用；后者指的是随着新的知识技能输入，学习者专注于新知识技能的操练，从而使原有的知识技能在头脑中淡化，甚至导致记忆消退。"在二语习得中，前摄干扰的结果是负迁移，后摄干扰的结果是语言丧失或磨蚀。"（赵杨，2015）

（2）回避与过度使用。

回避现象是指由于一语与目的语之间存在一定差异，学习者有意避免使用某些语言结构的现象。当回避现象出现时，学习者通常很少运用或根本不用目的语中的某些结构，这时学习者表现出的是其二语的运用中错误相对较少。但是，如果该结构在学习者的语言中出现的频率远远低于本族语者使用该结构的频率，那么低频率本身就是回避现象的体现。

过度使用有些时候就是回避的结果，比如有些学生为了回避某个句法结构而刻意使用简单句型。当然，其他原因也可能造成过度使用。比如英美国家的中文学习者，可能过度使用时态的变化词；日本的中文学习者，可能过度使用道歉用语；等等。

二、儿童第一语言习得的主要理论

（一）儿童一语习得的发展过程

1. 韩礼德与语言功能理论

韩礼德从功能主义语言学的角度出发，提出了儿童在语言发展过程中所掌握的语言的七种功能。（1）工具功能——通过运用语言工具来获得物品，或满足物质要求；（2）交往功能——通过语言与别人交往；（3）控制功能——通过语言来控制他人行为；（4）个人功能——运用语言表示自己的身份和对事物的看法；（5）启发功能——运用语言去探索周围世界；（6）想象功能——运用语言构造想象世界；（7）信息功能——运用语言传递信息。以上七种功能作为儿童语言的外在功能，是语言使用方式的具体体现。

韩礼德提出的语言功能理论涵盖了“内在功能”与“外在功能”两个部分。在外在功能的基础上，韩礼德又提出了与之相对应的“三大元功能”：观念功能、人际功能和语篇功能。这些概念贯穿于多个语言研究领域，如语法、语义、语篇、语境等，用于研究语言的系统和结构。此外，韩礼德试图按照儿童语言功能发展的阶段，将三大元功能作为成人语言功能，与儿童语言功能进行衔接。

2. 皮亚杰与图式理论

皮亚杰（Jean Piaget）从认知论的视角阐述了儿童习得一语的心理发展过程。他认为，人有与生俱来的认知能力，表现为人能够向环境学习，并与环境产生相互作用。而这种认知结构的组成部分为人脑中储存的图式，图式作为人类心理活动的组织结构，是人类探知环境的产物，同时也为人类认识世界的活动提供了心理与思想基础。儿童的认知结构也依赖于这种图式。这是皮亚杰图式理论的核心观点。

皮亚杰作为认知发展领域最有影响力的一位心理学家，他所创立的关于儿童认知发展的学派，被人们称为日内瓦学派。他认为，儿童之所以都能够成功习得一语，是因为人类的头脑中存在先天的认知机制与认知能力，儿童是在与周围环境相互作用的过程中，逐步建构起关于外部世界的知识，从而使自身认知结构得到发展。

儿童与环境的相互作用涉及两个基本过程：“同化”与“顺应”。同化是指把外部环境中的有关信息吸收进来并结合到儿童已有的认知结构（“图式”）中，即儿童把外界刺激所提供的信息整合到自己原有的认知结构内的过程；顺应是指当儿童原有的认知结构无法同化新环境提供的信息时，便发生重组与改造的过程，即儿童的认知结构因外部刺激的影响而发生改变的过程。

3. 儿童语言习得顺序研究

引发一语习得顺序研究的是“语言机制”的提出。20 世纪 50 年代以及之前的二三十年，行为主义心理学和美国结构主义语言学统治着外语教学。1957 年，乔姆斯基（Chomsky）《句法结构》一书出版，标志着转换生成语法理论的诞生。而该理论的核心思想是，人的语言能力是内在的、与生俱来的，是由基因决定而不是通过习惯养成的。在转换生成语法的视角下，儿童一语水平的发展得益于儿童头脑中存在的“语言习得机制”。

在这样的背景之下，儿童一语习得顺序首先进入了研究者的视野，因为如果存在语言习得机制，那么不同儿童对相同语言的习得顺序也应该是相同的。由此，一些西方学者对儿童一语的发展过程、阶段及顺序展开了研究。

关于儿童习得概念与意义的顺序研究出现较早，而儿童对概念与语义的理解也一贯是语言认知研究的重点。麦库内-尼科利希（McCune-Nicolich，1981）首先发现了儿童对物体永恒发展的阶段过程的认识与儿童对表状态改变语义的词的习得之间的关系。她的研究发现，儿童的第一批表物体状态改变的词的习得，例如“下”“不见”“多”等，与儿童追踪物体的空间移位的认知能力密切相关。托马塞洛和法拉（Tomasello & Farrar，1984）的研究进一步发现，儿童在发展消失物体的空间移位认知能力之前，只有对可见物体的追踪能力。

有关词汇习得顺序的研究也在一语习得顺序研究领域备受重视。在布朗（Roger Brown）的语素习得顺序中，两个介词“in”“on”的习得仅晚于表示动词现在进行时形态语素的习得而先于其他语素的习得。斯坦伯格（Danny D. Steinberg）认为这两个功能词之所以先习得是由于这两个词所表达的物质关系在儿童交际中非常重要，它们所表达的物体关系比其他词所表达的关系更为固定，一个客体置于另一个客体上的这种空间关系很容易被儿童观察到。而其他的介词如“to”“at”“with”等就缺少环境方面的可观察性，因而习得相对滞后。

有关儿童语言习得理论的研究认为，尽管早期儿童的一语习得千差万别，但是儿童早期语言习得阶段的语言表现出较强的普遍性。因此，研究者们将儿童一语的习得过程大体分为五个阶段。

（1）前言语阶段（半岁至一岁）。这一阶段也称“喃语阶段”，即婴儿语音的听辨和发声的准备阶段。

（2）独词句阶段（一岁左右）。这是真正语言表达的开始阶段，女孩可能比男孩稍早。

（3）双词句阶段（一岁半以后）。儿童语言迅速发展，出现了由两个词组成的句子。其中有相当一部分称为轴心结构，即由轴心词和开放词组成。

（4）电报句阶段（两岁至两岁半）。电报句又叫实词句，在这一阶段儿童突破了双词句，开始出现多词句，开始由儿童的特殊语法向成人语法转变。

（5）成人句阶段（两岁半至五岁）。儿童进入成人语法的阶段，开始有了语法感，语法关系逐渐复杂，功能词开始出现。到此阶段结束时，儿童一语口语的习得过程已完成。

（二）语言习得关键期（临界期）假说

伦尼伯格等人（Lenneberg，Chomsky & Mark，1967）首先提出了语言习得临界期的概念。他们认为，由于生理因素的作用，语言的习得存在着效率较高的一段时间，一旦过了这个时期，语言的习得能力就受到一定程度的限制。

克里斯汀·韦伯（Christine Weber）、福克斯（Fox）和海伦·内维尔（Helen Neville）运用一种行为主义和电生理学相结合的方法进行实验，实验结果表明，年龄因素在二语习得的过程中具有一定的影响，具体表现为：学习者初始学习年龄越大，语义处理能力就越弱，左半脑的专门化程度也随之减弱，并导致语言习得效率变差。此外，该研究还发现，对于词语的学习，年龄较大的人习得开放词类的速度也比较慢。这项研究结果支持并侧面证实了临界期假说（杨连瑞，2004）。

目前的研究大多表明，一语习得关键期是在青春期（12 岁左右）以前。此时由于大脑语言功能侧化尚未完成，左脑和右脑都能参与语言习得，大脑灵活，可塑性强，所以比较容易习得语言。对语言习得关键期假说，也有许多研究者持不同看法。反对临界期假说的学者提出了非生物基础的解释，认为语言输入和认知发展等社会心理因素是导致最终水平出现差异的主要决定因素。

三、不同语言学视域下的第二语言习得理论研究

（一）结构主义语言学视域下的二语习得

1. 对比分析

对比分析作为一种语言分析的方法已有久远的历史，该方法以语言的共时对比为主要

分析手段，语言对比建立在不同语言间交流的基础之上。可以说，自从有了不同语言间的接触，语言对比便必然存在于其中。

“对比分析假说”以结构主义语言学和行为主义心理学为理论基础，盛行于20世纪50—60年代，其形成一般以1957年拉多《跨文化的语言学》的出版为标志。拉多在《跨文化的语言学》一书中，运用结构主义语言学共时对比的方法分别制作了不同语言间语音、语法和词汇的对比分析程序，并指出学习者在二语习得过程中会受到其一语的影响，若将学习者的一语与所学习的二语进行对比则会发现，与一语相同的部分更简单易学，不同的部分学习起来难度较大。因此，教学应运用对比分析的方式提前预测难点，并划分重点，从而建立起有效的二语教学法。

对比分析的程序通常是：（1）描写两种语言；（2）选择对比的语言项目；（3）对比并认定差异点和共同点；（4）预测可能引起偏误的语言点。普拉克特（Practor）基于对比分析假说提出了预测二语习得难点的“难度等级模式”。该模式将二语学习的难度简要划分为六个等级，从零级到五级，级数越高难度越大。

随着研究的深入，对比分析假说的局限性也逐渐暴露出来。对比分析的出发点是一语与目的语的差异对目的语学习的影响，但学习者个体之间具有很大的差异性、复杂性，很难仅通过一语与目的语的对比就准确、全面地预测学习过程中的难点。

2. 建构主义

建构主义（constructivism）的先驱是皮亚杰，它实质上是结构主义的一个分支，因此又叫构造论结构主义。皮亚杰指出，结构就是由具有整体性的若干转换规律组成的一个有自身调整性质的图式体系。因此，结构主义强调的是“就整体、系统、全部集合来从事的研究”。

建构主义认为，人脑并不是被动地学习和记录输入的信息，它总是主动地选择一些信息，忽视一些信息，并从中得出结论。学习者不是被动地接受外在信息，而是主动地根据先前认知结构注意和有选择地知觉外在信息，建构当前事物的意义（肖川，1998）。任何学科的学习和理解都不是在白纸上作画，学习总是涉及学习者原有的认知结构，学习者总是以自身的经验来理解和建构新的知识或信息。

建构主义理论还解释了一语习得与二语习得的结果为何会有所不同。詹朋朋（2001）指出：“根据建构主义理论，一语习得与二语习得的结果之所以不同，原因是在于学习者在学习一语的时候大脑存在完整的‘可塑性’。”也就是说，学习者认知结构的初步建立与一语习得的过程是同步的。建构主义理论还认为，知识是学习者自身主动建构起来的，当学习者碰到新的、不属于当前应用范围的问题时，他就不得不从其知识的内涵开始生成新的心理外延。因此，二语习得更多地需要学习者有意识的主动参与以及知识体系的主动建构，在利用原有认知结构的基础之上还要尽量避免一语的介入性干扰，而这一过程远比一语习得复杂，且难度更大。

（二）生成语言学视域下的二语习得

1. 语言输入

20世纪70年代末，输入假说的提出为二语习得研究的发展奠定了基础。输入假说是由美国语言教育学家克拉申（Krashen，1982）提出的一系列假说。这一系列假说可归纳为五个部分，分别是输入假说、习得与学习假说、监控假说、自然顺序假说和情感过滤假说。

其中，输入假说作为克拉申系列假说的核心，对解释人类是如何习得语言的这一问题有着巨大启示，因此也被克拉申看作是二语研究中最有意义的假说。

输入假说的核心概念为“i+1”即“可理解性输入”，其核心思想是二语习得过程中要确保所输入信息的可理解性与把握输入信息的可理解程度。“i+1”代表的是学习者在自然顺序中下一个阶段所应达到的语言水平。输入信息的可理解程度应高于学习者当前阶段的学习水平“i”，但不得高于学习者下一阶段应达到的水平，即不得达到“i+2”。因为“i+2”难度过高，会造成学习者理解障碍，而“i+0”是学习者已经理解并掌握的内容，无法启发学生理解新知。

输入在习得中的重要性毋庸置疑，但也有一定的局限性。首先，克拉申把输入的作用绝对化，一味强调听力输入而忽视口语输出。其次，输入假说明确地区分了学习与习得两种方式的差异，并片面强调习得的作用，这显得过于武断。最后，克拉申所阐释的语言习得的“自然顺序”尚未获得足够的实验支持。

2. 普遍语法

20 世纪中期，转换生成语法学派在美国诞生，这一学派的诞生也可称为“乔姆斯基革命”。乔姆斯基及其支持者们认为，遗传基因赋予人类普遍的语言专门知识。乔姆斯基把这种先天知识称为“普遍语法”。他们的主要论点是：假如人类没有这种天赋，习得语言将会成为一种不可能。

而针对普遍语法如何适用于不同语言习得的问题，乔姆斯基于 1981 年提出了“原则和参数理论”，认为语言习得机制中的普遍语法是由“原则”和“参数”构成的。所谓“原则”是指语法结构具有高度的抽象性，某一具体语言可能并不具备某些原则，但并不代表其违反了这些原则。而这些原则反映了人类语言的普遍性，却并不排斥不同语言具有的特殊性。因此，普遍语法理论认为，这些原则是人类的生理天赋，不需通过学习而存在于大脑中。“参数”则反映了语言与语言之间的差异，不同语言之间的差异体现为不同的参数值。语言的原则以及与这些原则相联系的参数是人类生来就具备的，某一特定语言的参数值是在接触和学习的过程中确定的。所以，从本质上说，语言不是靠“学习”获得的，只要语言输入中有足够的正面证据，那么任何一个正常人都能习得语言。

以乔姆斯基为代表的生成学派，除“普遍语法”以外另一个核心的观点就是关于语言习得机制的探讨。生成学派认为：语言习得，包括二语习得，是人类先天具有的“语言习得机制”的产物。根据“语言习得机制理论”，乔姆斯基进而提出了“语言能力”的概念，他将“语言能力”看作是一种高度抽象的、内化于人脑中的语言规则体系。“乔姆斯基认为语言知识是以某种在目前来说几乎还完全不为人们所了解的方式存在于人的大脑之中。”（韩景泉，2000）

自 20 世纪 80 年代中期以来，普遍语法理论对二语习得研究起了很大的推动作用，以语言原则和参数理论为基础的二语习得研究，已成为近几年来二语习得研究的主流。而到了 90 年代，二语习得研究的趋势则表现为：用普遍语法和“母语迁移”综合制约解释二语习得的发展，同时，语言输入及可学性也日益受到研究者的重视（郭巍、韩晓惠，2002）。综合来看，这些研究的最终目的都在于解释中介语的发展。

3. 中介语理论

1972 年塞林克明确提出了“中介语”的概念，用来指学习者在二语习得过程中受一语和目的语的影响创造出的既不同于一语又不同于目的语的动态语言系统。

刘珣（2000）将中介语的特点概括为四点。（1）中介语是由学习者创造的，且它具有人类其他语言所具有的特点和功能，同样可用于交际。（2）中介语是不断发展变化的，其发展过程具有阶段性；在同一阶段内，不同学习者的中介语又具有一致性。（3）中介语是在学习者对目的语规则的不全面归纳下产生的，其包括偏误和正确两个部分，随着学习者学习程度的加深，中介语中正确部分的比例逐渐扩大。（4）中介语的偏误具有反复性和顽固性。

（三）认知语言学视域下的二语习得

1. 偏误分析

无论是一语习得者还是二语习得者，无论是儿童语言学习者还是成人语言学习者，在语言习得过程中都会产生偏误。科德（Corder，1967）指出："无论我们多么努力，总是会出现偏误。"他认为，偏误的出现是因为语言学习者没有完全掌握和内化语言规则，从而导致其产出的语言偏离目的语的标准。

研究者在分析偏误产生的原因时发现：根据对比分析假说预测的难点，并非一定会出现偏误；并非所有的偏误都来自一语的干扰，一语干扰产生的偏误只占所有偏误的一小部分。鉴于此，研究者开始重新界定偏误在二语习得中的地位和作用，并期望寻找研究偏误的更为有效的方法。他们发现，偏误对研究语言学习者是"如何掌握语言的"具有积极意义。

偏误分析法是对学习者的语料进行统计、归类，并试图从认知角度来确定偏误产生原因的方法。研究者采用了不同的分类标准，归纳出不同的偏误类型。理查兹（Richards，1974）认为，偏误有"语际偏误"（一语干扰）、"语内偏误"（过度概括、忽略规则限制、不完全应用规则）和"发展性偏误"（不正确的假设，对目的语项目的不恰当、不全面了解）。科德根据偏误出现的系统性把偏误分为三种。（1）形成系统前的偏误（pre-systematic errors）。出现于学习者尚未了解目的语使用规则的语言习得初级阶段。（2）系统性偏误（systematic errors）。出现在学习者已系统学习过目的语语法规则，但尚未全面掌握该规则的初、中级阶段。（3）形成系统后的偏误（post-systematic errors）。出现在学习者已掌握目的语规则，但不能达到熟练运用程度的中、高级阶段。

2. 认知语义与二语习得

认知语义学的思想核心是，强调"认知语义是客观世界、人的认知以及语言符号三者之间的关系。"主张将人们的生活空间以及现实社会的情境看作一个"容器"，我们无时不处在从一个"容器"出来进入另一个"容器"的活动之中。由于这些体验的不断发生，人们的头脑中便形成了"容器"的意象图式以及与"容器"相关的概念隐喻。这些意象图式和概念隐喻能够帮助人们把自己的经历组织成语言。

对于隐喻理论如何应用于二语习得，以及隐喻理论的应用对二语习得具有怎样的意义等问题，蔡龙权（2003）指出，我们可以为隐喻理论的应用研究建立一个三层次的框架，并以此来辅助二语习得。（1）学习目标层面，包括确定学习隐喻的目标、区分隐喻类别、根据难度和数量选择语言材料以及区分学习阶段。（2）处理方式层面，包括对目的语不同类别的隐喻的处理方式和难度差异、二语习得特征对不同类别隐喻处理方式的影响、词汇能力差异对不同类别隐喻处理方式的影响。（3）可学性层面，包括对隐喻性信息输入的量和频率的设置考虑、对学习者心理准备的考虑以及诱导式教学技术的运用。

(四) 功能主义语言学视域下的二语习得

功能主义语言学倾向于将语言看作一种社会现象，强调研究语言的社会功能。功能主义语言学视域下的二语习得研究重点在于不同的语言形式和功能，并把语言交际作为研究核心。

吉翁（Thomas Givón）的“语用—句法”模式对功能主义语言学领域的句法研究曾产生过较大的影响。他提出语言表达有两种模式：语用模式和句法模式。这两种模式可被视作一个连续统的两极。语用模式亦被称为前句法模式，指说话人非常依赖于语境的作用，而很少依赖于语言结构和句法。句法模式是指说话人将句子组织得更接近目的语、更系统。“以此为基础的一般假设是，二语学习者的句法始于语用模式，逐步向句法模式推进。语言知识有句法和语用两种独立的形式，学习者掌握句法结构，并不能保证在正确的场合使用正确的形式。”（顾琦一，2007）这种假设也非常符合我们关于二语习得的直觉。

但功能主义语言学家们并没有停留于语言运用的描述，他们试图发现二语句法发展中制约句法形式向功能映射的因素。欧洲科学基金项目中的二语习得研究者们进行了大规模的跨语言研究，该项目的假设是：（1）中介语（或学习者语言变体）在特定阶段的内部结构是系统的；（2）从一个语言变体发展到另一个语言变体的过渡是系统的。克莱因和珀杜（Klein & Perdue，1992）的研究发现，语用制约和语义制约的相互作用决定了学习者话语的形式。在此基础上，他们提出了不同制约之间的矛盾性是促使学习者向目的语继续发展的驱动力。

四、语言学习者的个体因素差异影响二语习得

研究表明，学习者个体因素会对二语习得产生一定的影响。所谓学习者个体因素，是指第二语言学习者在二语习得过程中所表现出来的对二语习得产生一定影响的生理、认知、情感等方面的特点。

(一) 生理因素

年龄是最明显的生理因素。实验证明，年龄不会改变习得顺序，但对学习速度和效率有一定的影响。有学者对6～15岁孩子的学习情况进行了调查，结果表明年龄大小对习得顺序无影响，但对学习速度和效率有明显的差异。儿童和青少年模仿能力强，短时记忆力好，学习更灵活，儿童和青少年的文化适应力强，可塑性强，容易接受异文化；成人自我意识增强，更善于理性思维，记忆规则而加以类推，语言学习中较容易受到母语思维和文化的影响。

学界有一个语言习得关键期（临界期）假说。语言习得研究者认为，儿童成长过程中有一个时期最容易习得语言，一般是在2岁到12岁或13岁，在此期间儿童不需要太多努力便可自然而然地习得语言。

除了年龄这一明显的生理因素之外，性别也是生理因素之一。性别在英语中有生理性别（sex）和社会性别（gender）之分，社会语言学家和语言习得研究者倾向于使用后者，

因为社会性别着重强调“男性”和“女性”的社会建构和属性。一些研究表明，女性学习者总的来说胜于男性，女性的学习态度比男性积极。在学习策略的使用上，也有性别差异。如在使用二语交际的过程中，男性语言输出的频率高于女性的频率，女性语言输入的频率高于男性的频率；不少初学者在说二语前先在脑海中默念一下，女性使用这种方法的比例多于男性的比例。针对性别这一影响因素，一些学者还做过对某一语法形式的个案研究。研究显示，女性对新语言形式更具敏感性。

（二）认知因素

二语习得需要一些特殊的认知素质，这种特殊的认知素质叫作第二语言学习的能力倾向，也称语言学能。根据卡罗尔（Carroll）的观点，语言学能考查四种能力，即语音编码解码能力、语法敏感性、强记能力、归纳能力。这四种能力是二语习得必备的特殊能力，但第二语言学习者并非同等程度地具备这四种能力，有的辨音能力强，有的记忆能力强，有的归纳总结能力强，因此出现了学习者的个体差异。

二语习得的认知因素还包括认知方式。认知方式是指对信息的感知、定义、组织和记忆等，每个人都有一种体现认知功能的模式。认知方式最常见的类别是场依附性和场独立性两种。场依附性是靠外在架构处理信息，把场视为一个整体，各部分与背景相融合，从他人见解处找到见解，具有较强的社交意识、人际关系和社会关系技能；而场独立性是靠内在架构处理信息，分别对场的各个部分进行感知，部分与背景分离，自身明显带有独立的身份感，社交意识薄弱，人际关系和社会关系技能较弱。

（三）情感因素

情感因素在二语习得中起着重要的作用。克拉申的情感过滤假说把情感因素看成是可能阻碍学习者吸收输入信息的心理屏障。学习者个体因素中的情感因素主要指动机和态度。

动机指行为的整体目标和方向。人的各种活动都存在着一定的动机，参与教育、参与学习同样存在着一定的动机。动机从不同角度来分，有生理性动机和社会性动机、内部型动机和外部型动机、融入型动机和工具型动机等。二语习得研究中常常将动机划分为融入型动机和工具型动机。学习者对目的语有一定的了解或有特殊的兴趣爱好而学习目的语，属于融入型动机；学习者的目的在于获得某一利益或者好处，如晋升职位等，属于工具型动机。

与动机密切相关的还有态度，态度是构成动机的主要因素之一。态度是指为目标努力时所表现出来的持久性，是个体对某种客观事物的评价性反应，是在对事物了解的基础上产生的褒贬好恶的情感，并反映出对之采取行动的倾向性。研究表明，学习者的动机类型往往与所处的社会环境有关；动机与态度是决定学习者所能达到的语言能力水平的重要因素；动机与态度主要影响二语习得的速度。

本节关键词

语言学习理论　习得　偏误分析　中介语　迁移　动机　关键期

第二节 语言教学法及其嬗变

一、语法知识为纲的教学法变迁

（一）语法翻译法

1. 理论基础

语法翻译教学法又称“古典法”，其在所有的教学流派中具有最悠久的历史，也是外语教学界一直以来争论比较多的一种教学方法。语法翻译法主张以系统的语法知识教学为纲，依靠母语翻译的手段，注重培养学习者的语言读写能力。随着语法翻译教学实践的发展，语法翻译法在18—19世纪逐渐具备了坚实的理论基础与完整的体系。

德国语言学家奥伦多夫（H. Ollendorff）对语法翻译法正式进行了理论上的总结与阐述，并使之成为一种科学的二语教学法体系。即语法翻译法主要以德国的官能心理学为语言学基础，以语言翻译为教学的主要手段，以反复记忆的方式发展学生的智力。

2. 主要特点

（1）重视发展学生的书面语能力，强调阅读和写作，忽视听力与口语的教学。以发展学生思维与智力为主要目标。

（2）采用演绎法教授语法知识，并以系统语法知识教学为纲。

（3）根据课文选择词汇，以生词对译手段进行词汇教学。

（4）把句子作为教学和练习的基本单位。

（5）运用学习者一语进行教学，以逐句翻译模式讲授课文。

（6）强调学习规范的书面语，注重原文，阅读文学名著。

3. 教学过程

教学过程一般是从词汇到句法，以教师讲解和教授为主，教师会对语法规则进行详尽的分析，并采用演绎法讲授语法规则。练习环节主要选用翻译练习手段和反复记忆手段让学生充分掌握语法知识，最终逐句讲解课文，培养学生的阅读理解和分析能力。

4. 评价

语法翻译法作为二语教学法史上第一个完整的教学法体系，强调对语法规则的掌握，注重学生智力的发展，充分体现了理性派教学法的主要特点。该教学法对我国的外语教学及对外汉语教学有较大影响，尤其适用于高年级的对外汉语精读课。但它也有一定的局限性：

（1）语法翻译法偏重书面语，忽视口语，这在一定程度上束缚了学习者的口语交流意识，妨碍了学习者口语能力的发展。

（2）过分强调教学的主导作用和教师的语言讲解作用，忽视学习者的实践，不利于他们语言习惯的形成。

（3）以文学名著语言为典范但忽视语言文化因素教学，不利于学生习得地道、得体、符合目的语表达方式的语言。

（4）语法翻译法的教学形式比较单一，实践环节比较单调，造成课堂气氛不活跃，不利于激发学习者的学习兴趣。

（二）自觉对比法

1. 理论基础

自觉对比法的心理学基础是巴普洛夫的两个信号系统学说，该教学法将学习外语看作是建立一套新的第二信号系统的过程，而旧有的第二信号系统（母语）则会在这一过程中起到促进或干扰的作用。因此，外语教学必须加强两种语言的对比，才能对迁移效果加以控制，从而促进学习者学习外语。

自觉对比法在一定程度上继承发展了语法翻译法的内容与特点，并在语言学、心理学和教育学等多个领域寻求理论依据。

首先，苏联本土的教育学强调知识的作用，注重德育的培养，认为在“知识—技能—熟巧”三段论中知识为主导，知识促进学习者技能与熟巧的生成，而学习者也可通过自觉学习所得到的技能推动知识的进一步学习。这为自觉对比法的产生提供了教育学依据。

其次，自觉对比法受历史比较语言学理论的影响比较大，认为教学研究的核心问题是语言本身，因此着重强调语言与思维间的关系。

2. 主要特点

（1）自觉对比法反对听说领先，主张书面为重、口语为辅。该法认为，听、说、读、写四项技能的训练都要以文字为基础，注重语言学习对思维的启发作用。

（2）重视语言知识的教学而非语言技能的培养，为防止实践的盲目性而提倡先理论后实践。

（3）主张先教授句子要素，再讲授整句。利用母语翻译逐句讲解句子含义，以促进学生理解能力的提升。

（4）依靠母语自觉进行翻译对比是自觉对比法最重要的特点，而学习目的语的主要目的并非掌握目的语，而是为促进学生对母语的理解以及语言学习思维方式的形成。

（5）以典范的文学语言作为学习材料。

3. 教学过程

自觉对比法认为外语学习的过程是从自觉到直觉的学习过程，即从注意语言形式、学习语言规则，达到只注意话语内容而无须注意语言形式的直觉掌握。教学过程从母语翻译开始，以母语来促进外语知识的学习与思维能力的形成，靠对译逐步养成学习者的外语思维能力。

4. 评价

自觉对比法重视语言差异的对比，强调对学习者学习自主性的培养，提出了二语习得从自觉到直觉的理论。但对语言对比的意义认识不深，对学习者的关注也只流于表面。自觉对比法片面强调语言学习对思维能力的促进作用，只将语言视为一门静态的学科，而忽视了语言的动态性与交际性，没有意识到语言实际上是作为一种技能而存在的，语言只有运用在交际中才具有生命力。

二、结构主义语言学派的教学法嬗变

（一）直接法

1. 理论基础

直接法又称“改革法”，产生于19世纪末20世纪初的西欧。直接法的主要代表人物为德国语言教育家菲埃托（Wilhelm Vietor）与德国教育家贝立兹（M. D. Berlitz）。贝立兹提出，按“幼儿学语”的过程和方法来教外语，即建立起目的语与客观事物的直接联系，不依赖一语，不借助翻译。

直接法以联想主义心理学为理论基础，认为人的学习方式与动物一样，是刺激与反应的直接联结，否认意识在其间的作用。同时又受到冯特（Wilhelm Wundt）“语言心理中起主要作用的不是思维，而是感觉”以及“最强有力的感觉又是由音响表象所引起的”这一观点影响，因而特别强调口语和模仿练习的重要性。

2. 主要特点

（1）建立目的语与它所代表事物的直接联系，教学中排除一语、排除翻译。

（2）以口语教学为基础，以当代通用语言为基本教材。先听说，后读写。

（3）以句子为语言教学和言语交际的基本单位。主张整句教，整句学，先理解句义，后整句运用。

（4）以模仿、操练、记忆为主要练习方式，强调口语学习是习惯的养成。

（5）靠归纳法教授语法。不先教授系统的语法规则，而是采用先学具体话语后学抽象规则的自然途径。

3. 教学过程

教学过程体现为，教师做动作，用动作配上目的语词语和句子展示教学内容，而后由教师反复领读并正音。操练阶段以“教师说，学习者做动作”或“学习者说，学习者做动作”的形式为主。最后，学习者看课本认读文字，并将语音和文字结合起来。

4. 评价

直接法的产生开辟了二语教学法研究这一新的领域，开创了经验派教学法的先河。其成就在于：

（1）提出用归纳法教授语法以及以口语为基础、教授“活的语言”等创新性思路，并提倡“言语—语言—言语”的学习模式，利用直观手段进行表达能力的培养。

（2）制定了系统的练习方法体系，编出了一大批卓有成效、影响广泛的教材，在世界外语教学法史上占有相当的地位。

其不足在于：

直接法过分强调幼儿学语的规律，忽视了成人的生理与心理特点。实际上，成人在语言学习中长于思考、分析和归纳，具备完整的认知能力，以教幼儿的方法来教授成人不利于其自身学习优势的发挥。

（二）情境法

1. 理论基础

情境法是19世纪二三十年代产生于英国的一种以口语能力的培养为基础、强调通过有意义的情境进行目的语基本结构操练的教学法，代表人物是帕默尔。情境法受到行为主义心理学部分理论的影响，例如否认意识，主张只研究人的外显行为，强调通过模仿形成习惯。其语言学理论基础是英国的结构主义，口语被认为是语言的基础，准确的结构是说话能力的核心。

2. 主要特点

（1）教学目的是对听、说、读、写四种语言技能的实际掌握，语言技能要在掌握语言结构的基础上发展。

（2）主张口语领先，词汇为语言教学基本单位。

（3）在自然情境中介绍和操练语言点，教学完全采用目的语。

（4）运用词汇选择程序，教授基本词汇。

（5）按先易后难原则分级排列语法项目。

（6）要求语言结构准确性，有错必纠。

3. 教学过程

教师多次示范新的词语或结构，让学生集体模仿；对学生进行个别语音操练；运用已知句型进行问答以引进新句型；通过问答、造句、用提示词等练习新句型；让学生自己纠错。

4. 评价

情境法继承了直接法的特点，但相较于直接法有了很大的发展。首先，情境法主张通过词频统计建立针对不同学习层次的外语词汇表，并以其作为外语教材编写的依据。这同时也是对比分析法对语言形式进行共时、静态研究的依据。其次，情境法重视语言结构的准确性，在教学中主张严格纠正学生出现的偏误。这一做法也为偏误分析假说的产生和发展提供了现实依据。

该教学法的局限性：虽然关注到了自然情境对语言能力的促进作用，却一味地着眼于语言形式，忽视了语言的意义和功能。此外，情境法继承了部分直接法的特点，主张在词汇教学中避免对词义的解释，语法教学则采用归纳法，忽视了教学内容的可理解性。

（三）听说法

1. 理论基础

听说法的理论基础是美国结构主义语言学和行为主义心理学。结构主义语言学家们认为，口语是第一性的，每种语言都有自己的语言结构特征。听说法的心理学理论基础是行为主义学派，该学派代表人物斯金纳（Burrhus Frederic Skinner）认为操作性条件反射是R—S

的联结过程，他把教学过程归结为刺激—反应—强化。布龙菲尔德（Leonard Bloomfield）把语言看作是一系列的刺激和反应，并通过杰克和吉尔的实验得出结论：语言教学是教师对学生进行声音刺激和学生对声音刺激进行反应的过程。

2. 主要特点

（1）听说法教学具有鲜明的阶段性：听说领先，读写次之；口语领先，书面语次之。听、说、读、写，先易后难，循序渐进。

（2）听说法教学具有直观性，教学过程中回避学生母语的使用，尽量采用目的语或借助教具来直接阐释目的语，并主张应根据教学需要灵活利用现代化教学技术以辅助教学。

（3）听说法主张利用对学习者母语和目的语语言结构的对比，预测学习难点，确定教学重点。

（4）听说法主张采用模仿、重复、记忆的练习方式进行教学，为养成学生正确的语言习惯，听说法支持教学过程中严格纠错。

（5）教学过程可分为五个阶段：认知—模仿—重复—句型变换—词汇选择与活用。

3. 评价

作为一种教学法，听说法具有较强的优势。首先，听说法具有较强的适用性。汉语课堂中所采用的听、读、说、写的教学次序，完全符合语言输入—接收—转换—输出的内在语言学习规律，这使得听说法具备了较强的适用性，它可以交叉应用于初级、中级、高级阶段的学习者。其次，听说法的应用具有广泛性。听说法理论最大的特点是听说领先、读写跟上，但实际教学中听说法教学是学生先听，听懂了跟读，读懂了练说，说对了书写，有时是边读边写。最后，听说法的应用具有可持续性。从教学阶段来说，听说法不仅应用于对外汉语教学的基础阶段，也可以交叉应用于中级或高级阶段的教学。

但听说法也有一定的局限性。首先，听说法把语言看作是一系列刺激—反应的行为过程，忽视语言训练和运用的创造性；其次，听说法忽视了语法在教学中的作用，在句型操练中教师一般不指明语法规则，同时听说法也忽视了对词汇和语义的分析，这就使得学生对语言体系没有一个清晰的概念。

（四）视听法

1. 理论基础

视听法产生于20世纪中期的法国，是当时法国对外国成年人进行短期速成教学的一种方法。视听法建立在结构主义语言学理论之上。视听法根据结构主义语言学理论制定出最低口语词汇量和最基本的句型，在具体教学中也依照此结构要求学习者掌握语音、节奏、句子，反复练习，熟能生巧。

视听法的心理学基础源自心理学关于感觉、知觉的论述。知觉是不同类感觉相互联系和综合的结果。视听法将图像和声音结合起来，充分调动潜在的听觉感知能力，利用情境教学使学生整体感知语言，在课堂上反复练习，对学生形成“刺激”，使其在碰到类似场景时做出“反应”。这一方法符合行为心理学家强调通过“刺激—反应”形成语言习惯的观点，也符合人的学习和记忆原理，因而可以取得良好效果。

2. 主要特点

（1）主张视觉和听觉感知相结合，并将语言和情境紧密结合起来，通过实物、图片、影像等让语言与形象直接联系。

（2）强调整体结构感知。通过完整的对话使语言各要素在对话中被整体感知，即按先整体、后部分的顺序进行教学。

（3）强调听说领先，先口语后书面。

（4）教材设计以自然语言对话为主。

3. 教学过程

首先利用声、光、电等现代化技术设备充分展示语言材料，将语言的视觉形象与听觉形象相互联系起来，同时作用于学习者感官，以培养学习者直接用目的语表达思想的能力。随后创造接近于真实的情境组织学生进行听、说、读、写活动，通过对话让学生感知到语言的整体结构，然后再从语段和句子开始进行教学。教学顺序为成段对话—句子—单词—语素。通过叙述课文内容、自由对话、评论课文、扮演角色等形式，进行问答。

4. 评价

视听法在外语教学中广泛使用声、光、电等现代化技术设备，把语言教学情境化，把视觉感受和听觉感受相结合，使学生同时见其形、听其声，调动大脑两个半球的神经细胞积极活动，培养学生用外语思维的能力，符合学生言语交际的需要，有利于提高学生的语言交际能力。

然而，视听法也存在不少缺点，主要是：重视口语会话而忽视书面语的阅读；过分强调整体感知和综合训练而忽视对语言结构的分解和单项训练。而根本的问题还在于所有结构法的共同弱点：只注重语言形式的掌握而未能着重培养语言交际能力。

三、基于人本主义心理学的教学法变迁

（一）默教法

1. 理论基础

默教法，就是指教师在课堂上尽可能保持沉默，从而促使学生尽可能多地活用语言的方法。教师在教学中借助手势、彩色木条、音色对应图表等教具引导学生说话。

默教法是由英国数学家兼心理学家凯莱布·加德尼奥（Caleb Gattegno）于 20 世纪 70 年代初创立的。凯莱布·加德尼奥提倡外语学习需要学习者自己去发现和创造，而非背诵和重复。教师在课堂中的角色只是辅助者。其教育学基础为布鲁纳“发现学习”的教育思想，认为学习应是解决问题式的、创造和发现式的活动，学生是学习的主体而不是被动的知识接受者，因此通过发现和创造可能会取得更好的学习效果。同时，默教法受二语习得理论的影响，认为成功的二语学习不是按“自然”方式，而是用“人为”的办法，即需要学习者运用沉默的意识和积极的试验，自我投入于语言学习之中。

2. 主要特点

（1）把词汇看作语言学习的核心，将词按功能进行分类，依照一定的顺序学习。强调词的选择，用少量的词创造大量的句子。

（2）学习过程中，学生是主角，教师少说，学生多说，教师只辅助而不干预学习。

（3）口语领先，以句子为教学基本单位，先培养听说能力，读写随后。

（4）语言学习的过程由静默思考到实际演练，过程中可以借助教具辅助教学。为保证学生的学习兴趣，不采用机械的重复练习。

（5）教师不直接纠正学生的错误，而是协助他们，通过多次尝试错误而求得正确知识。

3. 教学过程

一般在课堂的前一部分进行语音教学，起始阶段教师边示范发音边指点图表上的记号，以后就通过指点图表上的记号让学生操练并校正音素、词组和句子的发音、语调、重音和节奏。每课时教学中至少有 15 分钟用于语音练习，然后练习句型，操练结构和词汇。整个教学过程中不论是演示还是对学生的指令评价，教师都尽量利用彩色棒和图表，尽量少讲话。

4. 评价

默教法的优点体现为：（1）重视学生的主体作用，让学生为自己的学习负责，充分发挥学生的主动性、积极性；（2）在课堂活动的组织方面，间接发挥教师的指导和监督作用，要求学生自己发现语言规则并自主检验学习成果。

其局限性在于：（1）过于强调教师的沉默，导致教学指导性不够，不仅影响语法知识的传授，也限制了教师做出正确的示范；（2）浪费大量的时间让学生自己探索、自主归纳，不仅不利于语言知识的系统性掌握，同时也可能导致学生分神，课堂时间得不到有效利用；（3）对学生的错误不加以纠正，不利于正确语言习惯的养成；（4）语言脱离社会语境，对语言的交际价值重视不够。

（二）暗示法

1. 理论基础

暗示教学法是保加利亚学者洛扎诺夫（Georgi Lozanov）以现代生理学和心理学为基础提出来的。洛扎诺夫强调通过暗示开发人身心两方面的潜力，并以现代心理学和生理学为理论基础提出了让学习者在放松状态下进行有效学习的教学方法。洛扎诺夫针对以往教育中所存在的不符合人的生理、心理功能的做法，强调教育体系应与心理、生理学一致起来，提出教学中充分考虑到心理、生理规律的三个基本原则：学习活动应由整个大脑组织参与，教学中的分析与综合应同时进行，学习者的意识过程和超意识过程应同时不可分割地进行。

洛扎诺夫还进一步阐释了暗示法的主要手段——威信和稚化的含义。威信是指教师的威信和信息来源的威信。而稚化则是指把成年的二语学习者看作小孩，教师与学生的关系好像家长与孩子，由教师组织活动，扮演各种角色。

2. 主要特点

（1）创造愉快、集中而不紧张的教学氛围。教学自始至终要使学生保持积极愉快的情绪。禁止训斥，以免学生在学习时因害怕、畏惧而提心吊胆、肌肉紧张。

（2）强调有意识和无意识的统一。教学要充分利用学生的有意识和无意识学习功能，激发学生的内在学习动机。教学不采取任何强制措施，而是采用多种暗示手段调动学生学习积极性。

（3）开发潜能但不能损害身心健康。暗示教学法的目的是开发学生的潜能，但必须以身心健康为前提。

（4）遵循引入概念—展开讨论—学生发言—总结反思的教学过程。

3. 评价

暗示法基于心理学和生理学理论，提出了预先对教学过程进行心理组织的特色教法。暗示法强调有意识学习与无意识学习的结合，这也是一项具有很大进步性的实践。这一主张综合吸收了一语习得与二语习得的不同优势，有利于促进学习者语言能力的全面发展。

其局限之处在于，如面对大规模的群体教学，教师对学生施加的暗示常常难以保证预期的效果。而过分强调课堂轻松氛围和课堂环境的布置又不适用于所有的学校，让学习者完全排除焦虑，不知不觉中学习语言知识，其成效也是难以确定的。

四、交际功能为纲的教学法发展

(一) 交际法

1. 理论基础

交际法又称“功能法”，是以语言功能和意念项目为纲，培养交际能力的一种教学方法。

20 世纪 60 年代兴起的社会语言学为功能法奠定了语言学理论基础。社会语言学家海姆斯（Hyams）提出了“交际能力”的著名概念。所谓交际能力，即指人们运用语言或非语言形式进行社会交往的能力，包括口头与书面两种不同形式，也包括运用听、说、读、写技能的能力。

心理学方面，60 年代后期发展起来的心理语言学关于外语学习的认识过程、学习者用语言理解和表达思想、语言和思维过程的关系等的阐述，对功能法产生了很大的影响。

2. 主要特点

（1）以培养交际能力为宗旨。

（2）以语言功能和意念项目为纲。根据学习者的实际需要，选取真实自然的语言材料，而不是经过加工后的“教科书语言”。

（3）以话语为教学的基本单位。认为语言不是存在于孤立的词语或句子中，而是存在于连贯的语篇中。

（4）教学过程交际化，交际既是学习的目的也是学习的手段，把课堂交际活动与课外生活中的交际结合起来。

（5）单项技能训练与综合性技能训练相结合，以综合性训练为主，最后达到在交际中综合运用语言的目的。

（6）对学习者在学习过程中出现的语言错误有一定的容忍度，不影响交际的错误能不纠就不纠，尽量鼓励学习者发挥言语交际活动的主动性和积极性。

（7）主张采用多种教学手段，不是仅仅一本教科书，而应该是“教学包”，即教师用书、辅导读物、磁带、挂图、录像、电影、电视等。

（8）让学生处于情境之中，身临其境地感受氛围，用英语进行交际，是交际教学的精髓。

（9）教学过程包括展示语言材料、学习和操练、自由交际和表达三大环节。

3. 评价

交际法重视培养学生的语言能力，采用真实、地道的语言材料，主张以句型加情境来学习语言。其优点在于：(1) 重视学生的实际需要；(2) 重视交际能力的培养，有利于学生在一定的社会环境中恰当地使用目的语进行交际。

其缺点在于：(1) 如何确定和统计功能、意念项目，有待进一步探讨；(2) 以功能、意念为线索组织教学大纲，很难保证语法项目编排的体系性。

(二) 任务型教学法

1. 理论基础

任务型教学法的理论基础是“输入与互动假说”。该假说是基于克拉申的习得与学习理论、输入假说及朗 (Long) 的变化性互动理论之上的。除语言习得理论与“输入与互动假说”之外，建构主义也是任务型教学的重要理论依据。建构主义学习理论强调以学生为中心，主张由学习者在一定的社会文化背景 (即一定的情境) 下，利用必要的学习资料，通过与他人的交往和协作，建构起对客观事物的意义和主观理解，以图式或认知结构贮存于记忆。

2. 主要特点

(1) 以任务组织教学。教师应安排具有明确目标的任务，每个任务的设置最终不仅要达到预期的语言教学目的，也要达到一定的非教学目的。

(2) 通过交流来学会交际。任务具有交际性和互动性，可以促进学习者的人际交往，学习者在参与、交流、合作的过程中，以交际任务带动学习。

(3) 调动学习者个人的生活经历和已有的目的语资源。在学习活动中，学习者凭借这些资源，感知、接受和应用目的语。

(4) 在干中学，在用中学。将课堂内的语言学习与课堂外的语言活动有机地结合起来，摆脱单纯的语言学习和语言练习，使语言教学成为有语境、有意义、有交际目的的语言实践。

(5) 任务型教学法一般有三个步骤，分别为前任务、任务环、后任务 (Willis，1996)。

3. 评价

任务型教学法在应用过程中体现了极大的优势：(1) 真正贯彻“以学习者为中心”的原则，用任务带动教学。(2) 任务型教学法不局限于语言的机械性练习与意义、操练相结合的半机械性练习，而是让课堂交际化，将交际现实化。(3) 任务型教学法充分体现了学习者的主体性，让学习者真正成为课堂的主人，掌握学习语言的自主权，这有利于学习者高效地获取语言知识、加速掌握语言技能。(4) 在任务型教学法中学习者具有明确的学习目的，以及清晰的完成任务、解决问题的思路，具体的、现实性强的交际性活动能够充分调动学习者的学习动力和积极性。

该教学法也存在许多不足。首先，任务型教学法的具体实施需耗费较多的上课时间，教学进程与教学进度方面存在一定的不可控因素。另外，任务型教学法以任务带动教学，尽管重视和强调新旧知识的联系，但很难做到具体任务与新知识、新技能完全有机的结合，可能落实了一部分而舍弃了另一部分，不易从整体上把握知识系统和知识结构。

(三) 产出导向法

1. 理论基础

产出导向法理论体系是文秋芳于 2014 年提出的中国本土化的应用语言学理论，其原型输出驱动假说是在克拉申的输入假说和斯温（Swain）的输出假说基础上，依照我国外语课堂教学实践不断发展而来，并开始在大学英语教学中应用。

2. 主要特点

（1）课堂教学的一切活动都应该服务于学习者的有效学习。

（2）主张“学用一体”。主张一切课堂教学活动都应该与运用紧密相连。

（3）主张工具性与人文性同等重要。人文性目标通过以下三种方式达成：一是认真选择说、写、译的话题；二是选择合适的听和读的材料；三是设计恰当的教学活动方式。

3. 教学过程

产出导向法的教学流程主要由驱动、促成、评价三个环节构成。在这三个环节中，教师起中介作用，每个环节都必须以教师为主导。教师的中介作用具体表现为引领、设计、脚手架等。驱动环节的主要任务是通过产出使学生认识到自己的不足，创设“饥饿感”，从而调动学生的学习积极性，刺激其学习欲望（鲁文霞、朱勇，2021）。促成环节的主要任务是帮助学生“逢山开路，遇水架桥”，有针对性地为学生完成产出任务提供脚手架。评价环节是强化和升华学生学习的关键节点，可以对促成活动进行即时评价，也可以对产出成果进行即时或延时评估（唐美华，2020）。

4. 评价

产出导向法的提出具有巨大的开创性，其优点主要体现为：（1）强调教师的主导作用，有利于教学活动的开展；（2）针对“学用分离”，既有针对性，又有系统性。

不足之处主要体现为三点：（1）难以满足“传统效度”的要求；（2）难以实现理论、实践双优化目标；（3）对教师能力要求较高，“以评促学”时间成本较高。

本节关键词

语言教学法　结构主义语言学　人本主义心理学　交际功能　语法翻译法　听说法　产出导向法

第三节 基于中文的学习理论与教学法

一、汉语作为第二语言的习得理论与方法

（一）汉语习得顺序研究

习得顺序研究指研究学习者习得多个不同语言项目时的序列。汉语习得顺序的研究范

围涵盖了汉语声调、声韵母的难度顺序研究，汉语词类的习得顺序研究，以及句式的习得顺序研究等内容。同时，不同语言项目的习得顺序也是汉语作为二语习得研究的一个重点。其中，针对汉语语音习得顺序的研究主要集中于不同母语背景下的学习者习得汉语声调与声韵母的难度顺序上。

1. 汉语语音的习得顺序研究

学界一直将声调教学视为语音教学的重点和学生学习的难点，因此，对外汉语教材常常将声调的讲授安排在学习的起步阶段。那么对于外国学生而言，声调究竟难在哪里？余霭芹（1986）在关于外国学生对汉语声调掌握情况的文章中指出，儿童在习得声调的过程中，平调比曲调容易掌握，降调比升调容易掌握，那么外国学生学习声调的主要难度也应该是调型上的差别。所以，文中她提出了汉语四声学习的难度顺序：第一声最易掌握，其次是第四声和第二声，第三声最难。但也有人认为，对外国学生来说，是调域而不是调型造成了学习困难。这一说法在近些年的研究中得到了证实。赵金铭（1989）在对母语是声调语言的外国学生的调查中发现，最常见的错误是调域错误，即低调域用于高声调，或相反。他指出，声调中的调域像音乐中的调号：如果歌唱家在演唱过程中突然从 C 调转到 F 调，听众就会听出走了调；同理，当外国学生把高调域发成低调域，尽管调型准确，中国人听起来仍会觉得不对。

2. 汉语词类的习得顺序研究

关于汉语词类的习得顺序，在汉语能愿动词领域的探究颇多。汉语的能愿动词在所有的汉语词类中有特殊性与重要性，因此，有关这一类词的习得研究具有较高的应用价值。

施家炜（2006）总结了汉语作为二语的习得顺序研究的几个特点：（1）起步较晚，且研究尚未形成规模，仍处于探索阶段；（2）虽可见成果有限，但在研究方法、引进国外理论、深入探讨习得顺序等方面已做出了有益的尝试，尤其体现在研究方法上；（3）研究领域的拓宽和纵深，从所研究的汉语言项目上看，从补语、定语到单句、复句，逐步趋于复杂化，研究范围得到了拓宽。同时，施家炜还指出："我们必须清醒地意识到，现有的汉语习得顺序研究几乎全都是对汉语语法项目的研究，只有极个别研究涉及汉语声调的习得顺序，我们对汉语其他要素的习得顺序还没有任何深入的研究和认识。"

3. 汉语句式的习得顺序研究

汉语句式习得一直是汉语习得研究的重点领域，习得顺序研究是句式习得研究的重要方面。这方面的研究对教学和教材编写中应该如何做出选择和排序提供了重要的参考。例如，王建勤（1997）曾经研究了留学生"不"和"没"否定结构句的习得过程和顺序，对汉语的否定句教学具有启发意义。施家炜（1998）研究了外国留学生 22 类现代汉语特殊句式（12 种肯定句系统和 10 种问句系统）的习得顺序，对汉语特殊句式教学具有借鉴意义。杨德峰（2003）研究了英语背景学习者汉语趋向补语的习得顺序。陈珺和周小兵（2005）、李蕊和周小兵（2005）、李英和邓小宁（2005）分别研究了留学生习得 17 个比较句式、与动态助词"着"相关的 11 个句式以及 15 个"把"字句式的习得顺序。

这方面的专著主要有肖奚强等人 2009 年出版的《外国学生汉语句式学习难度及分级排序研究》。该书分章对外国学生习得以下各句式所含具体小类的顺序做了研究："把"字句、"被"字句、"除了"句式、"给"及相关句式、A 跟 B（不）一样（X）、"连……也/都……"格式、"让"字句、"是……的"格式、"有"字句、重动句、存现句、兼语句、连动句、结果补语句、趋向补语句、数量补语句、两种能性结构（可能补语和能/不能 VC）、双宾语句、形容词谓语句、主谓谓语句、中动句。

（二）汉语学习难度的测定与汉语是否难学的辩证

学习难度，是心理学研究的重要内容，也是二语习得中的重要问题。一种语言可以分解成大大小小的语言项目，对学习者来说，有些项目容易学，有些难学。研究语言项目的学习难度及其产生原因，能直接促进第二语言的教与学，推动二语习得理论的研究。

周小兵（2004）指出，学习难度的研究主要包括测定的角度、方法和程序，难度的分级，以及产生难度和层级的原因这几个方面。他从差异、发展、认知和偏误四个方面综合考察了汉语中度量差比句、含“多”的概述词语句以及含“半”的时量词语句之间的难度顺序，并表示理解性偏误和回避的出现频率及延续时间也是判定学习难度的重要指标。

实际上，判断一种语言或一个语言项目对于学习者而言是否难学，常常是以语言对比为基础的，语言项目之间的对比有助于我们认识它们之间的难度差异。除语言项目的难度差异之外，不同学习者的母语与汉语之间的差异也是带给学习者“汉语难学”感受的重要原因，近年来学界关于“汉语是否难学”的辩证问题也是争议不断。

对于“汉语难学”这一论证，李泉（2010）从语言之间亲属关系对比的角度出发，明确指出：“把学习跟自己的母语有亲属关系的语言，与学习跟自己的母语没有亲属关系的汉语放在一起比较难易，所得出的汉语难学的结论虽是‘不争的事实’，却也是个‘不公的结论’。”

李泉、阮畅（2012）指出，对于如何解决“汉语难学”这一教学问题，应从学习者和教师两个方面入手。

从学习者的角度来看，应树立起正确的汉字学习观。为达到这一目的，我们要做的是：（1）向学习者明确，任何一种文字在学习时都有难学之处与便学之处，要学会利用汉字的便学之处来学习汉字。（2）要请学习者了解，学习一种跟以往所学语言不一样的语言，肯定会感觉困难，尤其是在初级阶段。但无须对此感到担忧，正所谓“万事开头难”，学习任何一种语言都需要一个适应的过程，这是十分正常的。（3）要让学习者明白，“学外语没有捷径，人人平等，都要付出劳动。什么方法也离不开个人的努力和勤奋”（季羡林，2000）。

从教师的角度来看，应做好以下四点：（1）将“汉字并不那么难学”作为国际中文教师的一种基本教学信念；（2）确立乐观务实的汉字教学观，教好每一个汉字，为汉语学习打下坚实基础；（3）树立充满人文精神的汉字教学观，做到充分体察和谅解学生面对学习的困难时可能产生的一些焦虑情绪。

（三）汉语习得的环境因素探究

随着语言教学的深入发展，环境对语言教学的深远影响也得到越来越广泛的认可。研究语言教学与环境关系的学者可谓大家云集，这方面的著作也层出不穷。比如克拉申（Krashen，1982）认为，成人在学习二语过程中也有习得的一面，且这是比学习更重要的一面。刘珣也说过，我们在汉语的故乡进行汉语作为二语的教学，如果能够充分利用汉语的社会环境这一得天独厚的条件，应该能够取得更好的效果。

赵金铭（2004）指出，汉语习得的环境因素主要包括三个层面，即学习者所处的社会文化环境、教学环境以及语言输入与输出的交际环境。

首先，就语言习得的社会文化环境而言，语言习得与社会文化之间存在着怎样的关系？李晓琪（2004）曾提到语言不仅是文化的承载者，其本身就是一种重要的文化。作为人类的工具，语言承载并包含着文化，语言交际和思维的内容便是文化，二者有着天然的、密不可分的联系。

其次，教学环境也就是我们常说的“课堂教学环境”，主要分为客观环境和主观环境两类。客观环境包括教室的布置、环境卫生、灯光的舒适度等等，这些外界条件会影响教师和学生的情绪，对教学效果有一定的影响。主观环境，比如教师的外表、言谈举止都会对学生产生影响。端庄大气的妆容、亲切的语调、渊博的知识等等都是良好的主观环境的重要组成部分。

最后，关于语言输入与输出的交际环境，李宇明（1993）做过比较详细的论述。按照李宇明的观点，在语言习得过程中，语言输入的内容、数量和方式往往直接影响学习者的习得质量和速度。与儿童一语习得相比，二语学习者获得语言输入的主要渠道是教科书以及教师的课堂语言。

二、汉语作为第二语言的教学法与教学理论

（一）国际中文教学法的历史发展

1. 初创阶段：20 世纪 50—60 年代

赵金铭（2004）将这一阶段的总特点概述为：以传授语言知识为主。这一阶段的教学特点主要体现为：（1）教学中主要采用语法翻译法和演绎法，侧重于对系统性语法知识的讲授。（2）教学内容以词汇教学和语法教学为中心，强调在全部教学过程中其他要素都要围绕这两个中心来进行。（3）语言技能训练的原则是全面要求、综合教学、阶段侧重。（4）语音教学以教授现代汉语普通话为标准，并借助《汉语拼音方案》来教授语音。（5）文化方面的教学内容主要体现在课文中，并没有设置对中国文化的专门性教学内容。

2. 改进阶段：20 世纪 60—70 年代

这一阶段的总特点是体现实践性原则。研究者们凭借以往的教学经验与教学理论对上一阶段的教学法做出了一些重要改进：（1）首次提出并要求贯彻“实践性原则”，要求课堂教学做到“精讲多练”，对于语法知识改用归纳法进行教学（吕必松，1989）。（2）改用相对直接法，直接用汉语进行授课。（3）结合学生自身的学习需要安排教学内容。

3. 探索阶段：20 世纪 70—80 年代

该阶段教学法总特点为深化实践性原则。（1）对“实践性原则”的认识更加全面，“交际性原则”在教学中逐渐体现。（2）受到“听说法”的启发，引进了“句型教学”的方法，这一方法有助于学生的口语表达能力的提升。（3）教材开始采用由李德津编写的《汉语课本》和由李培元等编写的《基础汉语课本》，这两套教材都引入了“句型教学”的概念。此外，由鲁健骥等编写的《初级汉语课本》作为我国最早的对外汉语分技能训练的系列教材，为教学提供了分技能训练的新思路。

（二）汉语教学的本位观理论

汉语“本位”问题最主要的分歧为“字本位”与“词本位”之争。汉语二语教学应以何种要素为基本单位这一问题一直是学科研究的根本问题。基本的认识主要有：(1) 本位是语言结构中的一级单位，是母语者心目中现成的单位；(2) 一种语言只有一个本位，语言系统中的其他单位都依据它来定位；(3) 本位是语法研究的中心（施正宇，2010）。

1. “字本位”理论

(1)“字本位”理论的含义。

人们将以字为汉语基本结构单位的语言研究思路称为“字本位”理论。该理论强调从汉语自身特点出发，通过认识有限的语素，并把握其结构规律，来领会快速掌握词汇的方法。

(2)“字本位”理论发展概述。

张朋朋（1992）指出：“汉字所代表的语素义和所构成的词的词义，一般来说有意义和逻辑上的联系。……也就是说，先让学生认了字，再学词就比较容易了，有相当数量的词能不学自会。”这一说法从教材设计的角度提出了打破“词本位”原则的主张。

白乐桑（1996）指出，《汉语语言文字启蒙》“既高度重视字频和词频，又能满足学生在日常生活中的需要。全面处理汉字作为汉语教学的基本单位（字频、以生字和已学过的字构成的合成词、生字的字源及结构、字的手写体等）”。该教材最大的创新在于注意到了汉语的自身特点，将汉语作为第二语言的教学与其他第二语言教学彻底区分开来，在“本位”问题方面不是直接照搬印欧的语言研究理论，而是主张利用汉语自身规律来教汉语。为了打破一直以来占据主导地位的“词本位”教学法，《汉语语言文字启蒙》做出了“字本位”理论在教材方面的首次实践，这也推动了“字本位”理论的进一步发展。

徐通锵（1998）提出：“字与语素是两种不同性质的语言现象。……一种语言的基本结构单位在语言社团中应该具有心理现实性，就是说，应该与本族人的语感相吻合。汉语社团具有心理现实性的单位是字，而印欧语社团则是词。为什么有些人会把‘不服’‘惊心动魄’之类的现象看成一个字？由于它们在人们的心理现实中是一个最小的结构单位。”

对此，顾兆禄（2005）曾提出质疑：“既然能‘分析’‘切分’出来具有确定的意义和价值的语素，怎能无视它的存在呢？”顾兆禄将人类语言共性的生成原理和语言符号系统最小的结构单位之间的关系比喻为“元素”和“细胞”的关系，提出要以形音义结合的语素为本位去研究语言教学，而不应该以文字为本位。

(3)“字本位”理论的进步性。

“字本位”理论关注到了汉语与汉字的特殊关系，倡导在认识对外汉语教学特殊性的基础上，也要认识到对外汉语教学与汉语作为一语教学的共性，从而能够利用一语教学中一些有价值的规律去进行对外汉语教学的研究。

(4)“字本位”理论的局限性。

首先，汉语作为第二语言教学不同于汉语母语语文教学，以汉语为母语的儿童已具有语言能力，他们头脑中有词。所以，“字本位”教学不符合非汉字圈留学生的语言认知规律，如果以字为本位对其进行教学便可能加大初学者的汉语学习难度。其次，“字本位”对“字”的界定存在模糊性，且从教学语法的角度来看，我们无须也无法否定“词”作为一种活跃但不稳定的结构单位的存在。在给具体的事物、动作或意象命名时，实际上我们依靠的还是“词”。

2. “词本位”理论

（1）“词本位”教学的含义。

“词本位”教学即把词作为语言教学的基本单位，教材设计是先教词，再教用词造句，然后教用句子组成的课文。

（2）“词本位”理论产生的背景。

“词本位”理论的立足点为语言交际的需要与汉字的特殊性。由于汉字对于非汉字文化圈学生而言与其一语差异大且学习难度大，故而有学者认为，采用“词本位”教学更容易为学习者所接受。

赵金铭（2017）指出：“汉语作为第二语言教学的教学基本单位，不同于语言研究的本位，我们只认可从词出发进行语言教学，也就是说教学的基点只能是词，不能比词小（语素/字），也不能比词大（词组或句子）。”

（3）“词本位”理论的进步性。

任瑚琏（2002）表示，对外汉语教学的基本单位应该是词，即使字的教学，也应该立足于词，并为词的教学服务。从学习者的角度看，以词为基本单位进行对外汉语教学，符合语言共性，也就便于语言背景各异但都具有明确的“词”概念的学习者将汉语与其母语相沟通，形成正迁移。只有学会了词，才谈得上语言交际。

（4）“词本位”理论的局限性。

“词本位”教学法是基于西方的语言结构提出的，若直接套用在汉语中则会产生一定的“水土不服”问题。甚至有学者尖锐地指出：“‘语文一体’和‘词本位’教学模式是造成‘汉字难学’的直接原因。”（吕必松，2003）

本节关键词

二语习得　教学法　教学理论

第四节
课堂教学的组织与实施

一、教学的准备

（一）教学目标

教学目标是关于教学将使学生发生何种变化的明确表述，是指在教学活动中所期待得到的学生的学习结果。在教学过程中，教学目标起着十分重要的作用。教学活动以教学目标为导向，且始终围绕实现教学目标而进行。一般来说，教学目标存在三个维度。

1. 知识和技能

知识和技能维度是对学生学习结果的描述，即学生通过学习所要达到的结果，又叫结果性目标。这种目标一般有三个层次的要求：学懂、学会、能应用。

2. 过程和方法

过程和方法维度是学生在教师的指导下，获取知识和技能的程序和具体做法，是过程中的目标，又叫程序性目标。这种目标强调三个过程：做中学、学中做、反思。

3. 情感态度和价值观

情感态度和价值观维度是学生体验过程或结果后的倾向和感受，是对学习过程和结果的主观经验，又叫体验性目标。这种目标分为认同、体会、内化三个层次。

（二）备课

备课是教师根据学科课程标准的要求和本门课程的特点，结合学生的具体情况，选择最合适的表达方法和顺序，以保证学生有效地学习的工作（陈桂生，2007）。备课分为个人备课和集体备课两种，是教师的一项经常性、细致性工作，包括备学生、备教材、备教法三个方面的核心内容。

1. 备学生

备学生是备课环节中最重要的一环。备学生，也称学情分析。学情分析就是对学生在学习上有针对性的、较为全面的分析，主要包括备学生的知识基础、备学生的学习能力、备学生的学习风格。

2. 备教材

教材是教师传授知识的主要依据，只有对教材内容深刻把握，了然于胸，才能较为准确、全面地完成教学目标。备教材不能只备课本，应在全面了解掌握学生所学专业、课程设置、已开课程、相关课程及学生的基本情况的基础上，灵活处理和加工教材、使用教材。

3. 备教法

教学方法就是在教学中为实现一定的教学目的所采取的教学途径或教学程序，是以完成教学任务为目的的师生共同进行认识和实践的方法体系。一方面，教师应当根据具体教学实际，对所选择的教学方法进行优化组合和综合运用；另一方面，教师在运用各种教学方法的过程中，还必须充分关注学生的参与度。

备课是课堂教学过程的基础，是提高教学质量的先决条件，应认真对待。

（三）教案设计

教案通常指教师所做的课堂教学计划，一般由本节课名称、课时、教学目标、重难点内容、教学过程、作业内容、板书设计等部分构成。教案设计的核心环节是对教学过程的设计与记录，一节课一般由这样几部分组成：复习上节课学习内容、导入新课、讲授新课、巩固练习、归纳与作业。

二、教学的实施

（一）教学环节

在传统教学模式下，教学环节可分为四个阶段。

（1）组织教学。调整学生学习状态，为上课做准备，时间为1～2分钟。

（2）导入新课。这是一节课的开始部分，时间为3～5分钟，是一个预热的过程，可以采用图片、音乐、游戏等形式进行课堂的导入，其目的是吸引学生的注意力，使其认真听讲。

（3）讲授新课。在导入之后，就要对新知识进行讲解，时间为25～30分钟，需要对整个课堂的重难点进行把握。

（4）巩固新课。当新知识讲解完之后，需要对所讲述的知识进行及时巩固，时间控制在10分钟左右。

随着时代的发展，网络教学变得越来越普及。黄荣怀等人（2003）通过对比分析基于课堂的教学过程、函授教学过程和网络教学过程，指出网络教学过程的四个关键环节：课程导入、网络学习组织、学习支持与教学评价。这四个关键环节是把握网络教学质量的关键点或控制点，可作为我国网络课程质量认证的重要依据。

（二）教学方法

教学方法是指为完成一定的教学任务在教学活动中所采用的方法。教学方法以“启发式”为根本指导思想，强调要从学生的实际出发，教师采取各种有效办法引导学生们自己去学习。影响教学方法的因素主要有三个。

（1）教学理论以及学习理论的发展。随着对教学规律以及学习规律认识的加深，会出现一些新的教学方法。

（2）教学手段不断地改进。科学技术的发展使教学手段不断扩大和改进，促进新教学方法的产生。

（3）课程的改革。课程的变化涉及教学内容、教学要求和教学原则的变化，也必然影响到教学方法的改革。

对教学方法的具体选择，则决定于教学目的和教学任务、教师的条件和学生的特点、教学环境和教学手段等多种因素。

三、教学的后效

（一）教学反馈

在教学的环境中，反馈通常指为了改进学生的学习而对其某一学习任务完成情况发回的信息。反馈可以是书面的或口头的，也可以是有声的或无声的；可以是对正确的肯定，也可以是对错误的指正；可以发生在教师与学生之间，也可以发生在学生与学生之间。张雪梅、戴炜栋（2001）指出，关于教学反馈，我们应该有以下几点认识。

（1）反馈不是简单的形式更正，而是一种过程手段。教师应多从学习者的角度考虑，根据学习者的语言能力、对反馈方式的熟悉程度、反馈的内容及可能的效果等因素对反馈的形式做出抉择。

（2）要端正学生与教师对错误的态度。在反馈时，教师要注意采取适当的形式和得体的态度。积极的反馈和有鼓励性、有策略的更正都易于为学习者所接受。

（3）教师应注意一些常见的与反馈有关的误区。第一，教师对学生的反馈是一种“权力、等级”关系，与和谐的师生关系是矛盾的。实则这种“权力、等级”关系可以使反馈具有说服力，与和谐的师生关系并不矛盾。第二，教师常不经意地忽略学生的潜能，认为学生没法通过反馈获益。实则学生的潜能是无限的，积极的反馈有利于激发学生的潜能。第三，认为反馈有一定的公式，且要与学生的看法一致。实则如何进行反馈常取决于教师自己的经验或自己对该问题的看法，可能与学生的看法有出入。

（4）要达到反馈想要的效果关键在于提高学习者的“注意力”和“意识”。面对成年学习者，有时关键在渠道而不在信息本身，何种方式能较有效地激发学习者的意识或引起学习者的关注是问题的关键。

（5）要加强学习者学习技巧和策略的培养，培养学生独立学习与管理自己学习的能力。

（二）教学反思

教学反思指教师对教学活动各个方面进行多视角、多层面、反复、深入、认真的审视与思考的过程和行为，进行有效教学反思是提升新教师教学水平的重要手段。按照时间的先后，教学反思可分为教学前反思、教学中反思和教学后反思。反思日记、课堂录像、同行观摩、交流探讨是教学反思常常采用的策略。

1. 教学反思的特征

（1）自觉性。教学反思贵在自觉。“教无止境”，只有教师不满于自己的教学现状，充分意识到自己教学经验的局限性，才会自觉地进行反思。

（2）超越性。教学反思的实质就在于教师敢于怀疑自己，敢于和善于突破自我、超越自我，不断地向高层次迈进。

（3）个性化。教学反思具有别人不可替代的个性化特征，有可能形成个性化的教学模式。

（4）合理性。熊川武（1999）认为，教学反思过程就是教师借助行为研究，不断地探究与解决自身、教学目的以及教学工具等方面的问题，将学会教学和学会学习统一起来，努力增强教学实践的合理性，使自己成为学者型教师的过程。由此可见，教学中教师之所以要反思，主要是为了改进教学，提升教学实践的合理性。

2. 教学反思对教师职业能力发展的重要意义

教学反思是反思性语言教学的重要环节，教师主体应该通过教学反思不断发现与解决教学中的诸多问题，如教师自身问题、教学目的问题、教学凭借或工具问题等，在发现问题、分析问题和解决问题的过程中实现“学会教学”（leaning to teach）与“学会学习”

（leaning to learn）的有机统一，进而提升教师作为匠人和学者的职业化发展。“教学有法，而无定法”。教学反思固然重要，但对不同的教学主体和教学对象可能存在适用性差异，教师的教学风格、学生的学习模式都会成为影响教学反思适用性的因素。反思教学的过程本质上是教师如何“学会教”与学生如何“学会学”之间不断平衡的过程，也是教师不断反思教学行为进而采取有效行动改进教材、教学法、自我素质等教学元素的过程。美国心理学家波斯纳（Posner，1989）曾提出一个教师成长公式：“成长 = 经验 + 反思”。意思是说，教师的职业发展并不能仅仅依靠已有的教学经验来实现，这个过程中“反思”也发挥着积极作用。华勒斯（Wallace，1991）则用图 4－1 来解释职业教育与发展的反思性实践模型：

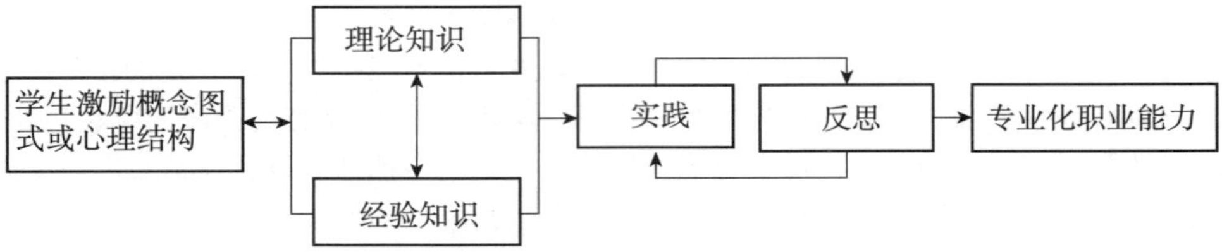

图 4－1　职业教育与发展的反思性实践模型

从图 4－1 可以看出，教师职业能力发展的途径是我们认知图式或大脑结构中的理论知识和经验知识付诸实践，经过反思调整再付诸实践，并依此循环往复。将既有理论和经验知识付诸实践没有太大问题，难点在于对实践进行反思后再付诸实践并不断反复。一名优秀的中文教师应该在自身“学会教”与学习者“学会学”的动态平衡中不断反思实践，以此推动自己的职业能力发展。

本节关键词

课堂教学　教学的实施　教学反馈　教学反思

【本章小结】

国际中文教学离不开对教学与习得的探讨。教学与习得的关系主要包括教与学的关系、教学研究与习得研究的关系，这是二语教学和研究的基本关系。就教育学的一般理念来说，教是基于教师的立场，学是基于学习者的角度。教是为了学习者的学，学习者的学和学得的知识与具备的能力才是根本。对汉语作为第二语言教学进行的教学研究，与其说是为了更好地教，不如说是为了学习者更好地学。因为语言教学的根本任务是教好语言，目的是培养学生运用语言进行交际的能力。在国际中文教学的发展过程中，我们一直受到世界第二语言教学法的影响，并从中不断汲取营养，使基于中文的学习理论与教学法日趋成熟。我们需要明确的是，一语习得与二语习得有什么不同，基于中文的二语学习理论和教学法与基于其他语言的学习理论和教学法有什么不同，以及对汉语作为第二语言教学进行的教学研究与汉语作为母语的教学研究究竟有什么不同。

【思考与练习】

1. 中介语的发展过程是怎样的？
2. 儿童一语习得与成人二语习得有什么不同？

3. 结构主义语言学派的共同特点是什么？
4. 比较任务型教学法与产出导向法，谈谈两者之间有什么异同。
5. “字本位”与“词本位”这两种教学本位观各自的优缺点是什么？
6. 国际中文教学法的历史发展分为几个阶段？每个阶段的特点是什么？
7. 教学环节可分为哪四个阶段？每个阶段有什么样的内容？
8. 查找文献，梳理一下近年来汉语习得顺序研究的新进展。

【拓展阅读】

李泉．关于“汉语难学”问题的思考．语言教学与研究，2010（2）．

刘珣．语言学习理论的研究与对外汉语教学．语言文字应用，1993（2）．

皮亚杰．结构主义．倪连生，王琳，译．北京：商务印书馆，1984.

赵杨．第二语言习得．北京：外语教学与研究出版社，2015.

SALZMANN Z，STANLAW J，ADACHI N. Language，culture and society：an introduction to linguistic anthropology. Colorado：Westview Press，2004.

本章参考文献

白乐桑．汉语教材中的文、语领土之争：是合并，还是自主，抑或分离？．世界汉语教学，1996（4）．

蔡龙权．隐喻理论在二语习得中的应用．外国语，2003（6）．

陈桂生．“备课”引论．全球教育展望，2007（2）．

陈珺，周小兵．比较句语法项目的选取和排序．语言教学与研究，2005（2）．

顾琦一．第二语言句法习得制约因素研究述评．江南大学学报（人文社会科学版），2007（2）．

顾兆禄．再论语素本位原理：兼与潘文国先生商榷．南京社会科学，2005（12）．

郭巍，韩晓惠．普遍语法框架下“母语迁移”作用的争论．外语学刊，2002（2）．

韩景泉．乔姆斯基的形式主义语言研究．外语教学与研究，2000（1）．

侯颖．从反思性教学看汉语阅读教材的练习设计．世界华文教育，2021（1）．

黄荣怀，张燕，张进宝．基于学习策略的大学生网上学习活动设计：“多媒体技术”课程教学案例．电化教育研究，2003（8）．

季羡林．汉语与外语．北京：语文出版社，2000.

康艳红，董明．初级对外汉语教材的词汇重现率研究．语言文字应用，2005（4）．

李红印．《汉语水平词汇与汉字等级大纲》收“语”分析．语言文字应用，2005（4）．

李泉．关于“汉语难学”问题的思考．语言教学与研究，2010（2）．

李泉，阮畅．“汉字难学”之教学对策．汉语学习，2012（4）．

李蕊，周小兵．对外汉语教学助词“着”的选项与排序．世界汉语教学，2005（1）．

李晓琪．博雅汉语：初级起步篇 1. 北京：北京大学出版社，2004.

李英，邓小宁．“把”字句语法项目的选取与排序研究．语言教学与研究，2005（3）．

李宇明．语言学习异同论．世界汉语教学，1993（1）．

刘珣．语言学习理论的研究与对外汉语教学．语言文字应用，1993（2）．

刘珣．对外汉语教育学引论．北京：北京语言文化大学出版社，2000.

鲁文霞，朱勇．“产出导向法”在海外本土汉语师资教学法课程中的应用．外语教育研究前沿，2021（1）．

罗立胜，石晓佳．语法翻译教学法的历史回顾、现状及展望．外语教学，2004（1）．

吕必松．中国对外汉语教学法的发展．世界汉语教学，1989（4）．

吕必松．汉语教学路子研究刍议．暨南大学华文学院学报，2003（1）．

皮亚杰．结构主义．倪连生，王琳，译．北京：商务印书馆，1984.

任瑚琏．字、词与对外汉语教学的基本单位及教学策略．世界汉语教学，2002（4）．

施家炜．外国留学生Ⅱ类现代汉语句式的习得顺序研究．世界汉语教学，1998（4）．

施家炜．国内汉语第二语言习得研究二十年．语言教学与研究，2006（1）．

施正宇．从汉字教学看对外汉语教学中的本位问题．民族教育研究，2010（6）．

孙德金．从汉语作为第二语言的角度看汉语“词”的问题．玉溪师范学院学报，2011（5）．

唐美华．“产出导向法”与“任务型教学法”比较：英语专业精读课单元教学设计案例．外语教学，2020（1）．

王建勤．“不”和“没”否定结构的习得过程．世界汉语教学，1997（3）．

肖川．从建构主义学习观论学生的主体性发展．教育研究与实验，1998（4）．

肖奚强，等．外国学生汉语句式学习难度及分级排序研究．北京：高等教育出版社，2009.

熊川武．反思性教学．上海：华东师范大学出版社，1999.

徐庆利，蔡金亭，刘振前．语言迁移研究近20年的新发展：回顾与思考．外语学刊，2013（1）．

徐通锵．说“字”：附论语言基本结构单位的鉴别标准、基本特征和它与语言理论建设的关系．语文研究，1998（3）．

杨德峰．英语母语学习者趋向补语的习得顺序：基于汉语中介语语料库的研究．世界汉语教学，2003（2）．

杨连瑞．第二语言习得的临界期及最佳年龄研究．外语学刊，2004（5）．

余霭芹．声调教法的商榷//第一届国际汉语教学讨论会组织委员会．第一届国际汉语教学讨论会论文选．北京：北京语言学院出版社，1986.

詹朋朋．语言输入：学习者的主动建构．外语界，2001（3）．

张朋朋．词本位教学法和字本位教学法的比较．世界汉语教学，1992（3）．

张雪梅，戴炜栋．反馈　二语习得　语言教学．外语界，2001（2）．

赵金铭．近十年对外汉语教学研究述评．语言教学与研究，1989（1）．

赵金铭．论对外汉语教材评估．语言教学与研究，1998（3）．

赵金铭．对外汉语教学概论．北京：商务印书馆，2004.

赵金铭．汉语作为第二语言教学的教学基本单位．国际汉语教学研究，2017（3）．

赵金铭，张博，程娟．关于修订《（汉语水平）词汇等级大纲》的若干意见．世界汉语教学，2003（3）．

赵杨．第二语言习得．北京：外语教学与研究出版社，2015.

周小兵．学习难度的测定和考察．世界汉语教学，2004（1）．

朱志平．双音词偏误的词汇语义学分析．汉语学习，2004（2）．

COOK V. The poverty-of-the-stimulus argument and multicompetence. Second language research，1991（2）．

CORDER S P. The significance of learners errors. International review of applied linguistics，1967（5）．

CUNNINGHAM D J. Assessing constructions and constructing assessments：a dialogue // DUFFY T M，JONASSEN D H（eds.）. Constructivism and the technology of instruction：a conversation. Hillsdale，N J，England：Lawrence Erlbaum Associates，Inc.，1992.

KLEIN W，PERDUE C. Utterance structure：developing grammars again. Amsterdam：John Benjamins，1992.

KRASHEN S D. Principles and practice in second language acquisition. New York：Pergamon Press，1982.

LADO R. Linguistics across cultures：applied linguistics for language teachers. Ann Arbor，Michigan：University of Michigan，1957.

LENNEBERG E H，CHOMSKY N，MARX O. Biological foundations of language. New

York：Wiley，1967.

MCCUNE-NICOLICH L. The cognitive bases of relational words in the single word period. Journal of child language，1981（8）.

PERDUE，C. Adult language acquisition：cross-linguistic perspectives：volume 1：field methods. Cambridge：Cambridge University Press，1993.

POSNER G J. Field experience：methods of reflective teaching. New York：Longman Inc.，1989.

RICHARDS. Error analysis. London：Longman，1974.

RINGBOM H. The influence of the mother tongue on the translation of lexical items. Interlanguage studies bulletin，1978（3）.

TOMASELLO M，FARRAR M J. Cognitive bases of lexical development：object permanence and relational words. Journal of child language，1984（11）.

WALLACE M. Training foreign language teachers：a reflective approach. Cambridge：Cambridge University Press，1991.

WILLIS J. A framework for task-based learning. Harlow，Essex：Addison Wesley Longman Limited，1996.

第五章

汉语言要素教学及文化教学

语言要素即语音、词汇、语法和文字。学习任何一种语言，都离不开对语言四要素的学习。掌握汉语的语音、词汇、语法和文字是准确、恰当使用汉语进行交际的基础环节。语言是文化的载体，语言中体现着一个民族的历史文化和思维方式。学习一种语言，离不开这门语言所蕴含的民族文化。因此，文化教学也是国际中文教育的一项重要内容。

第一节 语音及语音教学

语音是指人类通过发音器官发出来的、代表一定意义的、用于社会交际的声音。语音是语言的物质外壳，是符号学当中的“能指”部分。语音具有三个重要属性，分别是物理属性、生理属性和社会属性。其中，社会属性作为语音的本质属性，将它与自然界其他声音区别开来。语音教学是第二语言教学的基础，是培养学生听、说、读、写技能和社会交际能力的首要前提。语音教学的目的是让学习者掌握汉语语音的基础知识和汉语普通话正确、流利的发音，为用口语进行交际打下基础（赵金铭，2004）。掌握汉语语音的发音方法与拼合规律是第二语言学习者的首要任务。这要求国际中文教师不仅要有扎实的语音学基础，还应掌握有针对性的教学方法，在课堂上能够准确地示范发音、辨音和正音。

一、汉语语音教学的基本内容

语音是语言的物质外壳，也是语言最直观、最外显的一个要素。学习汉语，首先要掌握汉语的语音系统，把握好现代汉语语音的基础知识并厘清几个重点问题：汉语的音节是如何组成的？现代汉语中的音变有哪些？汉语是如何通过声调改变来区别意义的？与此同时，这些问题也是国际中文教师在教学实践中必须掌握的理论基础。

（一）现代汉语的语音系统

现代汉语的语音系统是由声母、韵母和声调三部分构成的音节结构系统。在绝大多数情况下，声母、韵母与声调三者组合在一起才构成一个完整的汉语拼音音节。下面我们将对语音系统的三个部分及其结构特点进行概述。

1. 声母

声母是指汉语音节开头的辅音。汉语普通话中共有 22 个辅音，其中 21 个辅音可以作声母，它们分别是：b、p、m、f、d、t、n、l、g、k、h、j、q、x、zh、ch、sh、r、z、c、s。辅音 ng 不能作声母，只能出现在音节最后，作韵尾。

根据发音部位，普通话声母可以分为七类，从前到后依次是：双唇音（b、p、m）、唇齿音（f）、舌尖前音（z、c、s）、舌尖中音（d、t、n、l）、舌尖后音（zh、ch、sh、r）、舌面音（j、q、x）和舌根音（g、k、h）。

声母的发音方法具体包括三方面内容：成阻和除阻的方式、声带是否振动和呼出气流的强弱。根据成阻和除阻方式，声母可以分为：塞音（b、p、d、t、g、k）、擦音（f、s、h、x、sh、r）、塞擦音（j、q、zh、ch、z、c）、鼻音（m、n）、边音（l）；根据声带是否振动，声母可以分为清音（b、p、d、t等）和浊音（m、n、ng、l、r）两大类；按照发音时气流的强弱，声母可以分为送气音（p、t、k、q、ch、c）和不送气音（b、d、g、j、zh、z）。

具体如表 5-1 所示：

表 5-1　　声母发音部位表

发音部位	成阻部位	声母	例字
双唇音	上唇和下唇形成阻碍	b、p、m	爸、怕、没
唇齿音	上齿和下唇形成阻碍	f	发
舌尖前音	舌尖和上齿背形成阻碍	z、c、s	在、菜、素
舌尖中音	舌尖和上齿龈形成阻碍	d、t、n、l	的、特、拿、了
舌尖后音	舌尖和硬腭前部形成阻碍	zh、ch、sh、r	这、车、是、日
舌面音	舌面前部和硬腭中部形成阻碍	j、q、x	记、七、西
舌根音	舌面后部和软腭形成阻碍	g、k、h	哥、课、和

根据发音部位和发音方法，可以对汉语普通话声母进行具体描写。例如，b [p]：双唇、不送气、清、塞音；p [p^h]：双唇、送气、清、塞音；n [n]：舌尖中、浊、鼻音；等等。

2. 韵母

韵母是指一个音节声母后面的部分。韵母由韵头、韵腹（也叫主要元音）和韵尾三部分组成。普通话里有 39 个韵母。韵母可以根据内部特点和开头元音的发音唇形来分类。首先，根据内部特点，韵母可以分为三类。

（1）单元音韵母。

由一个元音构成的韵母叫单元音韵母。普通话中共有 10 个单元音韵母：ɑ[ᴀ]、o [o]、e [ɤ]、i [i]、u [u]、ü [y]、ê [ɛ]、-i [ɿ]、-i [ʅ]、er [ɚ]。

（2）复元音韵母。

由两个或三个元音构成的韵母叫复元音韵母，共 13 个。具体包括前响复元音韵母四个：ai [ai]、ei [ei]、ao [au]、ou [ou]；中响复元音韵母四个：iao [iau]、iou [iou]、uai [uai]、uei [uei]；后响复元音韵母五个：ia [iᴀ]、ie [iɛ]、ua [uᴀ]、uo [uo]、üe [yɛ]。

（3）鼻韵母。

由元音和鼻辅音 n 或 ng 构成的韵母叫鼻韵母，又叫鼻音尾韵母。共 16 个，分为前鼻音韵母和后鼻音韵母。前鼻音韵母有八个：an [an]、en [ən]、in [in]、ün [yn]、ian [ian]、uan [uan]、üan [yan]、uen [uen]。后鼻音韵母有八个：ang [ɑŋ]、eng [əŋ]、ing [iŋ]、ong [uŋ]、iang [iɑŋ]、uang [uɑŋ]、iong [yŋ]、ueng [uəŋ]。

3. 声调

声调是附着在音节上表示整个音节高低升降变化的成分。声调具有区别意义的作用，它与声母、韵母相互配合一同构成汉语音节。汉语普通话有四个声调，如表 5-2 所示。

表 5-2　汉语声调表

调类	调值	调型	调号	例字
阴平	55	高平	ˉ	帆
阳平	35	中升	ˊ	凡
上声	214	降升	ˇ	反
去声	51	全降	ˋ	范

4. 声韵调拼合规律

汉语普通话中并不是所有的声母、韵母和声调都能组合。普通话 21 个声母跟 39 个韵母只能组合出 405 个基本音节，而这些基本音节并不是每一个都有四个调，实际上，加上声调只构成了 1 200 多个带调音节。

声母和韵母的拼合要遵循一定的规律，这主要取决于声母的发音部位和韵母开头元音的发音。

b、p、m 不能与以 ü 开头的韵母相拼，以 u 开头的韵母中只有 u 能与这个声母相拼。

f 不能与以 i、ü 开头的韵母相拼，以 u 开头的韵母中只有 u 能与这个声母相拼。

g、k、h、z、c、s、zh、ch、sh、r 不能与以 i、ü 开头的韵母相拼，j、q、x 只能跟以 i、ü 开头的韵母相拼。

d、t 不能跟 ü 开头的韵母相拼，n、l 则不受此限。

注意：上述所说某类声母与某类韵母不能相拼的，概无例外。没有说其不能跟某类韵母相拼的，并不意味着它就能跟某类韵母中的所有韵母相拼。例如：ê、er 这两个韵母就不与任何辅音相拼，还有舌尖韵母-i [ɿ]、-i [ʅ] 分别只能与 z、c、s 和 zh、ch、sh、r 相拼。

5. 汉语音节的拼写规则

声母、韵母、声调拼合成音节，一旦要写到书面上就要依据一定的拼写规则来写。基本的拼写规则如下：

（1）《汉语拼音方案》韵母表中 i 行的韵母，如果自成音节，要用 y 开头。如果 i 后面还有其他元音，就把 i 改为 y。例如：

ia→ya（鸭）　ie→ye（页）　iao→yao（姚）　iou→you（右）　ian→yan（严）
iang→yang（杨）　iong→yong（用）

如果 i 后面没有其他元音，就在 i 前面加 y。例如：

i→yi（一）　in→yin（音）　ing→ying（英）

（2）《汉语拼音方案》韵母表中 u 行的韵母，如果自成音节，要用 w 开头。如果 u 后面还有别的元音，就把 u 改成 w。例如：

ua→wa（蛙）　uo→wo（窝）　uai→wai（歪）　uei→wei（威）　uan→wan（弯）
uen→wen（温）　uang→wang（汪）　ueng→weng（翁）

如果 u 后面没有其他元音，就在 u 前面加上 w。例如：

u→wu（乌）

（3）《汉语拼音方案》韵母表中 ü 行的韵母，如果自成音节，一律在前面加 y，原韵母中的 ü 上的两点要省去。例如：

ü→yu（迂）　üe→yue（约）　üan→yuan（冤）　ün→yun（晕）

（4）“iou、uei、uen”与辅音声母相拼后，写成 iu、ui、un。例如：

niú（牛）　guī（归）　lùn（论）

（5）以 ü 开头的韵母与 j、q、x 相拼时，ü 上两点要省略。例如：

x-ü→xū（虚）　q-üan→quán（全）　j-üe→jué（掘）

（6）i 上标调，上面的圆点要去掉。例如：

yī（衣）　xīng（星）　duī（堆）

6. 汉语音节结构的特点

现代汉语音节结构具有以下几个特点。

（1）没有复辅音，即汉语音节中不存在连续的两个辅音；

（2）元音占优势，一个元音就可以成为一个音节，例如“阿（ā）”；

（3）汉语是有声调的语言，汉语的声调能够区别意义，在音节结构中占有极为重要的地位，一旦失去声调将无法进行正常交际；

（4）汉语的音节结构比较简单，一个音节最多由四个音素构成，例如“光”（guāng），最少由一个音素构成，例如“啊”（ā）；

（5）韵头只能是高元音 i、u、ü，韵尾只能是 i、u（o）这两个元音和 n、ng 这两个辅音。

（二）普通话的音变现象

人们在说话时，不是孤立地发出一个个音节，而是把音节组成一连串自然的“语流”。而在自然语流中，音素和音素之间、音节和音节之间、音调和音调之间都会互相影响，以致产生语音变化，这种变化就是音变。普通话中常见的音变现象有轻声、儿化、连读变调等。

1. 轻声

轻声是一种特殊的音变现象，在词或句子里，某些音节往往会说得相对短而轻，失去原有的调值，这一现象就是“轻声”，其中读轻声的字叫作轻声字。轻声在普通话中有着重要的作用。

（1）轻声能够区别词义，即一个词语是否轻声所表达的意义不同。例如：

东西 dōngxī（方向）——东西 dōng · xi（物品）

（2）轻声能够区别词性。例如：

买卖 mǎimài（动词）——买卖 mǎi·mai（名词）

（3）轻声能够区分短语和词。例如：

火烧 huǒshāo（主谓短语）——火烧 huǒ·shao（名词，一种烧饼）

2. 儿化

儿化指后缀“儿”与它前一音节的韵母结合成一个音节，并使这个韵母带上卷舌音色的一种特殊音变现象。儿化后的音节一般用两个汉字来表示，作为词尾的“儿”不自成音节，也不是一个音素，只是表示其前韵母带有卷舌音色。儿化音节在用汉语拼音书写时，只需要在原来音节之后加上表示卷舌动作的“r”就可以了。例如：鸟儿——niǎor。被儿化的音节叫“儿化音节”，儿化音节中主要是韵母发音时要卷舌，卷舌了的韵母称为“儿化韵”。

汉语普通话的“儿化”现象具有区分词性、区别词义、表示感情色彩的作用。

（1）区分词性。例如：

画（动词）——画儿（名词）
尖（形容词）——尖儿（名词）

（2）区别词义。例如：

头（脑袋）——头儿（带头的人）
眼（眼睛）——眼儿（窟窿）

（3）表示微小的形状或者带有喜爱、亲切等感情色彩。例如：

小猫儿、小孩儿

3. 连读变调

普通话音节是有声调的，每个音节的声调在单念时是固定的，一旦进入语流中，一些音节的声调调值会受到其他音节的影响而发生变化，这一现象就叫“连读变调”。普通话连读一般是前一音节发生变调，其变调的高低由后一音节的声调调型决定（邵敬敏，2007）。

（1）上声的变调。

①上声与上声的连读变调分为两种情况。

两个上声相连，前一个上声由 214 变为 35，近似于阳平，即 214＋214→35＋214。例如：

美好、理想

三个上声相连，主要有两种形式。

“AB＋C”结构：前两个音节由 214 变为 35，后一个音节保持 214，即 214＋214＋214→35＋35＋214。例如：

展览/馆、洗脸/水、手写/体

“A＋BC”结构：第一个音节变为 21，第二个音节变为 35，最后一个音节保持 214 不变，即 214＋214＋214→21＋35＋214。例如：

小/老虎、老/领导

②上声与非上声的连读变调。

上声+非上声，前一音节由 214 变为半上 21。例如：

上声+阴平：导师、主张
上声+阳平：演员、语言
上声+去声：讲课、稳重

(2)“一、不”的变调。

①“一”和“不”在单念、出现在词句末尾时读本调，“一”表示序数时也读本调。

②在去声前面变读为 35，接近于阳平。例如：

一：一样、一致
不：不对、不去

③在非去声（阴平、阳平、上声）前，“一”变读为去声，“不”仍读去声。例如：

阴平前：一般、不多
阳平前：一同、不和
上声前：一起、不好

④处在三音节词语的中间时，口语中常常读作轻声。例如：

看一看、说一说、好不好

汉语的连读变调基本上是以二字连读变调为主，掌握汉语连读变调的基本模式和规律，对于掌握汉语的语调模式是至关重要的。

二、语音教学的目标、原则和方法

（一）语音教学的目标

语音是语言的物质外壳，是各个语言系统最外在的形式特征所在。语音教学是第二语言教学初始阶段的重要内容，汉语作为第二语言教学同样如此。语音的重要性决定了语音教学是第二语言教学的基础，是掌握听、说、读、写技能和语言交际能力的前提。

（二）语音教学的原则

要想在有限的教学时间内，让学生掌握准确的发音，除了贯彻教育学里的一般教学原则之外，还应结合国际中文语音教学的一些特点来贯彻以下一些原则（张和生，2006）。

1. 音素教学与语流教学相结合的原则

所谓音素教学，是指语音训练从汉语单字的音素（声母、韵母）以及声调的单项训练开始，逐步过渡到词组、句子和会话练习。所谓语流教学，即与音素教学相对，强调从会话入手，一开始就教句子，音素在会话练习中得到纠正。音素教学存在着学习时间长、内容枯燥、缺乏趣味性等不足之处。语流教学不仅可以从其他方面弥补音素教学的不足，还能够通过训练，使学生把音节连成准确、自然、流畅的语流，从而更好地进行日常交际。因此，语音教学要坚持音素教学与语流教学相结合的原则。

2. 循序渐进，声韵调结合教学的原则

由易到难、循序渐进是教学的一般原则。在语音教学中也应从简单内容入手，先易后难。声、韵、调是构成汉语音节的三要素，也是语音教学的基础。声母、韵母、声调相互搭配才能拼合成一个完整的汉语音节，因而声、韵、调的教学与操练也应该结合起来，将三者割裂开来单独讲练对于音节和语流的掌握意义不大。

3. 语音理论配合教师示范、学生模仿的原则

教师示范是学生模仿的前提条件。教师示范的好坏直接影响着学生模仿的效果。语音教学应坚持语音理论配合教师示范、学生模仿的原则。

4. 汉外对比与注重实践的原则

一方面，第二语言教学一般要在语言对比的基础上进行。作为教师，如果了解学生的母语跟目的语的异同，就可以明白学生的难点，有的放矢地进行教学，取得事半功倍的效果。另一方面，掌握一门外语的语音，靠的是大量的模仿、练习与实践。实践操练是学习语音的重要环节。

（三）语音教学的方法

1. 模仿法

模仿法是学生通过模仿标准发音学习语音的一种方法，是语音教学中最常用的基本方法。与学习词汇和语法不同，学习语音不是靠记忆和理解，而是靠听辨、模仿来培养新的发音习惯。模仿法按方式可以分为直接模仿和自觉模仿两种形式，按照模仿者数量又可以分为集体模仿和个别模仿。

2. 夸张法

夸张法是在展示发音的过程中，把平时说话时的发音部位与发音方法适当夸张，以达到清晰、明确的效果。夸张法有以下几种应用方式。

（1）口型夸张。

通过夸张展示不同音素的发音口型来达到辨别的效果。

（2）响度与音程夸张。

在复元音韵母发音时，有意地提高主要元音的响亮度，以凸显主要元音在复韵母中的作用。延长发音过程可以使学生感知音程变化，明确在复韵母中各音素的拼合方式。

（3）板书夸张。

通过板书的颜色、大小等直观地展示音素或声调的区别。

3. 演示法

演示法运用直观的手段来展示发音部位、发音方法，演示发音过程。具体包括实物演示、动作演示、板书演示、图表演示等。

实物演示，利用实物道具展示如何发音。

动作演示，用双手模拟发音时口腔内部的情状，向学生直观地展示发音部位和发音方法。

板书演示，在语音课堂上，教师可以针对学生的发音问题进行板书。

图表演示，按照五度标记法以图片的形式展示声调的调值和调型，再搭配四声的调号，向学生展示声调的音值和音域。

4. 对比法

针对相似易混的音素我们通常采用对比法。对比分为两种：汉外对比和汉语内部对比。

汉外对比是将学生的母语和汉语中的音系进行比较，在对比中找出汉语音素发音同学生母语发音之间的异同点。然后根据迁移理论，在教学中对母语和目的语间的不同之处提前准备。例如 b、d、g 在汉语中是清辅音，在英语中却是浊辅音，在语音教学中，教师应该提前告知学生英汉之间的差异，减少他们可能会出现的偏误。

汉语内部对比，即比较汉语内部相似音素的发音特征。汉语中的辅音声母大多成对出现，例如 b—p 它们的发音部位相同，都是双唇音，发音方法也十分相似，都是清塞音。区别就在于发音时气流的强弱，b 是不送气音，而 p 是送气音。在教授英语背景的汉语学习者时，需要注重该组声母的对比教学。

5. 带音法

带音法指的是用一个已经学过的发音部位相近的音素带出另一个新的音素的教学方法。这是发音教学中用得最多的一种方法。带音法通常是以旧带新，以易带难。

例如以 i［i］带 ü［y］。在 ü［y］的教学之前，教师大多已经进行了 i［i］的教学。此时，先让学生发 i［i］，声音持续，舌位保持不变，然后嘴角逐渐从两边向中间收紧，最终形成一个类似圆圈的口型，ü［y］的发音就被 i［i］自然地带出来了。

6. 分辨法

分辨法是让学生通过听觉、视觉把相似音素或声调辨别开来的一种方法。例如运用分辨法进行 z、c、s、zh、ch、sh、r 的发音练习。在分辨声调时，一声、四声发音差别较大，学生容易分辨，二声、三声音值接近，学生容易发生混淆，教师的重心应放在第二声和第三声的听辨练习上。

7. 拖音法

延长音程导出新音是教舌尖元音［ɿ］和［ʅ］的一种简易有效的办法。由于［ɿ］和［ʅ］单独发音比较困难，且［ɿ］和［ʅ］不单独出现在音节中，往往跟在舌尖前音 z、c、s 或舌尖后音 zh、ch、sh、r 之后，所以可采用拖音法来展示［ɿ］和［ʅ］的发音。

三、语音教学的难点及教学对策

每一种语言都有自己的语音系统。作为国际中文教师，如果能够了解并善于利用学习者母语语音系统与汉语语音系统中这些相似而不完全相同的特点，就可以有效地指导和帮助学习者的汉语语音学习。

（一）声母的教学难点及教学对策

1. 教学难点

汉语普通话中的22个辅音，除了舌根鼻音ng以外，其他21个辅音都可以作声母。这21个声母具有如下一些与学习者在声母学习中的困难密切相关的特点。

（1）不送气音与送气音的对立。

汉语辅音中的塞音和塞擦音都可分为不送气音和送气音两类，而且总是成对出现，有一个不送气音，必有一个同部位的送气音。不送气音和送气音形成对立，各自构成不同的音位，有区别意义的作用。如：b—p，d—t，z—c，zh—ch，j—q。

（2）清音多，浊音少。

由于很多语言存在清浊音的对立，而汉语没有清浊音的对立，却有不送气音与送气音的对立，因此，有些学习者会把不送气音与送气音的不同误认为是清浊音的不同，也容易导致把汉语的清音发成浊音的现象发生。

（3）舌尖后音zh、ch、sh、r。

汉语中的舌尖后音（卷舌音）zh、ch、sh、r是一组比较特殊的辅音，在很多语言中都没有相同的音，所以这一组音几乎是所有外国人学习汉语语音的共同难点。

（4）f、h相混和r、l相混。

f、h相混是日本学生和韩国学生经常出现的语音问题。这主要是受学习者母语语音的影响。

r、l相混是日本学生特有的问题。在日语中ラ行辅音与汉语的边音［l］很像，但实际上却是闪音［r］。它与元音相拼时，音质上会产生一些变化。在リ和ル两个假名中的辅音和汉语的边音很接近，但在假名ロ中的辅音，又有点儿像汉语的浊擦音r［ʐ］。这些不同的音可以看作同一音位的不同变体，其中［l］和［z］两个变体在汉语中是两个不同的音位，因此日本学生就会出现r、l不分的现象。

（5）零声母。

《汉语拼音方案》对零声母在拼音中的记法做出过具体的规定，即认定汉语拼音字母y和w是隔音字母，只起到避免音节界限不明发生混淆的作用。

2. 教学对策

（1）增强母语对比。

教师可以通过对学生母语背景的了解和对比预先进行分析，并采取有针对性的教学方案，把握教学重点和难点，有的放矢地组织声母发声练习。

（2）对“症”下药。

教师应具体了解各国学生的不同偏误，即便是同种偏误，其成因也可能并不相同。因此，为防止偏误再次发生，教师针对学生偏误要深入了解偏误成因，做到具体问题具体分析。

（3）语言描述简明而又准确。

教师在描述发音状况时，应做到语言精练、准确生动、浅显易懂。灵活运用各种教具，采用多种方法与技巧，从而使学生能更直观地感受到声母的发音部位与发音方法。

（4）教学内容循序渐进。

教师可以通过对声母习得顺序相关研究的了解与对教学内容难易程度的把握，由易到难、循序渐进地组织教学内容。

刘振平（2013）根据对比分析假说，以英语背景的汉语学习者为例，从汉语拼音的发音、识读和记音三个层面考察了 21 个辅音声母的难度等级，并总结出相应的声母教学顺序，如表 5－3 所示。

表 5－3　　英语背景汉语学习者在声母发音、识读和记音上的难度等级

<table>
<tr><th>教学层面</th><th colspan="5">难度（由小到大）</th></tr>
<tr><td>发音</td><td>m n f l s</td><td>b d g p t k c</td><td>z h j q x</td><td colspan="2">zh ch sh r</td></tr>
<tr><td>识读</td><td>m n l f s</td><td>b d g h r j</td><td>p t k</td><td colspan="2">z c zh ch sh q x</td></tr>
<tr><td rowspan="2">记音</td><td rowspan="2">m n f l</td><td rowspan="2">h p t b d g</td><td rowspan="2">k s r j</td><td>q x</td><td>zh ch sh</td></tr>
<tr><td colspan="2">z c</td></tr>
</table>

(二) 韵母的教学难点及教学对策

韵母的主要组成部分是元音。它可以只有一个元音，称为单元音韵母；也可以有两个或三个元音，称为复元音韵母。韵母中也有以辅音-n、-ng 结尾的，称为鼻音韵母。

1. 教学难点

（1）单元音韵母。

单元音是最基本的元音，发好单元音是发好其他元音的基础和先决条件。《汉语拼音方案》用 ɑ、o、e、i、u、ü 六个字母代表汉语普通话中不同的元音，而这六个字母分别代表 10 个单元音：ɑ [ᴀ]，o [o]，e [ɤ]，i [i]，u [u]，ü [y]，ê [ε]，-i [ɿ]，-i [ʅ]，er [ɚ]。

在单元音韵母教学中，外国学习者的难音主要有以下几个。

①单元音 ü。

周小兵（2017）指出韵母教学的难点有二，即 i 在普通话中有三个读音和 ü 的教学。有些外国学生发 [y] 时，由于强调了圆唇，把舌位拉向后部，于是和 [u] 相混淆了。此外，由于《汉语拼音方案》中存在将 ü 写成 u 的现象，有些外国学生常常念错，如将“去”念成 [tɕʰu]。

②单元音 e。

舌面元音 e [ɤ] 在汉语中的实际音值大致为 [ə]，这在世界语言中出现较少，同时发音具有游移性，因此标记性强，学习起来存在困难。

③单元音 o。

受母语负迁移作用的影响，在初学汉语时，许多英语国家的留学生容易将汉语拼音中的 o [o] 读成英语字母 o [əu:]，在教师示范并纠音后，又容易因开口度过大而把 [o] 读成 [ɔ]。

④单元音 i。

汉语拼音中的 i 代表了三个不同的音素：在 z、c、s 后是 [ɿ]；在 zh、ch、sh、r 后是 [ʅ]；在其他辅音后是 [i]。外国留学生在发 [i]、[ʅ]、[ɿ] 这几个音时，常由于舌位不稳定造成发音不到位的问题。

⑤单元音 er。

卷舌元音 er [ɚ] 作为外国留学生语音学习的一大难点，其常见的偏误情况大致可分为三种：第一种情况是大多数学生在发元音 er 时会因缺少卷舌动作而将其完全发成央元音 [ə] 或舌面前元音 [e]；第二种情况是发音时加入了卷舌动作，但由于开口度过大而将其发成了儿化韵 [ɑr]；第三种情况则是元音 e 本身发音正确，但当将其作为儿化韵与前面的韵母结合时非常不自然，使其听起来像两个音节一样。

（2）复元音韵母。

汉语中除了单元音韵母外，还有复元音韵母。复元音韵母共有 13 个，其中二合元音 9 个，三合元音 4 个。其他语言中，复合元音的情况和特点跟汉语不尽相同，但总的来说，汉语的复合元音学习起来并没有太大的困难。

2. 教学对策

（1）单元音韵母。

单元音韵母是韵母学习的基础，应该逐个击破。每一个单元音，都代表着汉语普通话中的一个元音音位，有的音位还有多个音位变体，例如 ɑ、i 等。这些都应当在教学中向学生解释清楚。此外，我们还可以采取不同的教学对策进行辅助教学。例如：

①舌位图示法。

在韵母的发音教学中，我们可以利用舌面元音舌位图来使学生比较形象、直观地了解发音方法。

②对比法。

针对 ü 的发音偏误，教师可以用对比的方法来帮助他们，如教师先发 o，接着再发 u、ü，将这个过程重复几次，以便使学生感受到前面的 o 同后面的 u、ü 在圆唇程度上的差别。

③过渡法。

针对学生发不好 ü 音的偏误，我们在教学时可以先利用与其对应的不圆唇 i 来帮助学生体会发 ü 时的正确舌位，再引导他们由 i 带出 ü 来。

④整体认读法。

针对学生舌尖元音 [ɿ]、[ʅ] 的偏误问题，可以采用不单独教舌尖元音，而是使之结合声母直接读出来的方法。如可以将 zi、ci、si、zhi、chi、shi、ri 这七个音节作为整体来认读。

（2）复元音韵母。

①要突出复合元音的两个特点：一个特点是从一个元音到另一个元音是滑过去的，发音时有动程，即口形具有变化过程，中间包括许多过渡音，而单元音发音时没有动程，口形始终保持不变；另一个特点是复合元音中各个元音的响度不同，其中最响的元音听起来最清楚，也就是说最响的元音韵腹是韵母的中心部分。

②应注意三合元音 iou [iou]、uei [uei] 受声调影响，音质会产生细微的变化。即 iou [iou]、uei [uei] 中的 o [o] 和 e [e] 在第一声、第二声字中消失或减弱，在第三声、第四声字中就很明显。

（三）声调的教学难点及教学对策

1. 教学难点

声调教学在语音教学中占据着非常重要的地位，因为每一个声调出现的频率都要比任何一个声母或韵母高得多，它负载的信息自然也就最多。声调是汉语语音中最敏感的部分，学生出现洋腔洋调的主要原因就在于声调。

（1）母语为声调语言的汉语学习者的主要声调偏误类型。

①阴平上不去，阳平去声太长；

②去声的偏误，去声不够降（43），或发成阴平（44）；

③上声的发音比较混乱，发上声调会“升”不会“降”，听起来类似阳平。

（2）母语为非声调语言的汉语学习者的主要声调偏误类型。

①阳平和上声相混，如美国学生的阳平和上声之间的高低对比远低于中国人；

②去声和阴平相混，去声是一个起点很高、频率迅速下降、音程较短的声调，由于在去声的发音中没有注意到快速下降，所以有时会和阴平相混（陈彧，2006）。

2. 教学对策

（1）遵循声调难度顺序，教学由易到难。

针对不同母语背景的汉语学习者的声调偏误类型及成因，研究者们根据不同的实验语料总结了外国留学生习得汉语声调普遍性的难度顺序。如对日韩学生，可以采用一、四、二、三的声调教学顺序；针对欧美学生，则采用一、四、三、二的教学顺序。

（2）提倡“声调特征教学”，放宽对调值的要求。

针对留学生学习汉语中两类带有普遍性的声调偏误——阳平和上声的混淆，以及阴平和去声的混淆，王安红（2006）提出了“声调特征教学”的设想，并在教学中予以实践。声调特征是指不易受到语调影响的声调音高特征。她把四声的声调特征归纳为：高平、升（中升或低升）、低降、高降。教师在进行声调操练时，可以有意识地强化声调间声调特征的差异。

（3）明确声调和语调的关系，教学应做到“由单字到语流”。

汉语的声调是可以随着语调的高低而提高或降低的，但并不会因此而改变它固有的升降调型。因此，在国际中文教学过程中，让学生掌握好声调是基础。在这个基础上掌握各种不同的语调的变化，提醒学生注意语调的变化是调域的变化，而不是调型的变化。在语调的升降变化中，不能把字调丢掉。

（四）语气语调的教学难点及教学对策

1. 教学难点

语气一般是指说话时表现出来的感情和态度。有时候语气专指陈述、疑问、祈使、感叹这四种语法范畴。语调是句子层面的韵律组织系统，它主要包括重音、节奏和句子的音高模式。

2. 教学对策

（1）汉语声调教学是语调教学的前提。

如同书法学行草必先学楷书一样，要学好汉语的语调必须把声调先行掌握，否则就不是熟练与否、正确与否的问题，而是所说的是否为汉语普通话的问题了。

（2）在声调教学阶段即可适当插入简单的语调教学内容。

对汉语语调的教学不能等到声母、韵母、声调、轻声、儿化、变调、重音等内容讲完之后再进行，这种顺序是语音分析和研究的顺序，并不适合于教学。当学生掌握了“妈麻马骂”之后，不妨顺便引入“妈？麻？马？骂？”的听说教学。这有利于学生尽快建立起汉语声调、语调相协调的语感。

（3）句重音教学可以从有两音节连读时就开始。

例如（看图说话）：

A. 他们在干什么？　　B. 点'菜。

A. 请问你们点菜吗？　B. '点菜。

句重音是语调的核心。一方面它是语义表达的重点，另一方面它又是语调构造的支撑点。适当地在文字或汉语拼音的基础上增加一些相应的符号会为语调教学带来具体的方便之处。例如"/"表停延或节拍，"'"表重音等等。

（4）要鼓励学生多听、多模仿、多比较。

除了课堂教学以外，还可以向学生推荐一两部经典的、他们喜爱的话剧或电影、电视剧，鼓励他们反复看、反复模仿剧中人物的语调，体会并比较不同的表达方法会有什么样的意思与效果，甚至还可以让学生比较同样的意思在他们的母语中是用什么样的语调来表达的。

本节关键词

声母　韵母　声调　语调　语音教学

第二节 词汇及词汇教学

词汇是语言的建筑材料，是句子的基本结构单位。汉语词汇教学作为国际中文教育系统中一个极为基础的环节，其在教学中的重要地位不言而喻。国际中文词汇教学的基本任务是培养外国学生识词、辨词、选词、用词的能力。

一、词汇教学的基本内容

词汇教学的任务指"根据教学大纲的要求，在有关词汇知识的指导下，掌握一定数量的汉语词汇的音、义、形和基本用法，培养其在语言交际中对词汇的正确理解和表达能力"（刘珣，2002）。这是初、中、高级阶段词汇教学最基本的内容。而到了中级汉语词汇教学阶段，所学词汇的用法更加复杂，学生的词汇量逐渐加大，出现的易混淆词增多。所以在教学中，不但要让学生知道词语的音、义、形以及用法，还要注重词语文化意义的教学。教师在帮助学生"识词"的过程中，应尽可能使学生了解一个词与其他词的联系和区别，使学生建立起科学的汉语词汇学习策略。当学生进入高级汉语学习阶段，在词汇教学方面，除初、中级所要求的教学内容之外，更要重视词语色彩义、文化义、引申义、比喻义、联想义的教学，使学生通过词汇学习了解更多的中国文化，也要调动学生的文化知识促进词汇学习（毛悦，2010）。

（一）词汇教学的量和等级

一种语言的词汇数量相当大，二语学习者不可能也不必全部掌握。根据教学大纲和学生水平，选取合适的目标词，是词汇教学首先必须解决的问题。

2021 年 3 月，《国际中文教育中文水平等级标准》（以下简称《标准》）作为国家语委语言文字规范颁布实施。《标准》分为初、中、高三等，每个等次再分出三个等级，一共收词 11 092 个。初等（一到三级）要求一级掌握词语 500 个，二级掌握词语 1 272 个（新增 772 个），三级掌握词语 2 245 个（新增 973 个）。中等（四到六级）要求四级掌握词语 3 245 个（新增 1 000 个），五级掌握词语 4 316 个（新增 1 071 个），六级掌握词语 5 456 个（新增 1 140个）。高等（七到九级），从这一等开始，语言量化指标不再按级别细分，词语应掌握量达到 11 092 个。

（二）构词单位及词的结构

1. 构词单位——语素

语素是音义结合的最小语言单位，是最基本的构词单位。语素内部可进一步分解出字和音节，但语素不等同于字。对此，我们可以运用替代法来进行辨别。词和语素同属于词汇单位，词由语素构成。根据语素的成词能力我们可将其分为两类——成词语素和不成词语素。成词语素，即能够独立成词的语素；不成词语素，即不具备单独成词能力的语素。根据语素在词语中表示的意义性质和作用，我们又可进一步对其分类，即区分出词根和词缀。表示词的基本意义的语素为“词根”，表示词的附加意义并起语法作用的语素为“词缀”。其中，满足成词语素条件的只有部分“词根”，而其余不成词的“词根”与所有“词缀”都属于不成词语素。

2. 单纯词

从词汇内部的结构关系来看，现代汉语词可以分为单纯词和合成词。由一个语素构成的词是单纯词。

单纯词按照音节多少又可以分为单音节单纯词、双音节单纯词和多音节单纯词。单音节单纯词包括联绵词（或双声，如“珍珠”“仿佛”；或叠韵，如“灿烂”“彷徨”）、叠音词（如“奶奶”“猩猩”）、音译词（如“沙发”“布丁”）、拟声词（如“滴答”“呼呼”）。

3. 合成词

由两个或两个以上语素构成的词是合成词。合成词有复合词、重叠词、派生词三种。

根据复合词内部词根与词根的关系，我们可以把复合词分成联合、偏正、述宾、补充、主谓几种类型。

（1）联合型：由两个意义相同、相近、相关或相反的词根并列组合而成。例如“朋友”“道路”等。

（2）偏正型：前词根修饰、限制后词根，整个词义以后词根为主，前词根为辅。例如“高山”“红茶”等。

（3）述宾型：前词根表示动作行为，后词根表示动作行为支配的对象、方式等。例如“出席”“放心”等。

(4) 补充型：后词根补充说明前词根。例如“扩大”“说服”等。

(5) 主谓型：前词根是被陈述对象，后词根表示陈述。例如“月亮”“心虚”等。

重叠词是由同一语素重叠而成。例如“妈妈”“常常”等。

派生词主要分为两类。

(1) 前加型（前缀＋词根）：例如“老板”“阿姨”。

(2) 后加型（词根＋后缀）：例如“刀子”“石头”。

(三) 词语的意义

词义是客观世界在人们头脑中的主观反映。如“眼睛”反映了人们对人或动物的视觉器官的认识，“高”反映了人们对从下向上的距离的认识。由此而形成的词义是概念义，也可称为理性义或客观义。但在人们的实际交际中还存在着表达个人主观意识或情感的需要，由此形成的词义是色彩意义。

1. 概念义

概念义是一个词的核心意义，词典中对一个词的解释通常是概念义。例如：

毛笔：用羊毛、鼬毛等制成的笔，供写字、画画儿等用。

漂亮：好看、美观。

2. 色彩义

词的色彩义是指词义中所蕴含的，表现出该词所具有的某种独特情调、倾向和韵味的意义。色彩义包括感情色彩、形象色彩、语体色彩、文化色彩等类型。

感情色彩是指词所体现的人们喜怒哀乐等主观态度的褒贬差异，如“走”和“滚”所附加的感情的强弱程度不同。

形象色彩是指词所概括的客观事物或现象是否具体生动可感。比如“水果”是抽象的概念，无具体形象；而“苹果”就可唤起生动的形象，因而形象色彩强。

语体色彩是指某词适用于某种特定的交际范围或特定的文体。比如“爸爸”是口语词，用于面称；“父亲”是书面语词，一般不用于面称。

文化色彩是指有些词蕴含着社会文化意义。其中，文化意义涵盖了社会赋予词语的一切附加意义，包括引申义、联想义、比喻义、象征义等。

(四) 词语的用法

让学习者掌握词语的用法是词汇教学的最终目标。相当长的一个时期以来，语法学界有一种观点，认为词语的用法（使用范围和搭配关系）除了受一些基本语法规则制约以外就都是由语义决定的，因此不属于语法问题，只是个逻辑事理问题，举的例子最常见的是“四边三角形”“热冰”等等。可现实情况并不是这样。学生当然绝不会因为汉语还掌握得不够好而在日常生活中说出“四边三角形”或“桌子笑了”那样不合事理的话来，但是如果他要说“我比他长”算不算错？汉语普通话中形容人不能用“长”“短”，只能用“高”“矮”，可是英语中形容人不能用 high 和 low，只能说 long 和 short。而且有的汉语方言和英语一样，形容人居然也用“长”和“短”，不用“高”和“矮”。可见，即使能想办法找到一点理据，也是不同的具体词语、不同的语言或方言各有各的理据，而不再是具有任何普遍性的逻辑事理了。这一类约定俗成的习惯用法难以“理喻”，在很多情况下也无法“理喻”，最好老老实实地去“学”。教师的责任就是要指出这种差异之处，防止学生受母语的影响而产生理解和运用上的错误（胡明扬，1997）。

二、词汇教学的目标、原则和方法

（一）词汇教学的目标

词汇是构成语言的基本材料。目前学界已达成共识并反复强调，语言教学的目标是培养学生的言语交际能力，而掌握汉语词汇是提高学生听、说、读、写能力的基础，因此汉语作为第二语言的词汇教学是非常重要的。

国际中文词汇教学的目的，就是要培养外国学习者识词、辨词、选词、用词的能力。这种能力的培养，应当从汉语词汇系统的内部和外部两方面着手（张旺熹，2013）。

“识词”，不仅要求外国学习者能够熟练地识记汉语词语的音、形、义，同时还要求学习者能够在汉语不分词的书面语表达形式下，具有区分词与语素、词与短语的能力。

“辨词”，就是要求外国学习者能够准确地把握每一个汉语词语在音、形、义各方面的相互联系与区别。

“选词、用词”，就是要求学习者能够根据具体的交际语境，从语义表现、句法要求、语用得体性等方面，综合权衡已经掌握的词语并最终加以选用，组词造句。可以说，学习者“用词”能力的高低是汉语词汇教学效率高下的最直接、最生动的体现。

从“识词”到“辨词”再到“选词、用词”，构成了国际中文词汇教学的基本任务。

（二）词汇教学的原则

汉语词汇教学作为国际中文教育系统中一个极为基础的环节，其在教学中的重要地位不言而喻。想要学习者更好地掌握汉语词汇，有以下六条教学原则。

1. 精讲多练，引导学生掌握词语的具体意义和用法

这是国际中文教学的一项基本原则。所谓精讲多练，指的是教师讲授的内容要精简，少而精，选择主要和重要的内容讲解，不需要细致入微、面面俱到。练习的内容应该多，以练代讲，让学生在练习中掌握词语的意义和用法。

2. 词句结合，在具体的语境中了解意义、掌握用法

词汇中有大量的词是抽象的，无法用具体的形象进行解释，例如汉语中的虚词最为典型。此时，单个词的意义仅凭其他几个词语很难解释，这就需要借助于具体的句子。准确恰当的句子能够提供该词语的具体语境，展示该词语的使用条件。

3. 建立系统，利用组合与聚合关系构建起词汇系统

根据语言符号的组合关系和聚合关系，词汇自成一个系统。词与词之间有着密切的关系。词汇教学也遵循一定的系统性。在词汇教学中，教师要使学生明确词汇是成系统的，

引导学生主动归纳整理已经掌握的词汇，建立自己的词汇系统。

4. 语素教学，在构词法的基础上将词与语素相结合

语素教学指的是将词汇中那些构词能力强、能产性高的语素拎出来讲解。相对来说，语素教学效率高，一个语素可以组成多个词语，学习一个语素就能同时掌握多个生词。构词法是语素组成词的一般规律和普遍方法。语素教学搭配构词法，学习者的词汇量可以在短时间内得到大幅提高。

5. 原词复现，在词汇的不断重现中复习，强化记忆

根据词频统计，在词汇教学过程中，首先，应该采取分级处理的原则，对整套教材的词语进行安排，确定哪些是重点词语，哪些是非重点词语，对于重点词语要详细讲解，使学生掌握其用法。其次，应该进行针对高频词语的精讲多练，重视高频词语的复现率，利用大量的替换练习、会话练习、造句练习，强化学生对高频词语的记忆。

6. 结合文化，在具体的语境中理解文化词汇的意义

语言和语言的应用不可能脱离文化而单独存在。在许多词语概念义的背后还蕴含着一定的文化意义。就拿表示颜色的词语和表示数字的词语来说，在不同国家可能有不同的文化含义。比如，在中国，人们喜欢数字“6”“8”“9”，因为它们含有“顺利”“发财”“长久”的文化意义。因此，在教学中，教师应对词语的文化意义进行诠释，以培养学生的“跨文化意识”。

（三）词汇教学的方法

由于学习者受教师的教学方法和教学材料以及自身因素的影响，在不同的教学管理或学习环境中的表现不尽相同，因此，我们要熟练地掌握不同的教学方法，不能拘泥于已有的方法。

1. 课文生词的处理方法

（1）归类。

归类是把即将要学的生词按照一定的标准进行分类，其目的是遵从学习特点，便于学习者快速掌握，归类结果可以便于进一步教学。具体来说，可以有意义归类、语法归类和音节归类等。

（2）扩展。

扩展是把小的语言单位扩大成更大的语言单位。汉语的语言单位从小到大可以分为语素、词、短语、句子、语段。对生词进行归类以后，还需要对其进行扩展。扩展又可以分为以下三个层次：单音节词向双音节词扩展、词向短语扩展、词向句子扩展。

（3）文中标注。

除了归类和扩展，在文中标注也是一种很常见的生词处理方式。先引导学生对照生词表在课文里找到相应的生词，然后把生词的序号一一标注在课文里某个相应的生词旁边。

2. 常用的词语讲解方法

（1）直接法。

直接法常用于解释意义比较具体的词语，比如一些具体名词和动作动词。直接法能够

将声音与概念直接联系起来。例如实物展示。

（2）翻译法。

当两种语言都用某个词来指称同一概念，且课堂内学习者都共享一种母语时，词汇的解释可以采用翻译法。

（3）情境法。

将生词放入例句中，句子为生词提供具体语境，结合话语、句子和一定的社会文化背景来理解。

（4）语素释义法。

利用汉语构词法的特点，用语素义解释词义，把学习者的注意力从词引到语素上来。语素释义法是通过对合成词语素的解释使学生获得整词词义的方法。这种方法的使用前提是学生已基本掌握构成语素的意义，例如学生学过了“饭、馆”，教师可以引导学生通过理解构成语素的意义而获得整词的意义。

（5）话语联结法。

指在话语中学习词汇，特别是关联词语的用法，宜在话语中掌握。

（6）比较法。

对近义词、反义词进行比较，在比较中发现不同点。中、高级阶段需特别注意近义词的问题。

3. 词汇操练的常用方法

（1）卡片展示法。

教师制作生词卡片，卡片正面是生词，背面可以是汉语拼音或者图片。将生词卡片展示给学生，要求学生在看到卡片的同时说出上面写的词语，卡片一张一张地变换，学生就会下意识地很快说出看到的词语。

（2）搭配法。

在卡片展示法的二、三阶段就涉及词语搭配的问题，每个生词的操练一般不是孤立的，大多是与其他词语进行搭配，构成短语和句子从而进入交际。

（3）组合游戏法。

为了避免语言学习的枯燥乏味，课堂上教师可以设计一些游戏环节用以调动学生的积极性，引导学生操练生词。游戏的设计应当以语言学习为目的。

三、词汇教学的难点及教学对策

（一）教学难点

词汇教学中的重难点应当包括以下几类：实义性动词、抽象性动词、感情色彩不同的近义词、文化词、常用虚词和易混淆词。

1. 实义性动词

汉语中的动词扩张能力强、使用频率高，是一个句子的核心。在教初级汉语水平的留学生时需要特别强调动词的重要性。

2. 抽象性动词

抽象性动词是比较空灵的，看不见也碰不着，却时刻伴随在我们身边，足见其重要性。例如，“我喜欢你”中的“喜欢”。

3. 感情色彩不同的近义词

“无微不至”与“无所不至”仅一字之差，其感情色彩却千差万别。这在理解上常常给留学生带来困惑，所以也是我们重点讲解的内容。

4. 文化词

从学情的角度来看，文化词的时间跨度大、历史性强，例如“纵横捭阖”“东施效颦”等，这些词已经与我们的日常生活相距甚远，因此具有较高的教学难度。

5. 常用虚词

虚词和抽象动词一样，意义也是比较空灵的。相比实词来说，虚词的数量要少得多，但其重要性，就个体来说大大超过实词。这在词汇教学方面也是不容忽视的。

6. 易混淆词

在语言习得过程中，学习者会混淆某些词语的关系，在应当理解为甲时误解为乙，或应当使用甲时误用了乙。那些为众多学习者所经常混淆的词对或词聚就是易混淆词。

（二）教学对策

1. 实义性动词教学法

（1）动作演示法。

像“夹、跨、举、走、跑、推”等动作类词语，只凭借教师的讲解学生很难理解，教师完全可以借助相应的实物进行动作演示。

（2）直观法。

利用图片、视频、实物、动作、表情等直观教学手段进行教学。例如教师拿几支大小不一的粉笔就可以讲解“大、小、长、短、多、少”等词。

2. 抽象性动词教学法

（1）翻译法。

这种方法在教学中适当地使用，可以节省很多时间，避免反复纠缠。

（2）配价法。

配价法是以配价语法理论为基础提出的一种解决问题的方法，也就是研究一个动词支配几个行动元（名词或动词）的问题。我们可以利用配价法解决一些问题，像有些学生会问“为什么‘我吃了’可以说，‘我爱了’却不可以说”，我们完全可以这样解释：“吃”为一价动词，“爱”为二价动词。

3. 感情色彩不同的近义词教学法

（1）对比法。

将相似的词放在一起进行对比，找出两个词的不同点。例如对比“无所不至”“无微不至”的差异。

（2）辨析法。

组词造句，然后逐一替换，找出义项的相同点和不同点，总结词的功能和用法。例如“声望”“威望”。

4. 文化词教学法

（1）故事法。

用简洁的话语描述故事的概况，并自然地将文化词融入故事中。例如“纵横捭阖、东施效颦、秦晋之好、完璧归赵”等词的教学。

（2）翻译法。

上文已经介绍过，这里仅举例子。像讲解“底蕴、磅礴”等抽象难懂的词，可采用此法。

5. 虚词教学法

虚词的意义比较空灵，在客观的世界里很难找到对应的实物。所以虚词不能就词讲词，需要结合一定的语境和上下文来讲解，宜采用情境法。

6. 易混淆词教学法

（1）从理性意义方面进行辨析。

理性意义是同义词、近义词、易混淆词辨析的基础，可以从指称范围、词义着重点、语义轻重几个方面进行辨析。

（2）从色彩意义方面进行辨析。

词义色彩方面的辨析包括感情色彩、语体色彩以及形象色彩几个方面。

（3）从用法方面进行辨析。

在进行易混淆词辨析时还要注意词语的用法，这主要包括词性、搭配对象和句法功能等几个方面。

本节关键词

词义　词汇教学　《国际中文教育中文水平等级标准》　教学方法　教学难点

第三节 语法及语法教学

语法是语言中组词造句的一整套规则，语法教学是汉语作为第二语言教学中语言要素教学的重要内容之一。现代汉语语法的基本内容，语法教学的目标、原则与方法，以及语法教学的难点及教学对策，是语法教学需要关注的重点方面。

一、语法教学的基本内容

（一）汉语语法的基本特点

一般来说，现代汉语语法的基本特点表现在以下几个方面。

1. 语法形态比较少

从世界语言类型的角度看，汉语是一种分析型语言，它对语法范畴（性、数、格、时、体、态）的表达，一般不依靠或不必强制性地依靠固定的句法形态（如动词变位、词尾等）。

2. 词序对语义表达具有重要作用

汉语语法关系的表现，一般不依靠印欧语言那样的形态标志手段，也不依靠日语那样的格助词，而是在很大程度上依靠词序的变化。相同的词语，不同的组合排列顺序，就会表现出不同的语法关系和语义关系。

3. 虚词是重要的语法手段

汉语里有大量的虚词，比如介词、连词、副词、助词、语气词等。这些虚词在语法关系和语义关系的表达中起着重要的作用。

4. 词法和句法具有高度的一致性

我们知道，现代汉语双音节词占主导地位，这些双音节词一般又都是由单音节语素组合而成的复合词。而由词组合成的短语，在结构上又往往与复合词具有平行一致的关系，这就使许多短语，尤其是陈述、支配、补充型的短语，加上一定的语调就自然构成了句子。

5. 主题比主语更为突出

汉语的主语与印欧语言的主语不是同一概念。汉语中的各种语义角色，比如施事、受事、与事、工具、方所、时间等，只要能成为被陈述的对象都可以占据主语的位置，几乎没有什么语法关系的限制。

（二）汉语语法的基本系统

1. 语素和词

语素在汉语语法教学中具有独特的价值，语法教学要向语素层面有意识地延伸。语法教学应该在有限的语素和构词法基础上有效扩大学习者的词汇量，为学习者较为透彻地理解汉语的句法规则提供有利的条件。词是语法教学的核心内容之一，是组词造句的基础，因此有人主张“词本位”。在词这一层面，主要的教学内容应当是词类问题，如词类划分、词性确定和兼类词辨认等。

2. 短语

短语是词与词组合而成的语法单位，不仅可以自由地充当句法成分，而且大多数短语加上一定的语调就能实现为句子。可以说，汉语的短语在整个语法系统中处于中心地位。研究汉语短语的结构关系、功能类型及其成句条件，特别是不同句型对不同短语的选择要求，是国际中文语法教学的重要研究课题。

3. 句法成分

句法成分是句法结构的组成成分。句法结构指由词逐层组装成的短语里或句子里的词类系列。句法成分可按照它们在不同的结构类型中的结构关系定出不同的名称。一般的句子都由主语和谓语两部分组成，它们构成句子的基本成分。而句子的连带成分则有宾语、补语、定语和状语。

4. 句子的类型

从表达功能的角度，可以把句子分成陈述句、感叹句、疑问句和祈使句；从结构上，可以把汉语的句子分为单句和复句两大类。

二、教学语法及其特点

我们把语言教学过程中需要向学习者直接教学的语法内容叫作“教学语法”，它包括各课型（综合、口语、听力和阅读等）教学过程中教师详细讲授、操练或提醒学习者注意的语法点及与其相关的解释说明。反映在教材中就是各课型教材中专门介绍的语法点、用脚注形式所做的语法解释以及语法练习等。

赵金铭（1994）具体阐释了教学语法的本质属性和特点：（1）是教学语法而不是理论语法；（2）是教外国人的语法，而不是教本族人的语法；（3）是从意义到形式而不是从形式到意义；（4）不仅是分析的语法更是组装的语法；（5）不仅是描写的语法更是讲条件的语法；（6）不是孤立地讲语法，而是在语际对比中讲汉语语法。

三、语法教学的目标、原则和方法

（一）语法教学的目标

语法教学的目标是，在最短的时间内帮助学习者最快地掌握汉语语法规则，进而使其正确有效地运用这些规则，解决语言学习中遇到的语法问题，并依据语法规则正确地理解和生成语言结构，习得并重构一套新的语法系统（汉语语法系统），最终能对汉语有一个比较纯熟的语法感。

国际中文语法教学的总体目标，是要培养外国学习者用汉语组词造句、连句成篇的汉语表达能力。这种能力的培养是一个长期而艰苦的过程，并且这种能力的构成也不是单一的，它涉及句法、语义和语用三个方面。

（二）语法教学的原则

1. 通过对比突出重难点，先易后难、循序渐进地安排教学

通过汉外对比可以明确语法教学的重点和难点，在此基础上设计汉语教学语法大纲，将语法点按照由浅入深、由易到难的逻辑顺序编排，在课堂上循序渐进地展开教学。

2. 从句型入手，句型操练与语法知识的归纳相结合

句型是从大量句子中总结出来的典型句式。句型教学是用操练句子结构模式的办法来使学生学会造句的方法。句型教学有利于培养语言交际能力。所以语法教学应从句型入手，以句型操练为重点，适当地进行语法知识的归纳总结。

3. 语法结构的教学与语义、语用和功能的教学相结合

语法教学不能局限于结构形式，要与语义、语用和功能的教学结合起来。如以一定的话题或功能为中心，组织相关的语法点和词汇构成一个单元或系列。这些孤立的、纯结构形式的语法点就可为完成一定的交际任务服务。

4. 精讲多练，以练习为主

语法教学不是要解决能不能懂的问题，而是要解决会不会用的问题。语法规则不是讲会的，而是练会的。语法知识的讲解要少而精，避免使用大量的术语，更重要的是通过练习掌握这些规则。

（三）语法教学的方法

面向国际中文教学的语法研究和语法教学研究一直是汉语语言学家和汉语教学工作者关注的一个焦点。语法教学的方法有很多，下面介绍一些常用的方法。

1. 归纳法

教师举出例句让学习者先接触具体的语言材料，然后从中归纳出语法形式，总结意义和规则，再运用这些规则做进一步的练习。这是一种由具体到抽象、由实践到理论然后再回到实践的方法。

2. 演绎法

教师先讲解语法规则，使学习者对语法结构有清楚的了解，然后在语法规则的指导下进行练习，通过实践学会运用语法规则，由抽象到具体、由理论到实践。

3. 情境法

情境，原指话语出现和使用的特定场合。情境法是指利用和创造特定句子或更大的语言单位出现的情境，使学生沉浸在丰富的、自然或半自然的语言习得环境中，接触、输入、习得相关的语言材料，并生成、输出相应的话语。可利用课堂实际情况、动作演示、具体

事物等方法来创设情境，说明语法点。

4. 对比法

对比法分为汉外对比和汉语内部对比，因此在对比时不仅可以对汉语与学习者母语进行对比，还可以对汉语内部的相近语法点、相反语法点以及有和无方面进行对比。

5. 发现法

发现法亦称“引导性发现法”。通过提问的方式引导学生进行分析、归类，自己发现语法形式、意义和规则。

6. 图示法

用图片或在黑板上画简笔画具体形象地表示某种抽象的语法意义和规则。例如在比较句的讲练中，给出一些图片引导学生看图说句子。

7. 公式法

用公式将语法点的形式列出，简明扼要、便于记忆。例如带结果补语的“把”字句可以用“A＋把＋B＋动词＋结果补语＋了”这样的公式表示。

8. 翻译法

把某语法点或有该语法点的汉语句子翻译成学生的母语，从而借助学生母语帮助学生理解该语法点。

四、语法教学的难点及教学对策

确定国际中文语法教学的重点和难点，不仅要充分考虑我们的教学对象是外国学生这一事实，还要很好地考虑外国学生的母语情况及其与汉语的关系。国际中文语法教学的难点，大致有如下四项：语言单位的组合、虚词的应用、句法成分、单句的类型。它们反映了现代汉语语法的最基本、最主要的情况，是语法教学的难点所在。

（一）语言单位的组合

1. 重视汉语组合方式的教学

汉语的组合方式主要有两种。一种是直接组合，主要以语序为手段，一定的语序产生一定的组合关系。如合成词“年青”（主谓）和“青年”（偏正）。另一种是关联组合，以虚词为手段，将一定的虚词作为表示一定的组合关系的标志。如“吃东西”（述宾）和“吃的东西”（偏正）。这说明语序和虚词在汉语语法上，尤其是在汉语句法上所处的重要地位。

2. 重视汉语组合关系的教学，体现汉语各级语法单位组合上的基本一致性

汉语的基本组合关系大致有五种：并列关系、偏正关系、述宾关系、述补关系、主谓

关系。这些最基本的组合关系在汉语合成词内部及短语内部均普遍存在，例如“思想”“谦虚谨慎”属于并列关系，“长城”“钢铁长城”属于偏正关系。

（二）虚词的应用

1. 要加强虚词的比较辨析，以理解其语法意义

第一，不仅要注意辨析那些意义近似、容易混淆的虚词，而且要注意辨析那些意义相对，但又有着一定语义联系的虚词。前者如“曾经”和“已经”。“曾经”表示动作行为或事情已成为过去，现在已结束；而“已经”既可以表示动作行为或事情已在不久前完成，也可以表示这种动作行为或事情现在还在继续。

第二，不仅要注意辨析形同而义异的不同虚词，而且要注意辨析同一虚词的不同义项。例如，“和”既可以是连词，又可当介词用。在“我和他是好朋友”中，“和”是连词；而在“我时常和他下围棋”中，“和”却是介词。

2. 要注意虚词的使用范围和使用时的限制条件，以把握其具体用法

首先，要注意辨析虚词的使用范围。例如，连词“或者”和“还是”，前者一般用于陈述句，后者则多用于疑问句，它们的区别表现为所用的句子类型不同。其次，要注意有些虚词使用时的特殊情况或限制条件。例如副词“很”，一般能修饰形容词，但形容词的生动形式不受“很”修饰（*很雪白）[①]。

（三）句法成分

汉语的句子结构主要有主语、谓语、宾语、定语、状语和补语等句法成分。对外国学生来说，补语是其中最难掌握的一类，在教学中占有重要地位。补语是动词或形容词后边的补充说明成分，它可以说明动作、变化的结果、朝向、程度、状态、可能、数量等。试以结果补语教学为例。

结果补语表示动作、变化的结果，由动词和形容词充当。动词和结果补语组合的结构形式很简单，即“V+V/A”（动词+动词/形容词），学生掌握起来不算太难。但是由于各个结果补语的具体语义及其与前边动词组合后所形成的语义各不相同，而且说明的对象不仅是动作本身，还包括动作的对象和动作的发出者，因而学生要准确理解和正确使用不太容易。

（四）单句的类型

加强“单句的类型”这一重点内容的教学，要注意突出句子的两种分类及其作用，尤其要重视句子用途类型的教学。按照句子的内部构造规则分出的结构类型，与造句、析句规则直接关联，是较为重要的分类方式。而按照句子外部交际用途分出的句子用途类型，即语气类型，其主要区别则体现在句调和语气上。

---

① 词语前加“*”，表示错误用法。以下不再说明。

本节关键词

语言单位　语法教学　句类　句型　语法教学的方法

第四节 汉字及汉字教学

汉字是记录汉语的书写符号系统，是汉民族特有的文字体系。学习汉语离不开汉字，作为汉语言四要素之一，汉字教学在第二语言教学中占有重要位置。汉字历来是中文教学的主要难点之一。造成这种情况的原因主要有两个。一是汉字自身的特点。汉字经过几千年的形体演变，大多数字失去了象形表意的功能；形声字的声符也不能够完全表示汉字的读音；汉字的笔画种类繁多，有一些笔画之间存在微小差别，容易混淆。二是非汉字文化圈的外国学生对汉字陌生，充满畏惧心理。想要突破汉字教学的难点、提高教学效率，就应当充分认识和把握现代汉字以及外国学习者学习汉字的特点和规律，在此基础上探索积极有效的汉字教学方式。

一、汉字教学的基本内容

（一）汉字的性质

汉字的性质是汉字学研究中最基本的理论问题，涉及对汉字的基本认识和评价。对汉字性质的认识也制约和影响着汉字研究的其他方面，辐射到汉字应用的方方面面。

1. 现代汉字是一种语素文字

汉语用汉字来记录汉语的语素，因而语素的音和义就成了相关汉字的音和义。这样，汉字的形体和它所表示的语素的音和义就紧密结合在一起了，所以汉字是形、音、义的统一体。比如：汉字“水”的字形为“水”，字音为“shuǐ”，字义为“H_2O”。

2. 现代汉字是一种意音文字

现代汉字是一种兼顾意音的文字，可以简称为“意音文字”。拼音文字记录语言是从音入手的，而汉字作为一种意音文字，记录语言是从义入手或同时从音义入手的。

3. 现代汉字从形体上看是一种方块字

文字符号的组合主要有两种方式：一种是线性排列，另一种是平面组合。大多数拼音文字是线性文字，它们的构成成分像一条线似的依次排列，顺着一个方向延伸。汉字是一种平面文字，它的构成成分是从横、纵双向展开的，形成平面布局。在一个平面内，不管有多少个构成成分，都要均衡地分布在方方正正的框架里，呈现为方块形式，所以汉字又叫作“方块字”。

4. 现代汉字的形声体系

我们一般用“六书”来分析现代汉字的形体结构。现代汉字中合体字多，独体字少，在合体字中又有大量的形声字。因此了解汉字的形声体系是二语学习者掌握汉字的重要工具。现代汉字的形声字，主要有六种形声格局：左形右声、左声右形、上形下声、上声下形、内声外形、内形外声。

（二）汉字的形、音、义

汉字形、音、义性质的不同，决定了其认知特点的差异。因此，在教学一个汉字时，其形、音、义这三方面是相对独立又相互联系的。

就字形来说，首先它是人工创制的符号，是一种能被感知的视觉形象；其次，字形作为一种客观的物理字形被人们感知后，就存在于人们的心中，有的心理学家称之为“字形的心理表征”或者“心理字典中的字形”。因此，教学字形的过程，也是一个复杂的过程。值得注意的是，如果在对外汉字教学的实践过程中，字形教学过于突出理论教学，而缺乏针对性的实践训练，往往会造成教学效果差、学生书写错误多的结果。

就字音来说，其认知过程是一种心理活动，建立在对字形的感知基础上。也就是说，对字形的视觉活动触发心理表征，从而激活与字形相联结的语音的心理表征。在策略上，应该把字音教学置于字义教学之前，使学生学会正确发音。

学习字义，就是认知字形与字义，并且在二者之间建立联系。在汉字教学中，教师应该立足于字本位，挖掘部件蕴含的一定的汉字音义信息，研究汉字的构形特点和规律，注重部件的教学，将汉字的形音义结合的特点、汉字与汉语的关系潜移默化地教给学生，帮助学生逐渐获得汉字意识，使学生除了掌握汉字的形、音、义，还能够学会拆分汉字，理解和猜测部件在合体汉字中充当的表意或表音的功能，进而获得汉字学习的能力。

汉字是形、音、义完整统一的文字，虽然其形、音、义都经历了漫长的历史演变，但汉字的性质却没有发生根本改变。在对外汉字教学中，教师应当从汉字本身的性质出发来解决教学过程中遇到的一切难题，认真思索，因人而异，循序渐进地进行汉字教学。

二、汉字教学的目标、原则和方法

（一）汉字教学的目标

国际中文汉字教学的教学目标是培养外国学习者的汉字能力。根据施正宇（1999）的阐述，汉字能力指用汉字进行记录、表达和交际的能力，包括写、念、认、说、查五个要素。从汉字教学的实际来看，在写、念、认、说、查五项能力的培养中，查的能力培养是最为薄弱的环节。目前有关汉字、汉语工具书检索的教学几乎是空白。当前必须规范音序、形序、义序的编排方式，特别是形序的取部位置和归部原则，以及字形简化、字义演变后义序的立部原则，这样才能有助于达到快速、准确检索的目的。

（二）汉字教学的原则

1. 语和文先分后合

我们长期以来进行的是语（语音和口语）、文（汉字）并进，实际上也就是随文识字的教学。其优点是汉字在一定的语境（课文、句子和词）中学习，有利于掌握汉字的意义和用法。缺点是汉字的出现由课文内容决定，随意性很强，无法按汉字本身规律和由易到难、循序渐进的原则进行教学。这对初期的汉字学习尤为不利。不少人主张至少在以学习语音和日常会话为主的初级阶段，口语课在前，汉字课在后，两条线分开，语和文都能按自身的系统科学地进行教学，并且在不破坏各自系统的前提下，适当注意互相照顾、互相配合。这样就可为以后的学习打下较好的语音和汉字基础。

2. 强化汉字教学，字与词教学相结合

国际中文教学中要特别强化作为形、音、义结合体的“字”的教学，不能把汉字仅仅看作书写单位，错误地以为它是词语教学的附属品。但另一方面也要看到，汉语在其发展过程中，绝大部分表达概念和意义的单位已由单音节的字发展为双音节或多音节的词（或称“字组”），很多字已不能独立成词，只是语素（如“民”“安”等），甚至只是语素中的一个音节（如“葡”“玛”等）。

3. 把握汉字的构成规律和基本理论

无论是介绍汉字特点、汉字演变、汉字结构规律，还是对音符、意符进行解释，作为正式教学，都应当以传统的字源学特别是“六书”理论为依据，以保证汉字教学的科学性。但由于几千年来汉字字形、字音的演变，“六书”理论已不能完全适应现代汉字的分析。为了帮助学习者识记汉字，可以适当根据现代汉字字形进行“新说”。但这种被称为“俗文字学”的“新说”，应仅限于传统字源学理论不好解释的或者过于复杂、学习者难以理解的汉字。

4. 按笔画、部件、整字三个层次，从笔画、笔顺、部件、间架结构四个方面进行汉字教学

对那些在外国学习者看来是杂乱线条符号的汉字进行分类梳理。首先，需要对汉字字形进行解析，将汉字分为笔画、部件、整字三个层次。笔画是现代汉字构形的最小单位，犹如拼音文字的字母。汉字有基本笔画（横、竖、撇、点、捺、提）6种，派生笔画25种。汉字笔画的走向和书写的顺序叫笔顺。汉字有六条基本笔顺规则（先横后竖、先撇后捺、从上到下、从左到右、从外到里、先外后里再封口）。部件（也称字素）是汉字形体中具有组字能力的结构单位。掌握部件是认读和书写汉字的关键，也是对外汉字教学的重点。至于如何建立适合国际中文教学的汉字部件系统并为部件拟定名称，还是目前正在探索中的问题。在学习汉字部件的基础上，还需要进一步掌握部件的组合规律，即汉字的结构方式（独体结构、左右结构、上下结构、包围结构、特殊结构等）。应从笔画、笔顺、部件和间架结构四个方面进行教学，使汉字教学有规律可循。

（三）汉字教学的方法

1. 笔画教学

笔画是汉字书写的最小单位。汉字笔画分为基本笔画和派生笔画。基本笔画有五个：横（一）、竖（丨）、撇（丿）、点（丶）、折（乛）。派生笔画在基本笔画的基础上组合而成。在笔画教学过程中，应按照循序渐进的原则，先教授基本笔画，在基本笔画的基础上引导学生组合，从而形成派生笔画。

笔画教学必须教笔画的名称。吕必松指出，汉字的笔画虽然没有拼音作用，但是在最小书写单位和最小认知单位这一点上，跟拼音文字的字母具有同样的性质。笔画的练习方法主要有找接点法、拆分法、摹写法、计算法、组合法、增减法、辨析法等。

2. 笔顺教学

笔顺是汉字笔画书写的先后顺序。汉字笔顺的基本规则是先横后竖、先撇后捺、从上到下、从左到右、从外到里、先外后里再封口。笔顺教学包括笔顺的展示和笔顺练习等内容。因此，笔顺的教学方法也可以从展示和练习两个维度来探讨。

3. 部件教学

利用部件进行汉字教学的目的就是利用汉字的可分析性，使相对固定的构字元素——部件的音形义特征成为学生识字、写字的帮手。所以部件教学的重要内容之一是部件的表意教学。有些部件在构字中仅有表意作用，比如“亻、扌、氵、讠、犭”等不成字部件，它们出现在合体字中的位置以及所表示的意义通常是稳定的，这样的部件应该让学生牢牢掌握。

4. 独体字教学

独体字数量虽然少，但构成的合体字并不少，有着极强的构字能力。掌握了独体字，在学习相关的合体字时会更加容易。

（1）独体字的展示。

独体字教学首先要展示字形。独体字的展示方法主要有三种：看图识字法、卡片展示法、板书示字法。

（2）独体字的解释。

独体字的解释主要从两个方面展开：一是解释字义，二是分析字形。

独体字教学在解释字义方面，可以采用图片法、古文字法、母语翻译法等。

图片法适合应用于那些表示具体事物的独体字。教师可以利用具体事物的图片解释该字的字义。例如学“日”字时，让学生看一张太阳的图片，学生即可明白“日”的字义。

古文字法适用于解释来源于古代象形字、指事字、会意字的独体字。“日、刀、手、石、本、末、未、心”等古今字形变化不大的独体字均可采用此方法。

母语翻译法针对的是一些古今字形发生很大变化的独体字，或者古今字义不同且不表示具体事物的独体字。需要注意的是，这里的解释使用的是“词义”，而不是“字义”。

独体字的字形分析可以采用图画法、古文字法、笔画笔顺教学法、形近字对比法等。

图画法是把汉字通过图画表示出来，帮助学生形象地记忆汉字字形，提高学生学习汉字的兴趣。例如，教“口”时，画一幅张开的嘴的画。

古文字法是通过古今字形的对比讲解，达到帮助学生加深对字形理解的目的。例如，在讲解“山”时，教师可以出示字形变化的图片，引导学生通过图形的变化理解“山”字。

笔画笔顺教学法即在教授汉字时展示汉字的笔画笔顺，强调该字所包含的笔画名称和书写该字时的笔顺，适合那些用“母语翻译法”解释词义的独体字。例如，教师在教授“人”字时，特别强调笔顺为撇、捺，书写“捺”时应从“撇”的中间部分开始书写。

形近字对比法可以通过对比两字或多字异同的方法来帮助学生掌握汉字字形。例如，让学生分辨“大、太、犬”这组字，发现其不同在于点的位置，然后再告诉学生各自的字义。

（3）独体字的练习。

独体字的练习方法有指认法、拆分法和组字法。

指认法是让学生在教师提供的汉字中找到所学的独体字，帮助学生加深对独体字字形的印象。

拆分法是让学生把由独体字组成的合体字拆分成独体字，让学生体会独体字参与构字的能力。

组字法是在教师的指导下，学生用所学的两个或两个以上的独体字组合成一个新字，目的是让学生体会独体字在汉字结构中的作用，体会汉字的组合方式，对合体字有一个初步的认识。

5. 合体字教学

合体字教学也应从汉字的形、音、义三个方面进行。下面具体展开讨论合体字教学。

（1）合体字的展示。

展示合体字与展示独体字的方法大致相同，可以采用看图识字法、卡片展示法、板书示字法、旧字引新字法，等等。

（2）合体字的解释。

解释合体字字义可以用直接分析法、古文字法、母语翻译法、推测义类法。

直接分析法适合那些根据意义把两个或两个以上的偏旁组合在一起的合体字。例如：“尘：小土就是尘。”“歪：不正就是歪。”

古文字法对于一些来源于古代象形字、会意字的合体字比较适用。如果其古代字形和现代字形大致相同，则可以采用古文字字形作背景，通过对古文字字形的解释，加深学生对字义的理解。

母语翻译法适合用于解释古今字形变化很大，古代字形所表示的字义与现代使用的常用义之间差别很大的合体字。

推测义类法是结合部首知识，让学生通过表义偏旁，推测合体字的义类。这种方法主要用于对形声字字义的讲解。

（3）合体字的字音。

除了展示字形、解释字义，教师还要对合体字的字音展开教学，帮助学生掌握合体字的准确字音。具体有以下几种方法：

①求同法：让学生在一组字中找出与用作声符的独体字字音相同的汉字。通过练习，帮助学生体会形声字声符的表音作用。

②求异法：与求同法相反，求异法是让学生在一组具有相同声符的汉字中找出字音与声符或其他字不同的汉字。

③注音法：对一些使用相同声符，但彼此读音差别比较大的形声字，可以通过标注拼音的方法引起学生注意，避免出错。

④改错法：对一些与大多数同一声符形声字读音不同或与声符字读音不同的字，可以通过改错的方法加深学生对该字读音的印象。

（4）合体字的形体结构。

汉字形体结构可以分为九大类：独体字结构、上下结构、上中下结构、左右结构、左中右结构、半包围结构、全包围结构、品字形结构、对称结构。在讲解汉字形体结构时，可以用图形来辅助教学。例如，在练习中可以采用析字画图的方法。在学生了解汉字的基本结构图形的基础上，给出汉字，让学生自己画出结构图形，帮助学生学会分析汉字。

三、汉字教学的难点及教学对策

（一）教学难点

汉字学习及汉字教学理论与方法等方面的缺失造成汉语学习者普遍认为汉字难认、难记、难写、难读。目前汉字教学无论在理论指导还是在教学方法上都缺乏统一的指导，因此进行汉字教学理论探讨、研究针对不同教学对象的教学模式和方法具有重要意义。

1. 汉字难识

一个汉字记一个音节，它们之间的关系主要靠硬记。对母语为拼音文字的外国人来说，他们的大脑中早就形成了一套拼音文字系统，现在要学习汉字，他们不仅要建立音、义之间的联系，还要建立形、音、义的联系，因此在识读汉字时自然感到困难。

2. 汉字难写

一个汉字，少则由一个笔画构成，多则由十几画甚至几十画构成，其书写的复杂程度比拼音文字高得多。即使学生了解了汉字的书写规律，要掌握一定数量的汉字的正确书写也绝非易事。

3. 汉字难记

汉字难记包括两个方面：一方面指难记其写法，学生掌握一个汉字的写法，不但要记住它由哪些笔画组成，而且要记住它们的位置关系；另一方面指难记那些同音字以及多音多义字。

4. 汉字难读

第一，汉字是有声调的语言，四声中的上声对于很多学习者来说较难；第二，对于母语非汉语的学习者，汉语的发音方法和发音部位很难正确把握，且有些字母读音是独有的；第三，汉字中存在很多多音字；第四，汉字的字形和字音之间没有直接联系，汉语属于汉藏语系，系语素文字，和印欧语系的表音文字截然不同。

（二）教学对策

1. 针对汉字难识

（1）造字法解读汉字。

汉字的构造素有“六书”之说。所谓“六书”，指的是六种汉字的造字法，即象形、指事、形声、会意、转注、假借。在汉字两千多年的发展历程中，在经历了古文字、繁体字向简化字转变的历程后，假借字、转注字、指事字已经很难从字形中找到形、音、义三者之间的联系。

（2）教具识字。

教具识字就是利用卡片、图片、实物等教具辅助汉字教学，而利用识字卡片是其中最方便的一种。卡片的使用方法有很多种，教师可以用它来教授新字，帮助学生认读已学汉字，记忆汉字的形、音、义。

（3）在语境中识字。

如果我们把汉字放在一定的语境中，这些生字就能从枯燥的符号变成具体、生动、形象的事物。这样可以有效地帮助学习者建立起自己与生字的亲近感，激发学习者认读生字的兴趣，降低识字的难度。

（4）从字义入手，系列化识别汉字。

如，一个“人”为“人”；一个人紧跟着一个人为“从”，有“跟随”的意思；三个人为“众”，有“多人”的意思。

2. 针对汉字难写

（1）教授汉字书写的原则。

①先认读，后书写。不会写汉字分为“能理解但不会写”和“不理解也不会写”两种，前者比较容易纠正，而后者则很难纠正。所以学会正确书写汉字的前提是能正确认读汉字，也就是说“输入先于输出”。

②由易到难，由简到繁。先教笔画少的汉字，后教笔画多的汉字；先教独体字，后教合体字。

③循序渐进。先教基本笔画名称，后教书写规则。

（2）教授汉字书写的方法。

①板书临摹教学。在板书临摹中，让学习者集中精力看教师笔画的书写技巧、笔顺的先后、运笔的方式、结构的安排，有利于让学习者在潜移默化中接受汉字书写训练。板书临摹不仅仅是教师的板书，学习者也可以在黑板上板书。

②书空说字。这种教学法就是教师带领学习者一起一边用右手食指在空中写汉字，一边解说汉字的笔画、结构和部件。如教授汉字“人”时，教师和学习者一起一边用手在空中画字，一边念笔画“人，人民的人，一撇一捺”。

③和学习者一起总结汉字书写规律。汉字讲究方方正正，为了突出汉字端正、美观的效果，汉字的书写是有规律的。如“捺”出现在汉字的左边时往往缩成一点，如“林、极、精”等。

④加强汉字听写训练，并注重训练技巧。汉字听写可以使学习者耳、脑、手并用，对于掌握汉字书写意义重大。

3. 针对汉字难记

（1）感觉记忆阶段。

在记忆的第一阶段，也就是感觉记忆阶段，事物的展示形式越多样化、调动大家的器官越多，人们的记忆就越深刻。这就是电视媒体等多媒体比平面媒体更生动的原因。因此，汉字的展示应该生动、形象，最好用多媒体的形式展示。

（2）短时记忆阶段。

乔治·米勒在《7±2：我们加工信息能力的某些限制》的著名报告中总结出，短时记忆的容量是有一定的限度的，其平均数量是 7。因此，我们在教授新的汉字时要注意以下两点。

①应根据汉字的内在联系进行归类，根据短时记忆的容量分为 7±2 组，以免生字数量超出学习者的记忆容量，降低教学效果。

②对于笔画繁多的汉字，可以按照部件解析的方法、方便学习者理解的原则，将汉字划分为几大部分。这样，复杂的汉字会以比较简单的形式呈现在学习者的面前。

（3）长时记忆阶段。

进入短时记忆的汉字，如果不及时巩固，很快就会被遗忘。因此，教师应及时复习已学过的汉字，并将已学的汉字与生字建立联系，尽快帮助汉语学习者建立汉字网。在长时记忆阶段，学习汉字可以采取以下三种方法。

①归纳法。我们可以根据汉字之间的联系将相关的汉字进行分类、归纳，以便于记忆。如反义词系列：黑—白，上—下。

②分类法。如颜色分类：黑、白、蓝、黄、红等。

③集中记忆与分散记忆相结合。集中记忆和分散记忆各有利弊，只有兼采众长，才能取得最佳的学习效果。

4. 针对汉字难读

（1）汉语有四个声调：阴平、阳平、上声和去声。相应调值分别是 55、35、214、51。通过这些调值可以清晰地向学习者解释四声的特点：阴平起音高高一路平，阳平由中到高往上升，上声先降延长再扬起，去声高起猛降到底层。

（2）突出拼音在语音教学中的作用。汉语拼音采用了国际上通行的拉丁字母，书写方便，符号数目少，字母音素化，用来分析语音，准确灵活。在具体的教学中，可以在板书或课件中将难读的汉字用汉语拼音标注。

（3）把握多音字成因，进行有针对性的教学。如果一个多音字有很多读音，教师应着重强调记忆少数的、特殊的音义，这样可以减轻学习者的学习负担，助其更好更快地掌握多音字。

（4）根据学习者掌握一门语言的听、说、读、写的先后顺序，学习者对汉字的正确认读是建立在大量的汉语听力输入的基础上的，所以我们应鼓励学习者多听多说。

本节关键词

汉字的性质　汉字教学　汉字难学

第五节
文化及文化教学

国际中文教学中的文化教学一般分为两大类：一是语言课中的文化教学，即文化因素的教学；二是专门的文化课教学，即文化知识的教学。

一、语言教学中的文化因素

在教学中充分融入文化教学已经成为普遍共识与趋势。对于语言教学中应该融入哪些文化因素，不同的学者各有认识。陈光磊（1992）从语言本体的角度，把文化导入的内容分为语构文化、语义文化和语用文化，提出了直接阐释法、交互融合法、交际实践法和异同比较法四种文化导入的方法。

（一）语构文化

语构文化指词、词组、句子和话语篇章的构造所体现的文化特点，反映了民族的心理模式和思维方式。语构文化常常和语法教学结合在一起。

1. 不注重形式标志，强调语言结构内部意义关系的“意合”

汉语结构最大的特点是重意合而不重形式。不是用严格的形态变化来体现语法关系和语义信息，而是除了遵照一定的结构规则外，只要在上下文中语义搭配合乎事理，就可以合在一起组成句子、语段。

2. 语言结构的灵活性和简约性

汉语的意合性也必然带来语言结构的灵活性和简约性。在构词上体现为不是采用由词根附加词缀的派生方法，而是用非常灵活的词根复合方式。两个词根只要意义上能结合，就可按一定的句法关系组成新词。

3. 按时间或事理顺序的叙事方式

汉语句式结构所体现的叙事一般按时间或事理顺序排列，说明事物常从大到小、从一般到特殊、从整体到部分、先原因后结果、由已知信息到未知信息等，反映出中国人注重直觉体验、善于整体把握的思维特点。

（二）语义文化

语义文化指语言的语义系统，主要是词汇中所包含的社会文化内涵，它反映了民族的心理模式和思维方式。语义文化常常和词汇教学结合在一起。

1. 汉语特有的文化词

首先是一个民族文化中特有的事物和概念体现在词汇中，而在别的语言中没有对应词语，如不加解释，第二语言学习者就难以理解。如受特定精神文化生活制约的语汇（如"虚岁""黄道吉日"等）。此外，还有很多汉语中特有的熟语、典故等。

2. 汉外词义有别的文化词

某一事物或概念虽在不同的语言中有对应词语，但词义存在很大差别，因而在语言交际中最容易造成误解和障碍。如词语的褒贬义差别，东西方文化中的"狗""龙""宣传"等词都带有不同的褒贬义。

（三）语用文化

语用文化指语言用于交际中的语用规则和文化规约，是由不同民族的文化特别是习俗文化决定的。语用文化是培养语言交际能力的主要内容，是国际中文教学中文化因素教学的重点之一。汉语作为第二语言教学中常用的、基本的语用文化主要包括称呼、问候和道别、道谢和道歉、敬语与谦辞、褒奖与辞让、邀请与送礼、隐私与禁忌等。

二、文化因素教学的目标、原则和方法

（一）教学目标

语言教学的目的，最终是要教会学习者"怎么使唤"语言，也就是要使学习者获得运用所学语言的交际能力。当前学界比较重视语言与社会文化的联系，提出在语言教学中不能只局限于语言工具的"部件"和"结构"的教学，还必须导入或融入与该语言相关的文化因素。而"文化因素，从语言教学的角度来说，它是一种不可或缺的语言要素，也可以说是以培养学生交际能力为目标的语言教学的一个内容"（林国立，1996）。这也就是说，在"语言课"中必须进行相关的"文化教学"，就像必须进行语音、词汇、语法的教学一样。

学习语言必须同时学习相关的文化。语言课中的"文化教学"，首先要使学生养成一种强烈的"文化习得意识"（林纪诚、俞青海，1989），要使学生在掌握语言能力的同时也致力于掌握使用这种语言进行交际的文化能力。

（二）文化因素的教学原则

1. 要为语言教学服务，与语言教学的阶段相适应

文化教学必须为语言教学服务，为培养语言交际能力的教学目标服务，这是本学科、本专业的性质所决定的。文化教学为语言教学服务就必须与语言教学的阶段相适应，与学生的语言水平和交际需要相适应。

2. 要有针对性

文化教学要针对外国学习者在跨文化交际中出现的障碍和困难，来确定应教的项目并作出解释和说明。例如，对中国文化的感受，美国学生和日本学生就很不相同，这就需要进行文化对比。

3. 要有代表性

中国幅员辽阔，人口多、民族多，文化呈现出多元化，南北之间、城乡之间、各民族之间都存在着不同程度的文化差别。文化教学中所介绍的中国文化，应该是主流文化、国家文化或者说是中国人共通的文化，而不是地域文化或部分人群的亚文化。

4. 要有发展变化的观点

我国改革开放 40 多年来，由于与不同文化的接触而受到的影响，特别在年轻人身上所反映的习俗文化已经有了很大的变化。因此，在对外国学习者介绍中国文化特别是习俗文化时，不能绝对化，要适当说明这一变化趋势。

5. 要把文化知识转化为交际能力

一般文化教学的目的是让学习者掌握有关的文化知识，而汉语作为第二语言教学中文化教学的目的就不仅仅是掌握知识，更重要的是把这些知识转化为跨文化交际中的交际能力，也就是能正确理解语言中的文化内涵，自觉遵守社会规约。

（三）文化因素的教学方法

国际中文教学中的文化教学，有人称为“文化导入”，有人称为“文化揭示”，本书认为“文化揭示”的说法更为科学。既然文化因素是语言的一个组成部分，文化知识是语言所负载的，那么文化教学的作用应该是把语言中已有的文化内涵揭示出来，而不是从外边再导入什么。文化揭示或文化教学的方法主要有以下三种。

1. 通过注释直接阐述文化知识

这一方法比较灵活简便，语言学习的各个阶段都可以用。在开始阶段，甚至可以用学习者的母语注释，随着学习者汉语水平的提高，可逐渐用目的语注释。

2. 文化内容融汇到课文中去

课文本身就可以介绍某一文化习俗，学习语言的同时也就学到了文化，这是比较理想、效果较好的文化揭示方法。

3. 通过语言实践培养交际能力

课堂中引进有关文化项目的练习，对于把文化知识转化为技能是非常必要的。但要真正培养语言交际能力，还必须在真实的社会语言环境中进行语言实践。

三、文化因素教学的难点及教学对策

（一）称谓的表达方式

称谓的运用是国际中文教学中必须涉及的内容，也是外国学习者不容易掌握的一个学习内容。在国际中文教学中，如果我们把中文称谓系统中所蕴含的民族习俗、观念、心态和文化背景等自然地导入语言教学中，外国学生就能准确地使用中文庞杂的称谓系统，就能很好地理解在姓氏前、名词性语素前加“老”“大”“小”“子”等称谓形式的全部含义，做到入乡随俗。

（二）自谦尊人的表达方式

中国文化礼貌的最为突出的特点是“自谦尊人”。如果我们在进行国际中文教学时，就中国人自谦尊人的言语表达方式，把中国人的礼貌、注重情感交流、以“情”为核心的道德文化因素介绍给外国学生，把中国人与西方人在“自谦尊人”与“恭而不谦”的道德观念上的差异讲述给学生，就会消除言语交际中的误解。

（三）以委婉词达意的言语表达方式

崇尚和禁忌的东西，是民族思维方式、心理特征和精神气质的一种表现。如果我们在国际中文教学中，向外国学生介绍中国人常用的以委婉词达意的言语表达方式时，将民族避讳的习俗及心理介绍给外国学生，就会免除外国学生与中国人在言语交际中所出现的误会，并帮助学生在交际中恰当地使用这一言语表达方式。

（四）重和谐对称的言语表达方式

中华民族从古至今一直是重视“和谐”的价值的。我们在向学生讲授诗词韵律、对偶句等时，适时地将中国人重和谐、重对称的思想观念导入教学中，就可以使外国学生更好地理解这些语言现象存在的原因，进而理解中国人为什么喜欢双数，中国的建筑、绘画为什么常常以对称为美等等。

四、语言教学与讲好中国故事

（一）“讲好中国故事”的必要性

国际中文教育是我国对外文化交流的重要形式之一，“讲好中国故事，传播好中国声音”是“展现可信、可爱、可敬的中国形象”的重要环节，是中国形象从“他塑”走向

“自塑”的内在逻辑要求。特别是在新时代，我们更要肩负起国际中文教育事业的历史使命，通过这一窗口向世界展现真实立体的中国形象。

1. 塑造良好的国家形象

党的十八大以来，习近平主席在国际国内多个重要场合阐述中国坚持全方位对外开放的重要意义，从“一带一路”倡议到构建人类命运共同体，为完善全球治理建言献策，赢得了国际社会的广泛认同和赞誉。因此，我们在国际中文教育中，要通过讲述中国故事，让学习者真正认识中国，读懂中国，从而塑造中国良好的国家形象。

2. 传播中华优秀民族文化

贺丽君、刘振平（2021）指出，当前国际舆论秩序中“西强东弱”“北强南弱”的特征还很明显。在国际中文教育中，要通过讲述中国优秀的民族文化故事，让大家了解中国的担当、对人民的责任、对未来的美好追求。只要我们能把中国故事讲好，让国际社会全面了解中国，相信会有越来越多的国家看到中国的好，中国应有的国际地位和话语权就会慢慢得到全面提升。

3. 消除对中国的刻板印象

很多外国人对中国的制度和国情并不了解，反而在西方媒体的长期熏染之下，形成了一些对中国的偏见和刻板印象，如“落后”“不文明”“不民主”“没有自由”等等。我们在教学实践中发现，很多汉语学习者也对这些话题比较感兴趣，但现有的汉语教材却常常回避了这方面的内容。因此讲述中国故事的一个重要意义也就在于消除这些偏见和刻板印象（王帅，2018）。

（二）如何在语言教学中讲好中国故事

“讲好中国故事”需要“好故事”，更需要“好方法”。研究国际中文教师“讲好中国故事”的“好方法”既能促进中华文化的软传播，也能让世界真正了解到中国在各方面的硬实力。

1. 以小见大，以自身为范本讲好中国故事

首先，要提升自身的综合素质。师者，所以传道授业解惑也。国际中文教师应该从综合素质、语言能力以及讲述技能三方面锻炼自己，以小见大，讲述自己的故事、身边的故事，社会的故事、中国的故事、在讲述故事的过程中，还应以自己为范本，吸引听众的注意力，增强听众的认同感，引起听众的共鸣。国际中文教师作为“活故事”，他们在无形中潜移默化地影响着身边的人。

2. 求同存异，以差异为基准讲好中国故事

国际中文教师在讲述中国故事时，“不仅要注意语言、修辞以及讲述技巧的选择，更要考虑外国受众的文化背景、心理需要、思维方式和接受习惯，从心理层面唤起国外民众的正面情感，增强中国故事的亲和力、吸引力和感染力”（李子祥，2014）。要有偏重地讲述中国故事，灵活变化，学习受众的文化背景、迎合受众的心理需要、遵循受众的思维方式

和尊重受众的接受习惯，以差异为基准讲好中国故事。

3. 承故纳新，以创新为目标讲好中国故事

我们的历史灿烂悠久，但不能忽略现代文明带给社会的改变；我们处于高速变化的时代，同样也不能忘记传统文化的精华。除了从个人的角度以小见大，从跨文化的角度求同存异，还要以历史的角度承故纳新，以创新为目标讲好中国故事，让世界认识一个日新月异的中国，一个传统与现代完美融合的中国。

4. 融会贯通，以教学为导向讲好中国故事

国际中文教师的首要任务是教学，在语言教学和文化教学中都可以融入中国故事，给听众潜移默化的影响。国际中文教师融会贯通，以教学为导向讲好中国故事，通过语言教学拓展中国故事的广度，通过文化教学增加中国故事的深度。教学为中国故事的讲述提供了机会和可能性，中国故事又能丰富教学内容，取得好的教学效果，两者相辅相成，相互促进（吴谦，2019）。

本节关键词

文化因素教学　讲好中国故事　语构文化　语用文化

第六节 汉字与中国书法

中国书法是汉字教学的进一步延伸和拓展，是汉字书写的艺术化。早在 2011 年，《教育部关于中小学开展书法教育的意见》就提出“在义务教育阶段语文课程中按照课程标准要求开展书法教育”，这改变了以往中小学书法教学受课程大纲所限无法独立成课而往往以课外活动和作为课堂教学一部分的书法工作坊形式出现的现状。教育部 2021 年在对“关于落实书法进课堂的建议”提案的答复中明确指出，“书法是中华优秀传统文化的重要组成部分。加强书法教育是传承中华优秀传统文化，提高学生审美和人文素养，促进学生全面发展的重要举措”，进而在 2021 年制定的《中华优秀传统文化进中小学课程教材指南》中指导中小学课程教材系统、全面落实中华优秀传统文化教育，在语文、历史、艺术等课程教材中均对书法提出了明确要求。国务院学位委员会和教育部在《研究生教育学科专业目录（2022 年）》《研究生教育学科专业目录管理办法》新版目录中将“美术与书法”正式列为一级学科。可见，书法课在我国教育体系中的重要性正日益凸显。

党的二十大报告对“增强中华文明传播力影响力”提出了明确要求——坚守中华文化立场，提炼展示中华文明的精神标识和文化精髓，加快构建中国话语和中国叙事体系，讲好中国故事、传播好中国声音，展现可信、可爱、可敬的中国形象。加强国际传播能力建

设，全面提升国际传播效能，形成同我国综合国力和国际地位相匹配的国际话语权。深化文明交流互鉴，推动中华文化更好走向世界。这一要求为新时代国际中文教育事业的规划与发展指明了方向，新时代国际中文教育应该继续讲好中国故事和传播中华文化，搭建人文交流互鉴、民心相知相通的桥梁，促进世界人民各层次各层级交流与合作，为构建人类命运共同体贡献中国智慧和中国方案。实现上述宏伟目标，作为最能体现汉语特点的汉字，无疑是“增强中华文明传播力影响力”的重要抓手，而中国书法在这一抓手中所扮演的角色是不容忽视的。

一、中国书法教学是国际中文教育的题中应有之义

汉字教学是国际中文教育的重要组成部分。汉字本体研究与教学实践如何融合在研究中一直备受重视，学界对汉字教学的特点、难点和对策进行了详尽的分析和多方面的探讨。值得注意的是，汉字教学的独特性不仅在于其隶属于汉语言要素教学范畴，以提高学习者认读文字、手写、打字的语言交际技能为教学目标，汉字教学也应是文化教学的重要组成部分，教学中对汉字形态、内涵、文化、审美的引介可以和其他文化实践活动一起，起到促成学习者跨文化交际能力提升的作用。

中国书法可以说是最具中华民族特点、历史悠久并深受中国人喜爱的传统艺术形式，是中华文化鲜明的代表性符号之一，“在中国的优秀传统文化中，书法实在是占有很重要的地位”（季羡林，2002）。书法可以说是“没有物象的绘画，没有声音的音乐，没有演员的舞蹈，不用构件、材料的建筑”（陈廷祐，2003）。作为一种独特的艺术，中国书法以书写汉字为形式，表达书写者的情感，体现他们的精神世界和文化审美追求。中国书法历史悠久，在发展过程中逐步形成了成熟的传统、多样的形态，蕴含了丰富的文化内容。书法是文字又不仅仅是文字，是艺术又不仅仅是艺术，书法是高度成熟的中华文化的一种载体，儒释道等哲学思想在书法抽象的线条中统一为丰富无尽的言说。从更加广义的视角来看，中国书法不仅属于中国也属于世界，联合国教科文组织早在2009年就将中国书法列入了《人类非物质文化遗产代表作名录》。

在国际中文教育中引入书法教学，重视书法教学活动，可以对学习者的语言和文化学习起到良好的推动和促进作用。

（一）书法教学是汉字教学的重要辅助

汉字是表意文字，汉字教学中让学生在一定程度上了解汉字字形发展的源流，无疑会对汉字的学习起到推动和促进作用。在汉字漫长的发展过程中，字形简化是一种趋势。现行简化字虽然便于书写，但是造字之初汉字“因形知意”的特点在简化字中有所弱化，无理据或者造字理据不明显的汉字比例在简化字中有所增加（李禄兴，2003），这必然会给外国学习者在理解汉字时带来难度，并进而影响到汉字的识记。如何让学生接触汉字演变过程中的不同形态，思考汉字嬗变的原因、影响，同时又保持教学的趣味性、丰富性、互动性？书法教学就是一个非常合适的选择。我们可以开展以篆书为书写对象的教学活动，或者包含汉字七体演变实例和“六书”理论介绍的教学活动，引导学生分析汉字作为表意文字的造字特点，启发学生总结书体的演变规律并与简体字进行联系和对比，进而深化学习者对汉字的理解，提高字形识记效率。

汉字教学中，书法本身的艺术性和书法活动的仪式感在某种程度上能够很好地消除学习者对汉字的陌生心理和畏难情绪。

书法是静态的，也是动态的。除了纸面上墨迹的晕染、线条的变化具有艺术性，书法活动本身也是一个极富技巧、力度和节奏感的动态艺术过程。书写步骤中的丰富细节可以充分调动学习者的视觉、听觉、嗅觉、触觉等感官，给学习者留下深刻的记忆。书桌上如何放置文房用具，毛笔如何开笔，如何蘸墨，笔尖如何在纸面上运行，每个笔画的起、行、收如何控制等，这些书写步骤都充满了仪式感和趣味性，对于视汉字为难事的学习者而言，这种身体力行的实践无疑是改变其固有看法的一种积极尝试。从长远角度来看，书法活动可以缩短学习者因汉字难学而产生的对汉字的心理距离，帮助他们喜欢汉字并爱上汉字，从而起到为汉字教学铺路的作用。

（二）书法教学是文化教学的重要组成部分

在国际中文教育中开展书法教学，除了能够对汉字学习产生促进作用外，还能够在广义的文化向度对学习者的思考和学习产生正面影响，并最终促成学习者跨文化交际能力的提升。

中国书法与中国人的生活紧密相关，是中国人精神世界的映像和外化，这也正是中国书法历千年而不衰的重要原因。书法不仅是中国古代社会重要的生活之“技”，也是知识分子重视之“艺”，更是“道”的重要载体和表达形式。从古至今，书法融入了中国人生活的方方面面。在国际中文教育中开展书法教学，应该注重通过活动模拟真实交际场景，再现传统中国和当代中国的日常生活，并结合时令、节庆、礼俗、诗词等来设计教学活动，从而让书法成为文化体演教学法（Performed Culture Approach）① 的一部分，培养和训练中文学习者尤其是海外中文学习者在中国文化语境中进行得体沟通的跨文化交际能力。

《兰亭集序》中有“游目骋怀”之句。字面意思是，纵目四下眺望能让人的胸怀得到舒展和开阔。以此为喻，书法正是能让读者“游目骋怀”的途径之一。传统书论强调心和手的关系②，书家以手写心，书法是人精神世界的外化；同时也应看到，书写过程也是以手养心的过程，习书者沉浸在书写内容的意境中，在精神和文化的世界里徜徉，体会书法临习带来的类似于冥想的专注和平静投入的心流体验。书写过程可以感染习书者的情绪、塑造习书者的精神，拓展语言学习者认知世界的维度。

二、书法教学的主要策略

书法教学怎么进行？如何能够在有限的课堂时间里取得相对理想的教学效果？在国际中文教育中，书法活动所占的比重因具体教学环境条件和教学对象的不同而各有差异。一般来说，大学层面有开设独立的书法课的可能，这些书法课或依托于艺术、艺术史院系，或依托于语言、文学文化院系，教学目标也因依托院系不同、教授者的个人兴趣差异而各

① 文化体演教学法（Performed Culture Approach）是由俄亥俄州立大学吴伟克教授（Galal Walker）和野田真理教授（Mari Noda）提出的，强调语言教学中通过模拟真实的交际场景来培养和训练海外中文学习者在中文文化语境中进行得体交流的跨文化交际能力。

② 《南史·萧子云传》：“笔力劲骏，心手相应，巧逾杜度，美过崔寔，当与元常并驱争先。”

有侧重。下面我们基于 S. M. A. R. T. criteria 探讨国际中文书法教学中一些适用范围较广的教学策略。

S. M. A. R. T. criteria（“聪明”原则）是一种在教学和工作中被广泛应用的目标管理原则。该原则最初由乔治·T. 多兰（George T. Doran）于 1981 年提出，S. M. A. R. T. 缩写字母分别代表制定目标时的五个原则。该术语在使用中有多种版本，本节采用比较常见的版本（Specific，Measurable，Attainable，Relevant，and Timely）来组织关于国际中文教育中书法教学策略的讨论。

（一）Specific（明确具体）

要达成什么样的教学目标？通过什么方式？

书法是一门内涵丰富、表现形式多样、博大精深的艺术，笔法、章法、墨法等各自包含广阔的所指，很难用简单的话语做一言以蔽之的概括和分析。但是开展书法教学活动时，作为教师应该尽量把基本的概念、范畴和原则介绍清楚，避免用“只可意会不可言传”“这是一种感觉”等话语把书法艺术过分神秘化、玄学化。在具体教学中，教师需要根据既定教学效果来明确具体地切分出作为教学目标的范畴、概念、技能等，并据此设计教学活动的具体环节。

例如，如果选择“书法美在何处”作为某次书法教学活动的一个教学目标，那么就应该思考：围绕这个目标应该介绍什么？一个值得介绍的审美取向是作品中体现出来的变化，教师需要把书法中能够体现变化的方方面面挖掘出来，拆解，配图讲解。

1. 笔画的变化

书法中的笔画要有对比。同一个字内部有比较宽博、比较伸展的主笔，也有比较纤细、比较短凑的笔画。同一个笔画在不同情况下应以不同的形态出现。

2. 结字的疏密变化

书法中单个汉字的结字有疏有密。疏指的是字的笔画间有布白的空间；密指的是笔画密度高，排布紧凑。某个字可以是整体的疏，另一个字可以是整体的密，别的字可以是疏密相间，笔画错落有致。

3. 章法的变化

经典作品有的追求整饬的美；有的追求自由不齐的美，在不齐中体现某种协调。有的作品在章法上追求疏朗之美，有的作品在章法上追求密致之美。

4. 墨色的变化

浓墨和淡墨带来不同的审美体验。墨色的对比不只存在于不同艺术家、不同作品之间，同一作品内部往往也会有墨色的对比。

5. 节奏的变化

书法中的运笔并不是匀速前进，而是像舞蹈一样有节奏地变化。观察字中笔画间的连带关系，观察枯笔飞白的情况，可以感受到写字时的动态美。

在以上五个方面的配图讲解中，教师还应引导学生对变化进行灵活、多角度讨论。例如，书法艺术与印刷体有何不同？变化的原因是什么？作品中的变化起到了什么效果？变化是否反映了作者的内心世界？也可以引导学生进行情境假设：如果你是书法家，在艺术作品中会如何表现？进而让学习者对“书法美在何处”这个问题得出自己的结论。

另外，在教学中大量引入作品是实现明确具体的教学方式之一：古人的经典作品、今人的继承和创造、社交媒体上朝气蓬勃的书法分享，都是可给学生展示的对象。用深入浅出的语言解释、定义、分析，更重要的是用看作品的方式帮助学生建立起直观的、视觉化的印象和理解。

（二）Measurable（可测量评估）

书法教学如何评估教学成果？如何搜集评估数据？

大学层面的书法教学，不论是教学目标的制定还是教学成果的评估，都有相当大的自由度。中小学层面的书法活动，则需要参考所在国家相应省/州的教学大纲中的要求来制定教学目标和进行教学评估。对书法知识和技能的测量应该有重点、分阶段进行，对技能的要求应保持一定的重现率并螺旋上升，不求一次任务面面俱到，一蹴而就。

以加拿大安大略省 9—12 年级古典研究和国际语言教学大纲［2016 年更新版本：The Ontario Curriculum，Grades 9－12，Classical Studies and International Languages（2016）］为例，9—12 年级的中文课程必须用四个范畴搜集学生的学业表现并分别给分，最后综合给定学生的课程成绩。书法任务的主要测评点与四个范畴的对应关系如表 5－4 所示。

表 5－4 书法任务的主要测评点与四个范畴的对应关系

四个范畴	关于书法的主要测评点
Knowledge/Understanding 知识与理解	1. 正确书写汉字，不缺笔加笔 2. 掌握书体的基本特点，根据要求完成篆书、隶书或者楷书
Thinking/Inquiry 思考与探究	1. 对结字原则的理解 2. 对飞白、留白、对比等书法原则和技巧的理解 3. 整体作品的布局和设计
Communication 沟通表达	书写内容的语法正确性
Application 应用	1. 书写中对毛笔提按的控制 2. 书写中对墨色浓淡的控制、对墨量多少的控制 3. 是否按照要求用规定的媒介、材料完成书法创作

评估标准应该具有透明度和指导性。也就是说，在学生着手完成计入课程总成绩的书法任务之前，教师应该分享要求文件和评分标准，其中包括根据评分范畴制定的评分表格（Rubric）。

书法教学的评估还应体现形成性评估（Formative Evaluation）和总结性评估（Summative Evaluation）的差异。不计入总成绩的书法文化活动属于形成性评估，不需要给学生发放正式的评分表格，但是引导学生使用要求清单（Checklist）或者反思表格（Reflection Form）对自己的完成情况进行自我评估非常有必要，这有助于学生对单次的活动体验进行提炼、吸收，有效地在日后的学习中加以利用。计入总成绩的书法活动和任务属于总结性评估，不仅需要给学生分享事先制定的评分表格，还需要在提交最终定稿之前，选择 1～2

节课作为一对一会谈（One-on-One Conference）的时间，教师对学生的草稿、半成品提供一对一的指导并给出意见，学生根据教师意见对作品做出调整，在截止日期之前提交，由教师根据定稿给出最终评分。

（三）Attainable（目标的现实可达）

书法教学目标是否现实可行？要达到教学目标需要哪些资源、技能和支持？

书法是时间的艺术，技法的提高和审美的形成都需要长期的习练。国际中文教学中的书法教学要制定切实的阶段性目标，循序渐进，这与面向中文母语者开展的书法教学有大量的共通之处。例如书体上，可以从篆书开始，过渡到隶书，慢慢向楷书和行书过渡。书写工具上，可以从马克笔（用来写线条均匀的篆书）开始，学生对结字原则有了比较好的掌握后再慢慢使用毛笔，学习笔毫的提按技巧。但是国际中文教学中的书法教学必然要适应母语非中文的学习者的自身情况，满足他们的语言学习和文化学习需要，从而体现出不同于普通书法教学的特点。国际中文教师在书法教学中应该借鉴支架式教学的理论和实践①，通过给学习者提供详细、具体的支持来化繁为简、化难为易，达到预定的书法教学目标。

支架式教学中可采取的策略大致可以分为三个范畴：调动感官的策略、以图形辅助思维的策略和互动协作的策略（Gottlieb，2013）。教师要充分结合书法自身的特点、教学目标和学生特点在教学中对这些类型的策略有选择地、创造性地加以运用（见表 5－5）。

表 5－5　书法教学策略的分类

教学策略范畴	与书法教学对应的具体策略
调动感官的策略（Sensory）	教师示范书写，展示书法碑帖图片，展示并令学生触摸、使用文房四宝等实物，展示社交媒体上各种材质、各种形式、融于生活的书法分享，带学生前往博物馆对中国文物上的书法开展考察，让学生观看相关视频、电影、纪录片等
以图形辅助思维的策略（Graphic）	引入思维图（Thinking Map）、信息组织图（Graphic Organizers）、时间线（Timeline）等图形辅助工具，让学生把思考、信息层级和逻辑关系等可视化。例如，让学生用 Thinking Map 思考优秀书法作品应有的特点，用 Venn Diagram 比较中国书法和英文书法的异同，用 Timeline 展示汉字七体的变化等等
互动协作的策略（Interactive）	互动是学习的重要一环。通过独立思考-两人互相分享-与全班分享（Think-Pair-Share）、金鱼缸讨论（Fishbowl Discussion）、拼图阅读（Jigsaw Reading）等方式让学生在学习的不同阶段（学习前、学习中和学习后）展开分享和讨论。例如分享最喜欢的汉字并说说原因，书法如何融入了中国人的节庆和日常生活，使用文房四宝的心得和经验等等

设定书法活动的目标时，应从学生的实际水平出发制定切实可行的教学目标，避免给

① 教学中的支架理论（Instructional Scaffolding）最早由认知心理学家杰罗姆・布鲁纳（Jerome Bruner）在描述儿童语言习得的过程时提出。布鲁纳（Bruner，1978）认为，儿童在早期的语言习得过程中需要从老师、父母或者其他成人的对话中得到互动、支持和反馈，即支架/脚手架式的帮助，这对他们的学习有积极作用。当他们学习的目标完成后，便不再需要这些帮助。

学生带来挫败感，要保护学生的好奇心，鼓励他们从实现微小的、具体的目标开始，逐渐向高水平过渡。

（四）Relevant（相关与连接）

某个具体的书法教学目标是否和更广泛的课程目标、主题、教学大纲保持一致？该教学目标能否和学习者的学习、文化、生活相关，并对其他的长期目标产生影响？

正如前文所述，书法教学是汉字教学的重要辅助，是文化教学的重要组成部分。教师在设计书法活动时，应和特定的教学重点相结合。比如学习新年祝福有哪些表达方式时，可以通过以书法技艺写四字吉语、新年挂件的方式来配合完成。

中国书法是独特的，但不应过分强调中国书法的独特性，要注重比较、连接，和学生的生活、母语文化连接和对比，发掘同中之异，异中求同。比如，讲书法审美上“大巧若拙”的价值取向时，教师可以引导学生观看毕加索晚年摒弃了很多技法的、类似儿童画的创作，引导学生讨论分析毕加索所说的“我用了四年画得像拉斐尔一样好，但是用了一生去学习像个孩子那样画画”，进而把讨论扩大到西方现代派艺术中更多的代表作品。书法源自古老的东方，它的表面特征和西方现代派艺术有着巨大差异，但是书法中线条高度的抽象美，以及书法对艺术家情绪的体现和表达等特质又与现代派艺术的理念存在一致性。艺术是沟通不同文化的桥梁，国际中文教师应当更多地关注书法的文化桥梁作用。

（五）Timely（时限）

完成书法教学目标需要多长的时间？书法教学目标如何和时令、节庆相配合？

书法教学中引入 S. M. A. R. T. criteria 里的“时限”，既指完成短期目标（某次书法活动的教学目标）所需要的时间长度，也指完成长期目标（整个学年的书法教学目标）所需要的时间长度。国际中文教育中的书法教学属于文化教学，教师应以《国际汉语教学通用课程大纲》中对各个等级的汉语文化能力要求为依据，在制定各个书法教学任务的同时，以学年为单位制定书法活动的目标计划，并在限定时间内实现这些文化教学的目标计划。

这里我们除采用“时限”的本义外，还把“时限”界定为书法活动的安排需要和四时的变化、季节的更替以及节日的迎来送往相关。书法教学应该让学生充分感受到书法是中国人生活的一部分，是传统文化中沉淀得很深的东西，它潜移默化地影响了现代中国人的生活。比如，春天可以用花草装饰作品或者写花草主题的作品，喝茶、写茶旗、做茶点；夏天可以做有书法元素的百花辞典图册、本草纲目图册，写团扇；秋天可以写书法枫叶、书法银杏叶，用塑封书签做书法风铃，写中秋灯笼；冬天可以将书法艺术体现在圣诞包装上，做圣诞树挂件、年宵花挂件，或者写春联和“福”字。

当前国际中文教育课堂鲜有单独开设中国书法课的，这一方面和按照听、说、读、写、译技能设课有关，另一方面也和对书法的重视程度有关。在中国书法教材编写方面，有两本教材值得我们重视。一是《汉字与书法》（王晓钧，2009），二是《学习中国书法》（韩家鳌、童若春、谢国骥，2008）。两本教材均定位为“选修课”教材，为方便学习均提供汉英对照。《汉字与书法》主要基于外国学生学习汉字和练习书法之间的关系，在教学方法方面，把汉字学习和书法练习结合起来，把硬笔书法和毛笔书法结合起来，把书法理论和书法练习结合起来，把中国书法和中国文化结合起来，章节内容方面主要设计了什么是中国书法、中国汉字、汉字的起源、文房四宝、中国书法的各种书体、中国书法的源流、怎样练习书法、汉字的八个基本笔画、笔画的顺序、汉字的结构、描摹、临帖、脱帖练习、书法欣赏和书法习作等15课。《学习中国书法》则基于让学习者了解中国书法的基础知识和基本技能的考虑，章节内容方面主要设计了什么是书法、为什么汉字会成为艺术品、汉字的字体是怎样演变的、书法的使用工具、执笔和书写的正确姿势、汉字的基本笔画和笔顺、运笔方法、结构、章法、习字的方法、楷书四大书体简介、练习等12课。两本教材都是在基于汉字及汉字知识的基础上将汉字与书法联系起来，从内容方面可以说是汉字教学的进一步延伸。关于书法课的开设，目前基本停留在选修课、兴趣班和作为汉字教学的一个环节等三种形式上，在教学软硬件具备的条件下，有必要将中国书法开设为必修课。

三、中国书法国际传播展望

2017年7月18日，英国波特兰公关公司发布了《软实力30强：2017年全球软实力排名》研究报告，报告按照客观指标（占比70%，包括政府治理、数字化、文化、企业、参与程度和教育等六个方面）和主观指标（占比30%，包括饮食、高科技产品、友好程度、文化、奢侈品、外交政策和宜居性等七个方面）对各国的软实力进行评分，将中国的软实力全球排名列为第25位。① 当代中国与世界研究院于2019年10月18日发布的《中国国家形象全球调查报告2018》显示，中餐（55%）、中医药（50%）和武术（46%）是最能代表中国文化的三个方面，已经成为中国文化的三大符号，它们所代表的文化及其文化元素已经被很多国家理解或认可甚至化解并接受。第一份报告的软实力30强排名，再次说明了我们当前的文化赤字或文化入超现象。第二份报告中所提及的中餐、中医药和武术三大文化符号中没有中国书法不得不说是一大缺憾。70多年来，国际中文教育事业从规模和深度上极大地推动了汉语言文化的域外传播，但还远远不够。作为世界第二大经济体，软实力全球排名第25位与国家硬实力的发展远远不匹配，除了中餐、中医药和武术三大文化符号，我们还有汉语（汉字）、中国书法、中国戏曲等更具代表性的文化符号。国学大师季羡林先生在《我们要奉行"送去主义"》一文中提出，我们应该秉承"送去主义"，把中国文化的精华送到西方国家去，中国书法便是应该被"送去"的"中国文化的精华"之一。

进入21世纪，随着我国综合国力和国际话语权的持续提升，越来越多的国家已将中文列入国民教育体系，这为中国书法的国际传播提供了一个绝佳的契机。作为中国文化的重要代表性符号，中国书法入门容易，工具简便（笔墨纸砚丰俭由人），一旦爱上容易着迷（崔希亮，2019）。在国际中文教育中，汉语教师应当秉持书法源于生活、融于生活的理念，全方位、多角度地在活动中展示书法的魅力。书法的笔墨不仅是传播中华文化的一种方式，年年岁岁的笔墨里也有习练者对自己的认知，以及在漫长时光中的积累和磨炼。崔希亮

① 软实力排名30强分别为（括号内为评估分值）：法国（75.75）、英国（75.72）、美国（75.02）、德国（73.67）、加拿大（72.90）、日本（71.66）、瑞士（70.45）、澳大利亚（70.15）、瑞典（69.32）、荷兰（67.89）、丹麦（65.48）、挪威（65.20）、意大利（64.70）、奥地利（63.75）、西班牙（63.57）、比利时（62.80）、芬兰（62.37）、新西兰（61.96）、爱尔兰（60.62）、新加坡（58.55）、韩国（58.40）、葡萄牙（54.45）、希腊（52.17）、波兰（51.27）、中国（50.50）、俄罗斯联邦（49.60）、捷克（48.75）、匈牙利（48.16）、巴西（47.41）、土耳其（45.35）。

(2022)认为，书法传播可以有四个维度：文字的维度、艺术的维度、文化的维度和教育的维度。四个维度体现了中国书法国际传播的层次性和立体化策略，也充分说明中国书法必将以其强大的艺术感染力和文化感召力在语言文字的传播和教育中扮演更加突出的特殊角色。

本节关键词

中国书法　“聪明”原则　书法教学

【本章小结】

语言教学最基本的是要解决教什么的问题。具体到国际中文教学来说，就是深刻认识和熟练掌握汉语言要素教学及文化教学。掌握语言要素和文化知识是获得语言交际能力的重要基础，也是汉语作为第二语言教学的主要内容。汉字作为书写记录汉语的符号系统，与字母文字在书写和使用方面具有很大的不同，汉字教学也是国际中文教学中的一个难点。语言教学跟文化教学关系密切，国际中文教学应该以语言教学为主，同时紧密结合相关文化教学。结合言语技能和言语交际技能的训练，将语言知识转化为言语交际技能，是语言要素教学和文化教学总的原则，也是国际中文教学最终的目标。作为汉字教学的延伸，中国书法是文化教学的重要组成部分，应该被提上研究与实践日程。

【思考与练习】

1. “语音教学应该有语音教学阶段”与“语音教学应贯穿整个汉语教学始终”这两种说法是否相互矛盾？语音教学应该怎么进行？
2. 对于不同国家的学生哪个声调是学习的难点？请你查找一下有关这个问题的研究文献。
3. 外国学生说汉语时“洋腔洋调”的原因有哪些？你怎么看“洋腔洋调”问题？
4. 汉语词汇教学中怎么进行分类教学？
5. 你认为词法和句法的一致性特征对于词汇、语法教学有何启示？
6. 如何帮助学生缓解学习汉字的畏难情绪？
7. 如何在汉语教学中平衡语言内容与文化知识之间的关系？
8. 谈谈汉字教学与书法教学的关系。
9. 书法教学在国际中文教育中应该扮演何种角色？

【拓展阅读】

崔希亮．中国书法与汉语国际教育．书法教育，2019（2）．

林国立．对外汉语教学中文化因素的定性、定位与定量问题刍议．语言教学与研究，1996（1）．

施正宇．论汉字能力．世界汉语教学，1999（2）．

张和生．汉语可以这样教：语言要素篇．北京：商务印书馆，2006.

张旺熹．对外汉语本体教学概论．北京：商务印书馆，2013.

本章参考文献

陈光磊．语言教学中的文化导入．语言教学与研究，1992（3）．

陈廷祐．中国书法．北京：五洲传播出版社，2003.

陈彧．苏格兰留学生汉语普通话单字音声调音高的实验研究：以两名发音人的语音样本为例．世界汉语教学，2006（2）．

程美珍，赵金铭．基础汉语语音教学的若干问题//第一届国际汉语教学讨论会组织委员会．第一届国际汉语教学讨论会论文选．北京：北京语言学院出版社，1986.

崔希亮．对外汉语教学的基础研究与应用研究//对外汉语教学的全方位探索：对外汉语研究学术讨论会论文集．北京：商务印书馆，2005.

崔希亮．中国书法与汉语国际教育．书法教育，2019（2）．

崔希亮．中国书法与汉语国际教育：首届汉字教学与研究学术研讨会演讲稿．（2022-12）. http：//news. blcu. edu. cn/info/1011/23921. htm.

韩家鳌，童若春，谢国骥．学习中国书法．北京：北京大学出版社，2008.

贺丽君，刘振平．汉语国际教育中讲好中国故事的内容和方法．漯河职业技术学院学报，2021（3）．

胡明扬．对外汉语教学中语汇教学的若干问题．语言文字应用，1997（1）．

季羡林．书法文化与学者眼界．羲之书画报，2002-05-28.

金立鑫，白水振．现代汉语语法特点和汉语语法研究的本位观．汉语学习，2003（5）．

李禄兴．简化字和汉字的理据性．汉字书同文研究：第3辑．香港：华夏文化出版公司，2003.

李子祥．新形势下讲好中国故事的路径探索．前沿，2014（8）．

林国立．对外汉语教学中文化因素的定性、定位与定量问题刍议．语言教学与研究，1996（1）．

林纪诚，俞青海．语言与文化综论．解放军外国语学院学报，1989（3）．

刘珣．汉语作为第二语言教学简论．北京：北京语言文化大学出版社，2002.

刘振平．基于对比分析假说的汉语声母习得难易度分析：以英语为基底语的学习者为例．云南师范大学学报（对外汉语教学与研究版），2013（6）．

毛悦．汉语作为第二语言要素教学．北京：北京大学出版社，2010.

明托．金字塔原理．汪洱，高愉，译．海口：南海出版公司，2010.

邵敬敏．现代汉语通论．上海：上海教育出版社，2007.

施正宇．论汉字能力．世界汉语教学，1999（2）．

孙德金．对外汉语教学语法体系的历史和现状．玉溪师范学院学报，2012（5）．

王安红．汉语声调特征教学探讨．语言教学与研究，2006（3）．

王帅．国际中文教师如何讲好中国故事．对外传播，2018（2）．

王晓钧．汉字与书法．北京：北京语言文化大学出版社，2009.

吴谦．国际汉语教师如何“讲好中国故事”．长治学院学报，2019（3）．

张和生．汉语可以这样教：语言要素篇．北京：商务印书馆，2006.

张旺熹．对外汉语教学语法研究概说：课题与路向．对外汉语研究，2010（1）．

张旺熹．对外汉语本体教学概论．北京：商务印书馆，2013.

赵金铭．教外国人汉语语法的一些原则问题．语言教学与研究，1994（2）．

赵金铭．对外汉语教学概论．北京：商务印书馆，2004.

周小兵．对外汉语教学入门．3版．广州：中山大学出版社，2017.

BRUNER J S. The role of dialogue in language acquisition//SINCLAIR A，JARVELLE R J，LEVELT W J M（eds.）. The child's concept of language. New York：Springer-Verlag，1978.

DORAN G T. There's a S. M. A. R. T. way to write management's goals and objectives. Management review，1981（11）.

GOTTLIEB M. Essential actions：a handbook for implementing WIDAs framework for English language development standards.（2013）. https：//files. nc. gov/dpi/documents/files/essential-actions-handbook. pdf.

第六章

汉语言技能教学与多元教学模式

世界汉语教学学会2022年8月发布的《国际中文教师专业能力标准》从专业理念、专业知识、专业技能、专业实践和专业发展五个方面对国际中文教师的专业能力作了规定。其中专业技能包括中文要素教学、中文技能教学、跨文化交际、教育技术四个方面。中文技能教学方面要求熟悉中文听力、口语、阅读、写作等技能教学的目标和任务，帮助学习者掌握各项技能的技巧，提高各项技能的能力，同时了解第二语言主要教学法，并能够恰当地运用于中文技能教学。

国际中文教育作为一种二语教学，与世界上其他二语教学有着共同的学科属性和教学规律。但是，由于汉语汉字的特点、汉语教学和研究传统等因素的影响，国际中文教学与研究存在很多个性化问题。如何构建更加有效的教学模式以更好地提高教学质量和教学效率始终是国际中文教育学界所关注的核心问题。虽然教学法和教学模式的研究已呈现多样化与多元性发展态势，但我国目前主要的教学模式仍可简单概括为分技能教学模式，即“综合课打头，按技能设课”的教学模式。所谓“综合课打头”就是先开设一门综合课进行语言要素的教学，进行初步的听、说、读、写技能训练。再根据学生的学习目的，按技能设课：如果学生要求全面提高听、说、读、写的能力，就要开设听力课、口语课、阅读课、写作课；如果学生只要求提高听说能力，就开设听力课和口语课，重点训练和提高听说能力；如果学生只要求提高阅读和写作的能力，就开设阅读课和写作课，重点训练和提高读写能力（杨惠元，2007）。按照这一教学模式，听、说、读、写往往被视为四种语言技能，而与此相对应的听力教学、口语教学、阅读教学和写作教学则被视为训练这四种基本语言技能的基础手段。

第一节
综合课教学

一、综合课的性质和特点

综合课的性质和特点，有关课程规范均进行过描述。《对外汉语教学初级阶段课程规范》（王钟华，1999）指出，本科一年级综合课“是从语音、词汇、语法和汉字等语言要素和语言材料出发，结合相关的文化知识，对听、说、读、写等语言技能和语言交际技能进行综合训练。也就是说，综合课是一门集语言知识和必要的语言文化背景知识、语言技能以及交际技能教学为一体的课型”。《对外汉语教学中高级阶段课程规范》（陈田顺，1999）指出，中级汉语课（综合课）“是汉语言专业的综合课、必修课。以语言技能训练为主，并辅之以必要的语言知识、文化背景知识的讲授。整个教学过程要进行听说读写的综合训练”。高级汉语课（综合课）“是汉语言专业本科留学生在汉语学习高级阶段的基础必修课，是以阅读理解为基础、以重点词语和常用句式为基本内容、以准确而得体的口语和书面语表达为训练目标的语言技能课”。可见，综合课的主要特点是综合性，它体现了多方面的综合：一是教学内容的综合，既有语言知识方面的内容，也有语言技能方面的内容，还有文化、策略方面的内容；二是技能训练的综合，课上要训练学习者听、说、读、写、译等多项言语技能和言语交际技能；三是培养目标的综合，要培养学习者的语言综合运用能力；四是教学方法的综合，要运用多种教学方法进行教学。

二、综合课的教学原则

综合课的教学一般分为初级、中级和高级三个不同等级的教学阶段。教学阶段不同，教学内容、教学目标和教学任务也不同，但所遵循的教学原则是一致的。

1. 课堂教学精讲多练原则

何谓精讲多练，不少学者都进行过说明。王钟华（1999）指出，精讲要求在确定教学内容时，要考虑学生学习的阶段性，精确地选择讲授范围，深入浅出、精练地阐明问题。多练要求在帮助学生初步理解汉语语言知识的基础上，充分地进行听、说、读、写的练习，以求巩固和熟练地掌握。刘珣（2000）指出：“‘精讲’是对教师的知识讲授而言，知识不能不讲，但要讲得少而精。”“‘多练’是指学生在课上课下要进行大量的练习，培养语言运用的熟巧度。”杨惠元（2007）认为“精讲”包括两方面的含义：“一是内容方面，指的是所讲的内容必须经过精挑细选，要少而精，该讲的则讲，不该讲的一定不讲；二是方法，指的是教师要用最少的语言、最简单的方法把该讲的内容讲深、讲透、讲清楚、讲明白。”“多练”有三个方面的含义：“一是指讲和练的时间比例，讲要少，练要多；综合课学生操练和教师讲解的时间比例为6：4，即学生的练习时间不能少于60%，教师的讲解时间不能超过40%；二是全面练习，该练习的一定要练到，不能有遗漏；三是充分练习，学生通过大量、反复、有效的练习掌握应该掌握的知识和技能。”可见，“精讲多练”就是要求教师在课堂上语言知识的讲解要少而精，要尽量采用直观、形象的教学手段，使学生尽快地理解所学内容。同时，要尽可能多地让学生进行大量有效的语言操练，提高语言技能。

2. 课堂教学交际化原则

国际中文教育的目标是培养学习者的言语交际能力，即学习者综合运用听、说、读、写、译五项语言技能的能力。课堂教学交际化原则，就是课堂教学时要尽可能创设真实的交际情境，使整个教学过程尽量交际化，教学内容的展示、讲解、训练等都要在师生互动和生生互动的交际过程中进行。要让学生充分接触到所学的语言知识，在大量的言语交际活动中培养和提高运用语言进行交际的能力。这就要求教师在课堂教学中必须有交际的意识。教师讲解时所展示的例句要有实际交际的价值，在教学中要注重创设真实情境，激发学生的交际愿望，使他们积极、主动地运用所学知识参与课堂活动。同时，也要充分发挥学生的创造性，让学生根据课堂训练中习得的技能到真实的社会生活中去实践，逐步提高运用汉语进行交际的能力。

3. 听、说、读、写、译全面要求原则

综合课是语言技能的综合训练课，要求在课堂上有听、说、读、写、译的综合训练。

综合训练既是综合课的教学目标、教学要求，同时也是能力训练本身的需要。因为各项语言技能不是独立的，而是相互关联的，不同的语言技能总体上是相互促进、相得益彰的。因此，听、说、读、写、译五项技能训练要相互配合，与教学内容紧密结合，要根据学生的具体情况以及不同的教学阶段有所侧重。

4. 以学生为中心、以教师为主导原则

语言教学过程中，学生是主体，是中心，教学活动应围绕这一中心展开。教师作为课堂教学活动的组织者、主导者，应努力创设各种真实情境，调动学生参与课堂的主动性和积极性，发挥学生的主体作用，让学生积极、主动地参与交际活动，在交际中学语言、用语言，训练和掌握各项语言技能。

5. 课堂教学的趣味性原则

课堂教学趣味性原则是指“教师要注意激发和调动学习者对学习内容、话题以及对问题和任务等的兴趣，使学生在愉快的、兴奋的状态中学习”。课堂教学趣味性原则，“要求学习材料具有趣味性”，“教学活动的组织形式要灵活、活泼”，同时还“需要充分发挥教师的个人魅力和教学经验。教师渊博的知识、丰富的课堂教学经验，以及对教学工作的高度热情、对学生认知心理等的熟悉和把握，都会极大地感染学生，影响学生对学习的态度”（李泉、高增霞，2010）。

三、综合课的教学目的和教学内容

综合课的教学一般分为三个不同等级的教学阶段：初级、中级和高级。不同的教学阶段有不同的教学目的和教学内容。

1. 初级汉语综合课的教学目的和教学内容

初级汉语综合课的教学目的是通过一年的教学使学生具备初步的听、说、读、写能力，掌握一定的语言知识，能满足日常生活、学习及一般场合的交际需要。学习结束时要达到《国际中文教育中文水平等级标准》（GF 0025—2021）所描述的初等标准：能够基本理解简单的语言材料，进行有效的社会交际；能够完成日常生活、学习、工作、社会交往等有限的话题表达，用常用句型组织简短的语段，完成简单的交际任务；能够运用简单的交际策略辅助日常表达；初步了解中国文化知识，具备初步的跨文化交际能力。

初级汉语综合课的教学可分为三个阶段：语音阶段、语法阶段和短文阶段。

语音阶段的主要教学内容是汉语的声母、韵母、声调、连续变调、轻声、儿化韵等的发音方法及发音规律，另外还要学习一些简单的日常用语，能完成与个人信息、日常起居、饮食、交通、兴趣爱好等相关的交际任务，掌握 300 个汉字、500 个词语。①

语法阶段的主要教学内容包括两大方面：一是语言知识方面，这一阶段语音训练虽然

---

① 此处及后文各技能教学所列的各阶段教学要求及相关数据均参照由中华人民共和国教育部、国家语言文字工作委员会发布的，作为国家语委语言文字规范自 2021 年 7 月 1 日起正式实施的《国际中文教育中文水平等级标准》（GF 0025—2021）。

不如语音阶段那么集中，但仍需加深巩固，要突出训练语调、语气和重音，要求学生掌握二级语言量化指标的音节，发音基本正确。这一阶段的教学重点要放在语法点、句型的教学上，但也不能忽视词语教学，应把二者紧密结合起来，掌握新语法点 81 个、词语 772 个。二是语言技能与语言交际技能方面，要求掌握所学汉字、词和句型，在听、说、读、写全面要求的基础上，侧重培养学生的听说能力。能用所学词语和句型及简单的文化知识，完成与基本社交、家庭生活、学习安排、购物、用餐、个人感受等相关的交际任务。

短文阶段的主要教学任务是扩大词汇量，继续语法知识的学习，逐步培养学生的成段表达能力。要求学生能完成与出行经历、课程情况、文体活动、节日习俗、教育、职业等有关的交际任务，能够使用少量较为复杂的句式进行简单交流或讨论。这一阶段词语教学占有首要地位，词语大量出现，要求新掌握词语 973 个、语法点 81 个。

2. 中级汉语综合课的教学目的和教学内容

中级汉语综合课的教学目的是进一步扩大词汇量，巩固、补充、扩展和深化基本语法项目。要能够理解多种主题的一般语言材料，较为流畅地进行社会交际；能够就日常生活、工作、职业、社会文化等领域的较为复杂的话题进行基本的成段表达；基本了解中国文化知识，具备基本的跨文化交际能力。

中级汉语综合课的主要教学任务是进一步扩大词汇量、提高成段表达能力，使学生具备一定的听、说、读、写能力和基本的翻译能力。因此这一阶段的教学重点是词语教学和语段、语篇教学。词语教学主要包括构词法、语素教学、重点词语讲练、常用词语的搭配习惯、多义词的词义扩展以及近义词的词义辨析等。语段、语篇教学主要包括指导学习者掌握连贯表达思想的语法手段（比如，如何正确安排语序，如何准确运用虚词，如何实现句子相互衔接，如何运用关系词语来表明句与句、段与段之间的逻辑语义关系，如何运用照应、替代、省略等语法手段来实现语段、语篇的连贯）；利用语段、语篇的内容启发学习者表达思想，训练学习者成段表达的能力；从语段、语篇的表达功能入手，让学习者掌握各类语篇的结构形式，能够使用较长和较为复杂的句式进行语段表达，在规定时间内，完成常见的叙述性、说明性、议论性等语言材料的写作；能就本级话题任务内容进行翻译，能对翻译中涉及的文化内容进行处理，能完成非正式场合的口译任务，表达顺畅，译文准确。这一阶段要求新掌握词语 3 211 个、语法点 214 个。

3. 高级汉语综合课的教学目的和教学内容

高级汉语综合课的教学目的仍然是对学生进行听、说、读、写、译综合语言技能和汉语交际能力的训练，同时要为其他基础课程和专业课程的学习、学术研究等进一步打基础。

高级汉语综合课主要学习反映中国社会生活和民族文化特点的多种题材、体裁、语体、风格的文章；要继续进行听、说、读、写、译等全方位、高要求的语言技能的训练，使学生能够理解多种主题和体裁的复杂语言材料，进行深入的交流和讨论。能够就社会生活、学术研究等领域的复杂话题进行规范得体的社会交际，篇章组织连贯合理，能够灵活运用各种交际策略；深入了解中国文化知识，具备国际视野和跨文化交际能力；能够完成与社交礼仪、科学技术、文艺、体育、心理情感、语言文字、政治经济、法律事务、哲学、历史、学术研究、政策法规、商业贸易、国际事务等有关的交际任务；具备良好的专业翻译能力，能够完成正式场合专业内容的交替传译，表达流畅，译文准确。这一阶段要求新掌握词语 5 636 个、语法点 148 个。

四、综合课的教学环节和教学方法[①]

1. 热身活动

热身活动主要是为了激活学习者大脑和已学知识，调动学习者的积极性，使他们积极参与到课堂学习中。教师可用问候、问答交流、歌曲、游戏、复习检查等方式带领学习者进入学习状态，积极参与学习。

2. 新知呈现

教师将学习者带入学习新知的认知主体地位，引导学习者进入新知初步语言输入阶段。教师可通过实物、图片、故事（笑话）、生活场景、课件、多媒体演示、话题讨论、词语联想、谜语、问题、录音、歌曲、阅读、歌谣、课文等方式聚焦重点，直观生动地导入新知内容。

3. 语言操练

通过语言操练，达到真正的语言输入，为语言输出奠定基础，同时培养学习者运用交际策略的能力。可采用替换练习、辨认练习、歌谣、朗读课文、表演课文、改编对话、小组活动、游戏等多种活动形式进行师生互动、生生互动，激发学习者的练习兴趣。

4. 综合运用

结合话题，综合运用新旧知识完成一（几）项真实的任务，通过运用语言来掌握所学语言和文化知识。教师可用表演课文、话剧改编、调查采访、主题辩论、话题讨论、情境表演、听说写连环训练、“你说我做”、微型演讲、博客写作、手工制作加语言描述、故事接龙、访问、演讲等形式引导学习者创造性地拓展语言。

5. 小结并布置作业

总结归纳所学知识，评价学习者各项活动表现，总结实际效果并提出建议，同时布置作业，包括预习内容。教师可用归纳、讨论、问答、记笔记、回顾总结等形式简练准确地总结归纳单元和课时目标，同时结合交际策略、语言知识和技能的要求，鼓励学习者共同参与评价，鼓励学习者运用开放性思维回顾总结。

本节关键词

综合课　精讲多练　交际化　趣味性　教学阶段　教学内容　教学环节

---

① 本部分主要参考了下列资料：孔子学院总部/国家汉办．国际汉语教学通用课程大纲．修订版．北京：北京语言大学出版社，2014.

第二节 听力与口语教学

一、听力教学

（一）听力课的性质与教学目的

1. 听力课的性质

汉语听力课是一门培养和提高学习者听力理解能力的专项技能课。听力理解的本质就是对言语信息进行接收和解码的过程，即听话者运用已有的词汇、句法、语义和社会文化等知识对感知到的言语信息进行辨别和理解，进而揭示所接收的语音的含义。

2. 听力课的教学目的

杨惠元（2021）指出听力教学有三个主要目的：一是“训练学生听觉器官的灵敏度，帮助学生快速准确地辨析语言信号”；二是“帮助学生输入尽可能多的语言要素，并将其作为经验成分储存在他们的大脑记忆库中”；三是“通过大量地、反复地输入语言信号，训练学生的聆听理解微技能，提高其接收和解码的熟练度，激活听觉语言中枢，培养汉语语感”。具体到每一节课来说，就是要让学习者听懂课上提供的语料，包括涉及的语音、词汇、语法知识以及语料所提供的信息、社会、文化背景知识等，并通过这一语料训练某种或某些听力微技能。

关于听力微技能，目前影响较大的主要有杨惠元（1996、2021）概括的八种：辨别分析能力、记忆储存能力、联想猜测能力、快速反应能力、边听边记能力、听后模仿能力、检索监听能力和概括总结能力。

（二）听力教学的基本原则[①]

听力教学除了应遵循第二语言教学的一般原则，如科学性原则、实践性原则、交际性原则、针对性原则、趣味性原则等外，还应贯彻以下原则：

1. 注重精听和泛听教学相结合

精听和泛听是听力教学的两种主要方式。精听要求学习者从整体到细节全部听懂，听力材料中的每一个词和短语都不允许疏漏和不理解。泛听只要求听懂大意，在不影响整体

---

① 本部分主要参考《国际汉语教师标准》（2012 年版）。

理解的前提下，疏漏或不理解一些词或短语也没有关系。精听是听力训练不可或缺的基础，在帮助学习者提高听力水平的同时，也能促进词汇和语法的学习；而泛听则有助于增强学习者对材料的整体把握能力和语感的培养。在进行听力教学时，应将精听和泛听结合起来，根据学习者的水平和学习内容合理地选择和运用这两种方式。

2. 注重以听为主，听说结合

是否以听为主是听力教学与其他技能教学的根本区别。但由于听是一种被动的行为，听力教学如果只限于听和做一些应试性的练习，则容易出现课堂气氛沉闷的现象，使学习者失去学习积极性，影响教学效果。在听、说、读、写四项基本技能中，听和说的关系最为密切。进行听力教学时，应注重以听为主，听说结合，让学习者既动耳又动口，激发学习者的学习兴趣，从而提高其言语交际能力。

3. 注重可懂输入与信息差相结合

可懂输入就是听力的输入必须使学习者能够听懂、能够理解。美国语言学家克拉申用“i＋1”来表示可懂输入，“i”表示学习者现有的语言水平，即进行略高于学习者现有语言水平的语言输入。信息差就是人们在掌握信息方面所存在的差距。由于信息差的存在，人们才有必要进行信息的传递和交流，即交际。听力教学时，应注重大量的可懂输入，使学习者树立学习信心，产生学习动力。同时也要充分利用和适当创设信息差，激发学习者主动获取信息的内在动机，引导学习者积极参与课堂活动，提升教学效果。

4. 注重大量输入和不断练习

理想的语言输入除了可懂外，还须达到足够的量。在听力教学中，应多方面选择适合学习者学习的听力材料，大量输入可懂输入，使学习者潜移默化地习得语言。同时，还要不断练习，训练听力微技能，提高学习者接收和解码的熟练度，培养汉语语感，提高听力水平。

5. 设计听力任务应考虑学习者的个体差异

教学中教师不能只顾及水平低的学习者，而是心里要装着所有的学习者。设计听力任务时应考虑学习者的个体差异，不同的学习者分配不同的练习任务，因材施教，让不同水平和层次的学习者都能有所收获，充分调动所有学习者的学习积极性。

（三）听力教学的具体环节

1. 听前环节

听前环节指听力训练之前的教学准备和铺垫工作，目的是激活学习者已有的背景知识并使学习者对听力材料的话题和内容产生预期。主要包括引入新课、讲解知识与训练技能、布置任务等组成部分。引入新课可采取不同的方式，可以是教师介绍听力材料的背景知识或主要内容，也可以是教师列举与听力材料相关的词语或句式等。讲解知识与训练技能包括训练语音、讲练生词、讲练句式及讲解文化知识。教师可通过听辨难音难调、讲解并练习生词、讲解并练习句式等方法，降低学生理解课文和做练习的难度，为听时练习扫除障碍。布置任务，即根据课程安排，要求学习者进行进一步的了解和练习。

2. 听时环节

听时环节指实施听力训练的过程，目的是学习知识并提升听力技能。主要包括概括性训练、专项性训练、反馈以及跟听回想等组成部分。概括性训练指训练时要求学习者听后把握文章主旨大意；专项性训练指训练时要求学习者听后捕捉细节信息；反馈指教师就学习者听力训练任务的完成情况返回信息；跟听回想指听材料时不布置具体任务或问题，只修改和完善之前的回答。

3. 听后环节

听后环节主要指针对本课所学内容而做的进一步延伸，目的是加深对听力材料的理解和记忆。可通过复述、角色扮演或互换、讨论或辩论、发表意见、练习本课所学生词和句式等口语表达形式进行成段表达练习，也可用概括性话语对听力材料的内容进行总结。

(四) 听力训练的方法

杨惠元（2021）指出，听力训练应采用以听为主、听说结合、听读结合、听写结合、听做结合的综合训练方法。因为听、说、读、写是四项既有联系又有区别的技能，在学习和使用过程中常常是你中有我、我中有你、互相依存、互相促进的，某一单项技能无法靠孤立的训练而获得。是否以听为主是听力课与其他课的根本区别。但听毕竟是一种被动的行为，听力训练如果只限于做一些应试性的练习，则既无法活跃课堂气氛，也不能全面提高学习者的交际能力。听力训练必须以听为主，把听和说、听和读、听和写、听和做（让学习者按指令做事情）结合起来，才能提升训练的效果，达到培养交际能力的目的。具体来说，听和说相结合可采取听后模仿的方法，如语音练习时的听后模仿和辨析声母、韵母、声调、音节、变调等，词语练习时的听后辨析词语的发音、听解释并说词语、听后组词等，句子练习时的替换句子成分、回答问题、按要求改写句子等，对话和短文练习时的听后回答问题、概括主要内容、辨别异同、听后复述等。听说结合的时候学生面前没有文字材料，学生听以后，看着文字材料读一读，则属于听读结合。听和写相结合的方法也体现在不同的练习内容上，如语音练习时的听后填写声母、韵母、声调、音节等，词语练习时的听解释选择词语、选择同义词/反义词等，句子练习时的听后填空、选择、连线、判断正误等，对话和短文练习时的听后判断正误、选择正确答案、填空、写出主要内容等。听和做相结合是听以后学习者做事情，教师发指令，学习者做动作，用身体语言表达听的情况。

二、口语教学

(一) 口语课的性质与教学任务

1. 口语课的性质

汉语口语课是一门培养学习者在实际生活中运用汉语进行口头交际能力的专项技能课。

2. 口语课的教学任务

口语教学的阶段不同，教学任务也不同。简单地说，初级阶段口语应着重语素的学习和言语技能的训练，目的是让学习者学会单句，能以简单句进行简短的回答、陈述以及社交性谈话，能使用少量较为复杂的句式进行简单交流或讨论。中级阶段应注重成段表达能力的训练，培养学习者把句子组织成语段的能力，使学习者具备一般的成段表达能力，能准确使用复杂的句式详细描述事件和场景，进行较为流利的讨论和简单的协商，较充分地表达个人见解和思想感情。高级阶段语篇表达能力的训练应成为教学的主要目标和内容，要通过言语技能与言语交际技能的结合训练，培养学习者将语段组织成篇章的能力，使学习者具备较好的语篇表达能力和灵活运用语言的能力，能够充分而得体地表达自己的见解和思想，发音准确，表达流畅，体现一定的跨文化交际能力。

（二）口语教学的基本原则

1. 以培养口语交际能力为目标，进行有指导的说话练习

以培养口语交际能力为目标，是指“教学目标的确定、教学内容的选择、教学环节的安排、教学方法的运用等，都是为了培养学习者的口语交际能力”。讲练生词、语法点和课文都是为了让学习者使用这些生词、语法规则、课文内容进行交际。进行有指导的说话练习，是指“训练要有章法，要遵循说话的规律，要从易到难、循序渐进地提高口头交际能力”（杨惠元，2021）。

2. 注重精讲多练，提高学习者开口率

口语教学的精讲“当立足于功能，即讲清一定的情境下的一定的交际功能，以及完成一定功能的语言项目，以功能统语法”。“多练即以任务为导向来组织课堂活动，将课堂学生活动切分为学生个人活动、两人对话、小组讨论、班级活动。”（周小兵、李海鸥，2004）通过精讲多练，提高学习者的开口率，使学习者逐渐熟悉和掌握所学的知识，从而自觉地积极参与口语课的会话和讨论，提高口语能力。

3. 教学活动和交际任务的设计应接近学习者实际生活，反映真实的口语特征

口语教学属于技能教学，要提高学习者用中文进行交流的能力，主要靠实际运用，要知道在什么场合下，对什么人，说什么话，以及运用哪些非语言交际手段和交际策略等。因此在设计教学活动和交际任务时，应尽量接近学习者的实际生活，使学习者最大可能地接触真实语料，从而最大限度地激发学习者交流的兴趣和动力，提高学习者参与各种口语活动的积极性，真正提高其口语能力。

4. 注重流利性与准确度相结合

流利性和准确度是衡量口语表达能力的重要指标。张文忠（1999）认为流利性指的是“使用一种可被接受的第二语言变体，流畅、连贯地表达思想的能力，其流畅性、连贯性和语言可接受性应为言语听辨者所感受到”。准确度是指中介语形式与目的语标准形式的偏差程度。简单地说，就是输出的语言形式如语音、词汇、语法等是否准确，是否符合规范。流利性和准确度是相辅相成、密不可分的。不够准确，流利就失去了基础；不够流利，交际就难以有效地进行。

5. 注重机械操练与实际应用相结合

机械操练可帮助学习者熟练地掌握语言的形式和意义。这种操练应和实际应用相结合，操练的内容应是自然的，具有可使用性。要尽量避免机械、单调的重复，应努力使操练真实、多样。这样不仅有利于提高学习者口语的流利性和准确度，也有助于增强学习者的自信，提高课堂开口率，增强汉语语感。

（三）口语教学的具体环节

1. 新课前环节

这一环节包括组织教学和复习旧课，主要是吸引学习者注意力，检查学习者对旧课的掌握情况并解决学习者存在的问题，为新课学习做好准备。

2. 新课教学环节

这一环节包括导入话题、讲练生词、讲练语言点、讲练课文以及综合练习五个部分，各个部分在具体运用时具有灵活性。根据郑艳群、陆凯英（2020）的统计，这一环节教学过程至少经历三个教学事件，即讲练生词—讲练课文—综合练习或讲练语言点—讲练课文—综合练习，最多经历五个教学事件。其中讲练课文和综合练习是新课教学环节的必有教学事件，在教学过程中必定同现，且讲练课文必定出现于综合练习前。但二者不一定相邻，中间有时可插入讲练语言点，讲练语言点也可融入讲练课文或综合练习中。这一处理方式反映出淡化语法形式讲解、突出语言点练习和运用的教学思路。

3. 新课后环节

这一环节包括总结和布置作业。对本课的主要教学内容进行总结，并布置适当的口头或书面作业，敦促学习者及时复习和巩固知识。

（四）口语教学的方法

教学有法，教无定法，提高口语能力的方法和途径多种多样。近年来，口语教学出现了体验式教学、任务型教学等多种教学方法。

体验式教学强调学习过程是一种体验和经验，强调学习者必须直接接触需要学习的内容，鼓励学习者亲自实践和体验。

任务型教学强调使用真实的资料，创设真实的情境为学习者提供语言学习所有层面的体验。让学习者在使用语言的过程中体验并学习语言，是体验学习理念的直接体现。任务型汉语口语课的特点是以任务活动为主线，让学习者在完成各种口头交际任务的过程中学习汉语，训练和提高汉语口头交际能力。任务型口语教学过程由一系列任务组成，环环相扣的任务为学习者提供多种语言交际的机会，让他们接触、感受和体验语言，从而促进学习者主动建构中介语系统。任务型口语教学一般可分为三个阶段：任务前、任务中和任务后。任务前阶段，教师要导入主题和任务，帮助学习者激活相关的词汇和短语，为执行任务做好准备。任务中阶段即任务的执行阶段，学习者以小组活动的形式共同完成目标任务。教师要根据学习者的水平和任务类型、任务难易程度等具体情况，给学习者充分的计划准备的时间，并适时提供必要的帮助。任务后阶段主要是对任务完成情况的评价和进行语言提升活动，帮助学习者巩固和反思任务完成过程中的语言使用情况。

三、听说一体化的教学模式

（一）听说分立教学模式的局限性

听说分立的分技能教学模式最初是针对综合课一统天下的“讲练—复练”教学模式进行的改革。创立分技能教学模式之前，听、说、读、写的练习主要是在复练课上进行。为弥补综合教学的不足，加强技能训练，20世纪60年代初，开始开设听力、口语等课。

听说分立教学模式的确使听力、口语的微技能得以集中训练，在一定程度上有助于学习者语言听说能力的提高。但这一模式也受到过很多质疑，“按技能分课型，未必是学习语言技能的最佳途径”，学习者掌握语言技能未必像课程设计的那样，按照“由说到听，再由听到读写”的顺序进行。“这种模式不利于学习者对语言项目的掌握”，虽然教学设计者希望能以综合课的内容为共核，其他课程在对综合课内容进行复练和巩固的基础上，充分运用和发展各项分技能，但是“迄今为止，还没有看到能够很好地体现共核的教材”（崔永华，1999）。大部分院校都是多种教材搭配使用，各课型包含的内容差异越来越大，听力教材和口语教材越来越分离。“听力教材中所谓的听力词与口语教材中所谓的口语词形成两个体系，互相间配合不紧密，彼此几无照应、关联，词汇关系为离散型，不能形成高效连通的模块词语网络。”而且语言的各项技能是互相关联、协调发展的，难以截然分开，难以进行封闭式的单一技能训练，教学中，听力教学还得跟说、写训练并轨进行，口语教学也需要依赖听力技能。在语言交际中，听和说互相影响，互相促进。根据神经认知语言学的相关知识，“虽然听和说在人脑中分属于不同的区域，但区域间有一定的关联。错综的联系合起来就是学习者整体的神经系统和认知系统。如果硬性分开听和说，等于将神经系统的联系隔离、分割，不利于这两种技能的协调发展”（胡晓清，2010）。因而，不少学者，如胡晓清（2010），张述娟、徐新伟（2014），宗世海（2016）等，开始提出汉语听说一体化教学模式。

（二）听说一体化教学模式的可行性

1. 听说一体化教学模式有自己的理论基础

根据神经认知语言学的研究，负责“听”的言语理解的区域是韦尼克区（Wernicke's area），负责“说”的区域是布洛卡区（Broca's area）。布洛卡区和韦尼克区之间通过弓状神经束互相连通形成神经网络。当对神经束的刺激达到一定阈值时，可激活神经束，实现信息由输入到输出的转变。

基于认知心理学的连通主义理论认为：“人在出生时大脑就有寻求和建立事物间关系的倾向，它可以从多种渠道（包括视觉、听觉、知觉、触觉）获取信息并可以把这些信息储存在形似神经元的大量节点（即离散性的知识结构）织成的神经网络中。神经网络会对类似语言信息产生一种惯性，每当相同或相似的输入出现时，调整后的神经网络就能对其进行迅速加工并产生预定的输出。”（彭建武，2002）在听说一体化教学模式中，“听力部分的语言输入将相关情境或话题的语言信息储存在神经元的节点中，当口语部分出现类似的输入时会刺激并激活神经节点中的语言信息，使之迅速产生预定的输出。因此听说一体化既有利于丰富神经网络中的语言信息量，也使语言输出更为迅速、流利”（胡晓清，2010）。

第二语言习得理论的很多研究都证明输入和输出不是毫不相干的，而是相互间有着互动互补性。这些研究逐渐趋向于支持听说一体化模式，摒弃单纯注重听或说的纯输入、纯输出模式。

2. 听说一体化教学模式符合语言教学的先进理念

语言教学的性质是能力训练，不是知识教学，围绕听说能力设课，抓住了能力训练的关键。只有把听说合一，才“方便组织学生由输入到输出，由模拟练习到交际的课堂活动”。而且这一模式在注重技能训练的同时，并“不会影响语言知识的教学”。“只要功能大纲制定科学，教材编写控制严格，该教的知识都会教到，只不过知识是随技能需要而出现的，知识的地位降低了，组织顺序变了。”（宗世海，2016）

3. 近年来在教学理论研究中，听说一体化教学模式越来越受重视

近年来，不少学者开始关注和提倡听说一体化教学，如周小兵（1989）讨论了听话训练在口语教学中的重要性及具体实施问题，杨明珠（2007）认为中级汉语听力教学中应加大“说”的比例，胡晓清（2010）、张述娟和徐新伟（2014）都发表了汉语“听说一体”教学方面的论文，其中张文还进行了这方面的实证研究，证明采用该教学模式提高了教学效率。同时，在教学实践中，也出现了听力课、口语课合并为一门听说课的做法。如北京语言大学汉语进修学院编写与使用的《成功之路·进步篇·听和说》，以听说一体化的“听和说”课取代听力课；其他高校也有一些已经采用听说合一的教学模式。这些都说明听说一体化教学模式有一定的经验基础，为听说一体化教学的实施提供了可行性参照。

（三）听说一体化教学模式的操作要点

胡晓清（2010）指出，听说一体化教学模式总的原则是以情境（初级）和话题（中、高级）为主线，将听力技能训练与口语技能训练置于同一个情境或话题下，先听后说，听说结合，以听促说，以说检验听的效果。具体来说，听力理解部分以语言输入为主，通过大量、多种形式的听力输入，为下一步的输出积累刺激量。听力输入基本为调整型输入。材料或经过改编，或由教师自编，相对简化的听力输入旨在保证学习者的语言吸收。口语部分既是对听力部分的承接，更重视学习者口语交际能力的培养。它在听力理解部分语料输入的基础上，以更具有交际意义的文本进行二次输入。二次输入不是语料的简单重复，而是一方面激活早先通过听力输入储存在学习者大脑神经元中的经验成分，另一方面继续增加该情境的接受性知识，与听力部分的已有知识共同搭建起该情境的完整框架网络。口语部分的输入着眼于学习者的输出。教师利用口语部分的练习以任务型指令作为输出引导，促使学习者大脑中的陈述性知识经过认知系统的加工转变成程序性知识，完成输出过程并增强输出的准确性和流利性。

张述娟、徐新伟（2014）提出“交融—分层—互动”的听说一体化教学模式，其活动程序包括听前口头活动环节、语言材料的输入环节、语言材料的吸收环节和交际性输出环节。其中，听前口头活动环节分为问题环节和“头脑风暴”两部分。问题环节可根据话题的特点采取不同的方式，可提个体性问题（主要涉及学习者的个人喜好和经历等），也可提一系列相关问题，让学习者分组讨论，组长汇报等；“头脑风暴”环节通过相关语言的集体

再现激活或者构建学习者的语言图式。语言材料的输入环节包括听后口头回答问题和朗读两部分，主要完成感知、理解、熟悉语言材料的意义、形式结构和交际功能的任务。语言材料的吸收环节主要讲解重要的句式，这里的讲解一般采用点拨式，简单讲解后学习者会用就可以了，重点放在重点句式和词语的练习性输出上。训练学习者进行句子、一两个话轮或者小语篇的表达以及跟课文内容或形式有关的长段表达，通过多种活动帮助学习者反复操练、消化、加工新输入的语言材料，使之进入长期记忆系统，内化入学习者已有知识结构中。交际性输出环节主要是布置一个与课文话题相关的真实性交际任务让学习者完成，并课上汇报。

虽然在具体操作上不同的学者有不同的方式，但其基本教学原则是一致的，都是坚持听说并重的原则，渐进式发展听说综合技能。

本节关键词

听力教学　精听　泛听　信息差　口语教学　听说一体化

第三节 阅读与写作教学

一、阅读教学

（一）阅读课的性质和教学任务

1. 阅读课的性质

阅读课是一门培养学习者综合运用各种阅读技能，通过文本阅读获取各种信息，掌握中文思维与表达习惯的技能训练课。

2. 阅读课的教学任务

阅读课的首要任务是培养学习者的阅读理解能力，同时也要培养阅读技巧，培养学习者善于发现新的语言现象和文化现象的能力，从而全面提高学习者的语言水平。具体来说，不同教学阶段有不同的教学任务。初级阶段的阅读训练重点是识字训练及词语、单句和简单复句理解训练。要求学习者能从介绍性、叙述性等语言材料中获取具体的目标信息，能理解简单复句，能够利用字典、词典等，理解生词的意思，初步具备略读、跳读等阅读技能。中级阶段应突出训练学习者组句成段、组段成篇的能力，同时还应加强文化知识的介绍，培养猜测、推断能力，使学习者能够读懂叙述性、说明性、议论性等语言材料，能厘清语言材料的结构层次，准确理解内容，撷取主要论点和信息；能够通过上下文猜测词义、推断隐含信息，基本理解所涉及的文化内容，具有较强的跳读、查找信息、概括要点等阅读技能。高级阶段仍要继续加强文化知识的介绍和阅读技能的培养，同时要帮助学习者了解不同文体的风格和特点，注重中文思维与表达习惯的训练，使学习者能够读懂各类题材、体裁的文章，能够掌握中文思维与表达习惯，综合运用各种阅读技能，准确理解文章的思想与社会文化内涵。

（二）阅读教学的原则

1. 精读与泛读教学相结合

精读教学是从质的方面使学习者加深对语言的理解，提高语言运用能力。但只有“质”是不够的，还要有“量”。精读的目的是实践，是应用，如果只有“质”，“学生的输出能力必然受到很大限制，总体的教学质量就会受到影响”。精读须与泛读教学相结合，精读教学中的语言知识须通过大量的泛读“才能得到重现、复习、巩固、扩展”。泛读还能“扩大学生的知识面”，“增强语感”，也是“培养学生良好的阅读习惯，训练阅读技巧的重要手段”（鲁健骥，2001）。

2. 注重培养学习者获取信息的能力

获取信息的能力是衡量学习者阅读能力的重要标准，《国际中文教育中文水平等级标准》对中文水平一至九级的学习者阅读时获取信息的能力作了相应的规定。如一级中文水平的学习者应能从简单的便条、表格、地图中获取最基本的信息，二、三级中文水平的学习者应能从介绍性、叙述性等语言材料中获取具体的目标信息和细节信息；中等中文水平的学习者能把握关键信息，推断隐含信息等。阅读教学时应注重培养学习者获取信息的能力，以提高学习者的阅读能力。

3. 注重培养学习者运用自下而上与自上而下等不同阅读策略的能力

自下而上的阅读策略强调来自阅读材料的信息，认为阅读过程是一种通过解码、编码和转换等手段，对信息进行线性处理的过程，是一个由字及词、由词及句、由句及段的过程，主要是让学习者在关注具体信息的基础上，综合概括语篇的意义。自上而下的阅读策略强调学习者的认知和语言能力在理解中的作用，主要是训练学习者的阅读技能，即学习者在阅读活动中运用预测策略、评价策略以及更正和补充策略等，预测、理解阅读材料的内容。阅读教学不仅要训练学习者的语言技能，也要训练其阅读技能，应注重培养学习者运用自下而上与自上而下等不同阅读策略的能力。

4. 注重培养学习者在阅读过程中使用元认知策略的能力

元认知策略是个体调节和控制认知行为的方法与规则。它包括计划策略、监控策略和调节策略。教学时应注重培养学习者建立阅读目标、根据阅读目标对阅读行为进行监控并采取适当的策略进行调整和检验的能力，使学习者更好地把握自己的阅读过程，提高阅读水平。

5. 阅读任务的设计要贴近学习者在现实生活中可能接触的真实材料

《国际中文教育中文水平等级标准》要求中、高等中文水平的学习者在阅读时能理解文章所涉及的文化因素和文化内涵。真实材料真实可靠，可以为学习者呈现社会文化的真实情况，有助于学习者更好地了解社会文化内容。同时，真实材料贴近学习者的现实生活，有助于激发学习者的阅读兴趣，从而更加积极主动地完成阅读任务。

6. 训练学习者根据不同的阅读目的，选择适当的阅读方法

不同的阅读目的有不同的阅读方法。常见的阅读方法主要有细读、通读、略读和查读。细读的目的是正确理解文章的细节，获取特定的信息，让学习者积累知识；通读指理解一般或整体意义的阅读；略读即快速阅读，要求快速看懂文章大意、中心意思或某个语段的大意；查读也叫跳读，目的是快速查找所需要的信息。教学时应训练学习者根据不同的阅读目的，选择适当的阅读方法。

（三）阅读教学的具体教学环节和教学方法

1. 阅读前环节

这一环节主要激活阅读材料的主题，激发学习者的阅读动力。教师可介绍与阅读内容相关的背景知识，围绕课文主题设计一系列相关问题，让学习者带着问题阅读，边阅读边思考，激发学习者的阅读兴趣。

2. 阅读中环节

阅读中环节即实际阅读环节，是学习者实际阅读文本，理解阅读材料，捕捉具体信息，完成相关阅读任务的过程，也是阅读教学的中心环节。这一环节要进行快速阅读训练，根据学习者的汉语阅读水平和阅读任务进行限时阅读，指导学习者运用不同的阅读技巧提高阅读速度，培养默读、边阅读边思维的阅读习惯。

3. 阅读后环节

阅读后环节主要通过练习来检查学习者理解的情况，是检查阅读效果、巩固知识的环节。教师应根据学习者的阅读水平和练习类型采用不同的检查方式，帮助学习者记忆、巩固所学的语言知识和阅读技能。

（四）阅读教学的方法

阅读教学的方法很多，有的教学方法是针对不同教学内容的。如认读字、词可采用根据汉字的表意形旁来猜测字义、根据汉语构词法猜测词义、从全句和上下文猜测词义等方法；阅读长句、难句可用压缩、关联词语和上下文等方法来理解；理解段落可采取找段落主句、抓段落主旨、根据提示词语把握段落的内容等方法；理解文章主题可采取分析文章题目、找文章的主题句或主题段等方法。

有的教学方法是针对整个教学过程的，如任务型教学、基于图式理论的教学等。任务型教学是根据阅读材料和学习者自身特点，联系现实生活设计相应的任务，通过师生共同参与的方式激发阅读课中学习者的学习积极性和主观能动性。基于图式理论的教学是指教师应用图式理论指导学习者借助语言图式、内容图式和结构图式等，通过激活、建构和巩固等方式训练学习者的阅读技能。

二、写作教学

（一）写作课的性质和教学任务

1. 写作课的性质

写作课是“指导外国留学生综合运用汉语的字词句以及标点符号等诸方面的知识，提高笔头表达能力的实践课”（杨惠元，2007）。

2. 写作课的教学任务

写作课的核心任务是培养学生目的语的语段和语篇表达能力，同时也要提高学习者与写作相关的各项能力，如表达能力、思维水平等，使学习者了解目的语文化背景知识。具体来说，不同教学阶段有不同的任务。

初级阶段主要是培养学习者书写汉字的能力和一般的书面表达能力，使学习者能够较为熟练地掌握汉字笔画和笔顺的书写规则以及各类标点符号的用法。能够正确地抄写汉字，速度不低于 20 字/分；能进行简单的书面交流，在规定时间内，用简单的句子介绍与个人生活或学习等密切相关的基本信息，书写邮件、通知及叙述性的短文等。

中级阶段主要培养学习者语段表达的能力，使学习者能够掌握汉字结构的特点并较为熟练地分析汉字的结构。能够用较长和较为复杂的句式进行语段表达，在规定时间内，完成常见的叙述性、说明性、议论性等语言材料的写作，字数不少于 600 字，用词恰当，句式正确，内容完整，表达通顺、连贯；能够运用常见的修辞方法，完成多种应用文体写作，格式正确，表达规范。

高级阶段主要培养学习者的语篇表达能力，使学习者能够完成学位论文及应用文、说明文、议论文等多种文体的写作。观点明确，语篇连贯，格式正确，表达得体，逻辑性强。能够正确使用各种复杂句式、综合运用多种修辞方法，言之有物，富有文采。

（二）写作教学的基本原则

1. 注重写作知识的教学与写作实践相结合

各种不同文体形式和写作方法等写作知识是写作教学中不可回避的内容，应让学习者掌握各种文体的结构特点、语篇结构类型和语体风格。同时，要注重操练，遵循讲练结合的原则，学习完写作知识后，要让学习者进行写作实践。因为写作知识的掌握对学习者来说有一定的难度，所以需要有一个实践的过程。

2. 注重写作教学与其他技能教学相结合

在写作教学中，要综合考虑听、说、读、译等语言技能与写的关系，把写作训练和阅读、口语、翻译等技能都调动起来，结合运用，充分调动学习者的积极性，进行最大限度的有效训练。

3. 注重对写作过程中各环节的具体指导

写作前环节应进行语言知识和写作知识的指导、范文的导读，激活学习者已有的知识，让学习者理解和巩固如何运用相关语言知识和写作知识进行写作。写作中环节布置写作任务后，可启发学习者对写作任务进行讨论、分析，引导学习者在内容、语言、语篇结构、素材等方面为正式写作做准备。写作后应进行反馈和评估，及时引导学习者修改，提升写作文本的质量。

4. 注重采用教师评语、学习者反馈和师生面谈等形式对学习者进行指导

教师评语主要针对写作文本的内容、语言表达和学习者的学习进程进行评价，教师评语是否具体、细致、有针对性直接影响学习者写作的积极性。学习者反馈是让学习者参与纠正错误的过程，可以是学习者自评，也可以是同学互评。学习者反馈可使学习者更加积极、主动地提高对目的语的认识。师生面谈指的是师生之间进行一对一的关于写作文本和写作过程的谈话。师生通过面谈进行互动交际，能让学习者有更多的机会参与到学习写作的过程中来，更好地解决写作中出现的问题。教学时应注重采用多种形式对学习者进行指导。

5. 注重写作教学的实用性和应用性

第二语言学习者写作的目的是满足生活、交际和工作的需要。教学时要满足学习者的实际写作需求，重视各种应用文体的写作练习，使学习者能够学有所用，从而激发学习者的学习热情。

（三）写作教学的具体环节

1. 写作前环节

写作前环节指预备性的、与写作相关的写作指导。主要包括导入、知识讲解、范文分析、练习和总结等五个组成部分。导入指通过复习旧知识引入新的写作训练内容，建立新旧知识间的联系，以引起学习者注意并激发其学习兴趣；知识讲解指对写作任务相关的语言知识和写作知识进行解释说明；范文分析指阅读和品评标准范例，以帮助学习者理解、印证和巩固相关知识并为写作提供样本；练习指对教学重难点进行训练，以巩固知识和提升写作技能；总结指对相关知识、规则或规律等进行归纳，以加深印象。这五个组成部分不一定都出现，根据郑艳群、周梦圆（2020）的统计，常出现的是“知识讲解”和“范文分析”。其中“范文分析”的支持率为 76.19%，反映出写作前指导以范文教学为重心、以输入范文促进写作输出的理论认识；“知识讲解”的支持率为 61.90%，体现了对知识学习的重视。

2. 写作中环节

写作中环节指针对具体写作任务进行的写作准备，以及具体实施写作活动并形成文本作品的过程。这一环节主要包括布置作文、启发构思、学习者写作、反馈、修改等。布置作文指布置写作任务并从文体、语言、字数、写作时间等方面对任务进行详细说明，并给

予一定的写作提示。启发构思指围绕具体写作任务引导学习者进行讨论和分析，有针对性地进行构思指导。学习者写作指学习者开启正式的写作活动，从而形成文本作品的过程。反馈和修改，下文介绍。

3. 写作后环节

写作后环节指形成文本作品后开展的评价反馈和总结释疑，以及进一步的巩固提升和作品分享等。主要包括反馈、知识讲解、练习、典型习作评改、修改、发表等组成部分。根据郑艳群、周梦圆（2020）的统计，本环节的特有组成部分是典型习作评改和发表。知识讲解和练习可同时兼任写作前环节的组成部分，反馈和修改可兼任写作中环节的组成部分。这些组成部分在不同环节并无本质差异，只是在实施时间、具体目标和针对性等方面的侧重不同。如反馈和修改在写作中环节侧重对写作过程的控制，而在写作后环节则侧重对写作结果的处理。郑文的统计显示：通过实施反馈，进行评估、交流和互动是教学必有项（支持率为100%），说明在理论研究中，反馈起到调节学习者写作认知和促进教学效果的重要作用。修改是纠正语言偏误和提升作品的重要手段（支持率为85.71%），体现出培养学习者自我监控和重铸能力的教学理念。

（四）写作教学的方法

罗青松（2002）结合汉语写作教学实践介绍了国外第二语言写作教学中比较有代表性的六种方法：控制法、自由写作法、语段形式法、过程法、交际法、任务法等。后进一步研究、调整，认为“新世纪以来，控制法、控制自由法、过程法、交际法及任务法等，都被融入汉语写作教学的理论思考与教学实践中，其中过程法与任务型写作教学更成为研讨的焦点”（罗青松，2011）。下面对过程写作教学与任务型写作教学进行介绍。

1. 过程写作教学

过程写作教学认为写作是一个渐进的、不断完善的过程，写作指导须渗透到学习者写作的每一个环节，从构思、列提纲，到写初稿、修改等环节都须进行监督指导，要注重建立起教学之间的互动及学习者之间的互动，以增强学习者的主动性。教学中教师是引导者和监督者，引导学习者形成一个可行性写作策略。学习者是教学的中心，自主参与学习，通过个人思考、同学讨论、师生交流等方式不断完善写作文本，提高写作能力。

2. 任务型写作教学

任务型写作教学通过设定具体的贴近真实生活的写作任务项目，指导学习者逐步完成，引导学习者在做中学、用中会，提高语言交际能力。罗青松（2008）从任务设计角度，将中级写作任务分为体验式、交互式、媒介式三种互相融合的类型。其中体验式任务以学习者个人的各种生活体验作为写作任务设计的基础，体验可以是学习者以往的生活体验，也可以根据任务的要求通过实践获得。交互式任务通过各种活动使写作融入一个相互交流的平台，主要有两类：一类是基于人际交流模式的写作任务，从任务完成过程构成互动；另一类是基于合作学习形式的写作任务，从组织方式构成互动。媒介式任务通过照片、图表、数据、文章、书籍等媒介引出写作任务，刺激书面表达。这三种任务是根据不同的侧重点提出的，在教学中相互之间有重合与交叉。

三、读写一体化的教学模式

（一）采用读写一体化教学模式的必要性

1. 读写分立的分技能教学模式有其自身局限性

分技能教学模式坚持以不同的方式训练不同的言语技能的理念，在综合课设计的“共核”内容的基础上期待听、说、读、写等技能平衡发展。但这一教学模式也受到了很多质疑，“按技能分课型，未必是学习语言技能的最佳途径”。“语言的各种技能是相互关联、协调发展的，各种技能很难截然分开培养。”（崔永华，1999）如阅读课虽然以培养学习者的综合阅读理解能力为目标，但听、说、写的技能训练也会在教学中有所体现。“课堂教学中出现的将听力课上成了口语课或将阅读课上成了精读课等现象，可能也与语言技能之间这种天然的联系有关。在分技能设课教学模式的基础上形成的听说一体化模式、视听说教学模式以及读写一体化教学模式等倾向于技能间的融合训练，在很大程度上顺应了语言技能不能截然分开培养的观点。将口头理解能力和口头表达能力、书面理解能力与书面表达能力融合在一起，注重发展口头交际能力和书面交际能力，从语言能力结构的角度来看也是可行的。”（蔡永强，2017）

2. 阅读教学与写作教学的瓶颈问题悬而未决

蔡永强（2017）指出，阅读过程所涉及的语言运用和篇章结构安排等内容和写作这一语言技能密切相关，将阅读教学独立出来，意味着在很大程度上切断了阅读能力向写作能力的正常过渡和转化，学习者的学习活动基本上止步于完成阅读材料后面的练习。写作过程所涉及的遣词造句和布局谋篇等内容也和阅读技能密切相关，将写作教学独立出来，学习者的学习活动基本上止步于完成最后的写作任务，在很大程度上切断了写作能力向阅读能力的过渡和转化。阅读和写作分立的分技能教学，并没有明显改善读写能力落后于听说能力的被动局面。阅读和写作是两项相对独立，但又相互依赖、相辅相成的技能。阅读是写作的前提和基础。阅读可以增加学习者的词汇量，增加学习者对目的语的感性认识。通过阅读，学习者可以更好地了解目的语书面表达形式和目的语文化，获得更多的写作素材，从而提高写作能力。同时，写作的过程又是对阅读的反刍和审视，在写作实践的过程中可巩固阅读时汲取的语言知识和文化知识，从而提高语言运用能力。

3. 听说一体化、读写一体化教学模式具有很多优势

宗世海（2016）指出听说一体化、读写一体化教学模式消除了综合课和听、说、读、写小四门配合困难的弊端；摆脱了听力课没法上、写作课没人上的问题；解决了听与说、读与写的联系被割裂的问题；同时还方便制定更加系统统一的教学目标，方便管理，方便考核。因此，我们完全有必要在分技能教学模式之外尝试新的教学模式，在阅读教学和写作教学领域开展读写一体化教学，以阅读带动写作，在写作中训练和提高阅读能力。

（二）读写一体化教学模式的可行性

1. 读写一体化教学模式具有坚实的理论基础

这些理论基础主要包括关于阅读和写作关系的理论、关于语言信息输入与语言信息输出及其关系的理论等。从认知角度来看，“阅读过程和写作过程互为镜像关系，阅读过程就是模拟写作过程，写作过程也是模拟阅读过程”。人们在写作时，常常边写边读，读了再写，写了又读，在阅读时，同样在大脑中进行写作构思。阅读过程反映了学习者对输入信息的感知、理解、编码和存储，写作过程则是对大脑已存信息的检索和使用。“将阅读教学和写作教学分开单独设课，在某些研究者特别是西方研究者看来，是人为割裂了阅读技能和写作技能的必然联系，没有证据表明同时接受读写训练的学生的语言水平低于分别接受阅读训练和写作训练的学生的语言水平。”（蔡永强，2017）

2. 分技能教学为读写一体化教学模式积累了较多的理论研究与实践经验

自 20 世纪 80 年代实行分技能教学模式以来，对外汉语教学领域针对综合以及听、说、读、写的研究与实践取得了丰硕的成果。这些成果特别是关于语言技能教学方法和技巧的研究成果，对阅读和写作一体化教学模式具有重要的启发意义，也从方法和技巧的角度为构建读写一体化教学模式提供了可行性。

3. 近年来已有一些读写一体化教学模式的有效尝试

宗世海（2016）提到，他自己长期从事汉语写作教学，教学时由于阅读课、综合课教材选文题材与写作教学要求出入较大，只好自选写作范文，这样做实际上具有“读写一体”的价值。从问卷调查、学习者评估等角度看，学习者很认可这种做法。同时，还有一些研究者对读写一体化教学模式的有效性进行了实证研究。如王志芳（2014）用实例和数据证明了读写一体化教学优于传统的读写分项教学，能有效提高外国学习者的汉语阅读与写作能力。郑淞允等（2021）通过实验对读写一体化教学模式的有效性进行研究，结果发现这一模式对初级汉语二语学习者而言在促进字词识写、提高阅读质量、提升写作逻辑表达能力等方面效果显著。这些都表明读写一体化教学模式具有可行性。

（三）读写一体化教学模式的操作要点

宗世海（2016）从课程安排和听、说、读、写各技能的协同发展及练习方式等方面对读写一体化教学模式的操作要点进行了说明。他认为课程安排上可以设一门读写课，采取讲练-练习的教学方式，练习要配合讲练。听、说、读、写四种能力完全可以同步发展，只不过开始的写除了写汉字外，还有写作文，只不过写得短一些，写作的题型难度小一些而已。语言能力中要将读写能力作为终极目标，给予高度重视。学习者只有大量说、适量写，才能由知识进入能力，形成习惯，变成熟巧。宗世海（2016）认为读写一体化教学模式的常用操练法有抄写课文、读后笔头复述、看图写作、读后续写、读后改写、读后扩写、读后缩写、读后仿写、读后评论、开放限裁写作、命题写作等。

蔡永强（2017）指出，在具体的操作中，读写一体化教学既要借鉴、融合基于最新研究成果的不同教学模式的操作思路，也要关注教学大纲中关于阅读能力与写作能力描述的对接，同时还要关注语言输出的形式要求，以及连接输入与输出的练习设计。蔡文在充分借鉴莱维尔特（Willen J. M. Levelt）的词汇驱动模式、四等分课堂焦点分配模式、斯温的输出模式以及ACCESS模式等二语习得模式的基础上，提出了读写一体化教学模式的操作策略。第一，应该对读写一体化教学的词汇量进行限制。如果能将各通用大纲中的词汇进行使用度分类，特别是将那些"常用、稳定、中性、基础、词义覆盖面广、具有现代性"的词汇摘出来，对其作词汇学习的最高要求，甚至考虑制定专门的读写词汇大纲，那么将大大降低学习者词汇学习的难度和随意性。第二，读写一体化应该坚持多种输出形式。在读写一体化教学中，阅读环节的练习设计应该以如何训练学习者把握阅读材料的语言运用特点和布局谋篇方式为重点，适当增加需要自我发挥的主观性题目；写作环节的练习设计应该以如何训练学习者聚焦遣词造句和布局谋篇的过程为核心，坚持多种输出形式而非仅仅作文成品一种。读后写、听后写、翻译、改写、缩写、扩写、续写、补写、仿写、看图写，写便条、启事、请柬、书信、明信片、申请书、合同，写记叙文（写事、写人、写景）、说明文、议论文（读后感、评论）和毕业论文等，都可以作为训练语言输出的形式。第三，读写一体化应该有效平衡和分配课堂活动的时间。教师讲解、学生基于文本阅读材料的理解等输入活动应该与学生的书面表达、流畅性实践等输出活动均衡分配时间。第四，读写一体化应该注重真实话题语境的模拟。语境特别是真实语境是语言运用训练的最佳场合。首先，教师应通过解读阅读材料或范文的语言运用和篇章安排特点等，以多种方式提供有针对性话题的训练任务，让学习者对特定话题的语言运用和篇章结构安排进行撰写提纲、口头作文等的表达训练；其次，通过设置机械性、有意义、交际性等多种类型的练习，强化和巩固自动化阶段学习的话语表达方式、篇章结构安排，特别是加强对话语表达方式及篇章结构安排学习中出现问题的地方的学习，以进一步实现基于语言结构运用和篇章结构安排的话题表达的准确性和流畅性；最后，通过提供与前两个阶段相似的话题和语境，以解决问题、角色扮演、游戏、头脑风暴、口头作文等多种方式让学习者进行自由表达。

本节关键词

阅读教学　精读　泛读　元认知策略　语篇表达　任务型写作　读写一体化

第四节 案例与案例教学

一、案例及案例教学的含义

（一）案例

关于什么是案例，目前还没有一个统一的、精确的定义。郑金洲（2000）认为："一个案例就是一个实际情境的描述，在这个情境中，包含有一个或多个疑难问题，同时也可能包含有解决这些问题的方法。”唐世纲、李枭鹰（2004）认为：“案例就是以一定的媒介（文字、声音等）为载体，内含有教育教学问题的实际情境。”由这些定义我们可以看出教学案例是在教学过程中发生的反映某个方面或某些方面问题或疑难情境的真实的典型事件，这一事件可引人思考，可在人们应对同类事件时提供借鉴和参考价值。可见，能作为案例的事件应具备两个基本条件：一是事件中必须包含一个或多个疑难问题；二是事件应该具有一定的典型性，通过这个事件可以给人带来许多思考。具体到国际中文教育中的案例，可以理解为与国际中文教育相关的，来自具体教学活动的，能够反映教学过程中与师生有关的在教学某个方面或教学实施环节值得关注、思考、学习、改进的问题的相对完整的典型事件。

（二）案例教学

案例教学是以学习者为中心，以案例为基础，通过呈现案例情境，将理论与实践紧密结合，引导学习者发现问题、分析问题、解决问题，从而形成观点、提高能力的一种教学方式。

二、案例教学的原则

1. 主体性原则

主体性原则就是在案例教学中，学习者作为学习的主体，应充分发挥自身的能动性、自主性和创造性。要求学习者主动搜集与案例相关的资料，运用所掌握的理论方法对案例进行分析，寻找案例中问题的解决方法和理论依据，积极参与小组发言和班级讨论。

2. 主导性原则

主导性原则，就是教师在案例教学中要做学习者学习的引导者、启发者。教师要明确自己的目标和任务，积极引导学习者搜集相关资料，讨论、分析、发现案例中的问题，并进行思考，逐步探寻问题的原因，学会分析问题、解决问题，完成预定的教学目标。

3. 针对性原则

要针对不同教学对象分层次地进行案例教学，同时还要针对整体教学目标和具体教学内容，选择适用的案例。如当教学内容为课堂管理时，应选择和课堂状况相关的典型案例；当教学内容为语言要素教学时，应选择和语音、词汇、语法等要素教学密切相关的典型案例。

4. 互动性原则

案例教学中教师启发、引导学习者进行讨论，在讨论中教师和学习者、学习者和学习者之间要互动。教师要启发、鼓励学习者积极主动地参与讨论；小组各成员之间也应积极互动交流，分工合作，共同完成任务；不同小组之间也应互动，积极发表各自的看法，共同解决问题。

三、案例教学的具体环节

1. 案例准备

案例是课堂教学的核心材料，是案例教学的基础和依托。教学中所运用的案例大致可分为两类：一类是教师自己根据教学目标的要求和自身的教学经验编写的案例，另一类是他人编写的案例。

编写和选择好的案例是成功进行案例教学的前提和基础。一个好的案例必须具备以下几个基本条件：（1）真实性。案例应该取材于真实的教学活动，是对真实发生的教学事件的记叙。（2）完整性。案例的叙述与表达要有一个完整过程，内容应该完整，情节应具体详细。（3）典型性。案例应该具有典型性，能产生举一反三、由点及面的效果。（4）针对性。教学中所选择的案例要为一定的教学目的服务，每一个案例都应能引人深思，能为深化理解教学内容服务。

2. 案例的展示与讨论

这是案例教学的核心环节。展示指教师在课堂上展示案例的内容，常见的展示方式有案例导读、案例模拟、视频案例演示等。教师可以把文本案例发放给学习者，以文本案例中具体的问题引导学习者阅读，也可以通过课堂模拟的形式来展示案例，让学习者以体验的方式了解案例的内容。其中，学习者个人阅读分析案例是基础性的工作，也是自主的探究历程。它的完成情况在很大程度上决定后续步骤展开的广度和深度以及教学目标的完成情况。面向国际中文教育的案例多是一些课堂管理和课堂教学事件，教师可以通过直接模拟案例中的教学事件，引起学习者的共鸣，激发其学习热情，从而积极思考和讨论案例中的问题。如果是视频案例，教师可通过让学习者观摩视频的方式来进行展示。

讨论是案例教学的中心环节。讨论指的是教师在充分展示案例后，引导学习者对案例中事件产生的原因和问题的解决方法进行分组讨论。这个阶段关键在于要求每个小组成员都必须积极主动地甚至创造性地参与讨论，并保证人人都有发言时间，在每位学习者都畅谈自己的想法和意见的基础上，各小组推荐一名代表，加工整理小组各成员的观点，代表本组在课堂上发言。代表发言后再进行全班课堂讨论，筛选出较为可行的一种或几种问题解决方案。对教师来说，应注意的是要让学习者唱“主角”，教师仅扮演从旁引导的角色，在讨论中起引导、组织、启发的作用，充分调动学习者的积极性、主动性和创造性，引导学习者去探讨案例中复杂深层的意义和争议性的问题。

3. 分析与反思

分析与反思可以在课上进行，也可以延伸到课堂之外。课上一般以教师点评、学习者分组汇报的形式进行；课外可以在教师点评的基础上，让学习者以小组为单位撰写案例分析报告。一方面，要求完善本小组对案例分析的观点和方案，并积极借鉴其他小组的意见和观点；另一方面，要求全面总结本小组在案例阅读、小组讨论、课堂发言等方面解决了哪些问题，还有哪些问题尚待解决等。

4. 总结和评估

总结和评估主要是在课堂讨论结束、各小组撰写完案例分析报告后进行。可以归纳学习者讨论的观点，结合案例进一步阐明相关的理论知识和教学方法，肯定案例讨论中同学们取得的成绩和优点，指出在讨论中存在的不足与问题，并向学习者谈谈自己对这些问题的看法，以供学习者参考等。同时，教师也可以通过访谈和学习者反馈的方式对案例教学的实施成效进行反思和检讨。

需要指出的是，这几个步骤并非线性的、僵化的和一成不变的，要根据具体的教学目标和教师的课堂设计而定。

四、案例教学的优势和不足

(一) 案例教学的优势

1. 案例教学有助于推动理论与实践的有机结合

作为通过具体教学案例引导学习者进行讨论的教学方法，案例教学“提供了充分的想象活动，通过情境模拟促进内在的模仿，从而内化理论，有助于学习者对知识和理论的实际应用”（张民杰，2006）。虽然每个具体案例有其自身特点，体现出较强的个体性，但如果把很多案例聚集在一起，可能就会得出基于个体的一般性结论。针对这些案例的讨论，可以将平时的理论所学与积累具体化、形象化，达到理论与实践的有机融合。

2. 案例教学有助于培养学习者的主体意识和创新意识，培养主动学习的习惯

传统教学以教师的课堂讲授为主，而案例教学中教师只是课堂活动的组织者和参与者，学习者才是活动的主体。教学时需要学习者主动参与到教学活动中来，调动已有的理论知识，对案例进行分析和讨论。学习者由被动听讲变为主动参与，可以很好地培养学习者的主体意识和创新意识，培养主动学习的习惯，从而提高独立思考的能力。同时，在讨论中还可提高学习者的讨论技巧，增强其语言表达能力。

3. 案例教学在课堂中引入真实情境，符合实践教学的特点，有助于提高教学实践能力，契合国际中文教育人才的培养需要

国际中文教育属于理论和实践结合十分紧密的专业，案例教学为学习者搭建起由课本理论知识通向教学实践的桥梁，可以使学习者更好地理解和掌握相关理论知识。同时，案例教学通过讨论案例当中涉及的各种问题，可使学习者逐渐学会如何去分析问题，遇到类似的情境或问题该如何对待，从哪些方面着手，从而提高解决实际问题的能力，并逐渐学会对自己的学习进行反思。这样，一旦他们走上工作岗位，就可以把这些真才实学应用其中。

(二) 案例教学的不足

1. 国际中文教育相关案例不够丰富

目前相关著作主要有朱勇的《国际汉语教学案例与分析》(2015)、叶军的《国际汉语教学案例分析与点评》(2015) 和陈莉、李现乐、颜明的《国际汉语教学案例典型问题评

析》（2018），尚未形成一个涵盖所有相关学科的案例库可供自由选择。这些都对教师顺利寻找到适合课堂教学的案例造成一定的困难。

2. 国际中文教育案例教学模式不够成熟

正如亓海峰（2015）所指出的："目前虽然各院校基本开设了汉语国际教育案例课，但是如何实施案例教学尚有不少分歧，部分院校的汉语国际教育案例课与教学示范片观摩相差无几，案例以视频案例为主，教师一般在引导学生观摩完视频短片后进行试讲和讨论，并不是真正的案例教学。"

本节关键词

案例　案例教学　主体性　主导性　互动性　反思　评估

第五节 探索适合汉语特点的教学方法及教学模式

一、教学模式的含义和基本要素

（一）教学模式的含义

"教学模式"一词由美国学者乔伊斯（Bruce Joyce）等率先引进教学理论研究领域。乔伊斯等认为教学模式是"构成课程、选择教材、指导在教室和其他环境中教学活动的一种计划或范型"（转引自曹贤文，2016）。目前国内学者对教学模式的定义并不完全一致，国际中文教育学界对什么是教学模式也有不同的看法。比较有代表性的看法如下：如赵金铭（2004）认为，"所谓对外汉语教学模式就是从汉语独特的语言特点和语言应用特点出发，结合第二语言教学的一般性理论或对外汉语教学理论，在汉语教学中形成或提出的教学范式"。吴勇毅（2014）认为，教学模式是"一个在一定的教学和学习理论指导下（这种理论或明示或隐含/explicit or implicit），以实现教学各基本要素（教学目标、教学大纲、教学内容、教材、教学技术/手段、教学方法/策略、师生角色、教学活动和教学环境等）之间组合为最优化方案的系统，优化组合的结果体现为一种可以拷贝的'标准样式'"。由这些看法可知，教学模式必然体现一定的教学思想，有特定的适用条件和适用对象，典型地体现某种教学类型的特点，同时有一套相对稳定的实施办法和比较明确的操作规范。

（二）教学模式的基本要素

马箭飞（2004）认为一个完整的教学模式应包含以下五个基本要素。

1. 理论基础

理论基础指教学模式建立的教学理论或教学思想，即教学模式建立的理论依据，是反映教学模式内在特征的一个因素。

2. 教学目标

教学目标是构成教学模式的一个核心因素，指教学模式所能达到的教学效果，是教学活动在学习者身上产生的效果的预先估计和设定，对其他因素有制约作用。

3. 操作程序

操作程序指教学活动在时间上展开的逻辑步骤以及每个步骤的主要做法等。任何教学模式都有一套独特的操作程序和步骤，以及与之对应的教学活动的基本阶段和逻辑顺序。教学模式中的操作程序是相对稳定的，但不是一成不变的。

4. 实现条件（手段和策略）

实现条件指促使教学模式发挥效力的各种条件，如教师、学生、教学内容、手段、时间、空间等的最优化方案。

5. 评价

评价指评价的方法、标准等。每种教学模式都有符合自己特点的评价方法和标准。

二、国际中文教育教学模式的主要类型

国际中文教育学界一直比较重视汉语教学模式的研究，《华文教学与研究》杂志于 2014 年第 2 期和 2016 年第 1 期先后两次推出了教学模式讨论专栏。影响较大的教学模式主要有以下几种。

1. 讲练-复练模式

这一模式是 20 世纪 80 年代以前我国基础汉语教学中普遍采用的模式。其特点可概括为“一套教材、一门课、四种技能综合训练”，“听说读写全面要求，突出听说，读写跟上”。“一门课”即“综合课”，也称“精读课”。课堂教学时，一位教师讲句型（语法），另一位教师讲课文（带操练）；或一位教师讲句型、课文，另一位则负责操练。依靠一套教材、一门课，把四种技能的全面训练综合承担起来。“突出听说，读写跟上”包括两个方面：一是在四种技能中，“听说”的地位应先于“读写”，即以听说带读写；二是在具体的每堂课中，学习者可以不看书，先进行听说训练，再进行阅读或写作训练。教学目标是培养学习者语言的准确性和技能的熟练性（吴勇毅，2009）。

2. 分技能教学模式

这一模式的理念是不同的语言技能要通过不同的方法来训练，听、说、读、写是四种不同的语言技能，习得和教学方法也不同，应按照语言技能训练的要求来组织和编排教学内容。分技能教学模式是 20 世纪 80 年代中期至今国内各种类型的基础汉语教学中占主导地位的教学模式，各校的课程设置和授课方式大同小异。

宗世海（2016）在对 20 世纪 70 年代以来我国汉语教学模式进行梳理后，认为分技能

教学模式实际上内含两种不同的模式：一种有口笔语综合课，可称为“综合＋分技能模式”；另一种没有口笔语综合课，可称为“（狭义）分技能模式”。他通过调查发现，在34所高校的51个教学类型中，“综合＋分技能模式”比例最高，达80.4%；其中又以“综合＋小四门”分模式为代表。

3. “语文分离”的教学模式

这一模式主张应分别建立口头汉语教学和书面汉语教学两种不同的教学系统，前者主要承担语音教学、听力教学和说话教学的任务，后者主要承担汉字教学、阅读教学和写作教学的任务。张朋朋（2007）进一步归纳为“语文分开、语文分进”的教学模式，“语文分开”就是“语言教学”和“文字教学”分别设课，根据“语”和“文”的教学目的分别编写各自的教材；“语文分进”就是“语言教学”和“文字教学”分开进行，分别采用不同的教学法教授各自的内容。

4. 任务型教学模式

任务型教学模式也叫汉语交际任务教学模式或“基于任务”的教学模式。这一模式主张以交际任务为教学组织单位，以任务统领全课的活动，形成一个任务链，汉语是完成任务的工具，可以采用听、说、读、写等不同的方式去完成任务。学习者在执行或完成这些任务的过程中接触语言、学习语言和使用语言，从而提高汉语交际能力。

5. 主题式教学模式

主题式教学是以有意义的内容为载体、让语言学习围绕相关主题进行的一种语言教学活动。这一教学模式不再以语言要素或语言技能作为课堂的组织结构，而是把语言放到有意义的主题中去学习。教师根据学习者的需求和兴趣选择主题，围绕主题设计课程和教学，在主题的范围内或情境下开展教学活动。强调语言在实际生活中的具体应用，主张语言教学情境化、生活化。

6. 明德模式

明德模式是美国明德暑期学校采用的一套独特的沉浸式强化教学模式，综合了沉浸法、听说法、交际法、任务法等各种教学法之长。课堂教学主要采用大班讲练、小班操练与讨论、一对一个别谈话的讲练-复练模式，具有一套严格的操作程序和管理机制，其教学效率和效果得到了广泛的认可。

7. “学伴用随”教学模式

其核心理念基于四个影响语言学习的关键变量：交际意图、互动协同、语境相伴、理解与产出相结合。交际意图是语言学习的发动机，语境相伴是语言使用的助推器，理解与产出相结合是学习效应的倍增器，互动协同是促学增效的加速器。强调学习者自主创造内容以激起交际意图，强调互动贯穿学习全过程以激活相关促学变量，强调融合恰当语境变量以促进理解与产出，强调理解与产出紧密结合以增强协同效应，强调体验这样的协同效应以练就语言技能，提高学习效率（王初明，2016）。

8. 语感培养教学模式

该模式的理念是以语感培养为二语教学的终极目标，认为“对汉语作为第二语言的能力（听说读写译等能力）的概括，说到底，就是培养学生的语感能力”（周健，2016）。语感培养教学模式的主要原则和方法有四点：扩大输入、熟读背诵、交际语境、教师点拨式的讲解。

三、教学模式的选择

从以上各类教学模式的介绍可看出国际中文教育教学模式具有多样性和层级性。有的着眼于课程设置方式，如讲练-复练模式、分技能教学模式；有的着眼于汉语言文字的特点，如“语文分离”的教学模式；有的着眼于教学法，属于课堂教学层面的教学模式，如任务型教学模式、主题式教学模式等。除了这些不同类型的教学模式外，还有的教学模式着眼于教学手段和教学方式的运用，如基于“互联网＋”的在线互动教学模式、线上线下混合式教学模式等。有学者认为今后教学模式的主流将是线上线下混合式教学模式，建议开设短小的微课程，方便碎片化学习。还有学者认为在线教学在内容上应作调整，如“中文＋职业技能”“中文＋专业知识”的培养可能是未来的发展趋势（丁涵、丁安琪，2022）。

对教学模式和教学法的研究显示，任何一种教学模式和教学法的产生与存在都有其时代背景与现实诉求，并指向某种特定的教学目标。没有一种教学模式或教学法是放之四海而皆准的唯一有效样板，也没有任何一种教学模式或教学法能够直接达成所有的教学目标（曹贤文，2014）。教学模式和教学法应该是多元的，因为教学对象、教学目标是多种多样的。我们应该积极探索适应不同的教学对象、教学环境和教学目标的多样化的教学模式和教学法，以满足国际中文教育背景下对多元教学模式和教学法的需求。

本节关键词

教学模式　讲练-复练模式　语文分离　主题式教学　明德模式　“学伴用随”　语感培养

【本章小结】

在探索综合课及听、说、读、写技能教学的教学任务、教学原则、教学环节及教学方法的基础上，实行听说一体化和读写一体化教学模式有其必要性和可行性。国际中文教育背景下多元教学模式和教学法需求，需要我们积极探索案例及案例教学等适应不同教学对象、教学环境和教学目标的多样化的教学模式和教学法。

【思考与练习】

1. 什么是精讲多练原则？请以某一语言点的教学为例谈谈你是如何理解和运用这一原则的。
2. 请选择一段听力材料，设计相应的听力理解练习，并简要说明你选择材料和设计相应练习的理由。
3. 口语课的生词教学和综合课的生词教学要求是否相同？请结合实例谈谈你的理解。
4. 听说一体化教学模式是简单地把听力课和口语课结合起来上吗？请谈谈你的理解。
5. 请选择一段阅读材料，为阅读后环节设计相应的任务和活动，并简要说明设计原理。
6. 读写一体化教学模式与读写分立式教学模式有哪些异同？
7. 与传统教学相比，案例教学具有哪些优势？所有的课程都适合用案例教学吗？请谈谈你的理解。
8. 查找文献，梳理一下近年来汉语言技能教学研究的新进展。

【拓展阅读】

柴省三，鲍杰．基于人工神经网络的韩国汉语学习者口语流利性评价研究．汉语学习，2022（5）．

陆俭明，等，“新冠疫情下的汉语国际教育：挑战与对策”大家谈．语言教学与研究，2020（5）．

吴勇毅．国际中文教育与基于内容教学法的契合．国际中文教育（中英文），2021（4）．

吴中伟．汉语教学模式的集成、创新和优化．华文教学与研究，2016（1）．

翟艳．口语流利性主观标准的客观化．语言教学与研究，2011（5）．

张秀芹，张红娟．4/3/2 条件下读后续说对语言流利性和准确性的影响：与 2/2/2 之比较．外语与外语教学，2021（6）．

郑艳群．技术意识与对外汉语教学模式创建．华文教学与研究，2014（2）．

朱勇．基于学生日志的国际汉语教学案例分析课反思．语言教学与研究，2019（1）．

本章参考文献

蔡永强．任务与过程：汉语读写教学一体化研究．北京：北京语言大学出版社，2017.

曹贤文．国际汉语有效教学研究．北京：世界图书出版公司，2014.

曹贤文．试论语言项目视角下国际汉语有效教学模式研究．华文教学与研究，2016（1）．

陈田顺．对外汉语教学中高级阶段课程规范．北京：北京语言文化大学出版社，1999.

崔永华．基础汉语教学模式的改革．世界汉语教学，1999（1）．

丁涵，丁安琪．抓住机遇、迎接挑战、展望未来："新时期国际中文教育的机遇与挑战"高端论坛综述．国际中文教育（中英文），2022（2）．

胡晓清．汉语听说一体化教学模式探析．语言教学与研究，2010（1）．

李泉，高增霞．汉语综合课教学原则和教学意识．海外华文教育，2010（4）．

刘珣．对外汉语教育学引论．北京：北京语言文化大学出版社，2000.

鲁健骥．说"精读"和"泛读"．海外华文教育，2001（3）．

罗青松．对外汉语写作教学研究．北京：中国社会科学出版社，2002.

罗青松．中级汉语写作任务型教学初探//中国人民大学对外语言文化学院．汉语研究与应用：第六辑．北京：中国社会科学出版社，2008.

罗青松．对外汉语写作教学研究述评．语言教学与研究，2011（3）．

马箭飞．汉语教学的模式化研究初论．语言教学与研究，2004（1）．

彭建武．连通理论在英语词汇教学中的应用．外语界，2002（4）．

亓海峰．面向国际汉语教育的案例教学．国际汉语教育研究，2015（3）．

唐世纲，李枭鹰．论案例教学的内涵及基本特征．教学与管理，2004（16）．

王初明．"学伴用随"教学模式的核心理念．华文教学与研究，2016（1）．

王志芳．国际学校对外汉语读写一体化教学设计研究：以南京国际学校为例．南京：南京师范大学，2014.

王钟华．对外汉语教学初级阶段课程规范．北京：北京语言文化大学出版社，1999.

吴勇毅．汉语作为第二语言/外语教学模式的演变与发展．华东师范大学学报（哲学社会科学版），2009（2）．

吴勇毅．关于汉语教学模式创建之管见．华文教学与研究，2014（2）．

杨惠元．汉语听力说话教学法．北京：北京语言学院出版社，1996.

杨惠元．课堂教学理论与实践．北京：北京语言大学出版社，2007.

杨惠元．汉语听力说话教学法．3版．北京：北京语言大学出版社，2021.

杨明珠．论中级汉语听力教学中的"说"．暨南大学华文学院学报，2007（1）．

张民杰．案例教学法：理论与实务．北京：九州出版社，2006.

张朋朋．语文分开、语文分进的教学模式．汉字文化，2007（1）．

张述娟，徐新伟．对外汉语听说一体化教学模式新探：以初级阶段听说教学为例．华文教学与研究，2014（1）．

张文忠．第二语言口语流利性发展的理论模式．现代外语，1999（2）．

赵金铭．对外汉语教学概论．北京：商务印书馆，2004.

郑金洲．案例教学指南．上海：华东师范大学出版社，2000.

郑淞允，吴辰禧，阮崇友．“读写一体化”模式在国际汉语教学中的应用．北部湾大学学报，2021（5）．

郑艳群，陆凯英．初级汉语口语课教学结构和过程理论模型研究．云南师范大学学报（对外汉语教学与研究版），2020（5）．

郑艳群，田晋华．汉语听力教学结构和过程理论模型研究．对外汉语研究，2020（2）．

郑艳群，周梦圆．汉语写作教学结构和过程理论模型研究．华文教学与研究，2020（3）．

周健．试论汉语语感培养教学模式的确立．华文教学与研究，2016（1）．

周小兵．口语教学中的听力训练．世界汉语教学，1989（3）．

周小兵，李海鸥．对外汉语教学入门．广州：中山大学出版社，2004.

宗世海．我国汉语教学模式的历史、现状和改革方向．华文教学与研究，2016（1）．

第七章

国际中文教育背景下的教学资源建设

在汉语国际化进程不可逆转、国际中文教育转型升级提质增效的关键时间节点，教学资源建设的重要性不言而喻。教学资源具有“提供中文教学内容、传授中文教学方法、承载优秀中国文化、促进中外文明交流互鉴”的重要功能（教育部中外语言交流合作中心，2021）。简言之，教学资源就是一切有利于有效开展教学的素材和条件。按照这个界定，教师、教材、教学法，以及教什么（教的内容）、怎么教（教的方法）、如何学（学的方法）、用什么技术手段（教和学的手段）等都可以归入教学资源范畴。根据教学资源的内涵和外延，可以对其进行不同层面的分类。如教学硬件资源和教学软件资源，广义教学资源和狭义教学资源，传统平面教学资源和数字化教学资源等。当前人们普遍接受李泉、金香兰（2014）的显性教学资源和隐性教学资源分类，前者主要指文字材料资源和网络多媒体资源，后者主要指知识与能力资源和方法与策略资源。教科书及各种教学读物、工具书、各类教学大纲、字词表、中文读物以及教学研究成果等属于文字材料资源，多媒体课件、教学资源库、语料库、教学和学习网站平台、影视及生活视频材料、中国文化图片及多媒体资源等属于网络多媒体资源，在大类上都属于显性教学资源。虽然汉语教学资源及其建设早已有之，但有意识地强化“资源”当始于《国际汉语教学通用课程大纲》[①]，该大纲是国际中文教学工作的指导性文件，其中多次提到“资源策略”，如教科书、字典词典、图片、报纸、杂志、多媒体、互联网、网络信息、教师、同学、朋友、学校、社区、工作环境、图书馆、信息资源、视频网站、博客、数字图书馆、智能手机、数据库等等都被称为“资源”。当前，面向国际中文教育的教学资源建设应该着重做好多元化的教材建设、语料库及中介语语料库建设、中文学习词典编纂、现代教育技术理论与应用等四个层面的研究。

第一节 多元化的教材建设

一、新中国成立以来国际中文教材建设的主要成就[②]

自1958年新中国第一本国际中文教材《汉语教科书》问世以来，经过近70年的发展建设，国际中文教材的数量规模、层级体系、资源媒介、多元化等取得了长足进展。据统计，1949年至2020年的70多年间，全球共出版国际中文教材19 530余种。1949年到1960年，出版的国际中文教材种类达104种，2011年到2020年这一数字达8 039种，增长约76

---

① 该大纲前后有两版，外语教学与研究出版社2008年出版了第一版，北京语言大学出版社2014年出版了修订版。

② 本部分所采用数据均来自马箭飞、梁宇、吴应辉、马佳楠合著文章《国际中文教育教学资源建设70年：成就与展望》。统计数据截止日期是2020年底。

倍。其中，为满足区域国别化需求开发的本土中文教材，为满足不同学段、年龄需求开发的分级教材以及为满足专业、职业需求开发的“中文＋”教材等，均不同程度地满足了教学需求。随着“一带一路”建设的推进，“中文＋职业技能”教材应运而生，成为国际中文教材研发的一个重要方向，进一步推动了教材种类的多元化。

新中国第一部汉语教材——邓懿主编的《汉语教科书》由时代出版社（即商务印书馆）出版，标志着国际中文教材建设的开始。这部教材以语法体系为纲，集中体现了国际中文教学初创时期的教学理论，奠定了对外汉语教学语法的基础，为后来中文教材的编写奠定了坚实的基础。1981 年出版的《实用汉语课本》吸收功能法的优点，采用了结构、情境、功能相结合的编写原则，是 20 世纪八九十年代结构和功能相结合的教材的典范。刘珣主编的《新实用汉语课本》（2003）是专门为海外成人汉语学习者编写的一套综合汉语教材，可谓《实用汉语课本》的二代产品。该教材吸收语法为纲阶段以及结构功能相结合阶段教材的优点，融入文化因素，是结构、功能、文化相结合的教材的典范。从语法结构为纲，到结构和功能相结合，再到结构、功能和文化相结合，代表了国际中文教材发展的三个重要阶段。21 世纪教材编写进入繁盛阶段，以任务型教学法为指导编写的教材大量涌现，同时，这一阶段主题式教学、基于内容的教学、沉浸式教学等理念也深深影响着国际中文教学，国际中文教材呈现出多元化的发展态势（姜丽萍，2018）。例如，李泉主编的普通高等教育“十一五”国家级规划教材《发展汉语》（第二版）系列教材坚持“集成、多元、创新”理念，横向涵盖综合及听说读写语言技能、纵向兼顾初中高三个等级，全套教材 28 册 34 本，是目前广受认可和欢迎的大型系列配套教材。多元化，可以说是国际中文教材发展的第四个阶段。正如马箭飞等（2021）所指出的，经过近 70 年的不懈努力，国际中文教材体系日臻完善，数字教材等资源建设成效显著。国际中文教材在出版数量、语种数量、分类体系、发行广度、融入深度、编写质量等方面均取得了可喜成绩。

（一）分类细化

1. 适用对象分众化

除了传统成人中文教材，国际中文教材“低龄化”需求受到重视，中小学中文教材出版数量“迎头赶上”，与大学中文教材的数量差距逐步缩小。2000 年之后，全球共出版中小学中文教材 1 449 种（其中小学教材多于中学教材），大学中文教材 1 866 种。

2. 通用教材占主体，专门用途教材领域广

2000 年之后，全球共出版通用型中文教材 5 778 种，专门用途教材 564 种，二者比例约为 10∶1。专门用途中文教材涉及商务、旅游、科技、医学、媒体、公务、交通、工业、体育、法律、国防、政治、军事、外交、航空、工程、金融等十几个专业和职业方向。其中，商务（42.89%）、旅游（14.30%）、科技（14.23%）、医学（11.02%）用途中文教材数量位居前四位。

3. 文化教材有拓展

文化教材共 713 种，教材类型从文化课程教材（20.62%）拓展到文化通识教材（17.53%）和文化专题教材（61.85%）。

4. 考试教材增长快

随着中文考试类型增多，考生人数快速增长，考试教材的出版数量与日俱增。2000 年之后，HSK、YCT、BCT、IB、CTCSOL 五类中文考试教材数量达 774 种。2011 年后出版的考试教材占比 68.09%。

5. 华文教材显实力

截至 2020 年底，全球华文学校使用率较高的华文教材有 60 余种，大部分教材源自中国国内，从幼儿园到高中阶段的华文教材体系逐步完善。

6. 数字教材建设成就显著

数字教材数量可观，数字资源形态丰富。截至 2020 年底，共有数字教材 3 679 种，其中中国开发1 744种，占比 47.40%，国外 18 个国家开发本土中文数字教材共 1 935 种，占比 52.60%。数字教材和网络课程依托数字应用平台得以展现，可以配备课件、讲义、练习、测试题等多种数字素材。各类数字资源多位一体、融合共生，共同创建了中文数字资源环境。

（二）融入本土

国际中文教材凸显国际化、外向型特征，从教材“走出去”，逐步实现“走进去”“融进去”。2003 年以来，至 2020 年底，各级各类国际中文教材年均发行世界 101 个国家的 1 200 余个中文教学机构。13 套主干教材达成版权输出贸易 200 余项。在海外 20 余个国家，70 余套中文教学资源直接服务国民教育体系内的中文课程。《工业汉语》等多种“中文＋职业技能”教学资源助力高素质技术技能人才培养，促进当地经济社会建设与繁荣。

（三）编研并举

在教材编写过程中，学界不断从国内外中文教学实践、教学和教材研究成果，以及国际第二语言教学和教材编写的理论和实践中汲取营养，逐步从经验走向科学，创立了结构、功能、文化相结合的教学理念。近年来出版的教材尤为注重研究和吸收任务型教学法、主题式教学法、内容教学法、产出导向法、体验式教学法、沉浸式教学模式、混合式教学模式、考教结合教学模式，以及后方法时代教学理论、多元智能教学理论、跨文化交际教学理论等方法和理论的精华。在理论与实践的互动中，推出了《汉语口语速成》《发展汉语》《博雅汉语》《体验汉语》《新实用汉语课本》《汉语乐园》《快乐汉语》《跟我学汉语》《新概念汉语》《长城汉语》《轻松学汉语》《走遍中国》《HSK 标准教程》《新时代汉语口语》《会通汉语》等一大批优秀中文教材。

（四）多元化建设取得实质性成效

角度不同，造成了对“多元化”理解的多元化。中文教材的多元化既可以指教材内容、表现形式、教材风格、编者及出版者的多样性，也可以指基于适用范围和所用诠释语言差异的通用化、区域化、语别化和国别型教材的区分。姑且不论“多元化”究竟该作何理解，仅就“多元化”的所指内容来看，就足以说明中文教材建设在内容、类别、使用对象、使用范围、使用环境等维度上的立体化特征。各种类型和风格的教材的出现，也说明国际中文教学的广度和深度正得以不断开拓。

二、国际中文教材的分类

教材分类研究是教材研究的重要内容，是考察教材建设发展状况的重要手段。通过分类，可以更好地分析和认识不同类型教材的性质、特点、功能和目标，更好地开发教材资源，拓展和完善教材体系建设，从而更好地满足各类教学的需要，最终促进国际中文教育学科的发展。

1. 根据教学性质分类

根据教学性质，国际中文教材可分为学历教育教材和非学历教育教材。学历教育教材又可分为本科教材和研究生教材。非学历教育教材包括长期进修教材、短期速成教材及预科教材。短期速成教材是为学习期限少于一个学期的来华留学生编写的教材，预科教材是为来华留学生进入本科专业学习前的预科教育而编写的教材。

2. 根据教授方式和学习方式分类

根据教授方式和学习方式，国际中文教材可分为课堂教材和非课堂教材。课堂教材指课堂教学使用的教材，如综合技能教材、专项技能教材等。非课堂教材指常规课堂之外使用的教材，包括自学教材、读物、实用手册、考试辅导教材、教师发展教材、各类大纲和等级标准等。其中读物包括汉语读物和中华文化读物两类，实用手册是供学习者在生活、工作、旅行中查验相关语句的手册（周小兵等，2018）。

3. 根据针对学习者的年龄分类

根据针对学习者的年龄，国际中文教材可分为少儿教材和成人教材。少儿教材又可分为学龄前少儿教材、小学教材和中学教材。

4. 根据针对学习者的汉语水平分类

根据针对学习者的汉语水平，国际中文教材可分为初级教材、中级教材和高级教材。初级教材又可分为零起点教材与非零起点教材，中级教材又可分为准中级教材与中级教材。

5. 根据针对学习者的学习动机和目标分类

根据针对学习者的学习动机和目标，国际中文教材可分为通用语言目标教材、中国文化教材和专门用途教材。通用语言目标教材包括通用语言技能教材和语言知识教材。中国文化教材指对中国文化、中国各地习俗、中国古代文明、中国概况、中国历史、哲学、文学、艺术、国情等进行介绍的教材。专门用途教材指为了满足学习者某种专门需求而编写的教材，如商务汉语教材、医用汉语教材、科技汉语教材、旅游汉语教材等。

6. 根据针对学习者的母语文化背景分类

根据针对学习者的母语文化背景，国际中文教材可分为通用型教材、本土化教材和语别型教材。

通用型教材指“不专门针对某类学生的母语，不专门针对某类学生的国别（文化背景）而编写的教材”（吴勇毅，1993）。这类教材适用于某一类型、某一级别和某个年龄段的不限于特定国家和母语背景的学习者，也称为普适性教材。通常具有教材名称中性化、教材内容中国化、词汇缺乏本土化、注释往往英语化、语言对比空白化等特征（吴应辉，2013）。

本土化教材是“根据当地教育体制、社会文化、学习者母语特点等因素开发的适合当地人学习的教材”（周小兵、陈楠，2013）。本土化教材是与普适性教材相对的一个概念，强调针对性，是为满足特定国家或地区学习者的学习需要而设计编写的。既可以指以国家为单位的“国别本土化”教材，也可以指在一个区域通行的“区域本土化”教材。通常具有教材名称本土化、教材内容本土化、部分词汇本土化、注释语言母语化、语言难点对比化等特征（吴应辉，2013）。

语别型教材是为共同使用某种语言的学习者编写的汉语教材，如为以法语、德语、西班牙语等为母语或通用语的汉语学习者编写的教材。这类教材在生词注释和语法翻译等方面直接采用学习者共同的母语或通用语（李泉、宫雪，2015）。这是既非“本土”又非“普适”的第三类汉语教材。这类教材照顾到了某一语言为母语学习者学习汉语时可能出现的许多共性问题，因而对同一母语学生学习汉语具有很强的针对性。需要特别指出的是，基于英语的国际语言地位，“同母语”汉语教材中的“英语母语”汉语教材在国际中文教学中有时被作为“准通用型”汉语教材使用（吴应辉，2013）。

此外，还有专门针对华人华侨编写的华语教材等。

7. 根据针对学习者的学习环境分类

根据针对学习者的学习环境，国际中文教材可分为来华留学生教材和海外汉语教材。海外汉语教材又可进一步分为面向纯外国人的汉语作为外语的教材和面向海外华人的华语教材。

8. 根据语言技能培养的侧重点分类

根据语言技能培养的侧重点，国际中文教材可分为综合技能教材和专项技能教材。综合技能教材又可分为听说读写综合训练教材、听说教材、读写教材等，专项技能教材又可分为听力教材、口语教材、阅读教材、写作教材等。

9. 根据教材的介质形式分类

根据教材的介质形式，国际中文教材可分为纸质教材和数字化教材。纸质教材指传统的图书教材。数字化教材指集合了多媒体的信息形态的教材，可分为静态媒体教材、多媒体教材、富媒体教材、智能化教材等不同形式。

除了这些分类角度，我们还可以根据教材编写体现的教学法理论将国际中文教材分为结构型教材、功能型教材、结构-功能型教材、主题型教材、情境型教材、任务型教材等；根据编排体例分为单课制与单元制、直线式与螺旋式等；根据注释中介语数量的多少分为单语种中介语教材和多语种中介语教材等。

教材怎样分类更为科学，分多少类合适，并没有一个绝对的标准。切入的角度和依据的标准不同，就会有不同的分类结果。

三、国际中文教材编写的基本原则

国际中文教材的编写原则是编写教材的基本纲领，地位举足轻重。关于国际中文教材编写的原则，赵贤州提出“四性”（针对性、实践性、趣味性、科学性）原则，吕必松提出“六性”（实用性、交际性、知识性、趣味性、科学性、针对性）原则，刘珣提出“五性”（针对性、实用性、科学性、趣味性、系统性）原则，李泉提出十条通用原则（定向原则、目标原则、特色原则、认知原则、时代原则、语体原则、文化原则、趣味原则、实用原则、立体原则）。这些基于不同角度的观点体现了对国际中文教材编写原则的认识和研究的不断深入。一般认为，国际中文教材的编写须遵循以下基本原则。

1. 科学性原则

科学性原则要求教材内容规范，编排合理。具体来说，就是要求教材的内容应该符合汉语语音、词汇、语法、语篇的规范以及汉字的书写和使用规范；教材的体例设计和内容编排符合汉语作为第二语言教学的基本原理。李泉、金允贞（2008）将教材科学性的实质概括为三个“统一”——内容准确性和模糊性的统一、内容系统性和简约性的统一、内容规范性和灵活性的统一，并建议从以下八个方面提升国际中文教材的科学性：充分体现汉语作为第二语言教学的性质和特点，突出汉语和汉字的特点及其教学重点和难点，内容本身准确系统和规范，内容呈现符合汉语规律、汉语学习规律和汉语教学规律，处理好教材内容之间的角色地位、数量份额、包容分立、照应协调等相互关系，加强对语言教学新理论和汉语研究新成果的吸收，加强教材的针对性、实用性和趣味性，加强教材科学性的策划。

2. 实用性原则

实用性指教材的内容符合学习者的目标需求，能够最大限度地满足学习者实现他们在外语学习的目标和效率方面的功利之用，教材内容的编排和语言知识的说明等符合所教语言的语言规律，符合学习者的学习心理，符合外语教材的编写原则，有利于教师的教和学习者的学（李泉，2007）。简言之，实用性就是教材的编排教师好教、学生好学、教学好用。“教师好教”指教材有先进的教学理念引领教师成长，教材蕴含的教学方法增强教师自信，同时，还有丰富的教学资源方便教师教学。“学生好学”指教材要让学生打开就爱不释手，学起来饶有兴趣，不知不觉中养成汉语的学习习惯。“教学好用”指教材的编写理念应符合国际汉语教学的总目标，教材内容的组织应符合教学上的循序渐进，教学资源的开发要有助于教师的教和学生的学（姜丽萍，2017）。

3. 针对性原则

针对性原则指教材的编写应适合学习者的特点和需求，体现学科性质和课型特点。具体来说，针对性主要体现为：要适合学习者的自然特点和社会特点（包括学习者的年龄、性别、职业、身份、国籍、母语、背景文化、价值观念、兴趣爱好等）；要适合学习者的目标需求和学习需求（包括学习目的、期望达到的汉语水平、未来运用汉语的交际形式和范围、学习兴趣、学习动机、学习习惯、学习方法、对汉语和中国及其文化的情感态度等）；

要适合语言学习的环境和学习的条件（包括在中国学习还是在国外学习、在学校学习还是自学、作为专业学习还是作为“二外”学习、汉字圈的学习者还是非汉字圈的学习者使用、长期进修生用还是短期进修生用、学习时限、周学习次数时数、现有汉语水平、自身文化水平等）；要体现学科的性质和课型的特点（包括要符合第二语言教学以培养学习者语言交际能力为根本目的的总体要求，体现语言规律和第二语言教学规律；符合有关课型的特点和教学规律，体现目的语的语体特征和技能培养的要求等）；要体现目的语教学的重点和难点（要通过汉语和学习者的母语或中介语的对比，观察两种语言的异同，找出针对学习者而言的汉语的某些特点，进而确定教学重点和学习难点，并在课文、注释、练习中充分而又恰当地体现出来）（李泉，2004）。

4. 趣味性原则

趣味性原则指教材的编写要考虑使用者的情况，教材的内容和形式对使用者有吸引力。内容有吸引力是指内容既能满足外国成年学习者兴趣上的需要——有趣，也能满足他们对课文内容实用性的要求——有用。形式有吸引力是指形式既能满足学习者感官上的需要——赏心悦目，也能满足他们对课本形式实用性上的要求——方便适用（李泉，2002）。

增强教材的趣味性是一项系统工程，涉及教材编写者对趣味性的认识、教学经验、理论素养以及实现趣味性的途径和角度等各方面。要实现教材的趣味性，教材编写者首先要有“趣味重要、趣味难”的意识；要充分调查和研究教材使用者（学生）的兴趣点；在教材的总体设计中增强趣味性的意识；加强教材的针对性，有助于增强趣味性；加强教材的实用性，有助于增强趣味性；加强教材的科学性，有助于增强趣味性；避开“趣味误区”，有利于间接增强教材的趣味性；突出“趣味性特征”（如增加百科知识，缩短课文篇幅，加大文化含量，美化版式设计）、内容故事化、语体风格多样化、话题国际化等都有助于直接提升教材的趣味性（李泉，2002）。

四、国际中文教材评估

1. 教材评估的含义和意义

教材评估就是根据特定的标准或原则对教材设计和实施的成败得失、优劣高下进行评议和估量，也就是评估教材的成功之处、失误之处、胜出之处、不足之处，以及该有的是否已有、已有的是否合理、合理的是否创新、创新的是否突出等等。教材评估的范围可以是多角度、多层次的全方位评估，如教材编写的指导思想、编写原则、目标定位、知识传授与技能培训关系的处理、目的语文化的体现、课文语言实用性和规范性、语体风格的多样性、内容编排的科学性和趣味性，以及语法点的融入量和编排顺序是否合理、重点学习的语言成分和语法现象是否有重现及重现率的高低、练习是否覆盖全部或主要教学内容、题型的针对性和效率如何、语法注释是否简明准确、有无配套教材及教师手册、有无插图及是否结合教学内容、教材整体或局部有无创新和特色等等；也可以是对教材的部分内容或部分环节，如就教材本身的设计和编写情况或教材的各项编写原则等进行评估；还可以是单一的项目，如对一部或多部教材某一方面的问题进行专项评估。教材评估对教材编写和研究、对教材的选择和使用，既有理论指导意义，又有实际应用价值。通过对以往教材的评估，教材编写者可从中汲取营养，获得启发和借鉴，同时舍弃某些陈旧的观念和做法，及时更新教材，从而推动教材的开发和建设，促进教材编写质量的提高（李泉，2012）。

2. 教材评估的标准与体系

评估必须客观公正，因此评估标准的制定是教材评估的关键性环节。目前国际中文教材评估虽有一定的研究与探索，但还没有一个公认的评估标准体系。

赵金铭（1998）在调查研究的基础上，针对教材编写的现状，系统地阐述了教材评估的标准和方法，并拟定了一份对外汉语教材评估表。全表分为前期准备、教学理论、学习理论、语言材料、练习编排、注释解说、教材配套、其他八个部分共55个评估项目。这是首份从专家和教师的角度对国际中文教材进行评估的指标体系，评估标准明确、针对性突出、可操作性强，为后来的教材评估研究奠定了基础。

林敏、吴勇毅（2003）尝试从学习者的视角出发，建立供学习者评估的对外汉语教材评估表。该评估指标体系包括整体编排、词汇及解说、课文、语法注释、练习、形式及配套六个部分，共62个评估项目。这六个部分基本涵盖了从学习者角度评估教材的各种因素，个体的统计结果可视为单个的学习者对某本教材的总的态度、看法和评价，群体的统计结果可视为单位学习者对某本教材的总的态度、看法和评价。这是国际中文教育学界第一个用于学习者的系统的教材评估体系，对国际中文教材的评价研究具有重要的理论价值和实际应用价值。

梁宇（2018）在理论研究和实证研究的基础上，尝试构建国际中文教材评价标准体系。该标准集中体现为三份评价表："国际汉语教材编写评价表""国际汉语教材教师选用评价表"和"国际汉语教材学习者选用评价表"。三份评价表均设计了五个评价维度：教材适配性、整体设计、教学内容、情感与策略、教材形式。编写评价表和教师选用评价表均设有55项具体指标，学习者选用评价表设有35项指标。每项指标的权重相等。该标准体系特别强调教材适配性、情感性和活动性特点。教材适配性，是指教材与一定教育环境之间的适应力和匹配度。具体分为教材与教学情境的适配性、教材与教学大纲的适配性、教材与教师的适配性、教材与学习者的适配性四个部分。标准对教材情感性的评价分为四个层次：教材整体对学习者情感态度的作用（包括提高并维持学习动机、增强自信心、吸引注意力、发展积极的学习态度），教材提供的策略对学习者情感的作用（包括主要的学习策略和积极的交际策略），教材趣味性对学习者情感的作用（包括语言和活动趣味性），教材形式对学习者情感的辅助作用（包括版式设计、插图、字体、拼音等的功能性和吸引力）。标准将活动作为一个独立模块进行评价（这里的"活动"外延很广，既包括传统的练习，也包括任务、项目、游戏等），突出了"活动为主线"的现代外语教材编写理念。

该体系区分了两种评价类型、三种评价视角。根据评价功能、用途和服务对象的不同，提出教材编写评价和教材使用评价两种类型；根据评价主体身份的不同，区分了研究者视角、教师视角和学习者视角。评价者可以根据自己的需要选用合适的评价表，为评价者提供了一个比较全面的评价参考框架，对教材评价研究具有重要意义。

3. 教材评估的原则

李泉（2012）认为，教材评估的基本原则是信度和效度。教材评估的信度指评估是否公正而客观地反映了被评估教材的实际表现，即评估的结论或分值对被评估教材而言的可靠程度。教材评估的效度指评估的内容是否就是教材评估所应考查的内容，即评估的各项指标——评估标准体系及其具体的评估结论或分值在多大程度上体现了评估的目的所在。

追求高信度和高效度，是教材评估工作的目标，也是教材评估的两个基本要求。评估体系的设计和实施、评估标准的认定和使用都应符合这样的原则。信度原则要求教材评估的标准应该具体明确，并且是教材编写必然要涉及的内容，这样的评估标准才能反映教材编写的实际情况。效度原则要求教材评估的标准不但应该具体明确，并且应该有针对性——是某类教材编写必然要涉及的内容及应有的评估标准，这样的评估标准才能反映教材的实际水平。

教材评估是一项十分复杂的工作，评价人员不同，评估的目的和要求就不同，评估的需求不同，评估的标准和方法就会不同。因此，对评估标准的理解和把握往往带有个人主观色彩，很难真正做到评估的客观和公正。鉴于此，客观看待评估分数或结论是很有必要的，不能把评估结果绝对化。教材编写者和使用者应以积极的态度来对待评估意见和结论，以此推动教材的编写、修改、修订和完善，在教材取舍和使用中扬长避短。教材评估研究的发展趋势应努力使评估标准客观化，努力排除评估过程中的主观因素，增强评估方式的可操作性。

五、教材建设的发展趋势

2019 年召开的国际中文教育大会开启了构建新的国际中文教育体系的事业发展和学科建设的新时代。国际中文教材建设在构建“人类命运共同体”新形势下，呈现出新的发展趋势。

1. 教材类型多元化

教材类型多元化即教材编写通过理念创新、内容创新和形式创新，提高针对性，满足不同类型、不同层次的学习需求（吴中伟等，2017）。鉴于教学模式、学习者和学习环境的多元化需求，就必然需要加强多元化教材的建设。不仅要有国别型，还要有其他类型的教材；不仅要有通用汉语教材，还要有专门用途汉语教材；不仅要有成人使用的教材，还要有青少年使用的教材；等等。目前国内外编写的中文教材数量越来越多，教材匮乏的问题得到明显缓解，中小学教材和通用基础类教材增多，教材“低龄化”“普及型”需求得到有效回应。但是国内外公认的具有模式化意义的精品教材还相当缺乏。因此，教材编写和研究的发展趋势应该是，进一步走多样化之路，进一步加强教材编写的理论研究，进一步加强教材编写的创新探索，进一步普遍性提升教材编写的水平和质量，进一步推出具有更新换代意义的各类教材，特别是符合汉语汉字教学规律、具有教学模式和教学法示范意义的精品教材（李泉，2015）。

2. 教材结构动态化

教材结构动态化即教材在结构上更好地体现语言学习的动态过程，体现课堂教学的实际流程，增强学习者与教材的互动性（吴中伟，2012）。具体来说，教材的动态化要求在教材结构设计上更多地关注语言学习过程和教学过程以及在这一过程中学习者的多元化需求和个性化学习方式。比如，重视学习过程、细化教学流程、引导自主学习、培养学习策略、保持学习动机、增强教学内容的灵活性和可选性等（耿直，2018）。在体现课堂教学的实际流程方面，越来越多的教材将教学环节、流程不同程度地明确化、具体化，力求跟实际教学流程保持一致，在一定程度上将传统意义上的教材设计与课堂教学设计融合了起来。在增强学习者与教材的互动性方面，一些教材通过教学活动引导“发现式学习”，在教学内容和容量方面提供更大的弹性，为学习者的学习自主性提供条件，等等。动态化体现了教材从静态的“材”到动态的“教”与“学”的转变（吴中伟等，2017）。当前多数教材面临的一个突出问题就是不够动态化。相对世界其他第二语言教学的优秀教材，如英语、法语教材，我们的教材优势在于知识比较系统科学，但往往很多师生反映趣味不足、不够吸引人、不够好用。这跟我们长期以来比较重视“材”的研究而忽视“教”的研究，过于强调“教师”的主导而忽视“学生”的主体有密切的关系（耿直，2018）。

3. 教材建设立体化

教材建设立体化即在教材建设的整体设计中把各种相互作用、相互联系的媒体和资源加以有机整合，从而为教学提供一套整体解决方案。教材的立体化包括内容的立体化、形式的立体化和服务的立体化（庄智象、黄卫，2003）。内容的立体化是指加强教材系统内部的纵向衔接和横向配套，加强主干教材和配套教学资源的综合研发，形成主干教材、教辅资源和测试系统相互配合的体系。形式的立体化是指发挥纸质教材、音像教材、电子教材各自的优势，形成相互支撑、相互补充的体系。服务的立体化是指教材编写者和出版者向师生提供“一体化教学方案”，通过设立相关网站、组织研讨活动、搭建教材用户交流平台，形成线上线下的完整的服务体系（吴中伟等，2017）。

如今多元化的学习者及其个性化学习需求促使国际中文教学内容、形态、模式多样化——学历教育与非学历教育、专业教育与职业教育、系统化学习与碎片化学习、线下学习与线上学习等，传统的一本教材包打天下的状况已成为历史，智慧教育理念在教学中发挥着越来越重要的作用，在在线教育中更是独领风骚。智慧教育的实施推进了教育现代化，不仅改变了传统教育的观念、方法、形态和模式，而且通过新信息技术打造智能化、泛在化的新型教育形态和模式。对国际中文教学来说，为满足教学需求，教学形态、教师的课堂教学活动等都在调整、变化，这必将对教材内容及形态等提出新的要求。传统的单一纸质教材已无法满足国际中文教学的全部需求，对教材进行全方位赋能、多向度开发，由纸质教材到立体化、多形态教材，教材建设逐渐拓展为教材资源建设是一种必然（郭风岚，2021）。

4. 教材体系进一步优化

要提升国际中文教材的建设水平和供给能力，就需要进一步优化教材体系结构，从学校类型、教育层次，到学段、年级、年龄等，多维度、多层级细分教材适用对象，有针对性地开展教材编写；立足实际需求，促进通用型教材和专门用途教材协调发展，以及不同用途教材的均衡发展；鼓励教材百花齐放，促进综合技能教材和专项技能教材、基础型教材和中高级教材的全面发展；加大优质中华文化与当代国情教材的研发力度，推动文化教材迈上新台阶；开发各级各类外向型、学习型工具书，增强工具书的规范性、可读性和便利性（马箭飞等，2021）。

本节关键词

多元化　通用型教材　本土化教材　语别型教材　结构功能和文化　教材评估　实用性原则

第二节
语料库及中介语语料库建设

一、语料库和语料库语言学

（一）语料库

《现代汉语词典》（第7版）将“语料”界定为“语言材料，是编写字典、词典和进行语言研究的依据”，将“语料库”界定为“汇集并保存语料的地方，特指基于现代计算机技术存储语料的数据库”。杨惠中、卫乃兴（2002）在《语料库语言学导论》中将“语料库”定义为“一个由大量的语言中实际使用的信息组成的集合”“经科学取样和加工的大规模电子文本库”。由定义可看出，作为一个巨量语言真实文本的集合，语料库与语言学研究和词典编纂之间具有密切的关系，前者是为后者所用而产生的。语言学和词典学本质上都是实证科学，从某种程度上讲，语言学和词典学的内容符合众人语感的、被众人接受的就是合理的，反之就是不合理的。语料和语料库为语言学和词典学研究与实践的合理性提供了重要保障，因为语料库中的语料是大量真实文本材料的集合，可以为语言学研究和词典编纂提供语言事实依据。

（二）语料库语言学

王力先生曾说，“例不十，法不立”“例外不十，法不破”，这一原则非常适用于语言学研究和词典编纂。语料库产生之前，从事语言学研究和词典编纂工作也需要语料，不过那时的语料大部分是作者内省或从自然语言素材（如书面语材料、口语素材等）收集来的，而且是写在卡片上的。例如《牛津英语词典》（*The Oxford English Dictionary*）的前两版就是在数百万张语料卡片上记录的语言材料和事实用例的基础上编纂成的，当时收集并整理这些鲜活语言用例的难度和艰辛可想而知。语料库的诞生彻底转变了这种被动局面，研究者不再需要手工整理和抄写卡片，各种文体的海量语言素材和材料为语言学研究和词典编纂提供了强有力的支撑，弥补了人工操作可能造成的疏漏。语料库语言学由此诞生。简言之，语料库语言学就是运用语料库中的海量语言素材和材料对语言学的某一个方面进行研究的方法。因此，严格来讲，语料库语言学在初期并非一门独立的学科，只是语言学研究和词典编纂所依赖的一种强大技术手段。但随着时代的发展以及人们对语料库的日益重视，语料库语言学逐渐发展成一门建立在实践性和应用性基础上的独立学科，其研究范围主要包括自然语言文本的采集与存储、检索与统计、词性和句法标注、句法语义分析，以及在语言定量分析、词典编纂、作品风格分析、自然语言理解和机器翻译等领域中的应用（陈昌来，2012）。

（三）语料库语言学的建设、研究与应用

国外语料库的发展始于20世纪50—60年代，我国语料库的发展则始于20世纪80年代中期。早在20世纪50年代末和60年代，英国与美国就纷纷建立起用于语法研究和词典编纂的语料库，如布朗语料库、劳勃英语语料库、国际英语语料库（ICE）和柯林斯英语语料库（COBUILD）等。我国在20世纪80年代也建立了一些小规模机器可读语料库，如武汉大学的汉语现代文学作品语料库（1979年，527万字）、北京航空航天大学的现代汉语语料库（1983年，2 000万字）、北京语言学院的现代汉语词频统计语料库（1983年，182万字）等。

黄立鹤（2015）将语料库的发展历程分为语料库1.0—语料库4.0四个阶段。

（1）语料库1.0阶段（18世纪至20世纪50年代）："前电子时代"经手工采集的语料集合。例如，20世纪20年代，我国著名教育家陈鹤琴为了研究制定基础汉字的字表，编写了55万字级的《语体文应用字汇》（商务印书馆1928年出版），开我国语料库研究之先河。再比如，英国伦敦大学的Randolph Quirk 1959年的英语用法调查语料库，该语料库收集了原始书写材料和原始口说材料各100篇，并录入电脑，总容量100万词左右，成为语言学史上第一个大型电脑语料库，代表了当时手工制作的最高水平。

（2）语料库2.0阶段（20世纪50年代至80年代）：通过早期计算机电子化"解放"研究者手工语料采集等劳作，初步经过计算机处理而构建的语料库。例如，美国布朗大学建立的布朗语料库（1 014 300词），英国兰卡斯特大学、挪威奥斯陆大学和卑尔根大学联合开发的LOB语料库（100万词次），以及瑞典德隆大学建立的LLC语料库（434 000词）等。这个阶段，我国开发的语料库主要有上文提到的武汉大学的汉语现代文学作品语料库、北京航空航天大学的现代汉语语料库、北京语言学院的现代汉语词频统计语料库，以及北京师范大学的中学语文教材语料库（1983年，106万字）等。

（3）语料库3.0阶段（20世纪80年代至21世纪初）：利用计算机的处理能力进行大规模数据采集与加工，形成计算机化的大型语料库。如英国国家语料库（BNC）、美国国家语料库（ANC）、柯林斯英语语料库、国际英语语料库、剑桥英语调查（CLS）等。此阶段也是我国语料库开发的高潮期，如桂诗春主持的国家"九五"社科规划项目"中国英语学习者语料库"（收集了从中学到大学的中国英语学习者作文语料、100多万词、62类常见错误）、国家语委现代汉语通用平衡语料库、北京大学CCL语料库、北京语言大学BCC语料库、中国科学院汉英平行语料库、清华大学中英平行语料库等。语料库3.0阶段语料性质从文本扩展到音频，语料库被广泛应用于语言学研究及人文社科研究等多个领域，并上升到"语料库语言学"的理论地位，标志着语料库技术的完全成熟。

（4）语料库4.0阶段（21世纪初至今）：随着现代计算机多媒体技术的发展以及人们对语言活动本质认识的提升，多模态语料库应运而生，成为"语料库4.0"（Knight，2009）。"多模态"的含义主要包括音频、视频、文字、图片等集成信息，视觉、听觉等语料处理方式，视觉、听觉、触觉等检索方式。语料库4.0阶段语料库的重要特点是在线语料库和多模态语料库并行，前者是将建立好索引的语料库和分析工具合二为一，提供基于浏览器和服务器的网络检索语料库，后者是指集成文本、音频和视频等多种媒介的语料库，其加工和检索都是多模态化的（黄立鹤，2015）。例如，目前最大的免费英语语料库——美国杨百翰大学的美国当代英语语料库（COCA）、SmartKom、CHIL、NESPOLE、IFADV、

REPERE、LAST MINUTE、Infant 婴儿行为语料库等均属于多模态语料库（刘剑，2017）。国内的中文语言资源联盟（CLDC）、顾曰国主持研制的即席话语多模态语料库、谢楠和张迪研制的汉语儿童多模态口语语料库也属于此类语料库。但相较于国外多模态语料库建设，我国多模态语料库的建设规模与质量都还处于起步阶段。

语料库语言学研究与计算机技术密切相关，一方面集中于语料库的建库研究，另一方面集中于语料库的应用研究。其研究主题可以划分为三个阶段：第一阶段的研究热点集中在自然语言处理、中文信息处理、分词、词性标准、机器翻译等方面；第二阶段的研究集中在人工智能、标注、数据驱动学习等领域；第三阶段则重点关注平行语料库、翻译教学和学习者研究等领域（黄水清、王东波，2021）。语料库的应用主要为语言学相关领域研究，例如语言学本体研究、词典字典的编纂、语言变异、语言教学、语言测试、机器翻译、字表词表的编制、作品文体风格分析等。

二、语料库的类型

随着计算机技术的提升和文本规模的不断扩大以及语料形式的多样化，对语料库进行分类变得越来越有必要。按照不同维度可以对语料库进行多种分类，不同语料库类型体现出语料领域和概念知识的差异，对语料存储和语料库检索具有重要意义。

（1）按照语体形式划分，可分为书面语语料库和经过转写的口语语料库。前者如鲁东大学的韩国留学生汉语中介语语料库、外国人汉语习得动态作文语料库（上海交通大学）、外国留学生汉语笔语语料库（北京华文学院）、台湾师范大学的 TOCFL 学习者语料库、北京语言大学的 HSK 动态作文语料库。后者如北京语言大学的汉语学习者口语语料库、南京大学的汉语中介语口语语料库。

（2）按语料选取的时间划分，可分为历时语料库（纵向语料库）和共时语料库（横向语料库）。前者如伯明翰大学 1990 年研制的以连续出版的报刊为语料的 AVIATOR 历时语料库、4 亿字词的美国历史英语语料库（COHA）、赫尔辛基英语文本语料库等。后者如香港教育学院 LIVAC 汉语共时语料库，该语料库以“共时性”视窗模式严格定时分别收集来自各地的定量同类语料，同时又兼顾历时性，方便研究者客观观察语言发展的全面动态。该语料库为跟踪、观察泛华地区语言现象及其背后社会文化演变，提供了量化的科学研究依据（邹嘉彦、邝蔼儿、路斌等，2011）。

（3）按语料库的结构划分，可以分为平衡结构语料库和自然随机结构语料库。前者如台湾“中研院”现代汉语平衡语料库，从文类、文体、语式、主题、媒体五个方面进行语料库的平衡。后者如北京大学 CCL 语料库、英国国家语料库（BNC）等，这些语料库的语料一般没有经过深加工，在文类、文体、语式、主题、媒体等方面也没有严格的限定。

（4）按语料的加工深度划分，可分为原始语料库（生语料库，非标注语料库）和赋码语料库（熟语料库，标注语料库）。前者如北京大学 CCL 语料库，除了标注分类、题目、作者等原信息外，正文语料内容未经过任何加工处理。后者如南京农业大学的新时代人民日报分词语料库（New Era People's Daily Segmented Corpus，NEPD），语料规模 2 300 万字，全部由人工标注，是目前世界上规模最大的汉语精加工通用语料库。

（5）按语种划分，可分为单语语料库和双语（多语）语料库。前者如北京语言大学汉语语料库（BCC）、语料库在线、清华大学 TH 语料库等。后者如北京外国语大学中国英汉平行语料库、香港理工大学中英双语旅游语料库、南京大学双语词典研究中心英汉双语平行语料库等。

（6）按语料库的表达形式划分，可分为文本语料库和口语语料库。前者如北京大学 CCL 语料库、人民日报标注语料库、清华大学 TH 语料库等。后者如中国社会科学院汉语普通话自然口语对话语料库（CADCC）。

（7）按语料库的用途划分，可分为通用语料库和专门用途语料库。前者如英国国家语料库（BNC）、中国国家语委现代汉语通用平衡语料库。后者如北京语言大学 HSK 动态作文语料库、全球汉语中介语语料库等。

（8）按语料创造者来源划分，可分为母语者语料库和学习者语料库。前者如北京大学 CCL 语料库、北京语言大学汉语语料库（BCC）等。后者也叫中介语语料库，如北京语言大学全球汉语中介语语料库、中山大学中介语语料库、暨南大学中介语语料库等。

按照不同的维度，语料库还可以分出更多的类型。例如，按照语料规模，可以分为小型语料库、中型语料库和大型语料库；按照语料的内容和属性不同，可以分为异质型语料库、同质型语料库、系统型语料库和专用型语料库；按照模态分类，可以分为单模态语料库和多模态语料库；等等。

三、面向国际中文教育的汉语中介语语料库

（一）中介语语料库

中介语语料库又称学习者语料库，是由非本族语学习者的语言输出组成的经科学取样和加工的大规模素材库。中介语语料库是语料库语言学的一个重要分支，是从“需求侧”加强国际中文教学研究的重要视角。中介语语料库的研制是伴随中介语、偏误分析等理论的引进和研究而兴起的，当人们认识到第二语言学习者的语言输出是一个独立的语言系统，他们在语言输出内容上出现的错误是有规律的这一现象后，收集和研究第二语言学习者的语言输出内容就成为一种必然。经过近 40 年的发展，汉语中介语语料库已经成为语料库语言学的一个重要分支，形成了自身的研究体系。汉语中介语语料库已成为国际中文教育的重要教学资源，是教学资源建设的重要内容之一。简单说来，中介语语料库的研究主要有两个方面，一是建库研究，二是应用研究。

建库研究主要包括这样几个方面：（1）语言学、语言教学和语言学习理论对中介语语料库的理论支撑研究。在注重中介语与目的语的语言共性、中介语的独特性的基础上，加强语料库建设的支撑理论研究。（2）语料库整体设计研究。提出建库任务并进行整体设计，是语料库建设的首要工作环节，对全部建设工作具有制约作用，决定着所建语料库的功能与架构（张宝林，2019）。（3）汉语中介语语料库建设及相关检索软件的研发与运用研究。语料库设计应该在检索方便程度、检索有效性、检索需求方面充分考虑研究者的需要和预期，加强人性化设计，让使用者检有所得。（4）对语料进行深加工，加强语料标注的立体化研究。不仅要做词类、词性等句法标注，还应该进行语义标注、语用标注和文体标注。对语料库进行科学全面的立体化标注可以让语料库更好地为教学与研究所用。（5）加强中介语语料库与自然语言处理、人工智能和大数据等前沿技术的链接。要不断更新设计理念，兼顾在线语料库与多模态语料库的设计研发。（6）加强汉语口语

中介语语料库、国别化汉语中介语语料库、与汉语中介语语料库相关的教学案例库、中文教师课堂用语语料库、中文教材内容语料库、面向华文教育的中介语语料库等通用中介语语料库衍生库的设计研发。

应用研究主要包括这样几个方面：（1）汉语中介语语料库视域下的汉语本体研究。教学实践是检验汉语内部语言规律的“试金石”（王还，1994），汉语研究的一些既有结论是否全面揭示了语言现象的本质往往需要借助学习者的语言运用进行检验。中介语语料库对汉语语音、词汇、语法、语用、汉字以及段落篇章等各层面的研究均具有重要的使用价值。（2）基于汉语中介语语料库的二语习得研究。中介语作为学习者创造的独特语言系统，揭示了第二语言学习者的学习过程和学习规律，具有重要的“需求侧”研究价值。语料库提供的客观真实的海量学习者数据展示了二语学习者中文学习过程的全貌，以及他们所遇到的问题和困难，为加强教学的针对性提供了坚实的基础。（3）基于语料库的汉语偏误分析。这是中介语语料库应用最广泛的领域，基于大规模真实中介语语料的定量分析及定性考察，大大提高了研究结论的实证性、可靠性和客观性以及教学对策的针对性和有效性。（4）基于中介语语料库的中文教材、词典字典、字表、词表及各类大纲的编制研究。这是中介语语料库应用的另一个重要领域，将中介语语料库技术应用于教材编写等教学资源建设，无疑大大提高了后者的科学性和实证性。（5）中介语语料库评估研究。中介语语料库作为重要的教学资源，应该有一套包括设计理念、理论支撑、检索要素、用户友好等原则在内的完整科学的评估体系，以促进中介语语料库研发与建设的可持续发展。（6）语料库的局限性研究。要注重中介语语料库的两面性，在发挥主体优势的基础上，不断挖掘语料库本身存在的局限性，改进语料库。

（二）主要中介语语料库

中介语语料库的鲜明特色在于能够保留汉语第二语言学习者所使用语言的真实全貌。如发音问题、词汇和语法的使用问题、汉字书写问题、汉语表达的段落及篇章问题等，都能得到真实的记录。因此，能够真实记录不同国别和地区、不同语言水平的中文学习者语言输出内容，可以说是中介语语料库的最大特点，其次兼顾留学生背景和语料自身信息的完备性也是其重要特点。下面是一些建设比较成熟的中介语语料库。

1. 全球汉语中介语语料库

全球汉语中介语语料库由北京语言大学（原北京语言学院）于 1992 年开始建设，以“全球”命名，意在面向全球各地收集语料，全球共建、全球共享。[①] 该语料库（1.0 版）已面向全球开放，用户简单注册后即可免费使用。语料库以注重语料的真实性、注重语料的平衡性、注重语料的系统性、注重语料的动态性、注重语料库使用的便捷性为建库原则，已成为为因应汉语作为第二语言教学的学科建设和科学研究的需要而设计建设的一个迄今为止规模最大的汉语中介语语料库。

2. HSK 动态作文语料库

HSK 动态作文语料库是母语非汉语的外国人参加高等汉语水平考试（HSK 高等）作文

---

① 该语料库向世界各国的汉语教师、研究人员、汉语学习者乃至对汉语感兴趣的其他各界人士免费开放，实现最充分的资源共享，全心全意为全球汉语教学和研究服务。

考试的答卷语料库，收集了1992—2005年的部分外国考生的作文答卷，共收录11 569篇作文，总计424万字。语料库中的全部语料皆为熟语料，从字、词、句、篇、标点符号等方面进行了详细标注。该语料库由北京语言大学崔希亮教授主持研发。语料库1.0版于2006年12月建成上网试运行，语料库1.1版于2008年9月正式向用户开放，现已上线语料库2.0版。新版本的数据统计增加了可视化图形设计，检索方式除“一般检索”之外，增加了“特定条件检索”。

3. 中山大学中介语语料库

中山大学中介语语料库，即中山大学汉字偏误标注连续性中介语语料库，由中山大学国际汉语学院周小兵教授领衔研发，目前已升级改名为“留学生全程性中介字字库及文本语料库”。该语料库包括留学生全程性中介字字库和汉语中介语文本语料库两个资源库，网页页面显示留学生全程性中介字字库、汉字偏误标注文本语料库和字词句偏误标注文本语料库三个入口。该语料库的语料收集以2003年以来中山大学国际汉语留学生的字句练习和作文材料为主，具有较高的自然性和真实性。

4. 台湾师范大学汉字偏误库

台湾师范大学汉字偏误库是2009年以来第一个专门针对汉字偏误的语料库，是中国第一个专门针对汉字偏误的繁体字语料库。该语料库的语料来自台湾师范大学国语中心（MTC）、台湾大学国际华语研习所（ICLP）、台湾大学文学院语言中心中文组（CLD），收录了15种母语背景的学生语料——德语、法语、荷兰语、瑞典语、乌克兰语、西班牙语、意大利语、英语、蒙古语、泰语、印尼语、越南语、俄语、印度语和史瓦希利语，分初、中、高三级，共计2 536个偏误汉字。该语料库的语料来自学生平时的作文作业，而且对学生的偏误汉字原样扫描，能够反映学生的真实水平。

5. 广外-兰卡斯特汉语学习者语料库

广外-兰卡斯特汉语学习者语料库（Guangwai-Lancaster Chinese Learner Corpus）由广东外语外贸大学与兰卡斯特大学联合建立，包含书面语和口语两个子库，语料样本来自80个国家初、中、高三个不同汉语水平等级900名在华留学生，语料规模达120多万词次。该语料库在很大程度上克服了现有语料库容量小、数据类型和语料样本来源单一、汉语文本未分词、标注及检索功能不完备等缺点，并充分考虑学习者背景、学习任务和数据类型等多种因素。

6. 暨南大学中介语语料库

暨南大学中介语语料库分为书面语语料库和口语语料库。书面语语料主要来自暨南大学华文学院留学生2001年至2010年间的作文，约300万字。口语语料主要来自华文学院留学生的汉语口语考试，音频转写成文字后约35万字。

7. 中国传媒大学有声媒体文本语料库

该语料库由中国传媒大学国家语言资源检测与研究有声媒体中心研发，2003年开始建设，2005年上线，前后经过三次改版。语料由2008—2013年间的3万多个广播和电视节目转写而成，并对转写文本进行自动分词和词性标注等细加工，总字数约2亿。该语料库所有语料都进行了元数据标注，既可以利用全部2亿字语料进行检索，也可以根据研究需要选定检索范围。

中介语语料库建设的快速发展，说明人们已经意识到其对语言学本体研究和国际中文教育研究的重要性。正如冯志伟（2006）所说："语料库是语言知识的宝库，是最重要的语言资源。语料库同时也是语言学家有力的研究工具。语料库的使用，为语言学的研究提供了一种新的思维角度，辅助人们的语言'直觉'和'内省'判断，从而克服研究者本人的主观性和片面性，逐渐成为语言学研究的主流方法。……从某种意义上说，语料库的使用，是语言学研究的一次革命性的进步。"中介语语料库的开发与建设也应该充分考虑发挥其知识宝库和研究工具功能，不断更新建库理念，完善语料库的结构框架和内容选取，改进应用细节，以真正体现其应有的理论和应用价值。

四、语料库如何应用于国际中文教育

语料库语言学作为一门建立在实践性和应用性基础上的新学科，应用价值是其产生和存在的强大支撑。作为一种关键性教学资源，语料库特别是中介语语料库可以广泛应用于国际中文教育的多个领域。

（一）词典编纂

语料库是词典编纂的强大技术手段。以《牛津高阶英语学习词典》为代表的五大英语学习词典都是借助大型语料库编纂而成的，这是西方所谓"语料库革命"的重要应用领域之一。鉴于相关语料库建设的滞后以及语料库意识的缺乏，我们"过去编词典，不管采用什么样的释义方式，只有一种办法，那就是靠几个水平较高的作者在屋子里苦思冥想一条条去写"（胡明扬，2005）。这种方式大大限制了语言描述的准确性、客观性和全面性，往往不能反映某一词条的语言学全貌。语料库的出现，为词典编纂克服这些弱点提供了强大的技术手段，词义的描写与排序、词语使用环境的刻画、例证的平衡性、语用语法信息的描述等都可以轻松实现。

（二）字频词频统计

语料库是字频词频统计、各类大纲及规范制定的重要依据。例如，北京语言学院语言教学研究所编纂的《现代汉语频率词典》（1986）中各种频率统计，就是在 200 万字语料分析的基础上得出的。教育部中外语言交流合作中心组编的《国际中文教育中文水平等级标准》（2021）中汉字表和词汇表的制定，也重点参考了"现代汉语语料库"（2015）。语料库的大规模文本材料可以展示某些语言现象的全貌，例如词语的搭配、语法点的使用、语体语域的区分等，只有借助大规模语料库素材，才可以尽最大可能对其进行全面描述和刻画。

（三）中文教材编写

语料库可以为中文教材编写提供自然真实的素材。教材作为中文教学的重要凭借，必须确保语言的真实性，即教材中使用的语言（口语和书面语）必须是自然地道的、规范的、交际中广为使用的汉语。教材中的真实语言固然可以依靠教材编者的既有经验、母语直觉、冥思苦想，但由于受男女性别、编者知识层次、兴趣爱好等诸多个体因素的影响，用这种方法编写出的教材语言有时在自然地道方面会大打折扣。比如，我们读了一本教材，有时可以感觉到教材编者的性别、年龄、喜好等，这种倾向是不利于学习者学习的。语料库则可以为教材编写提供海量鲜活的素材，如词语的搭配、语法点的使用环境和具体实例，从而使教材中的词语用法解释、语言点配例、语言项目的比较等更加科学和具有说服力。

（四）探究语义和语用，修正规则或规律

语料库有助于全面探究语言形式的语义和语用，在具体语言环境中发现或修正语言现象的规则或规律。

第二语言或外语教学是从形式到意义的过程，对语言形式的意义及用法的归纳如果仅仅依靠我们的语感和经验，可能会导致结论不准确或不全面，而语料库的大量真实文本为语言形式的意义归纳和用法概括提供了理论上的可行性。此外，语料库的海量数据还有助于在具体语境中发现新的语言现象的规则，或对既有语言规则或规律做出修正。中文教学中，只有做足了从形式到意义的归纳和概括，才能不断提高学习者从意义到形式的输出效率，全面提高学习者听、说、读、写、译的综合表达技能。

（五）语言测试

语料库运用于语言测试领域主要涉及四个方面（邹绍艳，2016）：（1）语料库用于开发、设计试题。母语者语料库、学习者语料的研发大大提高了语言测试的真实性，语言测试开发者可以根据这些语料库中所包含的丰富的词汇、语法、搭配、句式、程式化表达等开发和设计语言测试试题项目。（2）语料库用于考试效度验证。来自语料库的真实语言文本的测试材料具有极强的自然语言特征，可以提高考试的内容效度。（3）语料库用于开发自动评分系统。这种评分系统既可用于口语和写作产出性语言能力的评分，也可用于评分员培训、交互性语言测试以及展示学生的历时语言表现。（4）语料库用于构建语言能力量表。语料库能够帮助语言测试开发者发现哪些语言特征是哪种水平的学习者所特有的（Park，2014），因此可以对不同阶段学习者“能做”什么进行描述，从而在人工评分的基础上辅助构建语言能力量表。

语料库语言学的诞生基于应用需求。随着国际中文教育研究与实践的转型升级，还有一些重要问题或领域有待进一步深化或拓展。郑艳群（2013）将这些问题或领域归纳为12个方面：（1）进一步运用科学的统计方法判定语料库结果；（2）推进语料库的流通和基础统计结果的共享；（3）加强语料库及研究结果对国别化汉语教材编写和词典编纂的指导；（4）附加实验等方法完善或验证语料库研究结果；（5）开展汉语中介语音节和韵律特征的研究；（6）开展基于汉语中介语语料库的习得个案研究；（7）横向开展目的语和非目的语环境下汉语中介语对比研究；（8）纵向开展不同时间段汉语中介语对比研究；（9）进一步拓展语料库建设空间和加工范围；（10）开启语料库网的教学应用；（11）加强汉语中介语语料处理工具的研究；（12）重视基于语料库的外语学习理论在汉语教学中的实际应用。

本节关键词

语料库　语料库的种类　语料库语言学　中介语语料库

第三节 中文学习词典的编纂与使用

学习任何一门新的语言都离不开学习词典，中文学习词典是中文学习者学习中文的重要工具，也是国际中文教育的重要教学资源。

一、词典与学习词典

（一）“词典”与“辞典”

1. 词典

词典是“社会化的语言形式的系统，编纂者根据某一语言集团的言语习惯对这些语言形式加以注释，以便有一定水平的读者能理解其意义，得知该形式在该集团中的作用及其有关现象”（Zgusta，1971），“是一种汇集语言、科学文化和日常生活等方面的词语和知识，按一定方式编排，以备查检参考的工具书”（胡明扬等，1982）。语言是文化的载体，从一定意义上说，词典是语言和文化的载体，是对自然语言的高度概括和真实描写，词典的描述和记录是语言和文化得以保存和流传后世的方式之一。

2. 词典≠辞典

《现代汉语词典》（第 7 版）将“词典”界定为“收集词汇加以解释供人检查参考的工具书（现多指语词方面的）”，对“辞典”的释义为“词典（现多指专科、百科方面的）”，并没有对二者进行明确区分。

孙剑艺和董秀梅（2001）主张利用“词”与“辞”意义上已经形成的天然差别区分“词典”与“辞典”。鉴于“词”的 word 义已深入人心，只收词的工具书可以写作“词典”；而所有比词大的语言材料则一律推给“辞”负责，这类工具书可以写作“辞典”。章宜华和雍和明（2007）对二者做了更加详细的区分。“词典”是指汇集语词等词汇单位，以条目的形式分别处理，提供必要的语言知识信息（如拼写、发音、语义、语法、语用和词源等），并按一定方式（形序、音序、义序等）编排的常用工具书；其描写对象主要是语言符号，描写内容是语言或词汇知识。为了增强词典内容的实用性，满足更多读者的检索需求，词典还会收录一些表达文化典故、百科知识的词为词目。“辞典”是以语言符号的指称内容比词大的语言单位（如成语、谚语、典故、掌故等）为收录对象，以条目的形式逐一提供必要的所指知识信息，并按一定方式编排和查检的常用工具书；其描写对象主要是概念和事物，描写的是语言符号所指称的内容。

当然，“词典”与“辞典”的区分不是绝对化的。孙剑艺和董秀梅（2001）指出，如果“词”“语”兼收，就视二者所占比重而定，以“词”为主时用“词典”，反之用“辞典”。从上述定义也可以看出，“辞典”是包括“词典”的，前者的收录范围比后者要宽泛得多。但毫无疑问，“词典”当然也可以收录本应属于“辞典”的收录内容，例如一些成语、熟语等，只是收录比例很小而已。

（二）几组基本概念

1. 内向型词典与外向型词典

内向型词典主要是面向本族语者用户群体编纂的学习型词典，风格上偏重词语的准确释义，如《现代汉语词典》。外向型词典是专门针对非本族语用户群体编纂的学习词典，风格上偏重实用性释义和多层次配例，如《朗文当代英语词典》（*Longman Dictionary of Contemporary English*）以“读者至上”的人性化设计风靡全球英语学习圈。

2. 学术型词典和学习型词典

学术型词典一般采用历时编纂原则，以收录具有学术研究价值的词汇为主，语料一般采用书面材料，以服务于有限的用户群体学术研究为编纂目的（雍和明、彭敬，2013）。学习型词典也叫教学词典，其服务对象主要是非母语语言学习者，其融入学习过程的程度因文化而异。[①] 为满足非母语者学习需求，学习型词典以服务语言学习者的语言学习为主要编纂目的，收词不求全面周详，以“读者至上”的实用性为编纂原则。

3. 纸质词典和电子词典/网络词典/手机词典

随着网络信息技术的发展，纸质词典的出版受到了一定程度的挑战，越来越多的学习者倾向于使用方便快捷的电子词典、网络词典和手机词典。例如《朗文当代英语词典》为主动适应市场需求，在纸质词典的基础上配备了一张 DVD-ROM 光盘。再如网络翻译学习词典——Pleco Chinese Dictionary，收录 13 万多个中文单词和 2 万多个拼音例句，并提供即时中文转英文功能，支持手写、语音输入、读取文件直接翻译功能，是广受汉语学习者喜爱的一款词典软件。近年来，随着人工智能、网络技术、大数据等信息技术的突飞猛进，编纂融媒体词典的条件日趋成熟。例如，由万有知典公司和北京语言大学《新时代中文学习词典》研发团队共同打造的“JUZI 汉语”，是一款包含了词典、学习、工具等多种功能的外向型汉语学习 App，不仅支持汉语作为二语学习的学习者在线自主学习，满足碎片化学习需求，还为教师提供贴合教学的语言内容和多媒体资源，是一个提供多种学习功能的综合型国际中文学习平台。

---

① 关于学习词典（learner's dictionary），哈特曼（Hartmann，2000）给出的解释是：A PEDAGOGICAL DICTIONARY aimed primarily at non'native learners of a language. The degree to which dictionaries have been integrated into the learning process varies from culture to culture.（一种主要针对非母语语言学习者的教学词典。词典融入学习过程的程度因文化而异。）

（三）学习词典

语言学习词典引起人们的重视始于韦斯特（Michael West）和文幼章（James Endicott）1935 年联合编纂的《新方法英语词典》（*The New Method English Dictionary*）。为了控制释义的难度，便于英语学习者阅读，韦斯特尝试借鉴词汇控制理论对词义做出简洁明了的解释。因此，学习词典在产生之初便有明确的使用对象和编纂目的，即为非母语语言学习者学习语言而编纂。伴随语言学习的旺盛需求，语言学习词典作为词典的一个重要类别后来可谓异军突起。例如，《牛津高阶英语学习词典》、《朗文当代英语词典》、《柯林斯合作英语词典》（*Collins COBUILD English Language Dictionary*）（1987 年第一版）、《剑桥国际英语词典》（*Cambridge International Dictionary of English*）（1995 年第一版）、《麦克米伦高阶英语词典》（*Macmillan English Dictionary for Advanced Learners*）等五大英语学习词典相继出版问世，并成为英语学习词典界的领军者。《当代汉语学习词典（初级本）》（徐玉敏主编）、《商务馆学汉语词典》（鲁健骥、吕文华主编）、《汉语教与学词典》（施光亨、王绍新主编）、《新 HSK 5000 词分级词典》（李禄兴主编）、《汉语 5000 词用法词典》（郭先珍等主编）、《国际中文学习词典（初阶）》（李行健等主编）等，也都是比较有影响力的语言学习词典，代表了一段时间内国际中文学习词典的最高水平。

哈特曼（Hartmann，1985）、贝儒安（Béjoint，1994）曾将词典的功能概括为七个方面，即使用方面的权威、（困难）词汇储藏库、不断提高交际能力的工具、强化语言的手段、语言反思的刺激者、外语学习的协助者、一种思想武器，词典对语言学习的重要性不言而喻。学习词典的编纂应该在设计理念、编纂原则、释义模式等方面加强顶层设计，以体现其学习功能。

二、国际中文学习词典的编纂原则

顾名思义，编纂原则是指在编纂对外汉语学习词典过程中所依据的法则或标准。鉴于使用对象和使用功能上的特殊性，国际中文学习词典的编纂在尊重语言规律、语言学习规律和语言教学规律的前提下，至少应遵循科学性、简明直观性、实用性、兼顾文化、时代性、系统性和趣味性等七大编纂原则。

1. 科学性原则

科学性原则是编纂国际中文学习词典的最重要的原则，编纂过程中能否坚持科学性是评价一本词典好坏的关键。当然衡量学习词典是否科学可能会有不同的标准，如“明确的针对性”“科学的收词范围”等都可视为科学性评判的依据。一部学习词典要做到科学性，至少应该考虑五个方面的因素：（1）明确使用对象。鉴于学习者的学习特点和学习规律，学生的国别、学生主体的汉语水平、学生的学习动机和目的等都是需要考虑的影响因素。（2）体例安排合理。不同的词典往往采用不同的编纂体例，国际中文学习词典的特殊性决定了其在体例编排上的特殊性。词条的选择、字形字音、词条栏目的内容及先后等都是体例安排需要考虑的方面。词条要考虑其常用性，一些生僻的词条不宜出现在学习词典中；字音和字形要注意规范；词条栏目的内容要简明扼要，有利于学习者学习使用。（3）义项选择要科学。有些词语可能有多个义项，针对国际中文学习词典的特殊性，义项的选择要充分考虑《国际中文教育中文水平等级标准》的要求以及义项的通用程度。义项的安排应该按照流通程度的高低先后排列，为了减轻学习者的学习负担，要把一些比较生僻的义项排除在外。（4）例语例句的设置要科学。例语例句的设置首先要能突出词义，符合学习者的学习规律，并尽量避免时政色彩和消极意义。（5）科学使用语料库和网络资源。语言处在不断发展的过程中，词典的编纂是一项耗时耗力的巨大工程，因此在收词及其义项范围的选择上总是落后于语言的发展。国际中文学习词典编纂过程中要密切关注语言发展的最新情况，及时把一些语言新现象收入其中。另外，为了尽量选择一些规范度较高的例子，采用一些例语例句时要参考各种规模和类型的语料库资源。

2. 简明直观性原则

一部好的学习词典在内容和形式上应该简明、直观。简明直观性原则主要表现在三个方面：（1）使用简练、通俗易懂的元语言。可理解的语言输入和可理解的语言输出对于第二语言学习者习得一门语言都有十分关键的作用。国际中文学习词典是引导学习者活用目的语、集工具性与学习性于一体的实用性工具书，保证可理解的语言输入是一个基本的前提，因此用来注释的元语言一定要简洁明了、通俗易懂，否则只能是越解释学习者越糊涂。（2）适当回避专业性术语。国际中文学习词典不同于供母语为汉语者使用的词典，为了方便学习者使用，词典编纂中要尽量简化或回避语言学专业性术语。（3）简化注释。某些词项注释起来比较容易，而另外一些词项在注释的时候可能很难下笔。注释的简明与否，直接关系到词典实用性的高低。有些词项注释得很少，但通俗易懂；有些词项注释得很多，但并不利于学习者学习使用。

3. 实用性原则

实用性是词典的生命。词典编纂得再好，如果不实用，也就失去了存在的价值。关于实用性原则，需要注意两点：（1）学术性。使用简单的元语言、使用插图回避冗长的说明、回避或简化专业性术语等并不意味着降低国际中文学习词典的学术价值。衡量不同词典的学术性应该有不同的标准。《现代汉语词典》用语规范标准、解释科学翔实，具有学术性；国际中文学习词典的简明直观性特点并不意味着它不具有学术性，义项的合理选择、体例的科学安排、知识的充足含量等都是学术性的具体体现。因此，讲求学习词典的实用性并不意味着以牺牲学术性作为代价。（2）搭配的多样性。学习者学习一个词项，并非简单止于知其音形义，了解该词项的诸多用法才是最终目标。因此，如何在学习词典中把某个词项的音形义和用法说清楚，特别是如何把该词项的用法讲明白是必须要费心考虑的。在对词项进行说明的时候，要特别注意该词项的搭配情况。搭配的多样性可以明确该词项的诸多用法，进一步满足学习者广泛的要求。搭配的设计既要考虑流通程度，又要照顾使用的领域和范围。搭配的形式不限于词组，带有情境的句子更能引导学习者活用目的语。

4. 兼顾文化原则

语言是文化的载体，学习一门语言不可能不学习这种语言背后的文化。以汉语作为第二语言的学习者学习汉语言固然是一个方面，但其终极目标在于了解目的语文化。国际中文学习词典虽然不是专门的文化词典，也不是课堂教学中使用的教科书，但编纂者应该以巧妙的方式在词典中体现文化习俗、文化产物、文化观念等文化内容，从而加大文化内容的含量。兼顾文化不等于在词典中集中讲解文化内容或文化常识，而是把文化内容融入其中。

5. 时代性原则

语言作为一种约定俗成的社会现象，会随着社会的发展而不断发展变化。如何把最新最准确的内容写入词典，是广大词典编纂者面临的一项重要任务。国际中文学习词典编纂的时代性原则主要体现在两个方面：（1）使用规范字、词。随着社会的发展变化，权威部门有时会对字词的音形义等做一些调整，词典工作者应该密切注意这种调整变化。例如，关于“像”和“象”的用法的调整，“血”的两种不同读音表示两种不同的用法，“载”的不同读音等，在编纂词典的过程中都要注意规范使用。（2）例语例句的搭配要能体现时代特征。随着社会的发展，会有一些新词出现，或原来的旧词增加了一些新的意义，在进行例语例句搭配的过程中要注意这些新词或旧词的新义项，时时注意更新内容，保证学习词典的时代性。

6. 系统性原则

系统性原则要求国际中文学习词典在形式上和内容上都要保持一致。（1）形式上的一致性。国际中文学习词典在体例、用语、风格、词语重现率等方面应该体现出高度的一致性。词典的体例要前后一致。比如在举例的时候是先短语还是先句子？对单字来说，由其构成的词在举例时出现不出现？一些习惯性的说法以什么形式出现？一部学习词典凭借个人的力量是难以完成的，一般由多人合作完成，因此词典的用语、风格一定要保证前后一致，不能出现前半部分口语体较多而后半部分书面语体较多等现象。（2）内容上的一致性。词语的重现率也是要重点考虑的方面，一个词项在前面出现了，后面再也没有露面，是很不科学的；前面出现的词项在后面的编纂过程中要适当重现，从而保证各词项合适的重现率。

7. 趣味性原则

趣味性原则是教材编写、课堂教学的重要原则。趣味性作为国际中文学习词典编纂的一个辅助性原则，也是编纂者必须考虑的重要因素。趣味性体现在形式和内容两个方面。形式方面的趣味性主要指学习词典的设计形式、外观、版式等方面一定要新颖，比如词典的内部可以配备一些有意义的插图，甚至是彩色插图等。形式上的生动活泼可以吸引学习者的注意力，激发学习者的学习兴趣。比形式上的趣味性更为重要的是内容上的趣味性。内容上的趣味性主要包括新词新语的收录、生动活泼的搭配和例语例句，以及一些典型的文化阐释与说明。需要注意的是内容上的趣味性不等于把词典的内容幼稚化，或故意迎合学生的口味，内容的趣味性要建立在客观事实和学生需要的基础上。内容上的趣味性是相对的，不同的学习者到底对哪些内容感兴趣、对哪些内容不感兴趣有时是很难预测的，词典编纂者只能根据自己的实践经验去把握。

三、国际中文学习词典的释义模式

释义是词典最重要的组成部分。词典释义是学习者最需要的信息之一，是学习者查找并理解词项意义的基本参照。兹古斯塔（Zgusta，1971）在《词典学概论》中开宗明义地指出：“词义是词典编纂者所注意的中心问题。因为词典编纂者所有的裁夺，几乎都与在词典中如何处理词义有直接、间接的关系。”胡明扬等（1982）在《词典学概论》中进一步明确指出，释义“从一定意义上说是词典编纂的中心工作。一部词典的质量高低很大程度上取决于释义的质量”。因此释义是词典的“主体工程”（阎德早，1995），是词典编纂的核心工作。以微观结构视角看，释义则是“词典微观结构的组成部分，是对词语意义的解释说明。释义具有独特的功能，可以供词典编纂者定位语义信息、词典用户查寻语义信息……”（Hartmann，James，1998）。蔡永强（2016）认为，国际中文学习词典应该采取基于元语言释义、语境动态释义、插图释义、对译释义等四种释义模式的多维释义模式。

1. 元语言释义

元语言释义是词典编纂所采用的最为广泛的释义方式。《现代汉语词典》采用的基本上就是元语言这种最传统的释义方式，释义客观准确、概括完备、简明规范、确切严密，可谓中国国内最权威的工具书，其他语言类工具书的释义基本上都以《现代汉语词典》的释义为参照。① 元语言释义虽然是最传统通用的释义手段，但本身有其难以克服的弊端，容易产生以词释词、循环释义、“以难释易，以繁驭简，以冷僻释通用”等倾向。② 国际中文学习词典的元语言释义在释义模式及释义内容参照上应该适当与《现代汉语词典》的释义做法割裂，另辟蹊径。同时必须根据词汇控制理论对释义用词进行严格限制，避免随意释义，大幅度降低释义元语言的难度。

2. 语境动态释义

语境动态释义即完整句释义，是将词语放在一个完整句子中进行释义的方式。和词、短语或其他结构相比，句子是一个动态的能够表达完整意义的单位，在句子中被释义词是有语境支撑的。语境动态释义的出发点在于让学习者在具体话语环境中理解词项意义，而不是直接给出元语言解释。由于我们对词条的解释可能永远都不能百分之百地诠释其意义内涵和外延，因此这种方式如果能够成功，那么对第二语言学习者无疑大有裨益。第一部采用语境动态释义的外向型英语学习词典是《柯林斯合作高阶英语词典》，第一部采用语境动态释义的外向型汉语学习词典是《当代汉语学习词典（初级本）》。

如《柯林斯合作高阶英语词典》对动词 grant 的释义：

> grant ① If someone in authority grants you something, or if something is granted to you, you are allowed to have it. ② If you grant something is true, you accept that it is true, even though your opinion about it does not change.

《当代汉语学习词典（初级本）》对动词“搬”的释义：

搬[1]　他正往汽车上～一个大箱子。他要把那个大箱子放到车上去。
搬[2]　他家要～了，以后不住在这儿了。他们全家人要到别的地方去住了。

3. 插图释义

相较于文字，图像能给人们带来更为直观的感受。将文字信息转化为图像信息，可用

---

① 如《现代汉语常用词用法词典》“凡例”中对释义的说明：“释义以《现代汉语词典》为基础，参照其他辞书，根据常用、简明的原则，有所取舍或归并。”

② 据研究，《现代汉语词典》在释义上存在“释义用词没有限量”“释义用词生僻”“局部循环释义”等问题，释义用词介于 3 6000 词和 43 000 词之间，“占被释字头、词目总数的一半以上，说明该词典释义用词庞杂，沿用的是传统随机释义法，没有考虑释义性词语量的总体控制”。

于解释某些难以用语言解释的内容，不失为一种更优的释义模式。插图（illustration）是词典中那些附着于正文中的“便于理解定义的图画、示意图或照片”（Hartmann，1998）。对于一个词项，不同的语言会有不同的表述，但基于这一词项概念形成的插图却常常具有普遍的认知基础，因此插图能为词条释义提供一种直接的视觉效果，让词典用户一眼就能知道词项的内涵和外延。插图“实际上是在向读者提供某些名物词的直观定义，而这种直观定义有时是任何精细的文字定义都无法比拟的。因此它不仅对读者有用，对编纂人员也有好处：它可以省去编纂人员煞费苦心地作文字描绘的时间”（胡明扬等，1982）。

4. 对译释义模式

对译释义，通俗地说就是“以词释词”，是一种无论在内向型词典还是在外向型词典中都比较常见的释义方法。至于对译释义模式，有两种方法：一是直接采用母语翻译的方式进行释义；二是先用母语释义，然后用目的语进行翻译。前者如《中日大辞典》就直接使用中日文对译，易于学习者迅速理解；后者如《牛津高阶英汉双解词典》，在英文释义后直接给出汉语翻译。但作为一部母语者学习外语的工具书，如果只使用母语翻译进行注释，从语言学习的角度来看也是不可取的。第二语言（或外语）学习词典和一语词典的重要区别在于前者强调交际性，通过词条的展示引导学习者活用目的语，因此单纯的语言翻译只能让学习者明白词语的意义，不能有效引导学习者使用外语交际。就这一点来看，《牛津高阶英汉双解词典》的做法似乎较为可取。

四、国际中文学习词典的新理念

（一）中文学习词典与其他教学资源的链接

一本理想的学习词典首先必须是基于用户满意和用户友好的，学习词典能够在多大程度上满足用户需求应该成为评估词典编纂质量的首要标准。作为一种重要的教学资源，中文学习词典对国际中文教育具有强有力的支撑作用。我们必须充分意识到，在国际中文教育大背景下，任何一种教学资源都不是孤立存在的，加强不同教学资源之间的链接是教学资源建设的重要环节。考量汉语本体研究、汉语教材编写、学习词典编纂的三位一体攻略意识，把中文学习词典真正打造成语言和文化的载体，真正让中文学习词典成为学习者语言学习的脚手架，是国际中文教育教学资源建设的重要一环。

1. 中文学习词典与汉语本体研究的链接

中文学习词典应该全面借鉴汉语本体研究的成果，在释义方面不能盲目跟从《现代汉语词典》等语文词典的释义。简言之，学习词典的释义在更大程度上应该是一种语用法的说明，而非基于概念内涵或百科知识的界定。例如，关于副词“反而”的释义，如果仅仅给出“与前文意思相反”或“出乎意料”“违背常情”等释义用语，而不强调“反而”使用的语义背景（马真，1983），学习者往往并不能掌握“反而”的具体用法。

2. 中文学习词典与中文教材的链接

中文学习词典与教材的链接主要表现在两个方面。一是在确定词表范围方面，学习词典的选词立目必须紧紧依托已经出版的中文教材的用词词表，并在数量规模和释义深度上涵盖后者，即“中文学习词典词表 ≥ 中文教材用词词表”。二是学习词典的配例内容应该尽量紧扣中文教材的话题选择及课文内容，尽量根据一些权威大纲［如《国际汉语教学通用课程大纲》（修订版）］中设定的话题配例内容丰富的例语例句，配例表达方式也应涵盖中文教材中配置的语法点，尽量涵盖语法等级大纲中的语法点，并严格控制配例用词。中文学习词典与中文教材的链接，需要建立在教材语料库的基础上，后者作为教材内容的海量文本数据库，在字词句的难度等级及选用标准上都可以为学习词典的编纂提供借鉴和参考。

3. 学习词典的使用

在中文学习词典、汉语本体研究成果和中文教材内容之间建立链接，同时也意味着加强对学习者使用学习词典的指导的重要性。与拼音文字不同，汉语汉字的特殊性决定了学习词典的检索方式迥异于英语等其他语言学习词典。中文教师应该将学习词典的使用列入课堂教学计划，指导学习者如何使用中文学习词典。

（二）融媒体理念及融媒体词典

融媒体（media convergence）即媒体融合。融媒体概念产生于20世纪80年代，指文本信息借助“互联网＋”、人工智能、5G、AR/VR技术以及大数据等信息技术跨越媒体边界进行传播，是传统媒体与新兴媒体的融合形式。新技术支撑体系下产生的手机及平板移动终端、互联网、数字报纸杂志、数字广播影视、桌面视窗、触摸界面等新媒体形式已经成为融媒体的最重要支撑。严格来讲，融媒体既是传统媒体和新兴媒体的融合，更是新兴媒体形式之间的融合，但“传统媒体和新兴媒体不是取代关系，而是迭代关系；不是谁主谁次，而是此长彼长；不是谁强谁弱，而是优势互补”[①]。章宜华（2019）分析了融媒体相关的几个要素——媒体、媒介、多媒体、跨媒体、多模态。媒体泛指传播信息的载体（如电视、广播、报纸、网播及在线社交平台等），也指传播信息的专业机构。媒介是具体的信息传播工具或载体，分为物理媒介（如纸张、磁盘、光盘、网络、云平台、电波等）和逻辑媒介（如文字、声音、音频、图像、视频等）。跨媒体是基于不同媒体平台、不同传播渠道的交叉信息传播。多媒体即多种传播媒体的结合。多模态指通过人的多重感官（如视觉、听觉、触觉等）来进行文本信息的互动。具体到词典，就是通过文字、语音、视觉、动作、环境等多种方式进行人机交互或交流，使词典从静态文本变成动态情境话语载体。因此，融媒体就是把上述各种媒介、媒体、模态融会贯通，整合为一体。

中国辞书学会于2019年3月22—23日在鲁东大学举行了融媒体辞书专题研讨会，集中探讨了融媒体理念及融媒体辞书的理论与实践问题。融媒体理念下，融媒体辞书是以用户需求为导向，采用媒体融合理念和技术，改造和创新传统的辞书规划组织方式、辞书的编纂方式、内容呈现方式、使用服务方式等而形成的新形态辞书产品（王兴隆、元世勇，2021）。从纸质词典到融媒体词典，从融媒体理念到融媒体学习词典，是词典编纂理念和词典形态的转型升级。编纂汉语融媒体词典是解决纸质词典“出版多、应用少”、电子词典“应用广、错误多”这一供需错位问题的重要出路。

---

① 习近平总书记2019年1月25日在中共中央政治局第十二次集体学习时的讲话，讲话指出要加快推动媒体融合发展，构建全媒体传播格局。

(三) 语料库理念及语料库应用

语料库为教材和词典编纂提供了海量文本信息，语料库技术应用于词典编纂可以大大提高词目立项、义项选取、词语释义和用法以及配例的科学性。英语学习词典的编纂大都有大型语料库作为支撑，例如五大英语学习词典的编纂就广泛运用了语料库技术（见表 7－1）。

表 7－1 五大英语学习词典与语料库运用

词典名称	语料库运用情况
《牛津高阶英语学习词典》	第一部利用计算机辅助编纂的英语学习词典（自 1974 年第三版利用电子计算机编纂），2000 年第六版依据牛津语料库和拥有 1 亿词汇量的英国国家语料库编纂而成
《朗文当代英语词典》	第一部利用计算机语料库编纂的英语学习词典，2009 年第五版依据拥有 3.9 亿收词量的朗文语料库网络编纂而成
《柯林斯合作英语词典》	2001 年第三版以拥有 4 亿词汇量的柯林斯英语语料库为依据
《剑桥国际英语词典》	1995 年第一版依据拥有 1 亿词汇量的剑桥语言调查编纂而成
《麦克米伦高阶英语词典》	2002 年第一版依据拥有 2 亿词汇量的世界英语语料库编纂而成

同样，大型语料库也可以为中文学习词典的编纂提供海量真实客观的语言材料和语言信息，如词频统计与词汇分级划分、词类与词性标注、词语用法与搭配、语体与语域特征分析、语境与语义背景信息提取等。当前，语料库技术在国际中文学习词典编纂的理论研究及实践应用方面都还比较欠缺，如何开发应用于词典编纂的语料库以及如何运用语料库编纂学习词典，是未来辞书理论研究及词典编纂实践的重要方向。

(四) 释义元词理念与释义用词释义

如前文所指出的，语言学习词典引起人们的重视始于韦斯特和文幼章 1935 年联合编纂的《新方法英语词典》。韦斯特在该词典的释义中充分考虑了词汇控制理论，提出了一个至今仍困扰词典编纂者的问题：你在用英语写释义时，你怎么知道外国人会理解你所用的释义词语呢？鉴于此，韦斯特严格控制释义词语，仅用 1 779 个单词进行释义，并给不同的释义用词贴上“理想词”“不得已而用的词”和“双重释义词”标签（张利伟，1996）。这可以视为学习词典释义用词研究与实践的滥觞。

释义用词和元语言概念密切相关。“元语言”是英语 metalanguage 的汉译，指的是用来分析和描述语言的语言。词典中的元语言①指的是释义元语言，是“用来解释词典所收词语的定义语言”，是“事实语言的一部分，是其中通用、高频、中性的那一部分”（苏新春，

① 苏新春指出，元语言已经形成语义哲学界与对象语言相对立的表达语言、语言学词典学中与被释词相对的释义语言、自然语言处理界表示认知义的语言等三种不同的主要研究类别。李葆嘉也曾将语言学的元语言划分为三个层次：用于语言交际的最低限量的日常词汇、用于辞书编纂和语言教学的释义元语言、用于语义特征分析的语义元语言。

2003)。用简单的话说，元语言就是用一种语言来描写和解释另一种语言，元语言又称“解释语言”，被解释的语言则常常被称为目的语。由此看来，释义元语言、释义元词、释义用词是属于同一层面上的概念，其内涵与外延基本一致。

在学习词典领域，英语学习词典在释义用词的研究与实践方便均走在前列。例如五大英语学习词典的释义均采用了严格的释义用词做法，将释义用词限于 2 000～3 500 个。反观我国的中文学习词典，却鲜有提及释义用词数量的。在众多中文学习词典中，张志毅（2020）主编的《当代汉语学习词典》提到“释义用词较少，不超过 4 233 个元语言，以及本词典收词”；商务印书馆和北京语言大学杨玉玲研发团队联合打造的《新时代中文学习词典》以及综合型国际中文学习平台“JUZI 汉语”App 将释义用词局限于 3 800 个左右，这是一个非常可喜的进步。

蔡永强（2018）指出，当前外向型汉语学习词典释义的“内汉”痕迹严重影响了学习者对词项意义的理解，释义过程中过度使用释义用词加大了学习者的理解难度。借鉴外向型英语学习词典的编纂经验，界定和限定释义用词是简化释义、优化释义并最终提高释义质量的重要手段。“学习型词典应该严格控制释义用的工具词条数目，运用元语言理论，使用一定数量的常用词来释义，会使释义通俗易懂，学习者能轻松地读懂词典中的释义。”（张志毅，2020）

在中文学习词典编纂中限制使用基于元语言的释义用词，借鉴英语学习词典释义用词的成功经验，并尽快研发出一套运用于学习词典编纂的释义用词词表，是国际中文学习词典研究的重要领域。

（五）学科意识与国际中文学习词典学的学科建设

正如哈特曼（Hartmann，1983）所说，“词典学已经不再是少数腼腆内向、不善交际的资料收集者所从事的鲜为人知的消遣活动”，而是“已经稳步迈入了一个专业化的学科领域”。蔡永强（2016）在《对外汉语学习词典学》中提出了建立对外汉语/国际中文学习词典学的设想，并构建了对外汉语学习词典学的基本框架。对外汉语学习词典学是关于对外汉语学习词典编纂和理论研究的学科，前者主要涉及对外汉语学习词典编纂方案制定、信息搜集及材料组织、词条编纂及编排体例、作品制作与出版等编纂实践细节，后者主要涉及对外汉语学习词典的历史、类型、结构、使用、评论等编纂理论以及具体编纂方法论的研究（见图 7－1）。作为词典学的一个分支，国际中文学习词典学自然也包括理论与实践两个方面：

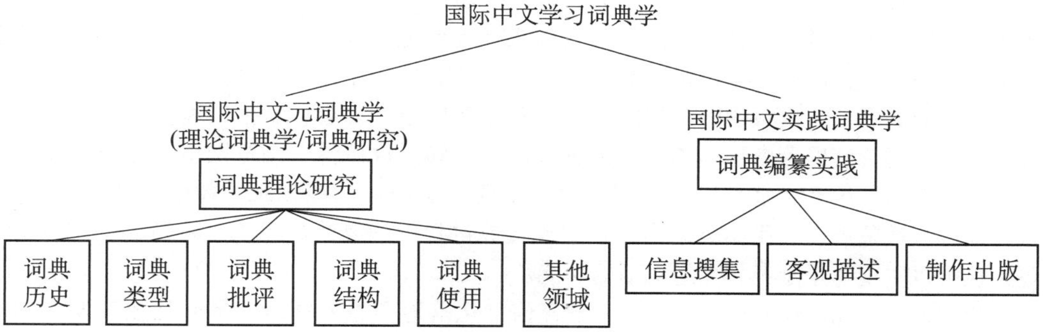

图 7－1 国际中文学习词典学基本框架

加强学科意识与学科建设是国际中文学习词典研究与实践的顶层设计，也是教学资源建设的重要环节。教学资源间的链接、融媒体理念及融媒体词典实践、语料库理念及语料库技术的应用、释义元语言与释义用词限定等新理念，为国际中文学习词典的学科意识与学科建设指明了未来一段时间的努力方向。

本节关键词

词典与辞典　学习词典　元语言　元语言释义　释义用词　融媒体与融媒体词典

第四节 现代教育技术的理论与应用

现代教育技术涉及教育学、心理学、计算机科学、语言学、声学、生理学等多个学科。在教育学领域，主要有发展教学理论、教学过程最优化理论、学习过程阶段论、程序教学理论、教育目标分类理论。在心理学领域，主要有行为主义学习理论、认知主义学习理论、建构主义学习理论。在技术领域，为了辅助教学的智能化，主要有自然语言处理技术、语音识别技术、人工智能技术等；为了实现学习分析，主要有大数据分析技术、数据挖掘技术；为了实现环境的真实性，主要有虚拟现实技术、增强现实技术、扩展现实技术和混合现实技术等。基于对信息技术应用案例的解读，可以探讨如何将现代技术应用于中文教学、以科技赋能教学全过程，同时也可以梳理各项技术与中文知识和能力培养的关系，最终推进现代教育技术理论在国际中文教育领域的应用。

一、中文教学的信息化教学设施

课堂教学是落实教育目标最重要的一个环节，落实教育现代化必须首先落实课堂现代化。课堂现代化主要包括课堂教学理念、教学环境、教学内容、教学手段、教学方法等的现代化。国际中文教学的教室已经从过去的黑板＋粉笔，普及为多媒体教室。多媒体教室的常见设备有：大屏幕数据投影机和含有电脑的综合控制系统。在多媒体教室中，大屏幕居中，侧面有黑板或白板供教师临时板书一些必要的教学内容；学生的座位是成排面向屏幕的，有的还带有屏幕电脑终端。教师可以使用电脑播放课件、浏览网络、播放视频或音频等教学资源。语音教室又称语言实验室，主要用于语言技能训练，如语音课、听力课、口译课等。教师可以利用实验室内设备实现播放过程中的复读、跟读、断句、变速不变调等，也可以实现学生示范、分组对话的功能。

智慧教室（smart-classroom）作为教育信息化落地实施的场地，是智慧教育发展的基础。智慧教室具有内容呈现、环境管理、资源获取、实时互动和情境感知五大特征（黄荣怀、胡永斌、杨俊锋等，2012）。智慧教室的设备和软件对课堂教学进行了全过程无死角的记录，资源丰富，组织形式多样，覆盖“教、学、管、评”教学全场景，贯穿“课前、课中、课后”教学全流程，并能实现实时互动和情境感知，为智慧应用终端提供 AI 降噪、语音转写、同声传译、人脸识别、OCR 识别等功能。

国际中文教学中应用信息化教学设施，有利于创造良好的语言环境，有利于学生自学和个别化学习，有利于提高教学效率。

二、中文教学资源的制作与利用

（一）制作课件等教学资源

课件制作是利用计算机结合各种媒体用于辅助教学与学习的技术。课件制作应符合教育学和心理学的规律。

何克抗（2001）提出了课件制作发展的三个阶段。在课件制作的初级阶段，以行为主义学习理论为理论基础，基于框面的、小步骤的分支式程序设计，多年来一直是课件开发的主要模式，并沿用至今。多媒体课件可以根据学习内容以文字为基础，配合图像、声音、动画等手段，从多方面刺激学生的感官，引起学生的兴趣，吸引学生的注意力，给予学生合适而有效的刺激。

在发展阶段，以认知主义学习理论为理论基础，学习者的内部心理过程开始受到关注，课件应符合学习者的心理特征与认知规律。制作课件应能很好地激发学习者的好奇心和兴趣，从而进一步激发认知内驱力。制作课件应吸引学生积极主动参与，符合人的知觉特点、记忆特点以及认知过程特点。做课件可多用框架、超级链接，结构化、形象化展示知识内容，做到图文声并茂。

成熟阶段，以建构主义学习理论与教学理论为理论基础，强调以学生为中心，教师是学生主动建构意义的帮助者、促进者。课件具有交互性、可控性和参与性，为学习者“协商”“会话”创造条件，为学习者提供优越的学习环境，让学生可以自由探索和自主学习。情境认知理论认为，真实活动和情境是知识的来源，情境是一切认知活动的基础，认知过程的本质是由情境决定的，情境学习强调在情境中学习知识和掌握技能，内容、背景、实践共同体以及参与是情境学习的四个基本要素（王文静，2002）。课件制作更应注重对真实环境、情境的重现和模拟。国际中文教师应具备设计、制作课件等教学资源的能力，根据不同的教学目的、教学对象以及教学中不同的重点和难点选择进行课件制作。

课件首先应该是中文知识的可视化设计，侧重于汉字、词汇、语法等语言知识和文化知识要素的可视化设计。例如，配以动画卡通式的发音口形表示，使学习者能够清楚地看出发音的口形变化；利用计算机的动态显示功能，展示笔顺，示范教写汉字；直接用图示法讲解一些名词和动词；用动画展示趋向补语等语法知识。在讲解文化知识时，可以图文并茂地介绍一些文化现象，如长城、孔子和孔庙等。

其次，课件必须关注中文教学活动，满足知识传授和言语技能的训练需求。语言教学除了呈现知识点之外，更应创造出比课堂虚拟场景更真实的情境，在课件中添加必要的图片、动画、SmartArt 图形、音频、视频等多媒体元素。例如，商务汉语课可通过动画或者视频资源，展示诸如“机场接送”“酒店接待”“商务洽谈”等实际情境，帮助学生更直观地联想和体会实际的语用环境。

（二）制作微视频教学资源

20 世纪 90 年代以前，视频使用的主要是模拟信号方式，以录像带形式出现，通过录像机及电视机进行视频教学。录制教学视频需要专业化的设备，且录制流程烦琐，一般需要经过选题、文字稿本、分镜头稿本、拍摄准备、拍摄、后期录音及字幕处理等环节，录制的视频时间都比较长，且需专门的技术人员摄制及进行后期处理。这类视频的内容以教师示范课为主，时间长度一般在 90 分左右，是对完整课堂的记录与重现。尽管这类教学视频是一种重要的教学资源，但在教学中并不普及。在课堂教学中，更为普遍的是可用于穿插播放的、关于某一课程内容的片段性视频，即微视频。微视频是多媒体技术、网络技术和移动通信技术紧密关联的一种特定产品与概念，是有特定的互联网时代背景和特定内涵的教学资源。微视频时长一般在 10 分钟以内，主要包括课堂实录、短片、微电影、动画等。微视频主要为流媒体格式（RM、FLV、MP4 等），可以通过计算机、平板电脑、手机、摄像机等设备进行录制或播放，支持移动学习和泛在学习。

制作微视频有多种方法。（1）依赖于专业技术人员进行专业录制。此类微视频制作的成本高、效果好，往往也会受到版权保护。（2）由教师利用照相机、摄像机、手机、平板电脑、计算机等常用设备自制，或使用录屏软件录制屏幕操作，以完整地记录教师对某个学科内容知识点的讲解过程。（3）利用一些视频编辑软件，基于已有视频资源添加各种视频、音频、动画、PPT 课件、字幕等素材，进行裁剪、截取、美化、特效处理等，编辑整理成新的微视频。

（三）在线教学资源的开发与利用

1. 网络教学资源

图片、动画、音频、短视频等网络教学资源，既丰富了教学内容，也日益成为学习者学习的真实语言材料。一些在线网站也提供了教学资源的制作功能，如问卷设计网站，可以用于随堂测试，以把握学生的学习情况，改进教学。另有一些网站可以生成拼音、汉字字卡、笔顺动画等教学资源。

2. 网络游戏

在国际中文教学中，游戏常常能起到很好的教学效果。教育部中外语言交流合作中心支持开发了以中文学习为主题的互动游戏，既能辅助教师在课堂中开展教学，活跃课堂气氛，也能让中文学习者在课余时间自行挑战，巩固课堂所学。例如“拼音农场”，主要帮助玩家记忆拼音与汉字；词汇贪吃龙游戏，可帮助学习者认读拼音、汉字；“听力大师”，可用来听音选词，考验中文听力水平。当然，这些游戏也可以根据教学需要自行编辑，以更好地辅助教学。

3. 学习分析

信息技术的发展，特别是人工智能、大数据等技术的迅猛发展，催生了各类新型的教学类软件，这些软件能通过智能工具采集大量的教育数据，通过数据化、可视化、便捷化的方式呈现出学习过程、学习结果和学习深度。例如，学习分析就是一类运用分析方法和分析工具预测学习结果、诊断学习中发生的问题、优化学习效果的教学技术（李青、王涛，2012）。再如，以自然语言处理技术和语料库技术为基础的在线自动评测系统也已逐步走向应用（杨晓琼、戴运财，2015），可以通过分析学生语言学习成果（文本、语音）和标准语料库之间的差距，进而进行即时评分并提供反馈，给学习者一些改善性建议。另外还有一些手机应用软件可以实现对学生朗读的实时评分诊断，将漏掉的字词、读错的字词标注出来，促进精准练习。

三、线上中文教学

互联网等信息技术与教育教学的不断融合发展，为知识传播提供了新的渠道和新的教学方式。在线教学是指依托互联网技术，以网络平台为载体，通过资源、工具、网络空间的融合，打破时空限制，转换教学场景的一种新型教学模式。网络视频教学、大规模开放在线课程（MOOC）等在线教育新形式和教学新模式的快速发展，提高了知识传播效率，提升了教与学的效益，降低了教育成本，为个性化学习提供了可能。

（一）网络视频教学

随着互联网技术的日新月异以及移动化终端在教育领域的广泛应用，远距离、双向互动远程教学模式——“网络视频教学”或者说“直播课程”应运而生，从而突破了传统课堂在空间、时间、地域、资源等方面的限制。

“网络视频教学”最初是基于网络教学平台来开展的，但是随着直播应用软件的普及，人人皆可“直播”。真正意义上的直播，学生作为观众仅可以通过弹幕、连麦等方式进行，互动性差，教师无法兼顾所有学生，也不能及时得到学生的反馈。为满足教学需求，一些办公会议平台，如腾讯会议、飞书、腾讯课堂、CLASSIN、钉钉等不断增加课堂教学实用功能及教学管理功能，将录播作为必备功能。假如进一步打破教室边界，还可以进行实景直播，使学生接触中国文化、真实语料，真正打造以学生为中心的“云”上中文课堂。例如，为了体现沉浸式中文教学与学习的理念，英国大学生暑期中文学校线上中文教学项目采用了实景直播的模式。学生们围绕“上海中心”“校园探索”“市民生活”“行在中国”等主题，通过镜头与当地市民交流互动，沉浸式、立体化学习中文（于荷，2022）。

此外，也有教学云平台，比如雨课堂。雨课堂是清华大学在线教育办公室和学堂在线共同推出的新型智慧教学工具。雨课堂的全部功能基于 PPT 和微信，将课前、课上、课后的每一个环节都加以考虑。教学活动主要在雨课堂 PPT 放映状态下进行，同时通过随机点名、互评、课堂弹幕、匿名反馈、限时测试等方式，创新师生互动。在课下，可以通过微信推送预习资料、语音讲解、视频、课程难点报告反馈、作业、考试等。雨课堂对教学数据全周期采集，对课程数据进行分析，量化学习情况，帮助教师量化学习，也可以为每个学生提供个性化数据报表。雨课堂还可以和腾讯会议、哔哩哔哩等软件搭配使用，大大增强了语言教学的互动性。

在直播教学中，线下课程的主要教学环节可以进行，但一些交际性课堂练习活动，如小组讨论、角色扮演、实际调查等执行难度较大。同时，各项语言技能的输入大于输出（听＞读＞说＞写），对“写”的影响最大。因此，教师可以从以下方面进行调整：（1）强化仪式感，提升学生的参与度。（2）利用屏幕共享多媒体视频资源、图片、歌曲等调动学生学习的积极性，模拟真实的语言环境。（3）充分利用数字化教学辅助工具，集中学生的注意力。（4）发挥形成性评价的作用，督促学生课下完成相关练习。

（二）微课、慕课、SPOC

这种教学类型是以录播形式将优质教学资源上传到平台，学生在线观看课程视频，进行后续学习。师生时空存在异步性，实时互动与交流少，社会临场感相对较差。另外，由于学习环境不受约束，往往无法维持学生较长时间的注意力，较难保证学习的有效性。

1. 微课

微课属于课程范畴，是小型的、专题式的一些小模块课程，也属于正式学习范畴。微课是一个将某个知识点或教学主题相关教学资源进行结构化组合，并在教学资源与教学任务、教学活动、教学环境之间建立起有意义的关联，形成一个主题突出、资源有序、内容完整的结构化资源应用环境的教学形式。微课包含教学目标、教学内容、教学活动（学习活动）、教学资源（学习资源）、教学评价（学习评价）等必要的课程要素。微课的“微”表现为时间、内容、形态、成本四个“微”度，如内容是最小粒度的，一个微活动中的微视频有且仅有一个。在技术支持下，微课内容实现了可视化与碎片化可拼接（连续不间断），减轻了学习负担，降低了成本，形成了非线性的个性化与差异化的学与教方式。

微课以用来解决一个知识点的微视频为核心教学资源（学习资源），还包括配套课件、延伸资料、学（教）案等其他类型的教学资源。配套课件是配合微课主体的说明与补充，适应学习者的学习与教师的教学。学习资源是支撑微课主体的基础延伸，方便学习者寻找学习的基础与支撑点。延伸资源是微课学习的后续发展指向或进阶学习路径，方便学习者的持续学习。

2. 慕课

慕课（MOOC，Massive Open Online Course），即大规模开放在线课程，是一种免费注册使用的在线教育模式，具有大规模、开放性、灵活性的特点。慕课模式产生于2011年，以Coursera、Udacity和edX三大慕课平台为代表，是在线教育发展中一个引人瞩目的里程碑。

目前流行的慕课是基于内容的慕课，也简称为“xMOOC”，以行为主义和认知主义学习理论为基础。该模式使学习者反复提取已经学习的内容，强化知识掌握，单一使用“刺激—强化”模式加速学习者的学习（王永固、张庆，2014）。慕课结构化程度高，每门课程有明确的开始时间和结束时间。学习者通过观看教学视频学习课程内容，视频长度为5～15分钟。学习者与教学者利用课程讨论区互动交流和答疑解惑。课程评价包括视频中内嵌的在线形成性测试，也包括课程作业的学伴互评成绩。强调学习者独立自主地学习，侧重于知识传播和复制。教师可在慕课平台跟踪学生学习情况、收集学习问题，并根据在线学习数据的统计分析结果实时调整课程内容及教学方式（王颖、张金磊、张宝辉，2013）。

目前，中国较为成熟的慕课平台有爱课程和学堂在线。爱课程，也称为中国大学MOOC，汇集了众多高校的课程，课程发布后教师会参与论坛答疑解惑、批改作业等在线辅导，直到课程结束颁发证书。学堂在线运行了来自清华大学、北京大学、斯坦福大学等国内外高校的大量优质课程，覆盖十几个学科门类。

北京大学对外汉语教育学院 2014 年在 Coursera 慕课平台上推出了全球第一门中文教学慕课——“中文入门”(Chinese for Beginners)。郭晶等(2021)的调查显示，截至 2021 年 8 月底，国际中文教育在线慕课共 485 门，主要来自国内外 11 个慕课平台。国外慕课平台主要有 Coursera 和 edX，国内慕课平台以“中文联盟”为代表，课程规模最大。国际中文教育领域的慕课建设在数量和质量上正日益提升。

整体来看，慕课为中文学习者提供了专业的师资、灵活的时间安排、可重复利用的学习资源，通过慕课学习受益的学生是传统课堂的数倍。但作为一项高度自主化的学习形式，慕课对学习者自主学习的能力要求较高，这也导致慕课的完成率不高。与此同时，慕课大范围推广时，对学习者的先修条件定义不清，授予学分的评价也存在问题，这使得慕课的学术诚信以及第三方平台的公信力等问题逐渐暴露出来。基于此，SPOC(Small Private Online Course)即小规模限制性在线课程应运而生。

3. SPOC

SPOC 中的“Small”和“Private”与慕课中的“Massive”和“Open”是相对的。SPOC 的学生规模控制在几十人到几百人，同时对学生设置了限制性准入条件。SPOC 主要针对高校的大学生和在线学生两类学习者。针对高校大学生的课程是一种混合学习模式，结合慕课(或同时采用其在线评价等功能)实施翻转课堂教学。针对在线学生的课程，根据设定的申请条件，从全球的申请者中选取一定规模(通常是 500 人)的学习者，入选者必须保证学习时间和学习强度，参与在线讨论，完成规定的作业和考试等，通过者将获得课程完成证书。

SPOC 创新了课堂教学模式，激发了教师的教学热情和课堂活力。教师更多地回归校园，回归小型在线课堂，成为真正的课程掌控者。课前，教师是课程资源的学习者和整合者，根据学生需求整合各种线上和实体资源，实现了课程资源最大范围内的分享。课堂上，教师是指导者和促进者，他们组织学生分组研讨，随时为学生提供个别化指导，共同解决遇到的难题，增加了师生互动、生生互动。与此同时，SPOC 还在一定程度上减轻了教师的工作量，如可重复使用的讲座视频、自动评分功能都减少了教师在这方面的时间投入。最后，SPOC 通过限定课程的准入条件和学生规模，使学生的学习动机显著增强。

(三) 移动学习

移动学习是伴随新媒体的出现而产生的，具有学习目的实用化、学习时间碎片化、学习环境移动化、学习投入边缘化、学习内容微型化等特征(叶成林、徐福荫，2004)。移动学习的开展依赖于手机应用程序的开发，例如，微信支持文字、语音、图片和视频等多模态信息使得基于微信的移动学习具有可行性。由于基于已成熟的手机应用程序来进行的移动学习并不能完全满足个性化的教育需求，一些微课、慕课也开发了专门用于移动学习的手机应用软件，如多邻国(Duolinguo)等。

移动学习资源的发展与移动设备技术的发展息息相关。马玉慧等(2016)将移动学习资源的形态分为静态学习资源、情境感知学习支持系统和教育 App 手机应用软件三个阶段。当前基于智能移动终端的教育 App，基于智能手机和平板电脑的教育 App 具有强大的交互特性、良好的用户体验以及方便的网络通信，广受学习者青睐，具有巨大的吸引力与发展空间。

四、线上线下相结合的混合式教学与学习

随着信息技术的快速发展，学校内教与学的空间不断被延展和拓宽，教育教学与信息技术深度融合，线上线下相结合的混合式教学与学习将是未来教育发展的大趋势。黄荣怀、马丁、郑兰琴等（2009）认为，混合式学习是“在适当时间，应用适当学习技术，与适当学习风格相契合，对适当学习者传递适当能力，取得最优学习效果的方式”。线上线下相结合的混合式教学与学习使得教育模式从“知识传授”向“能力培养”转变，课堂教学从“教的范式”向“学的范式”转变，激发出更多的活力和更高的效率。

（一）翻转课堂

翻转课堂教学的出现与现代信息技术的成熟发展密不可分。网络带宽提升至千百兆、视频资源可达到高压缩率高清晰度、存储空间迅速提升至TB级，手机、平板电脑以及其他手持式的移动终端，让教师能够把自己的讲课视频方便快捷地上传到网络上，实现视频资源共享。传统课堂教学模式，学习知识在课堂，内化知识在课外，而如果从注重“教”向注重“学”转变，将学习知识放在课外，内化知识放在课堂，课堂就翻转过来了，这是翻转课堂教学模式的独特之处。简言之，翻转课堂教学是“学生先学，教师后教”，传统教学则是“教师先教，学生后学”。翻转课堂教学将传统教学的“课中环节和课后环节”颠倒为“课前环节和课中环节”，改变了原来的教学流程。

何克抗（2014）认为翻转课堂教学具有五个方面的创新效果，即体现着“混合式学习”的优势、符合人类的认知规律、有助于构建新型师生关系、能促进教学资源的有效利用与研发、是“生成课程”这一全新理念的充分体现。教师的主要职能不再是知识的呈现，而是设计学习活动、准备学习资源和促进学生学习。翻转课堂教学是一种信息化的教学，代表了一种工业化转向信息化社会的教学方式，学校教育与社会教育、正式学习与非正式学习、在线学习与面对面学习之间的融合，昭示着一种全新、开放的教育生态体系（张金磊、王颖、张宝辉，2012）。

翻转课堂教学有三个基本环节：（1）问题引导环节。在学生已有知识经验的基础上，教师提出一些“热身”性质的问题，并将已经录制好的相应的课堂教学视频发放给学生。（2）观看视频环节。学生观看教学视频，在课前导学任务的驱动下，利用教材、微视频以及其他教学资料等进行自学，并通过各种方式进行反馈，解决教师之前提出的问题或者导学任务，将不懂的知识甄别出来。（3）问题解决环节。课堂上，教师收集学生不懂的问题，生生互动、师生互动，释疑、解惑、探究，并完成实践练习和作业。

（二）基于网络平台的混合式教学与学习

能够利用网络平台开展线上及线上线下相结合的中文教学与管理，已经成为国际中文教师基本的素质要求。

在2022年世界互联网大会乌镇峰会期间，由中外语言交流合作中心和中文联盟联合报送的“国际中文日”案例入选“携手构建网络空间命运共同体精品案例”。中文联盟建设的“中文联盟平台”是数字化云服务平台，旨在聚集全球渠道、课程、技术、产品、服务等资

源，为从事国际中文教育的学校、机构、教师和学生提供线上教学及辅助服务。“中文联盟平台”作为慕课、微课和直播课等课程资源，以及考试服务和面向教师的中文教学资源、文化教学资源等教学资源呈现和运营的载体，是推动国际中文教育改革、构建教学新形态的关键组成，在国际中文联盟的支持下，开展基于网络平台的混合式教学实践。教师可以根据教学所需，选择网络平台的在线教学资源用于教学中，也可以使用平台上的直播平台及微课、慕课资源指导学生的个性化中文学习。

五、数字化时代的国际中文教育

进入数字时代，推进教育数字化转型、探索智慧教育，受到世界各国普遍关注。2022 年，我国全面开展国家教育数字化战略行动，集成上线了国家智慧教育公共服务平台，建成了第一大教育教学资源库。平台上线一年多来，截至 2023 年 6 月平台总浏览量超过 260 亿次，用户覆盖 200 多个国家和地区，在缩小数字鸿沟等方面发挥了重要作用，率先开启了迈向智慧教育之路。未来数字化时代的国际中文教育将逐渐走向智慧教育阶段，教师与人工智能系统之间将实现更好的协同工作，为学习者提供更有个性化的、更有效的教学体验，真正走向“人工智能＋国际中文教育”。

智慧教育通过科技赋能和数据驱动，将全方位赋能教育变革，系统性建构教育与社会关系新生态，为每个学习者提供适合的教育。智慧教育将突破学校教育的边界，推动各种教育类型、资源、要素等的多元结合，推进学校、家庭、社会协同育人，构建人人皆学、处处能学、时时可学的高质量个性化终身学习体系（祝智庭、贺斌，2012）。智慧教育将融合物理空间、社会空间和数字空间，创新教育教学场景，促进人机融合，培育学习共同体，实现规模化教育与个性化培养的有机结合，同时创新内容呈现方式，培养学习者高阶思维能力、综合创新能力、终身学习能力。

基于虚拟现实技术，还可实现沉浸式智慧教学，实现线上线下融合教学与学习（Online-Merge-Offline，OMO）。例如，基于语音技术的虚拟学伴，可以实时回答各种问题。基于实景模拟，学生可得到真实的语言学习和体验。也可以与慕课相结合，如中文视听说虚拟现实慕课。再如基于实时持续网络访问，具有可交互、跨时空性等元宇宙特征的创新性中文教学应用实践，构建了沉浸式虚拟 3D 教学与生活场景。戴上虚拟现实眼镜，操纵手柄，世界各地的学习者都可以进入数字孪生华东师范大学“元宇宙校园”。学习者在虚拟中文智慧教室中学习，进行师生、生生交流互动，可以在虚拟场景中模拟交际对话，实现真实社交（赵晓霞，2022）。

然而值得指出的是，现代教育技术的研究和应用始终未能融入国际中文教育学科建设的核心领域，未能普遍成为教师专业发展的取向（李泉，2020），现代教育意识、现代教育技术的理论及应用研究在各个层面上都还亟待加强。

本节关键词

课件　微视频　微课　慕课　SPOC　移动学习　混合式教学与学习　翻转课堂　智慧教育

【本章小结】

资源建设是国际中文教育可持续发展的强有力支撑，具有“提供中文教学内容、传授中文教学方法、承载优秀中国文化、促进中外文明交流互鉴”的重要功能。教材建设的多元化、语料库及中介语语料库技术的发展与应用、中文学习词典的编纂与使用，以及现代教育技术的理论与应用可以说是显性教学资源建设最重要的发展面向。加强基于传统平面和新型数字化的显性教学资源的研发与建设是当前国际中文教育转型升级和提质增效的内在要求。四个层面的教学资源建设虽已取得重大进展，但距离与国际中文教育转型升级和提质增效相匹配的教学资源建设尚有很长的一段路要走。

【思考与练习】

1. 什么是教材的多元化？多元化体现在哪些方面？
2. 说说中介语语料库的应用。
3. 说说中文学习词典和融媒体词典的特点。
4. 学习词典编纂和语料库有什么关系？
5. 请针对学生语法学习中的重难点，制作一个课件及微视频教学资源。
6. 请调查一款中文游戏，以其为案例，说明在教学中的应用。
7. 请调查一门中文慕课，以其为案例，说明中文慕课的设计要点。
8. 智慧教育大背景下，未来国际中文教育的发展特点和趋势是什么？
9. 人工智能发展迅速，未来有些职业难免会被人工智能替代。有人认为，教师也是其中的一种职业。谈谈你的看法。

【拓展阅读】

蔡永强．对外汉语学习词典学．上海：学林出版社，2016.

何克抗．建构主义：革新传统教学的理论基础：上．电化教育研究，1997（3）.

教育部中外语言交流合作中心．国际中文教育教学资源发展报告2021. 北京：北京语言大学出版社，2021.

李泉．对外汉语教材通论．北京：商务印书馆，2012.

梁宇．国际汉语教材评价理论与方法研究．北京：中央民族大学出版社，2018.

张宝林，崔希亮．全球汉语中介语语料库的特点与功能．世界汉语教学，2022（1）.

郑艳群．汉语作为第二语言教学的教学资源研究．北京：商务印书馆，2019.

郑艳群．语言教育技术研究．北京：北京语言大学出版社，2022.

本章参考文献

蔡永强．对外汉语学习词典学．上海：学林出版社，2016.

蔡永强．外向型汉语学习词典的释义用词．辞书研究，2018（4）.

曹贤文．二语习得研究“需求侧”视角下的汉语学习者语料库建设．华文教学与研究，2020（1）.

岑健林，胡铁生．微课：数字化教学资源新形式．教育信息技术，2013（4）.

陈昌来．应用语言学导论．北京：商务印书馆，2012.

崔希亮．汉语学习词典的元语言问题．汉语学习，2022（6）.

冯志伟.《应用语言学中的语料库》导读．北京：世界图书出版公司，2006.

高媛，刘德建，黄真真，等．虚拟现实技术促进学习的核心要素及其挑战．电化教育研究，2016（10）.

耿直．“构建人类命运共同体”对国际汉语教材建设的新挑战．云南师范大学学报（对外汉语教学与研究版），2018（5）.

郭风岚．论国际中文教材资源建设理念．国际汉语教学研究，2021（3）.

郭晶，吴应辉，谷陵，等．国际中文教育数字资源建设现状与展望．国际汉语教学研究，2021（4）.

何克抗．CAI的理论基础和以学为中心的课件设计：一．四川教育，2001（1）.

何克抗．从“翻转课堂”的本质，看“翻转课堂”在我国的未来发展．电化教育研究，2014（7）.

胡明扬，等．词典学概论．北京：中国人民大学出版社，1982.

胡明扬．序一//徐玉敏．当代汉语学习词典：初级本．北京：北京语言大学出版社，2005.

黄立鹤．语料库4.0：多模态语料库建设及其应用．解放军外国语学院学报，2015（3）.

黄荣怀，胡永斌，杨俊锋，等．智慧教室的概念及特征．开放教育研究，2012（2）.

黄荣怀，马丁，郑兰琴，等．基于混合式学习的课程设计理论．电化教育研究，2009（1）.

黄水清，王东波．国内语料库研究综述．信息资源管理学报，2021（3）.

姜丽萍．论汉语教材编写的教学实用性．国际汉语教育（中英文），2017（1）.

姜丽萍．汉语教材编写的继承、发展与创新．华文教学与研究，2018（4）.

教育部中外语言交流合作中心．国际中文教育教学资源发展报告2021. 北京：北京语言大学出版社，2021.

康叶钦．在线教育的“后MOOC时代”：SPOC解析．清华大学教育研究，2014（1）.

李青，王涛．学习分析技术研究与应用现状述评．中国电化教育，2012（8）.

李泉．论对外汉语教材的趣味性//中国对外汉语教学学会．中国对外汉语教学学会第七次学术讨论会论文选．北京：人民教育出版社，2002.

李泉．第二语言教材编写的通用原则//中国应用语言学会．第三届全国语言文字应用学术研讨会论文集．香港：香港科技联合出版社，2004.

李泉．论对外汉语教材的针对性．世界汉语教学，2004（2）．

李泉．论对外汉语教材的实用性．语言教学与研究，2007（3）．

李泉．对外汉语教材通论．北京：商务印书馆，2012.

李泉．汉语教材的“国别化”问题探讨．世界汉语教学，2015（4）．

李泉，宫雪．通用型、区域型、语别型、国别型：谈国际汉语教材的多元化．汉语学习，2015（2）．

李泉，金香兰．论国际汉语教学隐性资源及其开发．语言教学与研究，2014（2）．

李泉，金允贞．论对外汉语教材的科学性．语言文字应用，2008（4）．

李泉．2020 应成为国际汉语教学学科建设转型之年．世界汉语教学，2020（4）．

梁宇．国际汉语教材评价理论与方法研究．北京：中央民族大学出版社，2018.

林敏，吴勇毅．对外汉语教材评估：学习者的视角//中国人民大学对外语言文化学院．汉语研究与应用：第一辑．北京：中国社会科学出版社，2003.

刘剑．国外多模态语料库建设及相关研究述评．外语教学，2017（4）．

卢达威，洪炜．汉语国际教育信息化的发展与展望．语言教学与研究，2013（6）．

卢伟．语料库在对外汉语教学中的应用．厦门大学学报（哲学社会科学版），1999（4）．

马箭飞，梁宇，吴应辉等．国际中文教育教学资源建设 70 年：成就与展望．天津师范大学学报（社会科学版），2021（6）．

马玉慧，等．新型移动学习资源：教育 APP 发展模式探究．中国电化教育，2016（4）．

马真．说“反而”．中国语文，1983（3）．

苏新春．元语言研究的三种理解及释义型元语言研究评述．江西师范大学学报（哲学社会科学版），2003（6）．

孙剑艺，董秀梅．论词典与辞典的区分：一个辞书学的基本问题．辞书研究，2001（1）．

王还．对外汉语教学：汉语内部规律的试金石．世界汉语教学，1994（1）．

王文静．情境认知与学习理论研究述评．全球教育展望，2002（1）．

王兴隆，亢世勇．新时代融媒体汉语学习词典的融合特征及其优化路径：以《当代汉语学习词典》为例．语言文字应用，2021（4）．

王颖，张金磊，张宝辉．大规模网络开放课程（MOOC）典型项目特征分析及启示．远程教育杂志，2013（4）．

王永固，张庆．MOOC：特征与学习机制．教育研究，2014（9）．

吴应辉．关于国际汉语教学“本土化”与“普适性”教材的理论探讨．语言文字应用，2013（3）．

吴勇毅．对通用型教材的一点意见．华东师范大学学报（哲学社会科学版），1993（4）．

吴中伟．动态化：汉语教材的发展趋势//北京语言大学对外汉语研究中心．汉语应用语言学研究：第 1 辑．北京：商务印书馆，2012.

吴中伟．关于汉语教学资源建设的三点思考．国际汉语教育（中英文），2021（4）．

吴中伟，等．汉语教材建设的发展趋势和相关理论问题．国际汉语教育（中英文），2017（1）．

阎德早．汉外词典的编写与对外汉语教学．辞书研究，1995（1）．

杨惠中，卫乃兴．语料库语言学导论．上海：上海外语教育出版社，2002.

杨晓琼，戴运财．基于批改网的大学英语自主写作教学模式实践研究．外语电化教育，2015（2）．

杨玉玲．融媒时代外向型汉语学习词典编纂理念与实践．首都师范大学学报（社会科学版)，2022 (2).

叶成林，徐福荫．移动学习及其理论基础．开放教育研究，2004 (3).

雍和明，彭敬．近三十年英语词典编纂最新进展：理论借鉴与实践反思．辞书研究，2013 (4)

于荷．沪上街巷“云”上课堂．人民日报（海外版），2022-08-05.

张宝林．从1.0到2.0：汉语中介语语料库的建设与发展．国际汉语教学研究，2019 (4).

张宝林，崔希亮．全球汉语中介语语料库的特点与功能．世界汉语教学，2022 (1).

张金磊，王颖，张宝辉．翻转课堂教学模式研究．远程教育杂志，2012 (4).

张利伟．英语学习词典的起源、发展和影响．外语教学与研究，1996 (3).

张志毅．当代汉语学习词典．北京：商务印书馆，2020.

章宜华．论融媒体背景下辞书编纂与出版的创新．语言战略研究，2019 (6).

章宜华，雍和明．当代词典学．北京：商务印书馆，2007.

赵金铭．论对外汉语教材评估．语言教学与研究，1998 (3).

赵晓霞．数字化时代：国际中文教育迎来哪些改变．人民日报（海外版），2022-12-16.

赵新，刘若云．关于外向型汉语词典释义问题的思考．语言教学与研究，2009 (1).

郑艳群．对外汉语教育技术概论．北京：商务印书馆，2012.

郑艳群．语料库技术在汉语教学中的应用透视．语言文字应用，2013 (1).

郑艳群．汉语作为第二语言教学的教学资源研究．北京：商务印书馆，2019.

郑艳群．语言教育技术研究．北京：北京语言大学出版社，2022.

周小兵，陈楠．“一版多本”与海外教材的本土化研究．世界汉语教学，2013 (2).

周小兵，等．国际汉语教材四十年发展概述．国际汉语教育（中英文），2018 (4).

祝智庭，贺斌．智慧教育：教育信息化的新境界．电化教育研究，2012 (12).

庄智象，黄卫．试论大学英语教材立体化建设的理论与实践．外语界，2003 (6).

邹嘉彦，邝蔼儿，路斌，等．汉语共时语料库与追踪语料库：语料库语言学的新方向．中文信息学报，2011 (6).

邹绍艳．语料库在语言测试中的应用：回顾与反思．中国海洋大学学报（社会科学版），2016 (6).

BÉJOINT H. Tradition and innovation in modern English dictionaries. Oxford: Clarendon Press, 1994.

HARTMANN R R K. Lexicography: principles and practice. London: Academic Press, 1983.

HARTMANN R R K, JAMES G, Dictionary of lexicography. London: Routledge, 1998.

KNIGHT D, EVANS D, CARTER R & ADOLPHS S. Head talk, hand talk and the corpus: towards a framework for multi-modal, multi-media corpus development. Corpora, 2009 (1).

PARK K. Corpora and language assessment: the state of the art. Language assessment quarterly, 2014 (1).

RUDELL M. 语料库词典学的最新发展和未来趋势：上：语料库数据在学习词典中的显性应用．夏立新，朱冬生，译．辞书研究，2019 (3).

MICHAEL W, ENDICOTT J. New method English dictionary. London: Longmans, Green, 1935.

ZGUSTA L. Manual of lexicography. The Hague: Mouton, 1971.

第八章

“中文+”背景下的专门用途汉语教学

随着中国经济的高速发展，各行各业对中文的需求越来越旺盛。尤其在“一带一路”倡议的持续推动下，我国与世界的发展逐渐融为一体，大批“走出去”的中国企业在推动当地经济增长的同时，也面临着人才短缺的发展瓶颈，中国企业迫切需要兼具职业技能与汉语交际能力的复合型本土人才。为适应这一需求，助力“一带一路”建设、服务国际产能合作，着眼于不同专业领域、不同职业范围的专门用途汉语教学因其鲜明的针对性和实用性，越来越受到学习者的欢迎，相关研究也应势蓬勃发展，“中文+”背景下的专门用途汉语教学成为国际中文教育的新趋势之一。如何更好地推进“中文+”教学建设，实现语言教育与职业教育的有机融合，建设具有鲜明职业特征的汉语教学体系与模式，是国际中文教育创新发展的重要研究课题。

第一节 “中文+”与专门用途汉语教学

一、“中文+”教学模式产生的背景

2018年国务院副总理孙春兰在第十三届孔子学院大会上提出实施“汉语+”中文教育模式，2019年国际中文教育大会首设“中文+职业技能”论坛，将职业领域语言教学的转型升级纳入关注重点。推动中文与不同专业、不同职业的协同发展、有机融合，打造“中文+职业技能”教育体系，是服务中资企业“走出去”的客观需要，是提升中国职业教育国际影响力的重要举措。

（一）“中文+”教学模式是服务中资企业“走出去”的客观需要

随着我国对外开放不断深入，尤其在“一带一路”建设持续推动下，越来越多的中国企业广泛参与国际经贸合作，在更加广阔的发展空间推进中国产品、中国技术海外输出。在企业加快“走出去”的进程中，缺乏精通中文的复合型本土技能人才和管理人才成为制约中资企业融入当地发展的突出问题。

据全国工商联《2019年“一带一路”沿线中国民营企业现状调查》报告显示，“一带一路”沿线中资企业普遍面临人才“瓶颈”、当地雇员中文能力有限、跨文化沟通障碍等难题。这种供需“剪刀差”急需中文教育和职业教育配套“走出去”，实现海外本土化一线人才培养和企业需求的精准对接。因此，推动国际中文教育与职业教育协同发展，构建面向新时代的“中文+职业技能”高质量发展新体系，面向重点行业和重点领域本土员工开设形式多样、内容丰富的“中文+”特色课程，是服务国际产能合作，培养国际化人才和中资企业急需的本土技术技能人才，推动中外经济互利共赢，提升中文使用价值和实用价值的客观需要和重要实践。

(二)“中文+”教学模式是提升中国职业教育国际影响力的重要举措

职业教育是支撑实体经济发展的根基，直接影响到国家产业结构转型升级和战略布局。随着经济社会的转型发展，职业教育在世界范围内得到前所未有的重视。2022 年 12 月印发的《关于深化现代职业教育体系建设改革的意见》强调，要把推动现代职业教育高质量发展摆在更加突出的位置，创新国际交流与合作机制，打造职业教育国际品牌。

职业教育国际化是经济全球化进程中人才、资本等要素跨国流通的必然结果，是实现职业教育国际交流合作、推动技术技能人才本土化、展现职业教育人才培养标准体系国际化的重要途径。语言交流是职业教育国际化不可或缺的重要基础和载体。在推进职业教育国际品牌专业化、模块化发展，健全标准规范、创新运维机制的过程中，充分发挥中文的沟通载体功能，兼顾国际中文教育和职业技能教育属性，大力实施“中文+职业技能”教育模式，开展相关的课程设计、教育资源开发、考核评价体系构建以及相关证书开发等，是促进产业技能人才培养，打造教育国际品牌、提升中国职业教育的国际影响力、增进中外双方的相互理解、助力国家间人文交流和民心相通的重要实践。

随着 2020 年 10 月首家“中文+职业技能”国际推广基地在南京工业职业技术大学启动，“中文+职业技能”已展现出广阔前景。在职业能力标准的基础上结合企业需求推动职业中文能力的建设，能最快地解决当地企业的直接需求，构建符合各方利益、可行的语言发展环境，最大限度地促进双方达成语言共识、技术共识、思想共识，推动构建人类命运共同体（宋继华、马箭飞、朱志平等，2022）。

二、“中文+”教学模式与专门用途汉语教学

(一)“中文+”教学模式的内涵

为助力中资企业在海外顺利开展工作，顺应职业教育国际化发展需求，通过融合国际中文教育和职业教育这两个领域相关内容而构建起的新型教学模式——“中文+”教学模式应运而生。

“中文+”是一个融合的概念，“中文”指的是国际中文教育，即中文作为第二语言或外语的教育教学，“+”表示“协同融合”，意指根据技能类别、适用人群、地域特点等因素，在全球开设形式多样的中文特色课程，覆盖商务、旅游、机电、农业、高铁、航空等领域，教学内容既注重语言教育中的交际性与实用性，还要注重职业教育的专业性和实操性。总的来说，“中文+”体现了国际中文教育与职业教育相辅相成、协同发展的融合统一，国际中文教育为增强职业教育全球适应性提供重要保障，职业教育则为国际中文教育开拓新领域、注入新能量，这不仅是服务中国企业、中国职业教育“走出去”的客观需要，也是新时代国际中文教育内涵式发展的重要路径。

(二)“中文+”教学模式与专门用途汉语教学

尽管“中文+”作为独立概念出现的时间并不长，但从国际中文教育发展历程看，其与“专门用途汉语教学”有着密切的有机联系。

20 世纪 50 年代初，在新中国对外汉语教学初创阶段，为满足来华留学生学习科技、医学、外交等专业课程的需要，汉语作为专门用途语言的教学实践悄然起步。80 年代以后，受专门用途英语教学（English for Specific Purpose，ESP）的影响，汉语教学界逐渐形成了专门用途汉语的概念，并从内容上划分为两大分支：专业汉语（也称学术汉语、专业学习用途汉语）和职业汉语（也称业务汉语、职业用途汉语）（见图 8－1）。

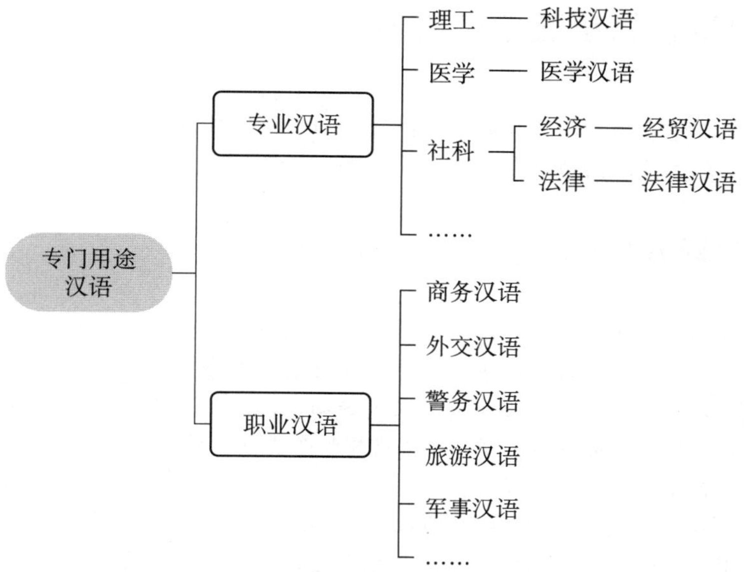

图 8－1　专门用途汉语分支示意图

专业汉语（CAP，Chinese for Academic Purposes）指各院校针对来华留学生学习相关专业而开设的汉语课程。例如，为医科学生设置的医学汉语，为经济类专业学生设置的经贸汉语、金融汉语等。职业汉语（COP，Chinese for Occupational Purposes）是为满足学习者从事某种职业或某项业务需要而设置的汉语课程，旨在促使学习者掌握在某特定范围、固定场合等环境中，从事某项工作或开展某项业务所需要的汉语技能与交际能力。例如，为从事导游工作的外国人士开设的导游汉语，为他国军事人员开设的军事汉语，为国外警务人员开设的警务汉语等。

从本质上说，这两种类型的汉语教学并没有显著差别，而且可以互相转化。例如，针对经贸专业国际学生设计的经贸汉语课程，若面向进修生、商务人士开设，就成为职业汉语；属于职业汉语范畴的警务汉语，如果设立专门的学位课程，则可纳入专业汉语的范畴。因此，专门用途汉语教学的内涵并未严格区分这两种类型，而是将其纳入统一的定义框架：专门用途汉语教学指的是根据特定学习者的专业学习或职业发展需求，选择与其紧密相关的语言知识和语言技能作为教学内容，运用恰当的教学策略和方法，使学习者尽快获得所需要的语言交际能力的教学。

进入 21 世纪后，为满足世界各国民众对中文的学习需求，孔子学院相继开设了涵盖很多行业或领域的“中文＋”或“＋中文”特色课程，培养了大批兼备中文语言能力及某一专业技能的复合型人才。2018 年 12 月，孙春兰副总理在第十三届孔子学院大会上对“汉语＋”（即“中文＋”）特色项目给予肯定，鼓励孔子学院继续大力实施“汉语＋”项目，建立更多务实合作支撑平台，由此，“中文＋”作为一个独立概念正式出现。

从历史发展脉络看，“中文＋”教育理论与实践源自专门用途汉语教学，它是新时代、新形势下，对专门用途汉语教学领域的进一步拓展与深化，而专门用途汉语教学则为“中文+”教学模式的开展奠定了坚实的理论与实践基础，二者一脉相承、同质同向。在“中文+”教学理念背景下，专门用途汉语教学必将不断扩大规模，不断满足世界各国学习者多层次、多领域、多目标、职业化、专业化的学习需求。

三、专门用途汉语教学的特点

中文作为第二语言教学可分为通用汉语教学与专门用途汉语教学两大分支。与通用汉语教学相比，专门用途汉语教学在教学目标、教学内容、教学重点等方面具有鲜明的特点。

（一）教学目标方面的特点

常规的、通用的汉语教学一般以全面培养学习者的听、说、读、写、译综合语言交际能力为目标，以期促进学习者各项语言技能齐头并进、综合发展。而专门用途汉语教学的整个过程都以学习者专门化、实用化的需求为导向，针对学习者未来需要面对的交际活动和环境设定教学目标，进而安排教学内容、选择教学方法、确定评估标准。

学习者需求常常包含两方面的内容：一是目标情境分析（Target Situation Analysis，TSA），即分析学习者将来必然遇到的交际情境，如文化环境、工作环境等；二是分析学习者的“学习需求”（learning needs），包括学习者急需哪些方面的技能和知识，哪些技能和知识应该先学、哪些应该后学等。

（二）教学内容方面的特点

以普通话为教学内容，是通用汉语教学的常见做法。而专门用途汉语教学所讲授的，则是在特定的学科或职业情境中，某言语社团共同使用的语言。这种语言，并不是与日常广泛使用的通用汉语完全不同的另一种语言，从本质上说，二者的词法、句法及篇章语法等并无区别。但与通用汉语相比，专门用途汉语在以下两个方面仍存在鲜明的特点：（1）专门用途汉语具有词汇专业化、短语固定化、表达方式专门化、单句复杂化和复句常用化等特点；（2）专门用途汉语的使用场合、交际领域、应用范围、问题语域、语篇语体等具有一定的特殊性，体现出鲜明的专业特色或职场特色，与通用汉语差别明显。

（三）教学重点方面的特点

通用汉语教学强调系统、全面的学习，以音节、汉字、词汇、语法四个语言基本要素作为衡量中文水平的基准，注重提升学习者综合运用听、说、读、写、译五项语言技能，用中文进行交际的能力。专门用途汉语学习者是为了某个特定的专业或工作而学习汉语，教学内容只要能够满足其学习需求，能够帮助他们在特定的学术或职业场合中顺利交际即可，无须构建系统的语言知识或语言技能体系、全面提升语言交际能力。因此，专门用途汉语教学的基本出发点是优先安排对学习者而言最有用和最急需的语言知识、语言技能、交际任务，突出教学内容的针对性、实用性，不过分追求第二语言的体系性与整体性。

本节关键词

“中文＋”教学模式　专门用途汉语教学　通用汉语教学

第二节 科技汉语教学

科技汉语是专门用途汉语教学最早确立并发展的一个分支，被学界视为中国专门用途汉语教学的摇篮和旗帜。本节主要回顾科技汉语教学的发展历程，介绍科技汉语的课程设置与教学方法。

一、发展历程

1982 年 9 月，北京语言学院将汉语预科教育划分为文科汉语班、理工汉语班、西医汉语班、中医汉语班等四种教学类型，专门用途汉语教学初步形成了系统的教学模式，其中与理工专业对应的科技汉语教学也进入了初创阶段。

（一）初创阶段

1986 年 5 月 21—24 日，北京语言学院召开了第一届对外科技汉语教学研讨会，来自全国 32 所院校的 43 名代表与会，探讨了对外科技汉语教学的教学体制、教材建设、教师队伍建设等问题。随后，国家教委发布了《关于加强外国留学生科技汉语教学的通知》，极大地推动了科技汉语教学实践的发展。

在这一阶段，《科技汉语语法》《简明科技汉语》《科技汉语修辞》《实用科技汉语》《科技汉语和逻辑》《科技汉语教程》等论著与教材陆续出版，为理工科留学生专业学习打下了坚实的基础。

（二）发展阶段

进入 21 世纪，来华学习理工专业的留学生逐步增加。教育部 2009 年发布了《对中国政府奖学金本科来华留学生开展预科教育的通知》，规定自 2010 年 9 月 1 日起，获得中国政府奖学金的来华留学本科新生需要在进入（理工农医）专业学习前接受为期一年的预科强化教育。这进一步推动了科技汉语教学实践，科技汉语教学进入新的发展阶段。

这一时期，一线教师与研究者积极探索，编写出版了一大批包括系列教材、单项教材、专业性教材等多种类型在内的科技汉语教材，构建起了丰富多样的教材体系（见表 8－1）。与此同时，学界也涌现出许多研究成果，如《汉语科技术语中的潜在歧义》《专门用途汉语课程设置探析——以〈科技汉语〉课程为例》《科技汉语教材编写中的选词问题》《〈科技汉语教程〉和〈基础科技汉语教程〉的对比分析》等，这些学术成果从学理上助推了科技汉语教材编写实践的不断深入。

表 8－1　发展阶段科技汉语教材编写情况统计

类型		名称	主编	出版社	出版时间
系列教材		《基础科技汉语教程》	杜厚文	华语教学出版社	2012 年
		《科技汉语读写教程》 《科技汉语听说教程》	白晓红、韩志刚	北京语言大学出版社	2012 年
单项教材	阅读类	《科技汉语：中级阅读教材》 《科技汉语：高级阅读教程》	安然	北京大学出版社	2006 年 2008 年
		《科普汉语阅读》（上、下）	王碧霞、王瑞烽	北京语言大学出版社	2006 年
		《中级汉语分类阅读・科技篇》（初、中、高）	浮根成	北京大学出版社	2010 年
		《留学中国——汉语科普阅读教程》（1、2）	李昊、王俊棋	高等教育出版社	2010 年
	听写类	《科普汉语听记》	蒋以亮	北京语言大学出版社	2010 年
专业性教材		《数学》	郭飞	北京语言大学出版社	2012 年
		《化学》《化学一点通》	秦学	北京语言大学出版社	2012 年
		《物理》	肖立峰	北京语言大学出版社	2012 年
		《电力科技汉语阅读教程》	徐玲玲、贾林华、吴春卿	中国水利水电出版社	2012 年

资料来源：张莹（2014）。

此外，海外中文教学中也有对科技汉语教学课程的尝试，如俄罗斯联邦国防军事大学外语系设置科技汉语选修课，蒙古国立科技大学为该校理工科学生开设科技汉语课程。这些海外教学实践真实反映了科技汉语教学的国际化进程。

二、课程设置

在初创阶段，科技汉语教学一般实行语言学习和专业学习两段制。针对语言学习阶段是否引入科技内容的学习，学者们展开了讨论。吕必松（1985）主张，预备教育一年级（即语言学习阶段）的理工汉语班仍属于基础汉语教学，应开设听说、阅读、听力三种课程，以听说课打头，按照先听说、后读写的原则进行教学。杜厚文（1986）建议，基础汉语教学阶段可以安排科技用语的学习，如科技汉语中常见的普通词汇、科技基础词汇和常见的句法结构。

21 世纪以来，受专门用途英语教学理论的影响，科技汉语教学从定性、定量角度进一步深化了课程设置。单韵鸣等（2009）对 20 所理工院校对外汉语教学负责人和 55 名留学生进行访谈与问卷调查，根据调查结果，提出了设置科技汉语课程的设想（见表 8-2）。

表 8-2　科技汉语课程设置

课程设置	具体内容
课程性质	必修课
课程时长	1 年（第一学期：预科；第二学期：专业一年级上学期）
学习强度	一学年不超过 160 学时（第一学期：每周 4 学时；第二学期：每周不超过 3 学时）
课型	综合课
教学目标	第一学期：培养科技专业的阅读能力和听力理解能力； 第二学期：听、说、读、写齐头并进
教学内容	第一学期：科普文章听读；第二学期：专业文章（听、说、读、写）
教师队伍	第一学期：拥有跨学科知识的汉语教师； 第二学期：汉语教师+理工科教师

三、教学方法

初创时期，学者们对科技汉语教学方法的讨论主要围绕听力和阅读两大课型展开。如适用于科技汉语听力课的教学方法有：（1）由死听到活听，以教师讲授代替听录音材料；（2）由生活语言到科技语言，教学内容为科普常识和中学数理化内容；（3）由简单的复述到自由的讲解；（4）小班上课与大班讲座相结合；（5）听与写的训练相结合（郭金鼓，1984）。在科技汉语阅读课上，教师可根据具体的教学阶段采用不同的方法，如第一阶段的课文是对话体和叙述体，由于教学对象的中文水平不高，主要采用教员领读的方式，练习采用直指类，即从课文中可以直接找到答案；第二阶段的课文内容是科普知识，逐渐由朗读转向心诵，最后要求学生默读，练习为推断类，即从上下文的联系中进行推理；第三阶段的课文选自初中数理化课本，要积极引导学生处理好朗读与默读、准确与速度、分析性阅读与综合性阅读、语法与科技知识、课内与课外的关系，可采用评价类练习（郭金鼓，1992）。

进入 21 世纪，学者们从内容型教学法、语块理论等角度探讨了科技汉语教学的方法。如内容型教学法可应用于科技汉语语篇教学，教师选择能吸引学生兴趣的主题和话题，在课堂上创设大量的实际交际语境让学生进行操练，课堂活动从口语输出逐步转向书面输出，布置作业时可引导学生主动寻找与话题相关的汉语素材进行课前预习。在以语块为核心的科技汉语课堂中，教学策略可以包括：（1）注重专业性语块的构成特点和构成规律；（2）根据内部结构和语法关系对通用语块进行教学；（3）引导学生注意常用语法词和语块组合成句的规则；（4）重视语块的功能（代睿，2020）。

本节关键词

科技汉语教学　课程设置　内容型教学法　语块理论

第三节 医学汉语教学

作为专门用途汉语教学的门类之一，医学汉语教学与科技汉语教学一样，起步较早，也经历了初创与发展阶段。随着我国开始招收六年制本科临床医学专业来华留学学历生，医学汉语课程设置、教学方法也进一步完善，同时，国家级标准化语言测试应势而生。

一、发展概况

（一）初创阶段

从 20 世纪 70 年代起，医学汉语课程已经出现在来华留学生的汉语预备教育中；到 80 年代，医学汉语（特别是中医汉语教学）与科技汉语教学同时形成了独立的教学类型；至 90 年代，中医专业的留学生汉语教学一直保持着发展态势。

这一时期，相关院校围绕中医汉语教学陆续出版了一些教材，如《中医汉语》《汉语——MEDICAL CHINESE》《中医现代汉语》《中医汉语・听力课本》《中医汉语・口语课本》。这些教材各有特色，为推动中医汉语教学发展奠定了坚实的基础。此外，也有针对西医汉语教学的教材问世，如《大学医用汉语教材》等。

（二）发展阶段

20 世纪 90 年代中期开始，我国开始招收六年制本科临床医学专业（Bachelor of Medicine and Bachelor of Surgery，简称 MBBS）（英语授课）来华留学学历生。截至 2020 年，全国共有 45 所高等院校具备招收此类学生的资质，年招生数近 3 400 人，在读学生 20 000余人（刘婷雁，2020），位居来华留学生学历教育之首。为了规范 MBBS 专业留学生教育管理工作、提高教育教学质量，2007 年教育部制定了《来华留学生医学本科教育（英文授课）质量控制标准暂行规定》，要求“汉语作为必修课程应贯穿教学全过程，以适应学生在华学习生活的便利和后期接触病人的需要”。这进一步推动了 MBBS 专业留学生的汉语教学，也由此带来了医学汉语教材编写和出版的热潮（见表 8-3）。同时，也催生了有关医学汉语教材的研究，如从宏观上探讨医学汉语教材编写的相关原则，或就

《医学汉语·实习篇》《实用医学汉语》《专业基础医学汉语》等具体教材展开编写理念、编写原则分析等。

表 8-3　发展阶段医学汉语教材统计

名称	出版时间	主编	出版社
《医学汉语·实习篇Ⅰ》	2007 年	莫秀兰	北京大学出版社
《医学汉语·实习篇Ⅱ》	2009 年		
《医学汉语·实习篇Ⅲ》	2012 年		
《实用医学汉语·基础篇 1》	2008 年	朱德君、潘国栋	外语教学与研究出版社
《实用医学汉语·基础篇 2》	2009 年		
《实用医学汉语·基础篇 3》	2009 年		
《实用医学汉语·基础篇 4》	2011 年		
《实用医学汉语·语言篇 1》	2008 年	朱德君、程乐乐	
《实用医学汉语·语言篇 2》	2009 年		
《实用医学汉语·语言篇 3》	2011 年	刘荣、骆琳、张哲	
《实用医学汉语·语言篇 4》	2011 年	骆琳、孙志雯、张哲	
《实用医学汉语·临床篇（外科）》	2009 年	王星月、易江、张哲	
《实用医学汉语·临床篇（内科）》	2010 年	张忠双、李骢、张哲	
《实用医学汉语·临床篇（妇儿科）》	2009 年	陈丽萍、张哲、孙景辉	
《实用医学汉语·临床篇（小科）》	2010 年	陈丽萍、张哲、祝威	
《医学汉语教程入门篇 1》	2009 年	马玉汴	高等教育出版社
《医学汉语教程入门篇 2》	2010 年		
《基础医学实用汉语（上册）》	2013 年	张春斌	东北大学出版社
《基础医学实用汉语（下册）》			
《来华留学生医用汉语教程（高阶）》	2015 年	刘海燕、倪红军	北京大学医学出版社
《留学生医学专业汉语教程》	2016 年	王正兵、卢炜	江苏凤凰科学技术出版社
《临床医学汉语教程》	2017 年	程前光、刘磊	中国纺织出版社
《初级医学汉语教程》	2017 年	关晶晶、陈玉红	中国纺织出版社
《医学汉语》	2019 年	王华民、蒋尧传	郑州大学出版社

为进一步规范医学汉语教学，提升医学汉语教学质量，提升来华医学留学生的教育质量和临床实习效果，助推各医学院校培养医术精湛的外国医务工作者，结合医学汉语一线教学实际，汉考国际联合五所重点医学院校共同研制的考查医学汉语应用水平的标准化语

言测试——医学汉语水平考试（MCT）于2019年12月15日正式开考，十余所院校的近千名国际留学生成为MCT考试的第一批考生。MCT的启动是医学来华留学教育的里程碑，医学汉语教学与研究进入了快速发展的新阶段。

二、课程设置

早期的医学汉语教学主要为预科教育，20世纪90年代中期以后增加了MBBS来华留学生教育类型之后，针对医学专业学生的中文教学课程研究逐渐丰富起来。中医汉语教学和西医汉语教学虽然都属于医学汉语教学的范畴，但二者无论在专业术语还是在表达方式上均存在着很大差异，在课程设置方面也各有特点。

（一）中医院校汉语课程设置

在中医院校留学生本科教育中，汉语课一般是预备教育，是中医专业学习的基础课，其教学目标在于让学生掌握汉语听、说、读、写的基本技能，拥有运用汉语进行交际的能力，为中医专业课学习扫清语言障碍。

以天津中医学院为例，汉语课程设置包括未进入专业课阶段和已进入专业课阶段。在未进入专业课阶段，中医院校留学生在学习中医专业课之前进行汉语学习。课程包括三类：汉语综合技能课，即精读课；汉语专项技能课，即听、说、读、写的分项技能训练课；中医专业汉语课，即与中医有关的知识讲授课。以1学年为一个教学过程，具体课程设置如图8-2所示。经过一年的汉语学习，本科学生正式进入专业课阶段学习。为提升汉语教学质量和效果，可以适当开设一些选修课，丰富学生的中医知识（张丽、白迪迪，2005）。

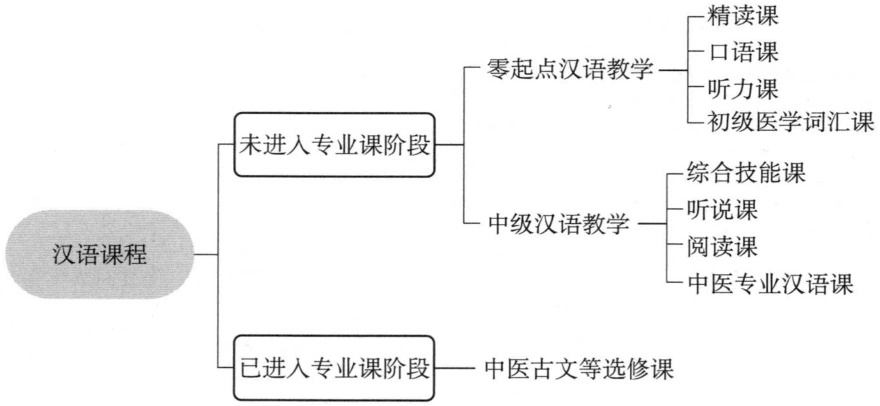

图8-2 天津中医学院汉语课程设置

南京中医药大学对外汉语教学的对象主要是预备进入中医院校中医药专业本科和研究生阶段的留学生，针对他们的汉语教学同属于预科性质，在语言要素、技能教学、中医专业语汇教学的基础上，还需强调相关文化知识的教学。其专业学习前、为期1年的汉语课程结构模式如下所示（周延松、姚力峰、金瑛，2009）：

主体课程：以基础汉语要素教学与汉语交际技能训练为中心，包括汉语综合课、听说课和阅读课。起始阶段可开设语音课和汉字课，后期可开设古汉语入门课。

辅助课程：以“中医汉语”为主要内容。

补充课程：文化背景知识课程（如中国概况课、中国文化概况课），文化技能课程（如书法、绘画、烹饪、气功、武术、太极拳、民族器乐等独立课程）。

（二）MBBS的汉语课程

华北理工大学结合MBBS汉语课程的培养目标和学校发展定位、学生需求，根据成果导向教育理论（Outcome-based Education，简称OBE），构建了一个多层次多方位的MBBS汉语课程体系（见图8－3）。课程体系由三部分构成，分别是通用汉语、专门用途汉语和跨文化交际，每个部分都由必修课和选修课组成。通用汉语的必修课包括汉语综合、汉语听力和汉语口语，专门用途汉语的必修课包括医学汉语，跨文化交际的必修课则是中国概况；这三大板块的选修课程有针对考试服务的HSK辅导和MCT辅导，有跟文化有关的书法、中华文化、中华文化体验、跨文化交际，有针对留学生书写和发音难点而设置的汉字课和汉语语音正音课（沈莉娜、田苗，2020）。

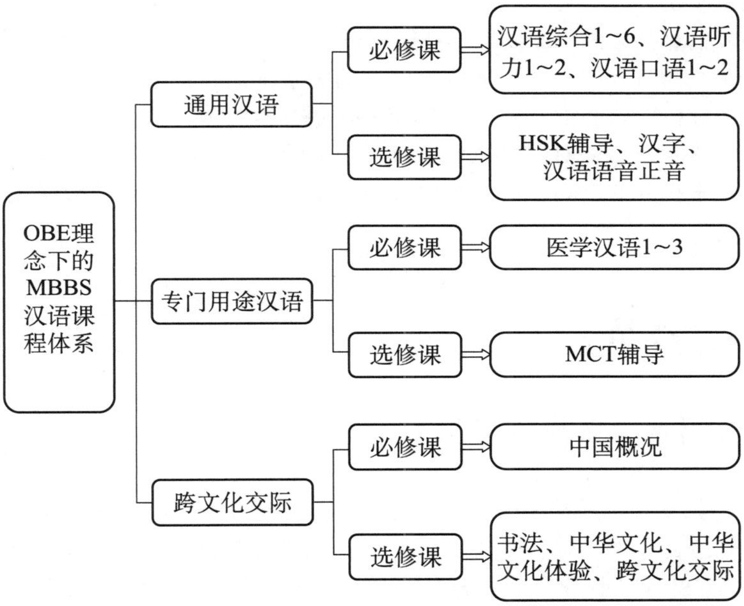

图8－3 MBBS汉语课程体系

三、教学方法

初创时期，医学汉语教学主要采用的是结构、功能相结合的教学方法。随着MBBS专业的设立，广大一线教师借鉴任务型教学法、自然法、项目教学法等教学理念，极大地丰富了医学汉语教学的方法。

在医学汉语课程中采用任务型教学理念，教师需要创立较为真实的情境，设计与课程内容相关的任务，通过“集体讲授＋小组操练与复练＋课后实践与运用”的手段，在详细系统地讲解教学内容之后，分小组进行操练与反复练习，让学生通过解决问题的方式来掌握语言知识，满足生活需要、实习需要和考试需要（严厉，2013）。

基于自然法的医学汉语教学模式中，教师可根据“i＋1”模式的教学内容选择教学方法：（1）教学中采用正常略快语速，以口头语言为主，减少书面语使用，课堂教学尽量模拟真实的医患交流场景，方便学生在即将到来的实习中更快、更好地融入。（2）以教材为中心，适当补充相关专业术语及用法。（3）课堂上尽量不讲解生词和语法，把词汇的学习提前布置给学生，放在课余时间完成，课堂中更侧重培养学生的交际能力和理解能力。（4）适当使用医学道具及其他必要的辅助工具，采用视频、音频等多种形式形象展示教学中所提及的医学知识（裴洲司等，2018）。

项目教学法（Project-based Learning，PBL）也可引入到医学汉语教学模式中。在项目设计阶段，可以根据医学汉语课堂教学特点，设计调查采访、实验报告、实地考察、情境模拟、角色表演、模拟比赛、技能实践等教学项目。学生们在项目实施之前要收集资料，做好项目规划和任务分工。在项目实施过程中，学生们可以根据项目设计的规划和分工采用小组合作和独立探索的方式交叉进行，教师则在项目实施过程中给予及时引导。在项目成果展示阶段，要引导、鼓励学生通过一定形式的作品成果展示其在项目过程中所学习到的知识或技能（李柳，2019）。

此外，随着信息技术的不断发展，利用网络开展医学汉语教学的研究成果也陆续出现，如陆羽然、张曦（2021）讨论基于情境教学法的医学汉语在线教学设计，王珺、汪娜、李光伟等（2021）分析“雨课堂”在医学汉语案例式教学中的应用等。

总的来看，尽管近年来对医学汉语教学方法的研究逐渐丰富，研究视角也较为多元，但研究还有进一步提升的空间，体现医学汉语教学特点、行之有效的教学模式与教学方法还有待深入探讨。

四、测试与评估

（一）医学汉语水平考试（MCT）

2019 年 12 月 15 日，医学汉语水平考试（MCT）正式开考。这是一项考查医学汉语应用水平的标准化语言测试，对于提升医学留学生教育质量和临床实习效果有极大的促进作用，同时也是对“中文＋医学职业教育”理念的重要实践。医学汉语水平考试（MCT）主要面向医学专业留学生、在中国境外使用汉语进行医学专业学习的学生，以及在中国境内外使用汉语进行临床诊疗的汉语非第一语言医护工作人员，考查其在医学/医疗场景中与患者、医护人员及相关人员用汉语进行交际的能力。

1. 能力描述

MCT 包含三个等级，每个等级所对应的能力情况如下。

（1）MCT 一级：能够大体理解与医院日常交际场景相关的、基本的语言材料。能够就病情进行简单的交流与沟通，能对疾病的基本情况进行简单描述。汉语水平能够基本满足医院实习的要求。医学专业词汇量为 400 个左右。

（2）MCT 二级：能够理解与医院日常交际场景相关的、较为具体的语言材料。能够就病情进行较为复杂的交流与沟通，能对疾病的主要情况进行较为具体的描述。汉语水平能够总体满足医院实习的要求。医学专业词汇量为 800 个左右。

（3）MCT 三级：能够完全理解与医院日常交际场景相关的绝大部分语言材料。能够就病情进行复杂的交流与沟通，能对疾病的整体情况进行详细描述。汉语水平能够完全满足医院实习的要求。医学专业词汇量为 1 500 个左右。

2. 考试内容

医学汉语水平考试（MCT）试卷分听力、阅读和写作三部分（见表 8－4），各部分满分分别为 100 分，总分 300 分。全卷共 101 题，考试时间约为 125 分钟（含填写个人信息时间 5 分钟）。

表 8－4　　医学汉语水平考试（MCT）试卷结构

<table>
<tr><th colspan="2">试卷结构</th><th colspan="2">题量（个）</th><th>分数</th><th>时间（分钟）</th></tr>
<tr><td rowspan="4">听力</td><td>听句子，判断对错</td><td>10</td><td rowspan="4">50</td><td rowspan="4">100</td><td rowspan="4">约 35</td></tr>
<tr><td>听对话，选择正确答案</td><td>10</td></tr>
<tr><td>听对话，选择正确答案</td><td>10</td></tr>
<tr><td>听短文，选择正确答案</td><td>20</td></tr>
<tr><td rowspan="4">阅读</td><td>选择正确的词语填空</td><td>10</td><td rowspan="4">50</td><td rowspan="4">100</td><td rowspan="4">50</td></tr>
<tr><td>阅读语段，选择与语段意思一致的一项</td><td>10</td></tr>
<tr><td>阅读材料，选择正确答案</td><td>10</td></tr>
<tr><td>阅读短文，选择正确答案</td><td>20</td></tr>
<tr><td>写作</td><td>根据一段长对话完成门诊病历记录</td><td colspan="2">1</td><td>100</td><td>30</td></tr>
<tr><td colspan="2">总计</td><td colspan="2">101</td><td>300</td><td>120</td></tr>
</table>

（二）《医学汉语水平考试（MCT）大纲》

2020 年 12 月，经华中科技大学、天津医科大学、大连医科大学、北京中医药大学等院校组成的专家团队共同研发，教育部中外语言交流合作中心正式发布了《医学汉语水平考试（MCT）大纲》，用于作为医学留学生培养的教材、测试研发的依据。

大纲由考试介绍、等级标准、话题大纲、任务大纲、医学专业词汇大纲、考试要求及流程、样卷、答题卡、样卷听力材料、样卷答案等内容组成，旨在为教师教学和考生备考提供科学指导。

话题大纲以交际话题为载体，如“医生与医生”“医生与患者”的交流等，把医学汉语教学和专业教学相结合，突出医学汉语的独特性，实现医学汉语能力与医学专业认知协同发展的目标。

任务大纲设置了一系列具体的、可操作的语言交际任务，如病史采集、体格检查、疾病诊断等，引导学习者“在做中学”，在医学交际场景中提升自身医学汉语水平。

医学专业词汇大纲精选了 1 500 个常用、典型的医学汉语专业用词。为便于使用，结合现代汉语词汇的词性标注惯例及医学汉语专业词汇的特殊性，为每个词标注了词性和读音，并对个别词语的变调情况进行了标注。

本节关键词

医学汉语教学　中医汉语教学　六年制本科临床医学专业汉语课程　医学汉语水平考试（MCT）　《医学汉语水平考试（MCT）大纲》

第四节 商务汉语教学

20 世纪 80 年代，商务汉语教学以经贸汉语或外贸汉语的概念逐渐兴起。随着经济的飞速发展，与中国有贸易往来的跨国公司、企业逐渐增多，学习商务汉语的人数迅猛增长。商务汉语逐渐成为专门用途汉语教学领域最受关注、发展最快的分支领域，其学生规模、教学层次、课程类型、教材数量、科研成果等都远超其他领域。

一、发展概况

与科技汉语、医学汉语等其他专门用途汉语教学相比，商务汉语教学起步较晚，但随着中国经济在世界上的影响不断增强，商务汉语教学却呈现出快速发展的态势。其发展历程大概经历了起步、缓慢发展、高速发展三个阶段。

（一）起步阶段：1982—1992 年

商务汉语教学起源于“外贸汉语”。20 世纪 80 年代，与外贸汉语相关的教材、课程、科研论文纷纷出现，标志着商务汉语教学进入起步阶段。1982 年，北京语言学院、北京对外贸易学院合编的面向留学生的商务汉语教材《外贸洽谈 500 句》，是国内最早的商务汉语领域的教材。1988 年，北京语言学院开设了具有长期进修性质的外贸汉语班，成为商务汉语教学课程正式出现的标志。在科学研究方面，1992 年《世界汉语教学》第 4 期发表的《外贸口语的特点与教学》，是商务汉语教学研究领域的第一篇研究论文。

（二）缓慢发展阶段：1993—2000 年

20 世纪 90 年代，中国改革开放和对外经济交流进一步深化，极大地推进了商务汉语教学的发展。1996 年，北京语言大学开设了汉语言本科专业经贸方向课程，丰富和提高了商务汉语教学的层次，此后国内各大高校纷纷开设同类课程。1997 年，中央电视台播出《国际商务汉语》电视教学片，“商务汉语”名称开始出现。

这一时期，商务汉语教材的数量明显增加。从全球汉语教材库的收集情况看，到 20 世纪 90 年代末，中国出版的商务汉语教材有十几部，如《经贸初级汉语口语》《外贸写作》《国际商务汉语》《经贸汉语》《商务口语教程》《国际商务汉语教程》《基础实用商务汉语》等。

尽管这一时期商务汉语教学课程与教材都有了一定的发展，但相关学术研究尚不充分。中国知网显示，1993—2000 年与“商务汉语”相关的研究论文仅 4 篇，涉及多媒体教学、教材编写、教学策略等，研究的广度与深度有待进一步发展。

（三）高速发展阶段：21 世纪以来

2001 年中国加入世界贸易组织，直接推动了商务汉语教学的发展，商务汉语学习人数剧增。越来越多的国内大学在汉语言专业下开设经贸或商务方向，长短期商务汉语进修或培训课程也纷纷出现。为了更好地服务商务汉语教学发展的需要，国家汉办/孔子学院总部于 2010 年在上海财经大学、对外经济贸易大学设立了国际商务汉语教学与资源开发基地，以鼓励商务汉语教学与资源的研发；还专门设立了伦敦商务孔子学院、哥本哈根商务孔子学院、雅典商务孔子学院等三所商务孔子学院，以推进海外商务汉语教学实践。

在标准化语言测试方面，2003 年起北京大学开始研发 HSK（商务），2006 年，该考试以“商务汉语考试（BCT）”之名在新加坡实施海外首考，2007 年在国内开考。

与此同时，商务汉语教材编写也进入繁荣期。全球汉语教材库收录的这一时期的商务汉语教材共 282 册，在专门用途汉语教材中比重最大。其中，课堂教材占 85.3%，读物、工具书、考试辅导用书等相对较少。近 70%的商务汉语教材在中国出版，日本、韩国出版数量次之。教材媒介语涉及汉、英、日、韩、泰等 12 种语言，以汉语、英语为最多。教材内容方面，听说、阅读、写作等技能教材较多，如《新丝路商务汉语速成系列》《商务汉语 101》《商务汉语拓展》；也有综合课系列教材（如《卓越汉语・商务致胜》）与单本教材（如《中国商务文化》）等。

这一时期，商务汉语研究研究论文发表数量显著增加（见图 8 - 4），中国知网收录的 2002 年以来研究论文共 567 篇，这从一个侧面反映出商务汉语教学研究受到了学界的空前关注。其中围绕经贸汉语课程的定位、商务汉语教学需求分析、商务汉语教学等方面的研究，对于深化商务汉语教学实践具有积极的意义。

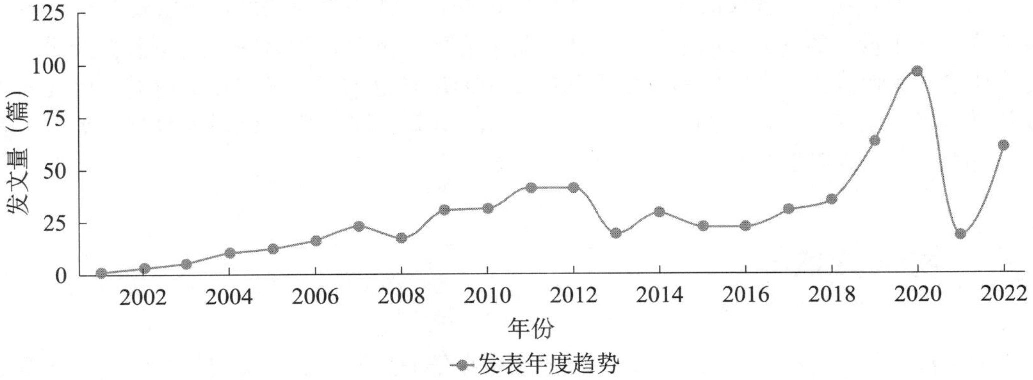

图 8 - 4　2002 年以来商务汉语研究论文发表情况

二、课程体系

在专门用途汉语教学中，商务汉语的课程体系是较为完善的，既有学历教育，也有非学历教育，同时不同层次的课程类型也比较丰富。

（一）学历教育

学历教育中的商务汉语课程主要包括汉语言本科（商务方向）、汉语言专科（商务方向）两类。对于本科学生而言，一般一、二年级学习通用汉语，三、四年级学习商务汉语技能类和知识类课程。目前，大部分高校开设的商务汉语技能课有商务汉语综合课、商务口语交际、商务写作、商务阅读、经贸洽谈、经济导读、商务文书概论等，商务汉语知识类课程主要有世界经济概论、经济学原理、国际贸易实务、市场营销学、涉外经济法规、当代中国经济与社会等。

除了以上基础课程、专业课程之外，一些院校也为商务汉语设置了实践类课程。如，浙江师范大学 2012 年的汉语言（商务汉语）本科教学计划中，实践类教学课程为 20 学分，占总学分的 12.5%。王琳（2014）认为，实践类课程应体现出阶段性、层次性、互动性的设计理念。如基础商务实践课程在一、二年级开设，与语言基础技能学习配合进行；信息交流类实践课程可依托中高级课程，突出将商务理论转化在半真实和真实的商务实践活动中；跨文化适应性实践课程可依托高级商务汉语教程，强调对真实场景中的商务活动存在的问题进行总结和提炼。

在商务汉语学历课程体系中，经贸汉语综合课始终处于基础和核心地位，是联系各门课程的重要中介。课程通过系统讲授高级汉语的语言知识，间接介绍中国经贸知识，使学习者在语言的听、说、读、写、译能力综合提高的同时，能够基本掌握经贸活动的语体特点，大致熟悉中国的经济生活背景，初步了解中国的商业文化（沈庶英，2006）。

（二）非学历教育

非学历教育中，商务汉语教学的形式比较多样，有作为选修课的商务汉语教学，有对在职商务人士设立的商务汉语培训等。非学历教育的商务汉语课多在中高级阶段开设，但也有学者认为商务人士在工作和日常交际中使用的语言也属于商务汉语的范畴，因此商务汉语课程可以从基础阶段开始，如《经理人汉语》《新丝路商务汉语系列教材》等多部教材，都蕴含了研究者对基础商务汉语教学的探索。

三、教学方法

商务汉语领域对教学方法的探讨，主要集中在任务型教学法、案例教学法、交际策略教学法等教学理念上。

（一）任务型教学法

任务型教学法（Task-based Language Teaching）是 20 世纪 80 年代兴起的第二语言教学理念，通过让学生使用目的语协商、讨论，完成交际任务，从而达到提升语言交际能力的目的。关道雄、费飞（2010）重点介绍了中级商务汉语教学中的三种任务类型——语言技能型任务、交际型任务、预演型真实任务，并分别结合实例进行说明。这为任课教师提供了课堂任务的设计思路，具有积极的参考价值。

运用任务型教学法需要特别注意：任务应是真实、实用的，教师应合理定位任务难度，合理安排课堂活动时间，同时也不能忽视对语言形式的关注。

（二）案例教学法

案例教学法首创于哈佛大学医学院和法学院，后被商学院采纳，用来解决单靠教师讲授不能很好被理解、掌握的理论问题。在商务汉语教学中使用案例教学法，可以让学习者置身于真实的商务情境中，大大缩小课堂教学场景与实际工作、生活场景的差距。而且，它立足于语言的交际和使用，使学生通过对语言内容的正确理解和准确表达来掌握语言形式，从而提升其商务汉语的综合运用能力（苗欣，2011）。

案例教学法的教学步骤一般包括：（1）展示案例。教师将案例发给学生，要求学生查找、阅读相关理论知识，确定分析案例的依据。（2）分析与讨论。教师督促每组同学积极参与，用汉语表达自己的观点和见解。（3）案例总结。分析讨论之后，教师及时总结。针对一些较为复杂的案例，还可要求学生撰写案例报告，以巩固所学知识点，同时提高书面表达能力。

（三）交际策略教学法

交际策略是指在言语交际过程中，为有效实现交际意图而采取的语言表达方式，在交际中解决特定交际功能下说什么和怎么说的问题。在具体的教学中，交际策略教学法分为输入和输出两个阶段，两阶段的教学都是在话语分析的框架内进行的。

输入阶段——话语分析，即教师对样本语料的话语特征进行分析，如交际目标与交际意念分析（说明交际的目标与意图）、交际角色分析（揭示交际双方各自的地位以及相互之间的关系）、语体风格分析（对语言材料当中出现的语言成分所属语体和风格特点进行说明）、话语结构分析（对样本语料的话语/语篇的线性构成方式进行归纳）。

输出阶段——交际策略训练，即教师引导学生按照话语分析的提示，模仿样本语料进行交际与表达练习。具体步骤有：设定交际目标与交际意念，定位交际角色，选择语体风格，组织话语与语篇结构等（张黎，2011）。

除了宏观探索外语教学理念与商务汉语教学实践的融合之外，也有学者针对商务汉语某项技能或语言要素的教学进行讨论。丁安琪（2004）提倡在商务汉语写作课中，采用过程导向的教学模式（Process-oriented Approach）；黄锦章（2010）提出在商务汉语词汇教学中，引入“先行组织者”策略和概念图技术，帮助学生理解、记忆商业术语。

通过以上对商务汉语教学方法的回顾，可以看到，无论是宏观教学理念的探讨，还是微观授课方法和技巧的讨论，对于促进商务汉语教学实践都是非常实用的。这两类研究都应是今后继续深入的方向。

四、测试与评估

（一）商务汉语考试（BCT）

商务汉语考试（BCT）作为一项国际汉语能力标准化考试，重点考查第一语言非汉语考生在真实商务或一般工作情境中运用汉语进行交际的能力。2006年，商务汉语考试（BCT）在新加坡首考，2007年在国内开考。考试分BCT（听·读）和BCT（说·写）两种相对独立的考试，考生可单独参加其中一种考试，也可同时参加两种考试。

随着国际中文教育形势的发展，为进一步满足商务汉语学习者和企业、学校等相关机构对商务汉语能力测评的需求，孔子学院总部/国家汉办于2014年实施新BCT。新BCT作为一个考试系列，由BCT（A）、BCT（B）和BCT（口语）三个独立考试组成。考试用途包括：

（1）为企业评价母语非汉语员工（候选人）运用汉语进行日常工作的能力提供标准；考试成绩可作为选拔、录用和晋升的参考依据。

（2）为各类学校和培训机构招收商务类相关专业学生及分班和学分授予等教育教学环节，提供学生商务汉语能力的参考。

（3）为商务汉语学习者自我学习、自我评价商务汉语能力提供参考。

1. BCT（A）

（1）考试结构。

BCT（A）试卷共70题，分听力、阅读、书写三部分。如表8-5所示。

表8-5　BCT（A）试卷结构

考试内容			试题数量（个）		考试时间（分钟）
一、听力	第一部分	根据听到的内容判断对错	10	30	约20
	第二部分	根据听到的内容选出对应的图片	10		
	第三部分	根据听到的内容选出答案	10		
二、阅读	第一部分	从提供的选项中选词填空	10	30	30
	第二部分	从提供的选项中选出答案	20		
三、书写		根据拼音写出汉字或词语	10		10
填写答题卡					5
共计	/		70		约65

（2）能力描述。

BCT（A）重点考查考生在实际汉语应用环境中的交际能力，能力描述及内容举例如表8-6所示。

表 8-6 BCT（A）能力描述及内容举例

分测验	能力描述	内容举例
听力	能听懂与工作或生活密切相关的用品	简单的日常生活用品及办公用品
	能听懂工作或生活环境中的基本数字、数量信息	签证表中最基本的内容如姓名、护照号等数字（包括日期、时间、价格）
	能听懂工作或生活环境中他人关于自身信息的简单介绍	如姓名、年龄、国别、公司名称、职位、联系方式、兴趣爱好、身体情况等
	能听懂工作或生活环境中最基本的指示话语或要求	如打电话、签名等
	能听懂工作或生活环境中的基本日常用语	如介绍、问候、欢迎、祝愿、感谢、道歉、告别等
	能听懂工作或生活环境中基本的指示话语或要求	如询问价格、付款方式等
	能听懂工作或生活环境中他人基本信息的介绍或说明	如就职公司、职位、联系方式等
	能听懂工作或生活环境中他人情况的介绍或说明	如身体状况、工作情况等
	能听懂工作或生活环境中关于某事物的介绍或说明	如商品特点、价格、地点介绍等
	能听懂工作或生活环境中的简短通知或安排	如会议通知、路线或时间安排等
阅读	能拼读拼音，能认读基本的汉字、词语、数字、个人信息等	简单的标识（如洗手间、超市、地铁、机场）、简单的地点（如办公室、宾馆房间）、菜单或时刻表等
	能认读基本的汉字、词句或简短的文字材料，看懂要求，能从简短的文字材料中获取相关信息	简单的图表（如签证表、价格表、收支表），日程表等工作或生活场所中的简单用语，日常工作或生活中最常用的名片、通知、便条、留言、短信等
	能阅读日常生活或工作中常见的简短书面材料，了解大意，识别基本信息；能在题材熟悉的段落中找到所需的特定信息	商务礼仪或正式场合的常用表达方式，产品的简单介绍、广告等，简短的天气预报、交通信息，通知、电话记录、留言、便条、短信、邮件、日程表等
书写	能默写基本的汉字	
	能根据要求填写表格	简单的表格（如签证表格、海关表格等），简单的公司内部表格（如请假单、报销单等）个人日程表（记下个人日常生活或工作安排）

2. BCT（B）

（1）考试结构。

BCT（B）试卷共 92 题，分听力、阅读、书写三部分。如表 8-7 所示。

表 8-7　　**BCT（B）试卷结构**

考试内容			试题数量（个）		考试时间（分钟）
一、听力	第一部分	根据听到的内容选出答案	20	50	约 35
	第二部分	根据听到的内容选出答案	15		
	第三部分	根据听到的内容选出答案	15		
二、阅读	第一部分	从提供的选项中选出答案	10	40	60
	第二部分	从提供的选项中选出答案	20		
	第三部分	判断问题或句子与哪段材料有关	10		
三、书写	第一部分	写一篇不少于 80 字的作文	1	2	40
	第二部分	写一篇不少于 150 字的作文	1		
填写答题卡					5
共计	/		92		约 140

（2）能力描述。

BCT（B）重点考查考生在实际汉语应用环境中的交际能力，能力描述及内容举例如表 8-8 所示。

表 8-8　　**BCT（B）能力描述及内容举例**

分测验	能力描述	内容举例
听力	能听懂工作或生活环境中的一般介绍	有关他人或其他机构、产品基本情况的介绍，如业务往来公司的情况介绍、项目和产品介绍等
	能听懂工作或生活环境中的基本说明	如关于自己本职工作的说明、与自己工作相关的培训内容、路线说明、一般日常设备用品的使用说明
	能听懂工作或生活环境中的通知或安排	如约会时间、地点等日常生活方面的通知，机场、车站、商场、医院等公共场合的广播，会议、工作安排、日程安排等通知
	能听懂媒体中自己了解的新闻	如电台、电视台等新闻
	听懂有特定目标的会谈	如打电话留言或根据留言回复，就工作中的问题与同事沟通，就设备问题与维修人员沟通，就产品质量与售后服务等沟通，就自己的职业规划与上司沟通
	能听懂正式的会谈或会面	如参加商务宴请等活动的基本交流，就自己的专业领域或业务范围面试应聘人
	能听懂工作或生活环境中关于某事或某物的讨论或会谈	如他人关于普通话题或重要时事的讨论，对商品、公司等的简单评价，商务谈判中对方的主要观点，客户的基本态度（如赞同、反对、抱怨等）

续表

分测验	能力描述	内容举例
阅读	能看懂工作或生活环境中的标志和标牌	如会议室牌子、商店招牌、公司机构的名称，交通标志、包装警告标志、名片信息
	能看懂一定长度、较为复杂的语言材料，抓住大意，掌握重要事实和细节	查找表格中所需信息，如时刻表、日程安排、餐单、电话簿、清单、签证表格、请假单等；读懂说明性和叙述性材料中的重要信息，如便条、邮件、信件、通知、传真、备忘录、旅游指南、路线说明、产品使用说明、工作流程说明、产品说明、投诉信等；读懂正式信函、简历、求职信、合同、项目报告、述职报告、商务报表、规章制度等
	能看懂一定长度的语言材料，把握篇章结构，并能根据上下文辨析出确保语篇语义和结构衔接的句子	如在句子缺失的语篇结构中，根据上下文意思，从几个句子中选出最恰当的一个填入空白处
	能阅读一系列内容相关的材料，找出关键信息	如多家酒店信息的查找和匹配
书写	能就基本的日常生活、工作或社交话题或图表进行客观描述，传递或表达恰当信息	如列清单、写日程表、写便条、写通知、写传真、写备忘录、分析图表
	能就特定的话题进行记录或说明，撰写相关文件或说明，能正确反映客观情况，准确表达自己的观点	如会议记录、说明（如简短的路线说明、设备使用说明或工作流程说明）、工作信件（如投诉信、感谢信、邀请信等）、个人简历、求职信、报告（如调查报告、述职报告等）、合同文本，或就某些话题进行论证分析

3. BCT（口语）

BCT（口语）重点考查汉语非第一语言考生在真实商务或工作情境中运用汉语（口语）进行交际的能力，并对其能够完成的语言任务进行评价。BCT（口语）采用计算机半自适应考试形式，根据不同考生的特点及职场需要，考查贴合其职场实际情况的口语表达能力，以及应用汉语应对工作环境需要的能力。

（1）考试结构。

BCT（口语）试卷共 15 题，结构如表 8－9 所示。

表 8－9　　BCT（口语）试卷结构

考试内容		试题数量（个）	考试时间（分钟）
第一部分	参考图片回答问题	4	2
第二部分	根据题目要求回答问题	4	2
第三部分	参考图片进行回答	3	5
第四部分	根据题目要求进行回答	3	5
第五部分	根据一组图片进行回答	1	6
登录调试、问卷调查（考试开始前）		/	约 5
共计		15	约 25

（2）能力标准。

BCT（口语）重点考查考生在实际汉语应用环境中的交际能力，能力标准如表 8－10 所示。

表 8－10　　BCT（口语）能力标准

题材	任务
个人信息	能简单介绍个人基本信息，如姓名、国籍等
路线说明	能简单说明行走或行车路线、地点位置，如洗手间在何处
生活情况说明	能简单说明日常生活安排，如每天的生活习惯
个人事件	能简单介绍发生在自己身上的事情，如简单的工作经历
他人信息	能简单介绍一个人，如就职的公司、职位、联系方式等
个人基本工作信息	能简单介绍个人基本工作信息，如就职的公司、职位、联系方式等
个人工作信息	能简单介绍个人的工作信息，如工作职责、工作范围等
公司信息	能简单介绍个人所在公司的基本情况
公司产品信息	能简单介绍个人所在公司的主要产品
工作情况说明	能简单说明工作安排，如项目时间进度、会议安排等
一般话题	能就普遍感兴趣的话题简单说明自己的观点，如天气、爱好等
与工作相关的话题	能就工作中的话题简单说明自己的观点，如对某产品的评价、对公司未来发展的看法等
项目信息	能简单介绍个人所在公司的主要经营项目
工作执行说明	能向同事简单说明如何执行一项日常工作任务
与工作相关的话题	能谈论与工作相关的话题，如个人未来的职业目标和打算等
发言	能就感兴趣的话题进行有准备的发言，如兴趣爱好等
致辞	能根据场合致辞，如致祝酒词、开幕词、答谢词等
与工作相关的话题	能谈论与工作相关的话题，如报告工作进展情况
与工作相关的话题	能谈论与工作相关的话题，如根据图表说明相关情况

（二）商务汉语考试 BCT 大纲

针对原商务汉语考试，国家汉办和北京大学商务汉语考试研发办公室编著的《商务汉语考试大纲》于 2006 年 8 月由北京大学出版社出版。大纲附录有《商务汉语交际功能项目》和《商务汉语常用词语表》。

《商务汉语交际功能项目》将商务活动中的交际功能项目分为生活和业务两类。其中，生活类包括与商务活动有关的日常生活及社会交往活动，如签证、住宿、出行等；业务类如招聘、应聘、签约等。《商务汉语常用词语表》收录词语 2 457 个，其中与商务有关的生活、社交、工作类词语 1 035 个，商务活动中的常用业务类词语 1 422 个。

与新 BCT 对应的《商务汉语考试 BCT（A）大纲》和《商务汉语考试 BCT（B）大纲》由孔子学院总部/国家汉办委托对外经济贸易大学国际商务汉语教学与资源开发基地编著。BCT（A）以《商务汉语能力标准》为主要依据，根据多项权威汉语语料库的词频情况和国际汉语教学的实际情况设定了考试的参考词汇，共600词；BCT（B）设定的考试参考词汇为4 000词。

本节关键词

商务汉语教学　经贸汉语　商务汉语考试（BCT）

第五节 公务汉语教学

“公务”指的是与国家有关的事务。在公务汉语教学领域，学习者主要是使馆或国际组织工作人员、外国警员等，因此，外交汉语教学、警务汉语教学成为公务汉语教学的代表。

一、外交汉语教学

相比于其他领域的专门用途汉语教学，外交汉语教学起步最早，但由于其特殊性，教学规模远不及其他汉语教学，教材编写、教学研究等也有待加强。

（一）发展概况

新中国成立后，随着中国外交事业的发展，针对外交人员的汉语教学逐渐发展起来。1956年在北京成立了外交人员服务处（1962年发展为外交人员服务局），统一管理包括汉语教师在内的从事外交人员服务工作的人员。1984年9月，在原外交人员事务局汉语教研室的基础上，成立了外交人员汉语教学中心（后更名为北京外交人员语言文化中心）（殷华琈，1991）。50多年来，有来自100多个国家的近20 000名人士在此学习，如美国前总统老布什、印度前总统纳拉亚南、300余位各国大使等。①

由于教学对象的工作特点，外交汉语教学以一对一形式为主，开展较大规模的班级教学具有一定的困难。

（二）教材编写

20世纪90年代，北京外交人员教学中心编写的《桥——外国人汉语教材：容易学（一）》和《生活在中国》，是我国较早的外交汉语教材。十余年之后，外交汉语教材的种类

① 数据来自北京外交人员语言文化中心官网（https：//www.bds-cn.com/whjl/guanyulcc/）。

逐渐丰富，如出现了一些适合中级汉语水平、从事使馆、商社、国际组织等公务工作学习者的教材，如《体验汉语·公务篇》（60～70课时）、《体验汉语100句（公务类）》（英语版）、《实用公务汉语：汉英对照》，同时也出现了面向预科或外交专业学习者的教材（《中国外交——专业汉语教材》）。

不过，外交汉语教材的数量相对较少，尚缺乏品牌教材，教材研发、编写还有进一步提升的空间。

（三）教学研究

外交汉语教学领域的研究成果，从内容上大体可以分为两类：一类是分析、讨论教材的编写思想、编写特点，如石金才（1990）介绍了外交人员初级汉语教材的编写设想；褚佩如（2004）从外交人员自身特点和他们对教材语料、功能、情境的特殊需求等角度，说明了《外交公务汉语》的编写思想，并且介绍了该教材四个分册的主要内容和编写特点。另一类研究主要讨论教学方法、教学形式。如提出外交语体教学的主张（刘亚林，1996），理性分析外交汉语教学中常见的“一对一”形式［刘亚林，1996（2）］。

总的来看，外交汉语教学有关教学特点、教学方法、教学模式的研究还需要更扎实的基础研究，以推动这一专门领域的持续发展。

二、警务汉语教学

（一）发展概况

由于国际执法合作的不断深入，为提高国际警务合作效率，增强外国警员对中国的了解，推动国外华人社区的治安维护，外警培训逐步成为中国国际执法合作的重要组成部分。警务汉语教学实践最早出现在公安院校的外警培训项目中。自20世纪80年代以来，云南警官学院就开始与南亚、东南亚等国警方在国际禁毒领域开展学术交流与合作。2002—2009年，包含汉语课程在内的外警培训项目共培训禁毒执法警官1 000多名（王竞可、徐秋荻、谢湘江，2009）。2006年公安部与北京外国语大学共同举办了“执法联络员汉语培训项目”，学员来自周边十余个国家。这些教学探索标志着一个新的专门用途汉语教学——警务汉语教学的诞生。

随着“一带一路”倡议的全面推进，国际合作日益加强，云南警官学院在全国率先招收了来自世界十多个国家的国际警务硕士留学生。针对这些学生开展通用汉语教学，尽管对其日常学习生活有极大帮助，却无法满足他们专业学习的需求。为此，牛何兰等（2018）论证了在这类人才培养中开设专业汉语的必要性，以进一步提高国际警务硕士留学生的培养质量。

（二）教材编写

为满足中外警界的需求，科学拓宽职业汉语的教学领域，2014年北京外国语大学面向执法联络员汉语培训项目编写了系列教材：《警务汉语·生活篇》，适合零起点学习者；《警务汉语·专业篇（初级）》，适合具有HSK二级至三级水平的学习者，也可作为HSK四级以上学习者的辅助教材或速成教材；《警务汉语·专业篇（中高级）》，适合 HSK 四级以上学习者（池宇，2013）。另外，田有兰等编著的《警务中泰英三语教程》，为读者提供了常用的警务中、泰、英三语词汇、习惯用语和表达方式。

（三）教学方法

教学方法层面，房玉霞（2012）以《警务汉语会话》第 9 课为例，探讨了任务型教学法在警务口语教学中的应用，包括任务前阶段、任务中阶段、任务后阶段的具体设计。欧苏婧（2020）将 SPOC（Small Private Online Course，小规模专有在线课程）教学引入警务汉语教学中，以解决目前存在的培训时间受限、成员水平不一、教学内容不确定等问题。基于 SPOC 的警务汉语教学原则有：根据“基本形式”原则确定基本教学内容要点；按照“尊重差异”原则掌握学员的基本信息及学习情况；推进双向文化导入与汉语交际融合原则的应用，既传播中国文化，也鼓励外国警员用汉语分享各自的文化，促成“人类命运共同体”理念的传播。

总之，警务汉语教学反映出国内外执法公务交流与合作的发展需求，这一领域的发展值得继续关注与研究。

本节关键词

公务汉语教学　外交汉语教学　警务汉语教学

第六节
其他领域的专门用途汉语教学

除了科技汉语、医学汉语、商务汉语、公务汉语等起步较早、规模较大、发展相对成熟的专门用途汉语教学之外，旅游汉语、军事汉语，以及“中文+职业技能”教育项目等其他领域的专门用途汉语教学也呈现出蓬勃发展的态势。

一、旅游汉语

中国经济的发展，带动了国人出国旅游的热潮，国外越来越需要懂汉语的导游。同时，旅游也是一种学习汉语的好方法，有相当一部分外国留学生希望通过旅游来了解中国。旅游汉语作为一门专门用途汉语教学也就应运而生，系列教材也开始面世，如《旅游汉语》《体验汉语·旅游篇》《旅游汉语系列教材：游学中国》等。

2003 年，国家汉办开始组织研发 HSK（旅游）水平考试，上海师范大学对外汉语学院编著了《旅游汉语功能大纲》和《旅游汉语词汇手册》，对功能和词汇进行了等级划分。《旅游汉语功能大纲》将旅游汉语的功能细目分成五类：组织旅游、景区游览、饭店实务、旅行社实务、旅游发展和相关管理。各功能细目大多分初、中、高三级。《旅游汉语词汇手册》共收录常用旅游汉语词语 4 674 条，分初、中、高三个级别，为旅游汉语教学、教材编写和考试提供了词语方面的范围和依据。

二、军事汉语

军事汉语教学是 20 世纪 90 年代末由解放军外国语学院开始尝试的课程类型，旨在满足外军留学人员日常生活和军营交流的需要。军事汉语教学以口语交际为主，同时辅以听读方面的课程，以提高外军留学人员进行相关听说交际和阅读专业资料的能力。

目前出版的军事汉语教材有《汉语军事文选》《初级军事汉语》等。在教学方法层面，刘强、肖航（2011）基于外军留学生汉语会话课程实践，提出了“三境教学法”，即在汉语会话教学中，以“情境模拟、情境体验、情境适应”为核心，将语言学习和生活环境相结合，构建模拟生活环境，设置语言情境，采用“情境式授课、角色化体验、生活化运用”的方法，实现“教员—学员”“学员—环境”的交流互动。

从已有研究看，军事汉语教学还处于起步、摸索阶段，无论是教材编写，还是教学研究，都还有很大的空间。更多更好的研究成果，将进一步推进对外军事培训的汉语教学，提升对外军事培训质量。

三、“中文＋职业技能”教育项目

上文提到，实现国际中文教育与职业教育“走出去”协同发展，构建面向新时代的国际中文教育与职业教育高质量发展新体系，是“十四五”时期我国教育领域改革创新发展的重要任务。作为“中文＋职业技能”教育的主要落实单位，中外语言交流合作中心为推进“中文＋职业技能”教育组织、部署、实施了若干工作，已在 40 多个国家或地区开设了形式多样的“中文＋”特色课程，涵盖技能培训、旅游、机电、农业、高铁、航空等领域。如在卢旺达开设“中文＋竹编技术培训”课程，在肯尼亚开设“中文＋服装纺织培训”课程，在泰国开设“中文＋高铁”课程，在比利时开设“中文＋商务”课程，在白俄罗斯开设“中文＋科技”课程，在日本开设“中文＋空乘”课程，在安提瓜和巴布达开设“中文＋农学”课程等。这些课程深受当地中文学习者的欢迎，既满足了个性化学习需求，又提升了学习者综合素质和就业能力，为中资企业输送了大批懂中文的专业技能型复合人才。

另外，中国物流与采购联合会教育培训部、有色金属工业人才中心等机构编写了物流、工业中文教材，南京工业职业技术大学“中文＋职业技能”国际推广基地开发了电子商务、机电一体化、汽车、酒店管理、计算机等多个专业的中文教材。这些探索为“中文＋职业技能”的教学实践提供了坚实的保障。

未来，我国将发挥现代科技优势，充分依托移动互联网、大数据、云计算、人工智能等新技术，在具备条件的国家和院校，设立融合线上线下的联合实训室、智慧教室等，实现远程连线、云端授课，将“中文＋职业技能”数字资源和课程纳入国际中文教育数字化平台统筹建设。同时继续选择试点国家、试点领域，通过建设中文工坊等方式推进“中文+职业技能”教育，比如涉外建筑企业、能源矿产、汽车维修、计算机应用、导游、幼儿师范教育等行业。

总之，随着我国教育对外开放水平持续提升，“一带一路”倡议不断走深、走实，中国企业加快步伐走出国门，广泛参与国际经济贸易活动，在职业教育“走出去”蓬勃发展态势下，“中文+职业技能”教育将可持续健康发展，专门用途汉语教学与研究也将继续深入。

本节关键词

旅游汉语　军事汉语　“中文+职业技能”教育

【本章小结】

中国经济的全面发展以及与世界各国合作交流的愈加紧密，是推动中文加速走向世界的重要因素。随着越来越多的国家将汉语纳入国民教育体系，汉语的国际化程度不断加深，各行各业对汉语的实用化需求也在不断增多。作为与实际应用密切相关的领域，专门用途汉语教学的地位与作用不断凸显。特别是在“一带一路”倡议的持续推动下，为服务中资企业“走出去”战略、有效提升我国职业教育国际影响力，“中文+”背景下的专门用途汉语教学成为国际中文教育的新趋势之一。“中文+”教育理念与专门用途汉语教学是一脉相承、顺向同质的，“中文+”是新时代专门用途汉语教学领域的进一步拓展与深入，而专门用途汉语教学则是“中文+”教学理念研究和学科建设的重要基础。基于“中文+”背景的专门用途汉语教学，必将不断满足各国学习者多元化、专业化、实用化的学习需求，成为评估中文国际化程度，以及中文作为第二语言教学学科成熟的重要指标。

【思考与练习】

1. 你认为专门用途语言教学具有哪些特点？与通用语言教学之间是否存在根本差异？
2. 在专门用途汉语分支体系中，你认为还有哪些与现实需求紧密相关的领域？
3. 请谈谈对“中文+职业技能”教育的理解。
4. 在你就读的学校，有无开设专门用途汉语教学的课程？课程设置、选用教材的情况如何？请调查后简要说明。
5. 你对专门用途汉语教学的哪个领域感兴趣？请搜索阅读相关论文，并完成一篇阅读笔记。
6. 小组讨论。请从生活和业务两大角度，列举商务汉语常见的交际任务。
7. 查找文献，梳理一下近年来专门用途汉语教学及研究的最新进展。

【拓展阅读】

李泉．论专门用途汉语教学．语言文字应用，2011（3）．
张黎．专门用途汉语教学．北京：北京语言大学出版社，2016．

本章参考文献

池宇．警务汉语教学与教材编写初探．北京：学苑出版社，2013.

褚佩如．《外交公务汉语》的编写特点．世界汉语教学，2004（2）．

代睿．以语块为核心的科技汉语教学策略研究．教学研究，2020（6）．

丁安琪．商务汉语写作课教学行动研究报告．云南师范大学学报（对外汉语教学与研究版），2004（5）．

杜厚文．关于外国留学生科技汉语教学体制和教材问题．语言教学与研究，1986（4）．

房玉霞．任务型教学模式在警务汉语口语教学中的应用．鸡西大学学报，2012（10）．

关道雄，费飞．商务汉语教学中的任务类型及设计．国际汉语教育，2010（1）．

郭金鼓．对科技汉语听力课教学的认识．语言教学与研究，1984（4）．

郭金鼓．试论科技生基础汉语阅读课教学．世界汉语教学，1992（2）．

黄锦章．隐喻和隐喻能力在商务汉语国际教育中的重要作用．当代修辞学，2010（6）．

教育项目研究组．构建“中文＋职业技能”教育高质量发展新体系．中国职业技术教育，2021（12）．

李柳．基于项目教学法的医学汉语教学模式探究．智库时代，2019（13）．

李泉．论专门用途汉语教学．语言文字应用，2011（3）．

刘强，肖航．“三境教学法”的理论与实践：军事体育进修学院外军留学生汉语会话课程改革与创新．语文教学通讯，2011（10）．

刘婷雁．基于需求分析理论的MBBS来华留学生医学汉语课程目标情景研究．国际汉语教学研究，2020（4）．

刘亚林．“一对一”与“个别教学”：驻华外交人员汉语教学法改革的思考//《第五届国际汉语教学讨论会论文选》编辑委员会．第五届国际汉语教学讨论会论文选．北京：北京大学出版社，1996.

刘亚林．汉语外交语体考察及其教学尝试．世界汉语教学，1996（2）．

陆羽然，张曦．基于情景化教学模式的医学汉语在线教学设计与应用探索．卫生职业教育，2021（15）．

吕必松．基础汉语教学课型设计和教材编写的新尝试．语言教学与研究，1985（4）．

孟源，商若凡．“中文＋职业技能”教育：发展脉络、现实挑战与路径选择．中国职业技术教育，2022（29）．

苗欣．案例教学法在商务汉语教学中的应用．大庆社会科学，2011（1）．

牛何兰，王竞可，李培根．在国际警务硕士留学生中开设专业汉语课程的必要性研究：以云南警官学院为例．云南警官学院学报，2018（2）．

欧苏婧．警务汉语SPOC教学设计之原则研究．法制与社会，2020（10）．

裴洲司，颜时姣，金心怡．基于自然法的医学汉语教学模式探究．创新创业理论研究与实践，2018（5）．

单韵鸣，安然．专门用途汉语课程设置探析：以《科技汉语》课程为例．西南民族大学学报（人文社科版），2009（8）．

沈莉娜．田苗．基于OBE理念的MBBS专业汉语课程体系的重构：以华北理工大学为例．华北理工大学学报（社会科学版），2020（2）．

沈庶英．经贸汉语综合课的定位．语言教学与研究，2006（5）．

石金才．关于编写外交人员初级汉语教材的设想．世界汉语教学，1990（3）．

宋继华，马箭飞，朱志平，等．职业中文能力等级标准的构建．语言文字应用，2022（2）．

孙莹，李泉．专门用途汉语教学研究综论：1980—1999. 国际汉语教学研究，2022（4）．

王竞可，徐秋荻，谢湘江．云南警官学院国际交流与合作思考．云南警官学院学报，2009（4）．

王珺，汪娜，李光伟，等．“雨课堂”在医学汉语案例式教学中的应用研究．中国高等医学教育，2021（6）．

王琳．浅谈商务汉语实践类课程的必要性及设置安排：以浙江师范大学为例．科教文汇（中旬刊），2014（10）．

严历．论临床医学专业留学生医学汉语教学．西北医学教育，2013（6）．

殷华琤．中国早期的外交人员汉语教学．世界汉语教学，1991（3）．

张黎．商务汉语教学需求分析．语言教学与研究，2006（3）．

张黎．交际策略教学法研究：以“商务汉语口语交际”课为例．语言教学与研究，2011（2）．

张黎．专门用途汉语教学．北京：北京语言大学出版社，2016.

张丽，白迪迪．浅谈中医院校与综合院校留学生汉语课程设置之异同．天津中医学院学报，2005（4）．

张莹．近30年科技汉语教材编写情况的回顾与思考．出版发行研究，2014（11）．

周延松，姚力峰，金瑛．中医院校对外汉语教学课程结构刍议．医学教育探索，2009（11）．

第九章

国际中文教育背景下的华文教育

从印尼第一家“明诚书院”创办至今，海外华文教育的历史已有三百余年。从早期的侨民教育到如今作为国际中文教育范畴之下的华文教育，其性质、特点已发生了很大的变化，它既具有一般语言教学的共性，又具有独特的教学对象、教学目标和教学内容。三百余年来，华文教育从东南亚肇端并逐渐遍布欧洲、美洲、大洋洲、非洲等大洲，各地区的华文教育经历了多次兴衰起伏后仍以强大的生命力薪火相传。如今，在“汉语热”的大背景下，华文教育重新焕发出了勃勃生机，并已独立成为一门新兴学科，在学科探索和建设方面取得了重大进展。当前，海内外的华文教育正处在一个承前启后的关键时刻，在迎来机遇的同时，也面临着不小的挑战，需要全世界的华文教育者齐心协力共创华文教育事业的美好未来。

第一节
华文教育概述

一、华文教育的概念与内涵

（一）“华文教育”名称的沿革

华文教育自肇端以来，其名称、性质等都在随着华侨华人社会的变迁而不断变化。早年，清政府根据《奏定学堂章程》将海外侨校称为“华侨学堂”或“中华学堂”，将海外侨校开展的教育笼统称为“华侨学务”。中华民国成立后，于1929年颁布了《领事经理华侨教育行政规程》和《华侨教育设计委员会组织条例》，文件中出现了“华侨教育”的名称；1933年国民政府颁布《侨民教育实施纲要》后，“侨民教育”的名称更加多见。新中国成立后，“华侨教育”和“侨民教育”在相当长一段时间内仍在海峡两岸沿用：中国大陆多使用“华侨教育”的说法，台湾地区则使用“侨民教育”并一直沿用至20世纪70年代。

“华文教育”的出现最早见于20世纪50年代的马来亚联合邦。1954年，马来亚联合邦华人社团为反对歧视“侨教”的《1952年教育法令》，董教总及马华公会联合召开会议，成立“马华华文教育中央委员会”。1955年，新加坡摆脱殖民统治获得自治，当时的劳动阵线联合政府重视华人的民族语言文化教育，成立了一个“华文教育调查委员会”，并于1956年出台了旨在平等对待各民族语言的《华文教育委员会报告书》。此后“华文教育”之称不胫而走，成为指称世界范围内华侨华人中华语言文化教育的普遍用法。

20世纪70年代以后，世界范围内的华侨华人社会结构发生了变化，随着大批华裔新生代的崛起，华侨/侨民教育的性质已发生重大变化。于是，中国大陆和台湾地区对早先“华侨/侨民教育”的提法也做出了调整和改变。在台湾地区，“华语文教育”代替了原来的“侨民教育”，在外延上不但涵盖了“华文教育”的内容，还包含了面向非华裔开展的汉语教育。1972 年，台湾成立了“世界华语文教育学会”，以实现“倡导中华语文的研究，推广华文教育的发展，促进世界华文学术的交流”之宗旨。改革开放后，中国大陆也开始恢复华文教育，从此“华文教育”的名称一直沿用至今，目前该名称已得到世界各地华社的普遍认同和广泛使用（胡培安、陈旋波，2018）。

（二）华文教育的定义

华文教育产生以来，根据历史时期的不同，其内涵和外延都在发生变化。早期的华文教育为华侨教育，是居住在海外的华侨为其子女学习中国语文和科学文化知识所办的教育，是中国国家教育在海外的延伸。“二战”前的华文教育主体性质是华侨教育。“二战”以后，随着各个殖民地国家相继独立，以及中国政府对华侨华人政策的调整，海外华人社会的性质逐渐发生改变。华文教育不再是单一的华侨教育，而是日益复杂化和多元化（贾益民，2012）。

对于当前“华文教育”的定义，长期以来学界有多种看法（胡培安、陈旋波，2018）。林蒲田（1995）认为，华文教育系华人在入籍国对华侨华人子女以及其他要求学习中文的人士施以中华民族语言文化的教育，也包括境内开办的面向海外的华文教育。贾益民（1998）指出，所谓华文教育，是指以母语或第一语言非汉语的海外华侨华人为主要教学对象（也包括少数非华裔学生）开展的中国语言文化教育，在有的国家或地区（主要是欧美）又称中文教育。李方（1998）将华文教育界定为“对海外华侨华人子女在居住地实施的中华民族通用的现代汉语语言文化教育”，并认为华文教育的主要任务是培养具有中华文化特质、能适应当地情况的华侨华人青年一代，使之能在当地更好地生存与发展。丘进（2000）把华文教育分为三种主要类型：国内华文教育，它是为海外华侨华人子女到国内升学而办；国外华文教育，它是由海外华侨华人在当地举办；国内对外华文教育，如国内一些高校推行的华文远程教学、对外汉语教育等。在此基础上，后来他又提出“大华文教育”的理念，将“境外生教育、海外办学、汉语推广、华侨华人研究”全部纳入华文教育范畴，增扩了华文教育的外延。李嘉郁（2004）将华文教育视为涵盖教学、教育、研究及侨务工作在内的宏大概念，作为“海外华侨华人施行民族语言与文化教育之主要方式”仅仅是华文教育的功能之一。彭俊（2004）则认为，华文教育既涵盖华人社会兴办的各种形式和名称的族裔语言文化教育，也包括中国国内为华侨华人学习民族语言文化兴办的各级教育；华文教育的目标是传承和传播中华民族的语言文化，培养有中华文化气质的所在国公民。这些看法着眼点各有侧重，华文教育的内涵和外延也不一样，但都从不同侧面揭示了华文教育的实质。

（三）华文教育的性质

华文教育在海外的具体情况各异，教育对象、教学环境、语言背景、教学形式等都呈现出复杂多样的状态，其性质难以用单一标准进行概括。具体来说，主要有以下四点（贾益民，2012）。

（1）将汉语作为母语的第一语言教学。如马来西亚部分华文学校的华文教育、缅甸北部一些地区使用人教版《语文》教材的华文教育。

（2）汉语作为外语的第二语言教学。如在美国、日本、印尼、泰国等国对第三、四代华侨华人子女进行的华文教育。

（3）介于第一和第二语言之间的华文教育。这种类型的华文教育如在所在国出生的第二代华侨华人子女，基本用所在国语言沟通，但受家庭环境的影响，基本能听懂华语，但很少说，日常交际基本用当地语言。

（4）汉语与所在国语言并重的双语教学。如针对部分中国在海外的新移民子女的华文教育。

（四）华文教育的对象

华文教育的对象主要是海外华侨华人及其子女。华文教育的教学对象既有具有中国国籍、长期生活在海外的华侨，也有具有中国血统但国籍已为所在国国籍的华人，因此可以说华文教育是跨越国界的，是国际性的教育。同时，由于教育对象的特殊性，所以华文教育与国内的语文教育、对外汉语教学以及海外的汉语国际教育都有区别。可以说，华文教育的特殊对象是华文教育区别于其他第一语言教育或第二语言教育的重要原因之一。

（五）华文教育的内容

华文教育的主要内容是汉语和中国文化。在对外汉语教学中，“文化教学”通常被看作是对“语言教学”中的“文化因素”的教学，而“文化因素”又往往被归结为“交际文化”。所以对外汉语教学中的“文化教学”往往是包含于“语言教学”之中的。但华文教育中的“文化教学”则是与“语言教学”相并列的，二者是并重的（贾益民，2012）。因为华文教育承担着培养海外华人华侨中华民族文化特质、传承中华优秀的传统文化、维系和增进华人华侨对中华民族的感情与认同等重要任务，所以华文教育的内容不能只限于学习并能够使用汉语，而是还要通过对文化系统的学习和教育达到上述培养目标。因此，华文教育在内容上的特殊性也决定了它在教学理论、教学方法、教材内容选取等方面表现出一定的特殊性。

（六）华文教育的目标

华文教育的特殊性决定了华文教育的目标与普通外语教学或第二语言教学的目标有所区别。郭熙（2007）认为，华文教育的目标可以分为两类：一是总体目标，一是特定目标。总体目标是通过语言教学，使学习者掌握汉语这个交际工具。这是语言或者说是工具层面上的目标，与其他的外语教学或第二语言教学的目标一致。除此以外，华文教育还有特定目标。于海外华文院校来说，华文教育的目标是使学生在掌握语言技能的基础上，保持并发扬中华文化情结，培养并丰富他们的中华文化人格，帮助他们把所传承的中华文化融入所在国的主流文化之中，帮助所在国培养优秀的人才；于中国的华文教育来说，我们要通过华文教育，为海外培养优秀的汉语师资，向海外华人华侨和各国人民传播并使其了解中国和中华文化，增进各地华人的沟通和了解，维系华人华侨与祖（籍）国的血脉联系，维护世界语言和文化的多样性，促进国际社会的和谐发展。

二、华文教育的一般性与特殊性

（一）华文教育的一般性

如前所述，华文教育的性质复杂，很难一概而论。华文教育既有第一语言教育，也有第二语言教育，还有双语教育，但总的来看，其主体仍然是第二语言教育。因此，华文教育与其他第二语言教育或者外语教育还有不少共性。

第一，华文教育的总体目标就是通过语言教育掌握汉语并运用于交际。所以，华文教育的语言教学就要遵循语言教学和语言学习理论。在现阶段华文教育已经大部分转换为第二语言教育的背景下，华人华侨学生在汉语学习中所出现的问题和现象与非华裔外国学习者都非常相似，因此，二语教学理论和习得理论对于华文教育中语言教学的指导意义就非常大，这与一般的语言教学是类似的。

第二，在教学对象上，随着中国国际影响力的不断提升，海外多次掀起学习中文的热潮。学习者中不仅有华人华侨学生，也不乏非华裔的纯粹外国人。这些学习者通过各种渠道学习中文，其中就有不少非华裔学生进入海外各级各类华校进行学习。如 2014 年，马来西亚在各华校小学就读的就有 7 万多非华裔学生，全马来西亚开办华文班的中学有 800 多所，学生近 24 万人，其中就有很多非华裔的学生在修读华文课程，有来自菲律宾、泰国、柬埔寨、文莱等国家的学生，也有相当比例其他族群的学生（郑通涛、蒋有经、陈荣岚等，2014）。可见，海外华文学校教学对象的范围正在不断扩大，教学对象上的变化也使华文教育的教学理论、教学方法等逐渐更具第二语言教育的一般性。

第三，在教学内容上，华文教育与一般的二语或外语教育也有相似性。从总体上看，由于当前相当一部分华人华侨子弟已在生活中脱离了汉语环境，汉语水平很低，所以在教学中，教师要用相当长的一段时间进行语言要素的教授和语言技能的培养，在教学内容上常常包括诸如拼音语音、词汇、语法、语用知识等方面，这与一般的二语或外语教育有相通之处。另外，华文教育与其他语言教育一样，除了语言知识和技能的学习，也要学习文化。不过，华文教育中“文化教学”的地位和重要性是高于一般二语教育的，这一点将在下一部分“华文教育的特殊性”中具体阐述。

第四，在教学方法上，华文教育也经常采用二语教育的一些方法，特别是针对汉语初级水平的华人华侨学习者。随着新兴语言教学方法的出现和兴起，交际法、情境法、听说法、认知法、任务型教学法等各种教学方法都被用于华文教育之中；课堂教学模式也从过去传统“讲座式”的教师讲授逐渐向混合式教学、翻转课堂、对分课堂、双师课堂等二语教育课堂模式转变。在文化教学方面，华文教育经常采用体验法、实践法、游观法等方式让学生感知、学习中华文化，这与一般的二语教育也是类似的。

第五，在学科归属上，华文教育在相当长一段时间内被认为是对外汉语教学的一个分支，这就说明了华文教育具有二语教育的一般性特征。后来，随着华文教育研究的深入和学科分类的不断细化，有不少专家认为华文教育应属于教育学范畴。贾益民（1998）就提出，华文教育学是关于华文教育作为对海外华人华侨进行中国语言文化教学的科学；就这一学科定性而言，华文教育既隶属于语言学范畴，又隶属于文化学范畴和教育学范畴。可见，华文教育是一种兼有语言学、文化学、教育学、历史学、社会学等诸多学科的新兴跨学科领域，而语言学属性又是它鲜明的特色之一，这说明华文教育与二语教育联系紧密，难以分割。

（二）华文教育的特殊性

1. 与国内语文教育的区别

教学对象的不同，语言环境的不同，教学中介语的不同，语言教学与语文教学的不同，目的语教学与双语教学的不同，第一语言教学与第二语言教学的不同，是华文教育与中国国内语文教育的学科区别特征（彭俊，2004）。国内的语文教育是关于祖国语言的教育，它是一种母语教育，更是一种公民教育。它以培养中国公民交际能力、提升语言文字应用能力、传承祖国语言文化、培育民族素质为目标，是中国基础教育课程体系中的一个重点教学科目。国内语文教育的对象是在中国居住和生活的公民，既包括汉族人口，也包括国内各少数民族人口。华文教育的教学对象主要是海外华人华侨，甚至还包括一些外国人，所以针对他们的华文教育，其目标主要是学习中国语言文化、培养他们对族裔身份和中华文化的认同，但同时也要培养学生所在国家的公民意识和对所在国家文化和价值观的认同。

此外，华文教育与国内语文教育的教育环境也不同。无论校内教育还是校外教育，国内语文教育的教育环境均以中文为第一语言，语言环境十分有利于语文教育的进行。但当前的海外华文教育大多以中文为第二语言，学校除中文课外，多数授课和师生交流以所在国语言为主；校外环境更是所在国语言占压倒性优势，虽然有些学生在家庭或华社中使用中文，但这种情况还是少数。所以，海外华文教育的语言和教育环境存在较多限制，与国内语文教育是无法比拟的。

2. 与华侨教育的区别

在历史上，随着华人不断向海外迁徙并在海外各国落地生根，华侨教育也应运而生。华侨教育是针对海外中国人进行的侨民教育。华文教育源于华侨教育，但现在的华文教育已与华侨教育有了明显的区别，它与华侨教育至少在三个方面有明显不同。首先，在施教内容上，华侨教育不仅包括汉语言文化，还以此为媒介，涵盖了包括数理化在内的几乎所有要让学生掌握的科学文化知识，而华文教育注重的是汉语言文化教育。其次，在施教对象上，华侨教育的对象就是中国侨民，而华文教育的对象则不仅有侨民，也包括外籍华人及其后裔，还包括非华裔的外国人，后者的教学对象范围更加宽泛。最后是在教学目的上，华侨教育是要培养各种知识和技能全面发展的中国人才，而华文教育的目的则更为宽泛：对侨民来说，华文教育是要达到上述目标；对外籍华人及其后裔来说，是巩固并发展其对中华民族优良传统的文化情结，增进其对中华民族的认同和情感，培养其华族的民族性；而对于非华裔的外国人来说，华文教育总的目标是促进中外语言文化交流，把学生培养成所谓的“汉学家”。

3. 与对外汉语教学的区别

对外汉语教学是一种外语教学，更严格地说是一种第二语言教学［Teaching of Chinese as a Foreign Language（TCFL）/ Teaching Chinese as a Second Language（TCSL）］。对外汉语教学遵循语言学规律，注重学科的理论性和学术性，教学对象一般是几乎毫无中国文化背景的外国人，他们学习中文的目的多是作为一种语言或谋生工具以及出于个人兴趣。因此可以说，对外汉语教学就是针对外国人而进行的一种以汉语作为第二语言的教学。与之相比，华文教育［Overseas Chinese Language and Culture Education（OCLCE）］的特殊性显而易见。首先，华文教育的对象是有着中华民族血统的广大海外华人华侨，与纯粹的非华裔外国人不同；其次，华文教育不仅教授汉语，更强调中华文化的教学，二者并重，在教学过程中强调对中华传统文化、哲学思想、道德理念和中华民族血脉关系的延续；再次，华文教育脱胎于早先的华侨教育，因此受教者学习的目标也不同于对外汉语教学，即强调对本族裔语言文化和精神文明的传承，以便维持和延续自己的华族身份和民族性。华文教育与对外汉语教学的具体比较如表 9-1 所示（丘进，2010）。

表 9-1　　华文教育与对外汉语教学之具体比较

	华文教育	对外汉语教学
历史起源	清朝末年	20 世纪 70 年代
英文简称	OCLCE	TCFL/TCSL
教育对象	以华侨青少年为主，有明显中国文化背景和生活环境（多数为华侨家庭成员），多以幼童为起点	以非华裔背景的外国人为主，汉语水平基本是零起点，以成人外语学习为主，有下延至小学之趋势
办学宗旨	侨务工作之延伸，凝聚侨心，延续乡情，侨社尤重社团接班人之培养	促进语言文化交流，增强国际友好合作，密切外国官方关系
语言学特征	介乎第一、第二语言之间，以母语教育为明显特征，有侨社祖籍方言特点，可能教授繁体字	第二语言教学，非母语，教授标准普通话和简体字
教学形式	侨社独立兴办，老侨校有百年历史，全日制，新移民学校则多周末（课余）制	主要依托外国主流大中学校兴办，为第二语言教学
教学特色	注重亲情、乡土和文化的回归故里，有浓郁的侨乡色彩	注重多元文化与国际情调，强调融入当地文化
教学与课程	以华社为体、华教为用，文化传承功能明显；教材芜杂	语言教学为主，社会功能较淡；教材规范性强
办学资金	华社民资兴办为主，资金多元，依靠侨社捐资和学费为继，多数华校资金困窘，办学条件大多较差	中方汉办大力支持，外方承办机构密切配合；孔子学院（课堂）获得直接办学经费，条件较好
办学稳定性	老侨校：侨社在则侨校在，稳定性较强；新侨校：新移民办学积极性较高，稳定性拭目以待	对政府或外来的资金依赖性较强
学科建设	各自为政，百花齐放，参差不齐，难以规范，不强调世界统一的体系，学科理论性不强	严格规范，强调理论，教材、课程、考试、标准基本统一
师资队伍	难以强调教师学历和专业，学历和学术水平一般不高	高标准，高学历，强调资格，学术水平较高
受外界影响	易受政局左右，尤其受所在国民族政策、对华政策影响较大，与华社发展同步	受政局影响不大，与所在国民族政策、对华政策基本无关，属于纯学术与教学型
学生国籍	无所谓，针对一切对中国语言文化有需求之海外人士	必须是外国国籍

关于华文教育与对外汉语教学的关系（见图 9-1），学界也有多次讨论。20 世纪末，有学者认为，从学科目录与学科建设的角度说，华文教育应包含于对外汉语教学之中，即作为对外汉语教学学科的一个分支。近十几年来，随着华文教育研究的深入和人才培养模

式的不断更新，华文教育已成为一门独立的学科，与对外汉语教学的分野也更加明确，二者互相配合，互相推进，从而进一步扩大汉语言文字在世界范围内的应用，提高中华文化在国际上的地位和影响。

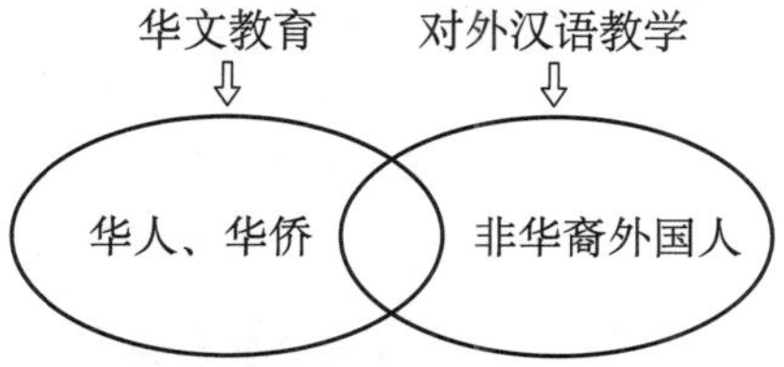

图 9-1 华文教育与对外汉语教学关系图

4. 与国际中文教育的区别

"国际中文教育"是 2019 年 12 月国际中文教育大会举办之后才作为一个正式名称广泛使用的术语。"国际中文教育"的名称由"汉语国际教育"及更早的"对外汉语教学"演变而来。从教学类型来看，国际中文教育主要有三大类：国内的"对外汉语教学"，其特点是目的语环境的、成建制的第二语言教学，对象多为成人；海外的"汉语国际教育/国际中文教学"，是处于非目的语环境的、多样化的中文作为外语的教学，教学对象覆盖多个年龄段、多个层次；海外的"华文教育"，其对象主要是华人社会中学龄和学龄前的华裔子弟。"国际中文教育"这一概念的提出，体现了国家对国内对外汉语教学、国际上的汉语作为第二语言教学和海外华文教育进行资源共享、互补合作的理念，对于充分整合中文教育资源、发挥各种力量的长处，具有重要的意义（郭熙、林瑀欢，2021）。

由此可见，"国际中文教育"是一个包容性很强的概念，涉及全球范围的各类汉语教学，华文教育是国际中文教育的下位概念，是国际中文教育的教学类型之一。郭熙、林瑀欢（2021）认为，国际中文教育宏观上可以分为两个重要方面，即国际中文传播和海外华语传承。前者包括了对外汉语教学和汉语国际教育，是横向的群外传播；后者主要是指海外华文教育，为纵向的代际传承。从发生作用的方向来看，传播发生在共时层面，在族群、国家之间；而传承发生在历时层面，在族群内部、代与代之间。从目的来看，对外汉语作为一种横向传播，重在扩大中文的使用范围、使用人数以及影响力，旨在"让美丽中文走向世界"；华文教育是纵向传承，重在延续族裔身份认同、文化认同以及维持语言使用，旨在实现"中华民族'魂''根''梦'的薪火相传"。从动因来看，国家的软硬实力对语言的传播和传承都有重大影响。语言传播的动因在于语言产生的交际价值和经济价值；而语言传承方面，除了交际、经济价值外，还有重要的文化认同和身份价值。对比发展路径，在华留学生群体可能获得目的语环境的支持，对其余非华裔群体来说，课堂教育是主要的传播手段；而华语传承的路径则丰富得多，家庭和社区都可为其提供支持。

本节关键词

华文教育　名称的沿革　华侨教育　对外汉语教学

第二节 全球范围内华文教育的发展历史

华文教育产生于华人社会，是华人社会的一个显著的特点。从有文字记载算起，海外华文教育已有300多年的历史。海外华文教育遍布世界各大洲，以东南亚华校数量最多、规模最大，美洲、欧洲、大洋洲和非洲则发展相对较迟。早期的华文教育主要存在于东南亚，普遍表现为零散的私塾教育或补习教育，与全日制学校的形式有很大不同。到20世纪前后，东南亚海外华文教育有了较大发展，转变为新式华侨学校，东南亚以外的欧美、非洲国家也出现了华文教育和华文学校。“二战”后，东南亚许多国家走上了民族独立的道路，华文教育发展一波三折，许多侨校被关闭，华文教育处于停滞期；而世界其他地区、国家华文教育的发展情况各异，但普遍因受意识形态或其他因素的影响而发展相对缓慢；20世纪八九十年代以后，特别是21世纪后，随着“汉语热”的兴起和教学对象的变化，华文教育在世界范围内发展迅速，并逐渐向第二语言教学的国际中文教育转变。

由于世界范围内华文教育发展呈现出明显的不平衡性，故本节主要介绍东南亚华文教育历史，其他大洲则以点带面，重点介绍几个有代表性国家的华文教育历史。

一、东南亚华文教育简史

（一）华文教育的初创萌芽期（19世纪及以前）

有文字记载的中国与东南亚的交流可追溯到秦汉时期，其后各朝各代交流亦十分频繁。到明朝初期，海外已出现华人社会。但早期移民海外的华侨地位低下，很少能接受教育，更不用说开设华校了。因此19世纪前，广大东南亚华侨中，除极少部分曾在国内家乡受过一些私塾教育外，大都处于文盲状态（吴凤斌，1994）。

据史料记载，最早的华文学校是1690年荷印尼巴达维亚（现雅加达）华人甲必丹（“首领”之意）郭郡观倡办的“明诚书院”，其后还有“江南书院”“明德书院”等旧式私塾学校。“明诚书院”与“江南书院”仍属义学性质，但这些书院已开始正式聘任师资执教，有专人管理，且已纳入当地华人官员的工作任务及议事日程，比以前大进一步。此外，新加坡、马来亚和泰国，在19世纪初也先后办起了旧式学校。旧式华文学校延续200多年，以私塾、书院为主，学校没有统一的章程，教学内容以识字、记账珠算、尺牍为主，内容有《三字经》、《百家姓》、《千字文》乃至“四书五经”（林蒲田，2000）。在当时，除由华人官员、机构（华人公馆）、社团、侨商集体或个人倡办的义学、学塾、书院等之外，还有一些由中国移民知识分子等自办的“蒙馆”“家塾”等私塾（吴凤斌，1994）。

19世纪及以前的东南亚义学、私塾教育是华文教育的初创萌芽期。这一时期华文教育的特点有以下几个（吴凤斌，1994）。

（1）当时东南亚各地华侨创办的私塾、义学、书室、书院及其学生有明显的增加和发展，而且出现了华侨联合集资办学的良好开端。

（2）办学的宗旨与愿望是学习、继承和发扬中华民族传统文化、周孔之道及礼教，培养当地华侨子弟人才。

（3）除少数联合集资及富商资助的学塾、书院外，多数的私塾办学条件相当简陋，经费严重不足，师资良莠不齐，所学难以致用。

（4）当时华侨办的义学、书室或书院比过去有极大的进步，突出地体现在办学规则、育人理念、因材施教、优学者奖等原则之上，对后来华侨教育的发展及创建都起到了启蒙示范作用。

（5）这个时期，东南亚各地华侨教育的发展状况是不平衡的，办学规模、内容等也有差异。新加坡与马来亚发展较快，学塾、义学、书院等也较多，柬埔寨、老挝则较差，其余属于中间状态。

到了 19 世纪 90 年代，随着东南亚社会经济的进一步发展，这些私塾教育的落后性和不适应性进一步暴露出来，因此，华侨社会出现了整顿改革华文学校的呼声和要求。于是新加坡华商颜永成创办了一所用中英文教学的颜永成义学，其后各校也先后效法，从此华文教育由 19 世纪的初创萌芽期转入 20 世纪的新式华校期，也就是进入了兴盛发展期。

（二）华文教育的兴盛发展期（20 世纪初至“二战”结束前）

海外新式华侨学校的建立始于 20 世纪初。新式华侨学校首先是普遍开办小学初等学堂。1899 年，菲律宾马尼拉华侨开办了吕宋华侨中西学校，兼授英文，成为一所新式华侨学校。1901 年荷印华侨创办了巴城中华会馆中华学校，学校用普通话进行教学，课程以中文为主，还有算术、地理、体操、修身等现代课程。接着爪哇各地纷纷效法，使荷印成为当时东南亚华侨学校发展最快的地区。到辛亥革命前，越南、柬埔寨、缅甸、新加坡等国家纷纷兴办了新式华侨学校。从 20 世纪初至辛亥革命前，华文教育的特点包括以下几方面。

（1）始创华侨学校时间不一，发展极不平衡。创办较早的是印尼、菲律宾、马来亚、新加坡、柬埔寨、缅甸等国的华侨学校。老挝则在 1929 年，文莱在 1931 年才有第一所华侨学校。这一阶段华侨教育发展最快、建校最多的是荷属东印度，1911 年全荷印共有约 130 所华侨学校，马来亚、新加坡各地有 10 余所，菲律宾只有一所小吕宋华侨中西学校。

（2）印尼爪哇及外岛各地的华侨学校，绝大部分是由当地各籍华侨共同参加的中华会馆、华侨公会等社团主办，不分地域，摒除狭隘的地域观念，所以发展也较快。其他各国及地区则大多由各省籍华侨分别始创，往往存有浓厚的省籍地域宗族乡亲观念，反映了当时华侨社会的地域观念和不团结现象。

（3）由于本阶段各地社团及学校都处于初办阶段，因而缺乏经费和经验，师资力量不足，校舍和设备简陋，学生也较少。不过，与 19 世纪的华文教育相比，这一阶段的华侨学校已有很大进步，且为后一阶段的华文教育——现代华侨教育的发展提供了基础。

1911 年孙中山推翻清代帝制建立中华民国，大大地鼓舞了海外华侨办学热情。据统计，新加坡、马来亚先后办起华文学校 100 所，泰国 1912 年有华文学校 20 多所，爪哇学务总会所属华文学校 65 所，缅甸 1912 年有华校 50 所。其后二三十年间东南亚华文教育处于发展的黄金时期。据统计，到 1931 年，东南亚华文学校达 1 788 所；到 1940 年，海外华校共计 3 231 所，其中东南亚占 2 605 所，为总数的 80%（林蒲田，2000）。1941 年 12 月太平洋战争爆发，日寇统治下的东南亚极其黑暗，华文学校几乎全部关闭。一直到 1945 年 8 月日寇投降，这段时间是东南亚华文教育最黑暗的时期。

从辛亥革命到“二战”结束前，东南亚华文教育快速发展了 30 多年且进入现代华侨教育的阶段。这一阶段的特点包括以下几点。

(1) 华侨学校数量剧增，学生和教员人数大幅度提高，华文教育被广泛重视，华校也成为华侨社会的重要组成部分。如马来亚，1941 年前华校发展到 1 015 所，学生约 10 万人，比 30 年前增加了约 40 倍，已超越印尼成为当时东南亚华文教育最发达的地区。

(2) 这一阶段东南亚华侨女校发展迅速。东南亚最早的华侨女校是 1899 年创办的新加坡华人女学（Singapore Chinese girl’s school），此后各地女校纷纷诞生。女校课程除普通华校课程外，还增加了缝纫、刺绣、家政等课程。华侨女子教育在这一阶段也得到了重视。

(3) 东南亚华侨小学的发展促进了师范教育的发展。新加坡南华女子学校于 1918 年首家开办简易师范班，随后新加坡、马来亚等地区的一些华校也开设了师范班，至 1941 年陈嘉庚在新加坡创办南洋师范学校达到高峰。此外，这一阶段华侨中学的创办也是东南亚华文教育的一个亮点。东南亚最早创办华侨中学的是荷属东印度，1912 年印尼华侨在三宝垄中华学校创建了第一所华侨中学。在新加坡，从 1913 年提出倡议到 1919 年正式开学，陈嘉庚等人筹办的新加坡南洋华侨中学成为新马地区第一所规模较大的正规华侨中学，对整个东南亚地区华侨中学教育的发展起到了重要的推动作用。

(4) 建立华侨教育统一组织。1905 年荷属东印度建立了东南亚最早的华侨教育统一组织——中华总会，后几易其名，为统领当地华文教育的发展起到了积极作用。在此影响之下，1913 年马来亚成立了槟城学务总会，1914 年菲律宾成立了菲律宾华侨教育会，1915 年缅甸成立了缅甸华侨学务总会。这些华侨教育统一组织为侨校筹措经费、聘请教员、修建校舍、统一学校教育行政或课程等做了大量的工作，同时在引导师生爱国抗日、支持祖国抗战事业等方面也做出了积极的贡献。

(三) 华文教育的曲折前进期（“二战”结束后至 20 世纪 70 年代末）

“二战”结束初期，各国华校联合会主张各族母语教育一律平等，要求承认华文教育，为民族语文教育的生存与发展做出了不懈的努力。同时，东南亚各国忙于民族独立及国内建设，因而华文教育得以自由发展并进一步形成较完整的体系。以南洋大学的创办为标志，华文教育形成了从小学、中学到高等院校的完整体系。当时，印尼的华文学校多达 1 300 所，学生 45 万人；马来西亚的华文学校也多达 1 000 多所，学生 50 万人；泰国华校 500 多所，学生 17.5 万人；菲律宾华校 178 所，学生 8 万多人。但这一状况未能持续太久，随着东南亚国家民族解放运动的高涨和新国家的建立，他们对华文教育的政策随之发生变化：新加坡、马来西亚、泰国和菲律宾等华文教育一度很发达的国家由于政府的限制，甚至采取取缔的政策，不少华校生存艰难或被迫关闭；印尼、缅甸、越南及柬埔寨则采取更为严厉的措施关闭或接管了华校，华文教育在这些国家几乎绝迹（周聿娥、罗向阳，2008）。这时期东南亚华文教育的发展呈现出如下特点。

(1) 华文教育前期短暂繁荣，后期备受打击。独立后的东南亚各国在同化政策推行的同时对华文教育也实行了残酷的限制和打击，到了 20 世纪 50 年代末 60 年代初，东南亚很多国家的华校遭到取缔，使中华文化在东南亚的传承被阻断，导致了几十年华文教育的断层。

(2) 华侨社会转型为华人社会，对华文教育产生了深刻影响。独立后的东南亚各国政府先后对华侨实行同化和归化政策，绝大多数华侨加入了当地国籍，原先的侨民性质的华文教育也受到了相当大的限制，如：把汉语降格为一门公共外语课，限制华校使用华文教材，不给华校与公立学校相等的地位，对华校学生升学、就业设置种种障碍等。

（3）华文教育受国际政治环境影响很大。冷战格局下东南亚很多国家掀起了反共浪潮，对中国采取防范的态度，停止了与中国的政府民间往来。各国推行“英语至上”等教育政策，很多华侨学校被迫接受改制，导致华校生源锐减、规模和教学质量大幅下降，华裔学生的汉语学习也受到了阻碍。

（4）这一时期东南亚各国的语言和教育政策对后来的华文教育影响巨大。以印尼为例，1957 年的《监察外侨教育条例》规定所有外侨学校禁止招收印尼学生就读，仅一年时间，就有 72%的华文学校停办；60 年代中期，苏哈托政府又颁布了第 37 条法令，随即关闭了所有的华校。同时，当局还禁止在公共场所讲汉语，禁止进口中文期刊，提倡华人改名换姓等，最终导致了华文教育在印尼的彻底衰落（郑通涛、蒋有经、陈荣岚，2014）。同时期的其他国家也与印尼类似。在此影响之下，华文教育的功能大大减弱，华文教育不再和升学、就业相联系，华人子弟大都不再对学习华文感兴趣，这对后来东南亚华文教育的发展和转型产生了相当大的影响。

（四）华文教育的转型复兴期（20 世纪 80 年代至今）

20 世纪 80 年代以来，伴随着东南亚各国与中国外交关系的全面恢复，双边贸易不断增加，不少国家对华文教育采取了放宽限制甚至是鼓励发展的政策，使得本时期华文教育迅速发展，东南亚华文学校数量迅猛增加。进入 21 世纪以来，随着中国国际影响力的进一步提高和中国—东盟伙伴关系的逐渐升级，东南亚各国政府都积极支持兴办华文学校，华校以外的国民学校也竞相开设中文课程，各类华文培训机构、华文短训班和赴华语言文化短期交流项目大量开展。据不完全统计，2020 年，东南亚共有 2 400 多所全日制华校，学生人数约 200 万，其中华裔占 90%（宗世海、马天欢，2021）。可见，这一时期东南亚华文教育正朝着良性的方向蓬勃发展，成为华文教育史上的又一次发展高潮。这一时期东南亚华文教育的发展呈现出如下特点。

（1）区域内部发展不平衡，华文教育多样性明显。马来西亚是全球华文教育体系最为完整的地区，发展水平最高；新加坡由于华人比例高，且华语为该国的官方语言之一，因此发展也很好；印尼和泰国华文教育的发展得到了当地政府和华人的重视，近些年发展也较快；老挝、柬埔寨等国华文教育发展相对缓慢一些。另外，东南亚华文教育在很多方面呈现出多样性，如在教学对象、办学模式、课程设置、教师队伍、组织管理等方面都不尽相同。

（2）华文教育对象广泛，范围不断扩大。近些年来，除了当地华人子弟之外，不少非华裔的当地其他族群的学生也进入华文学校学习。尽管相比华裔学生来说，非华裔学生仍是少数，但是他们的出现使华文教育的对象更加广泛和复杂，华文教学已由原来的只限于华人圈逐渐进入当地的主流社会，不少国家的华文教育开始向二语教学和对外汉语教学的轨迹靠拢。

（3）华文教育与传统华校出现转型。当前东南亚的华文教育已与之前“传承中华民族语言文化”的侨民教育不同，华文教育已由第一语言教育向第二语言教育转变。例证之一就是，在东南亚，除马来西亚以外，其他国家的汉语教学大都被纳入了所在国双语或多语教育的轨道，汉语只作为学校开设的一个科目，汉语教学已经更多地表现为华人居住国国民教育体系下的外语教学（郑通涛、蒋有经、陈荣岚，2014）。20 世纪 90 年代起，东南亚各国华校开始了本土化转型，不少进入所在国正规教育体系的华校已经出现了三语教学模式。如2000年以来，印尼复办或新办的华校，实际上已经不再是传统的华校，而是同时学习印尼语、汉语和英语三种语言课程的“三语学校”。此外菲律宾、文莱、马来西亚的华校也以“三语并重”为办学宗旨，传统华校已对接当地国民教育或主流教育，发生了转型。

(4) 学习者呈低龄化趋势，学习动机差异化明显。当前在海外，越来越多的华语学习者呈低龄化趋势，不少幼儿园也开设了华语课程。但值得注意的问题是，就华裔祖语生来说，虽说起步早，但持续性差，中止现象仍然比较明显（郭熙，2020）。另外，学习者的华语学习动机各异，有的仍以传承中华语言文化为动机，有的则将华语视为交际性工具，这使得华文教育所面对的情况更加复杂和多变。

二、世界其他地区华文教育发展史

（一）美国

19世纪六七十年代，随着旧金山华侨日益增多，一些华人便创办了私塾或专馆，希望自己的孩子日后归国能适应国内的教育和工作。19世纪80年代，华侨社区开始筹办学堂。1888年，旧金山中华会馆创办“金山中西学堂”，1909年改组为“大清侨民小学”，开设了国文、经济、历史、地理等小学课程，在正规学校课余时间上课。五四运动后，美国各地纷纷兴办新式华文学校，学制也发生了根本变化，由私塾或专馆的半学制教育转向全学制教育，由非正规教育转向正式教育。受到当时美国排华的影响，这一时期华文学校的教学目标仍是致力于和国内同等水平的中文教学看齐，目的在于使华裔子弟日后归国能够顺利融入中国社会。这时的华校把自己的未来同祖国的命运紧密地联系在一起，华侨学生对祖国的热爱和归属感十分强烈（杨立，2012）。

1943年，美国总统罗斯福提出废止排华的倡议，1965年《移民和国籍法案》的通过，进一步扩大了华人入籍的范围，华侨华人大量涌入美国，为华文教育的发展奠定了基础。到20世纪七八十年代，美国的华文教育开启了快速发展时代。在60年代，全美华文学校才不过几十所，到了1979年上升到了127所，至1985年又发展到304所。相较前一时期，华人父母对于子弟接受中文教育的态度发生了变化，华裔子弟学习中文的热情也随之下降，传统美国华校的教学水平因此受到明显的影响（杨立，2012）。

20世纪90年代以来，美国华文教育进入全面发展时期。美国各地不仅鼓励华人创办包括夜校、中文培训班、正规全日制华文幼儿园、小学、中学、大学等各类学校（或班），而且允许美国公立、私立学校、科研机构开设中文课程。中文已被列为初中以及各级各类学校的第二外国语之一，很多学校已经承认中文为第二语文学科。此时全美有300多所大学开设中文课程，每年选修中文的学生近万名且呈持续上升的趋势。目前在美国，中文已超过日文成为亚洲第一语种，在各语种总排名中从第九位上升到第五位（袁慧芳，2001）。需要说明的是，由于形势的变化，当前美国的华文教育基本可定性为第二语言教学，真正保留传统意义上的华文教育的华校已基本没有了。

（二）英国

与东南亚相比，欧洲华文教育的历史要晚得多。在欧洲，英国的华文教育最为发达。

英国第一所中文学校可以追溯到1914年，是由当时的中国留学生基督教联合会管理的。学校不仅开设汉语课，还设有英语、政治、卫生保健等课程。1928年创立的伦敦中文学校是英国20世纪上半期最为有名的中文学校。尽管最初只有20多个孩子注册入学，但师资力量较强，教师基本上是从中国招聘的。这一时期的英国中文学校均由华人社会的精英人士和社会上层人士创办或资助创办，课程除语言类外还有类似于中国的其他学校课程，与中国的联系十分密切。“二战”期间，英国的中文班被迫关闭，至战后也未能恢复。所以“二战”前英国的华文教育可以说是其初创时期，尽管做了很多有益的尝试，但在数量、规模、质量上仍有待提高。

20世纪60年代初到80年代末，英国的中文学校迎来了发展的第一个高峰。1968年，英国两大华侨社团——英国共和协会和英国华商总会于同一年内相继在伦敦创办中文学校，标志着战后英国华文教育的正式开始。进入70年代，华声社中文识字班、华裔总会中文学校、旅欧吉奥同乡会中文学校等相继成立。到1988年，全英已有各类中文学校（班级）96所，学生12 036人，遍布各地。这一时期英国华文教育的特点包括：(1) 中文学校的规模有所扩大，数量有所增加；(2) 中文学校（班）主要以业余补习的方式存在；(3) 学校办学经费多自筹，师资来源主要是当地华侨华人或在当地上学的中国香港和新马留学生；(4) 中文学校与华人社团二位一体，相辅相成；(5) 这一时期形成了以“粤语和繁体字”为主的中文学校教育体系。

20世纪90年代以来，大批香港人移居英国，中国内地赴英留学生也逐渐增多，使英国华文教育又出现了一个新的高潮，在英中文学校数和学生数都比80年代末增长了60%左右。进入21世纪后，英国的华文教育开始向更广阔的二语教育方向发展，华人乃至英国其他族裔的青年学习中文的热情和动机都有提高，也在一定程度上促进了英国华文教育的发展。

（三）澳大利亚

据记载，澳大利亚最早的华文学校是由悉尼著名侨领叶炳南、叶同贵等人于1909年发起创办的悉尼中华蒙养两等小学堂，开设的课程有修身、经学、图文、算术、史地、体操、图画及唱歌等。同时期的华校还有墨尔本侨领伍洪南、刘月池、黄右公等人于1909年11月发起创办的汉文半夜学堂以及1913年开办的悉尼光华学校，但由于师资等问题，多数学校陆续停办。20世纪20年代后，澳大利亚华人一直在尝试开办华文学校。如新南威尔士中华商务总会于1924年1月续办的中华学堂；1925年和1931年，维多利亚国民党支部和悉尼国民党总支部创办的华侨夜校、中文学校等，学生利用晚间上课，学习国文、史地等课程。这一时期的华文教育是以华侨民族主义为背景的华校教育，通过华文教育灌输民族意识是当时兴办华文学校的主要目的。但是，在当时澳大利亚排挤、打击华人的环境下，新创办的华校皆因缺乏师资和办学资金而被迫停办；加之澳大利亚社会经济本身也没有对华文教育的需求，华人顺应现实，更多选择澳校而非华校等等，这些因素都是当时华文教育失败的原因。

70年代澳中两国建交以来，不仅开设中文课程的大、中、小学校逐年增加，澳大利亚华人社区的各类中文学校也如雨后春笋般出现，华文教育的质量也得以明显地提升。据统计，截至2000年，新南威尔士州有48所周末中文学校，约1万名华人子女就读；维多利亚州有30余所周末中文学校，超过8 000名华人孩子。自2008年以来，学习中文的澳大利亚中小学生人数翻了一番，达到约17.3万人；2017年澳大利亚有59.8万人日常使用普通话，且讲普通话的人数还在以每年 5.2 万人的速度增长。在学生人数大量增长的背后，一方面是华人群体的扩大，另一方面是中文作为一种有影响力的语言吸引了更多非华裔学生。所以 80 年代以来，在多元文化社会制度的影响下，传统的华文教育发生了转变，目前已发展为以华人为主、多族裔学习者为辅的第二语言文化教育（孙浩良，2002）。

（四）南非

与东南亚相比，非洲华文教育的历史要短得多。其中南非华文教育最早可以上溯到 20 世纪 20 年代，早期的华校包括 1920 年在朱玉阶、钟传元主持下创办的华文小学，1928 年的伊丽莎白港华侨教会学校和约翰内斯堡华侨学校，以及 1934 年的比勒陀利亚华侨公学等等。总的来说，南非本时期的华文教育还比较初级，但已有了一定的规模并进行了很多有益的探索，为南非后期华文教育的发展打下了基础。

从抗日战争开始到战后初期，南非华文教育进入了一个相对繁荣的发展阶段，斐京华侨公校、约翰内斯堡华侨国定学校、南非东部华侨小学、玻埠中华学校等影响较大。这一时期的南非华文教育无论在学校数量上还是在办学层次上都比以前有较大的提高。

在 20 世纪 60 年代后，南非传统华文学校的性质发生了改变，华文教育遭受到挫折。直至中国改革开放后，华文教育在南非才得以恢复重办。至 20 世纪 90 年代后，南非掀起了“汉语热”，华文教育和中文教育齐头并进，教育层次逐步提高，华文教育政策更加制度化、规范化，教育内涵不断扩大，教育形式更加多样化，为受众提供了更多的选择机会，也扩大了华文教育的覆盖面（吴小伟、杨道麟，2013）。

本节关键词

海外华文教育　东南亚　华人华侨　华文学校

第三节 华文教育学科建设

一、华文教育是一门学科

华文教育作为一种根植于海外华人社会和华人社团的中华语言文化教育，至今已有 300 多年的历史。但华文教育作为一门学科被提出和认定，则是近几十年的事情。在 20 世纪末，国内学界曾掀起过一阵关于“华文教育是不是一门学科”的讨论。从开始的纷争、质疑到后来的认同、确立，华文教育作为一门学科目前已得到学界的普遍承认。贾益民（1998）认为，从学术角度讲，确定一个学术领域或教学科目是不是一门学科，主要标准有三个：一是要有独特的性质和特点，即学科的基本属性；二是要有独特的研究对象和范畴；三是要有本学科所承担的独特任务。华文教育学就其学术领域层面而言，显然具有充分的理由和无可辩驳的事实而理所当然地成为一门学科。

首先，华文教育有着不同于其他学科的特性。（1）华文教育的主要对象是海外华人华侨，也包括少数非华裔外国人，这是华文教育在教学对象上区别于对外汉语教学的重要特征。（2）华文教育的主要内容是汉语言和中国文化。华文教育对象的特殊性，决定了华文教育并不局限于教授语言，更重要的在于在华人华侨新一代中传播和弘扬中华文化。因此，华文教育的语言教学和文化教学是并重的，而且华文教育中的文化教学具有更广泛、更深层的文化内容，这也是华文教育的学科目标决定的。（3）华文教育既是一种非母语教学或第二语言教学，也是一种外语教学。这是因为，华人华侨学生的第一语言往往已经是居住国语言，而汉语则成了他们的第二语言，或叫作“外语”。尽管他们有的会一些汉语口语或汉语方言，但就其接受系统教育以及日常生活中使用的主要语言来说，还是居住国语言。因此，华文教育也要遵循对外汉语教学或第二语言教学和外语教学的一般规律。（4）华文教育是教育的一个门类。华文教育如其他教育门类一样，既遵循了教育的一般规律，又有其自身的特点。无论是从教育学的角度来说，还是从目前海内外华文教育事业的发展现实来看，华文教育都已经具备了多形式、多层次的教育体制；有些国家的华文教育已经融入了所在国的主流教育，在教学上设置了华文教育的有关专业科目，且涌现出了一批华文教育的专门学者和教育家。可见，华文教育学是关于华文教育作为对海外华人华侨进行中国语言文化教学的科学；就这一学科定性而言，华文教育既隶属于语言学范畴，又隶属于文化学范畴和教育学范畴；它是一种跨学科的新兴学科。这也正是华文教育学的学科特点之所在。

其次，华文教育有着独特的研究对象和范畴。一门学科的研究对象与范畴是由这门学科的性质决定的。华文教育是以海外华人华侨学生为主要教育对象的中国语言文化教育，这一性质也就决定了华文教育学的研究对象与范畴。从其语言教学的性质来说，华文教育属于语言学范畴，所以它的研究对象自然而然地就包含了语言理论；从其文化教学的性质来说，它属于文化学范畴，也就理所当然地包含了文化理论；从其教育的属性来说，它又属于教育学范畴，研究对象就包含了教学理论；从华文教育有其自身形成与发展的历史来看，它又属于史学范畴，研究对象还应包括华文教育史。因此，以上四个研究范畴和相应的四种研究对象就构成了华文教育学学科理论体系的基本内容。也正是在此意义上，我们又说华文教育是“跨学科”的。可见，华文教育作为一门学科是有着充分的历史与现实依据以及充分的理论根据的，以上所论及的研究对象与范畴也就构成了华文教育学的学科理论体系。

最后，华文教育承担了独特的学科任务。华文教育实际上是一项社会事业，是关系到中华文化在数千万海外华人华侨中承传的事业，是关系到定居在海外的不同国家和地区华族人民基本权益的大事业。所以，华文教育不仅仅是教学法的问题，也不仅仅是单纯的微观学术问题，而是个宏观的涉及文化、历史、地理、宗教、社会、民族、政治甚至国际关系的，情况极其复杂的大课题（丘进，1995）。华文教育学学科建设的目的在于推动华文教育事业的发展，以适应海外“华文热”这一发展形势的现实需要。为了达到这一目的，就要加强华文教育学学科的建设，如：建立完善的、科学的华文教育体系，加强学科理论研究，编写适合不同国家和地区及不同办学形式的华文教材，加强师资队伍建设与培训，引导海外华文教育本土化、正规化、科学化等等。

二、华文教育学科探索

30 多年来，华文教育作为一门学科从最初的争论到如今已经基本成熟。主要表现在以下几个方面。

第一，华文教育学科具备了独特且明确的教育目标，学科特点更加清晰，在海内外广泛确立并付诸实践。华文教育经历了 300 多年的变迁至今，由于教学对象的变化，其性质也发生了改变。但是华文教育的目标仍包括通过中国语言文化的学习而使海外华人华侨保持中华民族的文化情结和传承弘扬中华文化。在这个目标的指引下，华文教育在海外 2 万多所华文学校（机构）中确立并付诸实践，其中既有非学历教育，又有幼儿园、小学、中学等基础教育，还有大学专科、本科乃至研究生学历教育，由此华文教育的科目也逐渐完整、丰富。尽管这些华文学校（机构）的层次、水平不同，但它们都在努力实现华文教育本土化的学科发展，从而使华文教育作为国际中文教育的一部分迎来了崭新的发展时期。

第二，华文教育学科在国内已形成了一定的规模，部分大学开设了相关专业并设置了专门的研究机构，华文教育基地遍布全国。2005 年，教育部在专业目录外增设华文教育本科专业，暨南大学华文教育专业成为全国首个华文教育专业，其后华侨大学、云南师范大学相继设立华文教育专业。2012 年 9 月，教育部颁布《普通高等学校本科专业目录（2012 年）》，华文教育首次出现在专业目录内。华文教育专业逐渐形成了完善的课程体系和独特的培养模式。如暨南大学根据学生入学时汉语水平不一致的实际情况，采用目标一致、相近而又有区别的培养方案分层教学。除加强各知识板块的理论教学外，还特别强调培养学生的师范生基本技能，大力推进教学实践建设，逐渐形成专业特色，形成了“华文水平提高＋中华文化浸润＋教师素质养成”的三合一人才培养模式。华文教育与大学专业设置相配套，21 世纪以来，不少学校还建立了专门的华文教育研究机构，如暨南大学华文教育研究院、华侨大学华文教育研究院、云南师范大学华文教育研究所、厦门大学海外华文教育研究所、同济大学海外华文研究所、温州大学华文教育研究所、湖南师范大学华文教育研究中心，以及 2021 年成立的北京语言大学华文教育研究院等等。除高校以外，在国务院侨务办公室的推动下，截至 2017 年全国华文教育基地已增至 49 个，涵盖了 27 个省市自治区，一些侨务大省还有省内华文教育基地。这些研究机构和华文教育基地的成立，极大地带动了华文教育学科的研究和建设。

第三，华文教育的“三教”取得了不小的成就。“三教”即教师、教材、教学法。“三教”问题是多年来困扰海外华文教育发展的瓶颈问题。近几十年来，华文教育在“三教”问题方面进行了积极深入的探索和实践，并与华文教育学科的建设相互促进，形成了富有华文教育特色的教师培养模式、本土教材开发和课堂教学方法。首先，随着华文教育专业的设置，一些高校面向海外招生，为海外培养了一大批专业化、高素质的青年华文师资，在一定程度上解决了海外师资紧缺的问题；在发展专业化、学历化师资培养的同时，还注重短期集中的师资进修培训，通过“走出去”和“请进来”两条途径，提升海外现有华文教育师资的职业化和专业化水平。其次，华文教材受到重视，编写出了一批特色鲜明的华文教材并在海外广泛使用。如暨南大学针对欧美周末制中文学校编写的《中文》，北京华文学院针对海外全日制中文学校编写的《汉语》（改版后为《华文》）等等。在海外，各国还编写出了大量富有针对性的本土化教材，如印尼的《育苗华语》和《印尼小学华文》、菲律宾的《菲律宾华语课本》、马来西亚的《会话华语》和《华语》系列、新加坡的《欢乐伙伴》《小学华文》、泰国的《体验汉语》等等。最后，探索出了一些独特的华文教学方法。如根据华人华侨的背景和特点，对其语音进行比较与分类施教；对汉字使用集中与分散识字相结合的办法；对不同语言和族裔背景的学生实行差异教学法；文化方面，利用华人华侨的特点开展沉浸式和体验式教学等等。

第四，华文教育研究逐渐深入并涉及学科发展的各个方面。华文教育研究是学科发展的重要助推力。20 世纪 90 年代以来，华文教育和华语教学问题逐渐进入研究者的视野，国内这一时期的研究主要是通过一些探讨华文教育问题的论文体现出来；同时，国内和海外陆续举办了一系列华文教育或华文教学方面的学术会议，重点对华文教育的变革、教学方法、师资培训、教材研发以及彼时华文教育所取得的成果和面临的挑战等方面进行了热烈的讨论。从 20 世纪 90 年代到 21 世纪头十年，华文教育研究的范围非常广泛，包括：海外华文教学状况研究，华文教学理论和方法研究，课程、教材和华文水平测试研究，学习工具改进和提高的研究，现代科技手段下的教学研究，汉字教学研究等等（郭熙，2007）。近十几年来，华文教育研究更是出现了井喷式的发展。据统计，从 2010 年至 2020 年，国内关于华文教育和华文教学方面的期刊论文达 1 100 多篇，并且还有大量的硕博士论文以此作为研究对象。总的来看，这一时期的研究主要包括华语学科建构、华语事实、华语规划、华语传承、华语传播、华语接触、华语社区、华语生活。从研究趋势来看，华语研究内涵不断丰富，议题走向拓展、深化，其语言战略价值愈发突出（祝晓宏，2021）。学科自身发展驱动着华文教育研究的深入，华文教育研究则又推动了学科的进步与完善。十多年来，华语研究在议题拓展、实证调查方面取得显著的进步，在理论上也进行了积极探索，形成了一些颇具理论色彩的新观念和新认识（祝晓宏，2021）。这些都标志着华文教育学科的不断成熟。

第五，华文教育学科向着标准化的方向不断迈进，教学大纲、课程设置和测试评估体系逐渐完善。随着世界“汉语热”的兴起，学习中文的人数不断增加，各类院校和机构纷纷开设中文课程，因此华文教育实现学科发展的标准化势在必行。从国内层面来看，中国是海外华文教育的标杆和中心，对海外各国华文教育的发展起到了榜样和示范作用。因此近些年来，国内华文教育的各种体系不断完善并标准化。以华文教育测试评估体系为例，国侨办委托暨南大学研发的“华文教师证书”项目于 2013 年底通过验收。该项目的主体成果《〈华文教师证书〉实施方案》的内容包括下述 5 项，即《华文教师标准》《〈华文教师证书〉实施细则》《华文教师测评大纲》《〈华文教师证书〉考试方案》和《华文教师培训方案》。该方案的推行为海内外华文教师的教学能力和个人素养设立了标准，对于华文教育的师资培养、测评体系、学科建设等方面具有重要的现实意义。2019 年“华文教师证书”考试面向全球推广。截至 2020 年，华文水平测试在海外已设有 41 个考点，遍布五大洲 16 个国家；“华文教师证书”考试已在印尼、泰国、缅甸、英国、日本、加拿大、韩国等 20 多个国家 185 个考点开考，10 486 人参加考试，6 089 名考生获得华文教师证书。在海外，各国的华文教育也在积极进行统一化、规范化和标准化建设，华文教学的大纲和标准也在不断设立和完善。20 世纪末，新加坡对国家语言政策进行了大调整，李显龙在国会发表政策声明，建议确定华文教学目标和华文课程新标准。2002 年新加坡发布中小学《华文课程标准》，其后多次修订，在规范华语人才培养模式，确立语文能力和思想教育标准，为课程目标制定、执行、评价提供依据等方面起到了重要作用。

三、华文教育学科建设

贾益民（1998）认为，华文教育学科建设的目标是建立完善的、科学的华文教育体系。经过几十年的发展与实践，华文教育学科的体系已建立起来，学科建设也取得了相当的成就。但距离完善的、科学的体系目标仍存在一定差距。当前华文教育学科建设仍面临以下任务。

1. 建立完善的、科学的教学体系，推进华文教育学科建设

海外华文学校的办学形式呈现多样化特点：有的是全日制，如马来西亚的华文小学和华文独中；有的是半日制，如柬埔寨的华文学校；有的是 afterschool，即每天正规教育的学校放学后，学生再到华文学校学习 1～2 个学时的华文；有的是 weekend school，即周末学校，学生利用周末或星期天到华文学校学习几个学时的中文。采用后两种办学形式的有美国、澳大利亚、欧洲许多国家的中文学校等。尽管不同的国家和地区办学形式不尽相同，但各种办学形式的教学体系应该是完善的、科学的。比如学制的确定、教学计划的设置、教材的选择与使用、教学设施的配置、教学的测试、教学的组织与管理等等，都是教学体系中的重要内容（贾益民，1998）。显然，当前海外华校各自为政的情况比较普遍，国内华文教育专业的建设也有待加强，所以要加强语言学、文化学和教育学三方面的研究和实践，在此基础上构建华文教育的理论框架和教学体系，形成科学、规范的课程体系、评估体系和管理体系，自上而下地推进华文教育学科建设。

2. 促进海外华文教育发展的“本土化”，夯实华文教育学科的根基

华文教育的主体在海外，数量巨大的华人华侨群体是华文教育发展的根基。所以，构建一个完整的海外华文教育学科体系，必然要实现学科发展的转型，这就要求海外华文教育实现本土化和在地化。目前海外华文教育面临的诸多难题很多就是由华文教育本土化程度不够造成的。实现华文教育的本土化，需要华文教育的办学条件、教学目标的定位、教学内容的选择、经费保障等多个方面与当地学生的宗教信仰、语言习惯、文化取向、人与人的交往态度等相适应。一方面，鼓励当地政府重视华文教育的发展，将更多的华文学校纳入国民教育体系，鼓励更多的高校开设中文系或中文专业，以满足本地华裔和汉语学习者提高学历层次的需求；另一方面，要进行深入调研，了解世界各国的华文教育实际状况，根据不同地区的发展需要，制定出有针对性的华文教育本土化发展措施。

3. 加强师资队伍建设与培训，为华文教育学科建设储备专业化人才

加强师资队伍建设，提高教师素质，是推动华文教育事业发展的根本大计。因此，华文学校应该有计划、有组织地引进、聘用、培训华文教师。要真正解决教师的问题，就要建立全方位、系统化的教师培养体系。在内容上，首先要继续做好华文知识和教学能力等专业化培训，另外还要设置教育学、心理学、管理学等方面的专业课程，推进华文教师的职业化进程；在形式上，可以建立“长期进修＋短期集训＋远程函授＋校本研讨”四位一体的培训模式，特别要推进“专题＋分层”的专业化集训平台的建设，尽可能提高培训效度。此外，教学检查、教学评估、教学观摩、经验交流、参加学术会议等都是培训师资的好形式，探索建立以“请进来”“走出去”为主要方式的海外华文教师培训机制。培训可以

采用短期和长期培训相结合的方式，尝试改变传统的讲座形式，采取“培训、考核、认证”三合一的培训模式，鼓励教师参加“华文教师证书”考试，并给予合格者水平认定证书。除了采用常规的师资培训外，建立高级人才分层培养的模式已是华文教育学科发展的必然趋势。国内相关高校要根据海外华文教师的学历层次需要，加强华文教育硕士点、博士点方向的建设，在有条件的高校逐步设立专科、本科、硕士研究生点，甚至是博士点，通过这些高层次学历点的设立，为海内外华文青年和骨干教师提供提高水平、学历的进修机会，从而为华文教育学科储备专业人才，推动学科的可持续发展。日后的华文师资培养必须由偏重短期的培训走向有计划的、系统的、完整的学历教育上来，从而培养更多专业化的、高质量的华文教师。

4. 编写针对性强、特色鲜明的华文教材，为学科建设提供支撑

教材编写是海外华文教育面临的一项十分紧迫的任务，也是海外华文教育面临的最大难题之一。海外华文教材编写要突出“本土化”，注意不同地区华裔学生的特点和当地华文教育的情况；选材时要充分考虑青少年的心态和情感取向，教材的研发要注意综合性、趣味性和实用性，使学生能在有限的时间内学有所获。以《中文》和《汉语》为例，这两套教材的适用对象分别是欧美地区周末制中文学校和亚洲地区的全日制华文学校。教材从教学对象的年龄、生活环境和心理特点出发，力求体现民族母语作为第二语言教学的特点，以句子作为基本教学单位，用句子教学统领语音、词语、句法和汉字的教学，从而培养学生听、说、读、写汉语的综合能力。多年以来，这两套教材都是海外华文学校的主要教材，受到了广大师生的好评。2021 年，这两套教材又进行了修订，在修订过程中，编写组广泛征求海外华校意见并借鉴了海外现有中文教材许多有益的经验，对课文选择、知识点编排、文化点筛选、呈现方式等方面进行了大幅调整，力求激发学生的学习兴趣，达到华文教育的终极目标。

在文化教材方面，《中国历史常识》《中国地理常识》《中国文化常识》（简称“三常”）是一套供海外华裔青少年阅读的多语种文化辅助读物。这套教材根据海外华文教学的实际情况和需求进行编写和修订，分别选编了中国历史的重大事件和重要人物，中国地理最主要的自然特征和人文特征，以及中华文化和民俗风情的精华，在海外反响很好。

此外，还要加强高校华文教育专业书籍和教材的编写工作，注意避免教材的低水平、同质化重复，从而促进高校华文教育课程体系建设和学科发展。国内较早的华文专业教材是郭熙先生主编的《华文教学概论》。该书从华文教学的性质特点、教学对象、教学设计、测试评估、学科研究、华文教师以及海外华语状况和华文教育的发展等方面做了详细的陈述，附录也提供了当时能收集到的有关华文教育的诸多资料。其后国内也出现了一些华文教育的专业教材，总的来看框架和内容大同小异，在教材的创造性转化和对学生创新精神的培养方面仍有待加强。因此，编写科学系统、富有特色的华文教材依然是建设华文教育学科的重要环节。

5. 加强学科理论研究，为学科实践提供理论指导

学科理论研究的意义在于总结和探讨华文教育的基本规律，推动学科理论建设，提高教育质量和办学水平。课堂教学和学科研究是相辅相成的，课堂教学为学科研究提供现实材料，学科研究又反过来促进课堂教学水平的提高。因此，发展高质量华文教育学科的关键问题之一就是要培养一大批热心于华文教育研究的人才。只有学科理论研究水平提高了，教师队伍的理论水平和教学水平才能提高，华文教育的学科地位才能得以提升，华文教育

事业才能有更大的发展。因此，要加强华文教育学科理论研究，总结和探讨华文教育的基本规律，推动学科理论建设；扩大专业研究队伍，挖掘海内外有潜力的研究学者，在研究中提高学术水平和教学质量；举办华文教育领域的学术会议，创办相关专业刊物，加强华文教育界的学术交流。同时还要注意发挥团队力量，集中力量攻克重大科研课题，建立国际、地区和校际的协作关系（贾益民，2015）。

本节关键词

学科建设　华文教育专业　华文教师　华文教材　华文教学法　发展趋势

第四节 华文教育事业发展前景展望

从 20 世纪 90 年代开始，海外华文教育出现了一个由复苏、复兴到蓬勃发展的新局面。可以说，华文教育正处于历史上最好的发展时期。具体表现在：(1) 华文教育规模不断扩大，地域分布更加广泛，学生和学校数量大幅增长，非华裔学习者的数量不断攀升，生源民族构成多元化。(2) 华文教育逐步为各国所重视，华文教育发展的环境比较宽松，越来越多的当地主流学校开设中文课程，形成了包含不同层级的教育体系，部分国家还把华文教育纳入所在国国民教育体系。(3) 办学理念不断更新，更多地关注受教育者个人的实际需要与中华语言文化传承相结合的教育目标，使华文教育融入当地文化，更符合海外华文教育实际的现实发展道路。(4) 华文教师队伍正在向职业化、专业化方向迈进；华文教材数量和质量有大幅提升；华文教学方法发生了变革，网络化的现代教育技术在教学中被广泛应用。(5) 华文教育研究得到重视和发展，海内外形成了一批华文教育研究学者，其研究日益活跃，并在教学实践中发挥重要的指导作用。

可见，当前的海外华文教育正处在一个承前启后的关键时期。迎来机遇的同时，华文教育也面临着不小的挑战，需要全世界的华文教育工作者齐心协力共创华文教育事业的美好未来。

一、华文教育发展的瓶颈

1. 汉语在世界上受到英语等强势语言的排挤，海外华文教育面临很大的竞争压力

从世界范围看，尽管当前汉语的使用人数众多，但使用者绝大多数具有汉语作为母语者的身份，全球以汉语为第二语言和主要外语的学习者在绝对数量上还很少；此外，真正

将汉语作为国家通用语言或工作语言的国家和地区不多，汉语在地区性或国际性组织、会议以及国际重要交际领域中的使用频率还比较低，与作为全球性语言的英语的差距也非常大。尽管当前许多国家的大、中、小学开设了汉语课，但汉语只是众多外语中的选择之一，其地位远不及英文重要。由此可见，汉语的全球化进程仍然是一个长期的过程，华文教育与其他语言教育的激烈竞争也将长期存在。

2. 华文教育的对象复杂化，缺乏主观动力，“被中文”现象严重

在东南亚，作为所在国少数族群的华裔受到来自主流社会的影响，华人后裔民族文化认同日趋淡化，特别是那些土生土长的华裔新生代少年儿童，他们之所以学习汉语，主要是“爸爸妈妈要我学”，这种被动遵从的学习心理很难形成学习动力和学习兴趣。另外，从各国人才培养体系来看，华文很少被列入升学的必要科目，学生学习中文也没有就业和升学的压力，所以缺乏足够的主观动力。在这样的背景下，真正能够掌握中文、熟知中华文化的学习者少而又少。

3. 华文教育师资缺口大，专业水平低，稳定性差

当前，世界学习汉语的人数在不断增加，但是华文教师的培养速度却远远跟不上学生增长的速度，师资短缺成为海外华文教育的一个普遍问题。另外，教师结构和水平也存在问题，教师老龄化、男女教师比例失调、整体学历不高、教师素质偏低等等都对华文教育的发展产生了一定的影响。同时，由于师资匮乏，一个教师往往还受聘于多个华文学校或机构，教师没有时间提高业务水平，必然就会影响到汉语教学的质量。师资队伍不稳定、流动性大也是亟待解决的一个问题。由于华文教师的社会地位和经济收入方面都不被看好，所以难以吸引年轻人从教，教师中兼职或跳槽的情况比比皆是，职业化程度低。

4. 教材种类偏少，针对性不强，缺乏趣味性，优秀的本土化教材稀缺

30 多年来，华文教材的建设取得了不小的进步，但总的来看，华文教材的种类仍偏少，特别是针对幼儿、文化、听说等不同领域的专门教材非常少；现有的教材不能满足不同地域、不同文化背景和不同年龄层次学生的具体需求，缺乏针对性；从内容方面看，不少教材内容已跟不上时代的变化，课本知识呈现方式、练习设计形式、课堂活动组织等缺乏创意，趣味性和可读性不高；在教材难度方面，国内出版的教材内容过多、难度过高、周期过长，在海外非目的语环境下显得不很实用。再看海外，优秀的本土化教材少之又少，海外华校缺少自己编著本土教材的动力，尽管一些国家尝试了本土化华文教材的编写，但总体来说教材的编写质量不高，在科学性、标准性、连续性等方面也比较欠缺，所以教材的使用范围十分有限。

5. 教学理念和教学方法陈旧，多媒体网络化教学形式发展滞后，网络资源建设发展缓慢

由于各地区条件的不同和教学发展上的不平衡，一些发展中国家和欠发达国家的教师在教学理念和方法手段上也比较落后，教师教法单一陈旧，对新兴的教学方法了解很少，降低了学生的开口率。有些学校教学设施不先进，教师对多媒体等先进的教学工具和方法不熟悉，教学内容的呈现方式十分有限，降低了学生学习汉语的兴趣。此外，海外优秀的、大规模的华文教育网络资源库还未建立起来；新媒体等传播方式在华文教育中的使用很有限；数字化教材和资源种类偏少，网络资源陈旧，缺乏特色，传播过程中的双向性和互动

性较差，资源的整合、推介都有待大力推进。

6. 教师培训的效果不够明显，培训内容和方式都需要反思和改进

为提高海外华文师资的质量，近十几年来海内外都掀起了师资培训的热潮。但是从投入与产出的结果来看，并未完全达到预期的效果。首先，"快餐式"的师资培训时间短、内容多，培训内容脱离实际，理论多、实操少，缺乏实用性；其次，缺乏针对特定国家、特定问题、特定对象的培训，因而培训效果不理想；再次，师资培训的频度和力度仍不够，培训的内容和形式、课程的设置也需要优化；最后，教师培训缺乏系统性和连续性，对参训者的发展性评估和后期跟踪反馈也不到位。

7. 海外华文学校生存和资金问题明显，办学条件较差，生源问题突出

尽管海外华文学校已经发生了性质的变化，融入了当地的国民教育体系，但与其他学校相比，政府的资金支持和重视程度仍然较少。由于资金短缺，一些华校无固定的校舍，图书资料匮乏，教学设施简陋，生均教学资源短缺，教师的薪金过低，留不住优秀的教学和管理人才，严重制约了华文教育的发展。另外，华校生源的"金字塔"现象明显，学生在达到一定程度或年龄时，出于前途的考虑，大多数会放弃在华文方面继续深造而转入非华文学校学习。可见，资金和生源是阻碍华校进一步发展的重要因素。

8. 华文教育理论研究滞后，重教学轻研究的现象普遍

当前，华文教育学科理论的研究与海外华文教育蓬勃发展的现实相对照，前者仍有明显滞后。造成该现象的原因一方面在于华文教育工作者多半重教学、轻研究，另一方面则是师资水平的限制，这种现象在海外尤其明显。因此，当前华文教育中的现实问题，如华文教育如何建立具有本土特色的教学体系，如何提高教学的质量，怎样改进教师培训、提高师资质量，如何建立统一的华文教学大纲、水平测试和资格认证，如何做好华文教材的开发与利用，如何开展网络化教学和建立全球化的教学资源库等等都有待深入研究。

二、华文教育发展前瞻

党的二十大从"实施科教兴国战略，强化现代化建设人才支撑"的高度，对"办好人民满意的教育"作出专门部署，为推动教育改革发展指明了方向。在此背景下，新形势下华文教育的发展也面临着新的方向。为了满足海外广大华人华侨学习中华语言文化的需求，积极推动华文教育事业蓬勃发展，我们应着力解决当前华文教育所面临的重要问题，探索华文教育新的发展理念和方向，建设既有时代特色又适应海外需求的多样化、高水平的华文教育。

1. 坚持科学的教育理念，加强华文教育顶层设计，提升华文教育的竞争力

要通过大量精准细致的调研，掌握当前海外华文教育在各个方面的基本情况和问题瓶颈，有针对性地做好华文教育顶层设计；要强化政府职能，积极建立华文教育协作机制，充分发挥两岸华教界同人共同的积极性，依据各自的经验与特色，创新协同机制与合作平台；要多依靠民间渠道，充分发挥海外华人社团以及由其开设的教育组织机构的作用，整合所在国主流社会的力量，扩大华文教育的民间影响力。

2. 研究各国语言和教育政策，争取所在国支持，逐步推进华文教育的本土化

要掌握所在国家的语言政策和态度，为制定华文教育政策提供决策依据。海外各国的华文教育要转变发展观念，自觉地服务所在国经济社会的发展，最大限度地争取所在国的支持，以推动各国将华文教育纳入国民教育体系的进程。要努力推进华文教育的本土化，实现从“输血”到“造血”的转变；同时，“本土化”要因时因地因条件而逐步落实，鼓励华文教育的多元化和差异化发展。

3. 利用各种手段，激发华文教学对象的学习兴趣，变“让我学”为“我要学”

激发学习者的兴趣是当前华文教育的重要一环。从宏观角度说，要提升汉语的实际应用价值，使汉语在学习者的升学、就业、工作、生活、交往等各领域具有更高的工具性和实用性价值。其次，要创新华裔青少年交流活动和华文教育的推广手段，运用互联网、多媒体信息技术、自媒体等青年人喜闻乐见的形式进行海外华文教育的推广，培养华侨华人子女对中华语言文化的感情和兴趣。再次，教学中要积极运用新的教学方法和理念，注意调整教学难度，贴近当代社会和学生的实际生活，增强课堂的互动性和趣味性，使学习者在学习中充满动力和成就感。

4. 坚持教育质量的生命线，着力解决“三教”中存在的紧迫问题

在教师问题上，要做好教师培训工作，坚持专业化和职业化齐头并进，优化培训模式，重视培训平台、评估体系和专业化认证，以支持海外华文教师培训的可持续发展。此外，各级各类华校还要积极关注教师待遇和发展空间，改善教师工作条件，设立奖励机制，加强师资涵养。在教材问题上，应立足本地，尽快实现教材的本土化。各地华校和华文教育机构要鼓励校本化教材的编写，邀请海内外华文研究专家和当地骨干教师组成编写团队，从海外学习者的实际水平出发，突出特色，满足不同学习者的层次化需求。最后，教学法问题实际上是伴随着教师问题而存在的，只要有了专业、优秀的华文教师，教学法问题便迎刃而解（吴勇毅，2010）。可见，解决“三教”问题的关键仍重在教师环节。

5. 整合优秀的华文教育资源，建立具有影响力的华文教育网站

鉴于目前全球华文教育的多元性和复杂性，建立华文教育网站无疑是一种经济、有效的方式。网站的内容可以包括华文教育的方方面面，如电子教材、辅助资源、教学工具、测试评估、教学论坛、中华文化、侨社华校新闻等等，以最大限度地满足各类学习者的学习需求。除综合性的网站之外，也应鼓励海外华文教育院校和机构与中国建立区域性、合作性的线上教学平台。双方可通过空中课堂、双师课堂、名师直播等形式实现优质教学资源共享，解决海外优质师资缺乏的困境。

6. 多渠道争取办学资金，开展合作办学，改善管理体制，完善保障条件

多年以来，华校缺少资金、自身发展受限是较为普遍的一个状态。因此，海外华校要改进教学和行政管理体制，着力争取所在国政府的支持，同时借助民间力量开展捐赠、募捐，多渠道筹措资金。海外华校还应同中国相关学校加强合作，共享国内学校的师资、信息和管理资源，实践合作办学思路，发挥华文教育基地和示范院校的影响和带动作用，从而确保华校的健康发展。

7. 促进华文教育研究，加强学科和质量保障体系建设

第一，扩大华语研究学术共同体，逐步建设学术组织、开展学术行动、设置学术议程，引导有关话题扩散和深入。第二，全面调查海外华社语言生活，深入而全面地调查海外华语各种可能和实际应用的场景，包括虚拟社区和新兴社区的华语应用，凝聚华语认同，推动华语传播。第三，建设开发各类华语资源平台，特别是面向教学类华语资源开发，实时掌握海外华语和华文教学的第一手资料，为理论研究提供资料和案例保证（祝晓宏，2021）。第四，开展华文教育的宏观和微观研究、理论和应用的研究等等，全面提升华文教育的教学标准、评估测试体系、“三教”问题等的系统研究，从而保证新时代华文教育的持续发展。

本节关键词

华文教育　新局面　瓶颈　前瞻

【本章小结】

从内涵与外延的角度来看，华文教育以海外华侨华人及其子女（亦包括部分非华裔）为主要教学对象，以掌握语言技能、保持并发扬中华文化情结为教学目的，以汉语和中国文化教学并重为教学特征。华文教育已逐渐从侨民教育演进为国际中文教育体系的一部分。经过300多年的发展，华文教育作为一门学科已具备独特的学科性质、学科任务和特定的研究对象，在学科理论研究、专业与课程设置、专业教师与教材建设、学科标准化进程等方面取得了突破。面对华文教育存在的一些问题，我们需要探索新的发展理念和方向，加强顶层设计，逐步推进华文教育本土化，解决“受教者—施教者—教学平台—教学资源”链条中存在的问题，办好海外华人华侨满意的华文教育。

【思考与练习】

1. 华文教育的一般性和特殊性体现在哪里？
2. 请绘制一个思维导图，介绍一下东南亚华文教育的历史发展脉络。
3. 请比较东南亚华文教育与世界其他地区华文教育发展的不同，并分析一下为何会呈现这种差异。
4. 请收集资料或设计一个小调查，分析一下当前华文教育所面临的困境和问题。
5. 新时代以来，一些学者提出了“大华文”“大华文教育”等概念，请查阅并结合文献资料说一说你对这些概念的理解。
6. 查找文献，梳理一下华文教育研究的最新进展。

【拓展阅读】

郭熙．华文教学概论．北京：商务印书馆，2007.

胡培安，陈旋波．华文教育与中华文化传承．北京：社会科学文献出版社，2018.

丘进．对外汉语教学与海外华文教育之异同．教育研究，2010（6）．

王晓明．新时期华文教育研究．长沙：中南大学出版社，2019.

祝晓宏．近十余年来的华语研究：回顾与前瞻．语言文字应用，2021（2）．

本章参考文献

耿红卫．海外华文教育的历史回顾与梳理．东南亚研究，2009（1）．

郭熙，林瑀欢．明确“国际中文教育”的内涵和外延．中国社会科学网，2021－03－16.

郭熙．华文教学概论．北京：商务印书馆，2007.

郭熙．新时代的海外华文教育与中国国家语言能力的提升．语言文字应用，2020（4）．

胡培安，陈旋波．华文教育与中华文化传承．北京：社会科学文献出版社，2018.

华文教育研究所．试论华文教育的学科定位特征及其他．华侨大学学报（哲学社会科学版），1997（3）．

贾益民．华文教育学学科建设刍议：再论华文教育学是一门科学．暨南学报（哲学社会科学版），1998（4）．

贾益民．华文教育概论．广州：暨南大学出版社，2012.

贾益民．海外华文教育质量保障体系建设．世界华文教学，2015（1）．

李方．含有母语基因的非母语教学：海外华文教育管见．语言文字应用，1998（3）．

李嘉郁．论华文教育的定位及其发展趋势．华侨华人历史研究，2004（4）．

林蒲田．华侨教育与华文教育概论．厦门：厦门大学出版社，1995.

林蒲田．海外华文教育溯源．海外华文教育，2000（1）．

彭俊．华文教育研究．上海：上海师范大学，2004.

丘进．海外华文教育浅见//中国海外交流协会文教部．海外华文教育文集．广州：暨南大学出版社，1995.

丘进．认清特点　把握机遇．海外华文教育，2000（1）．

丘进．对外汉语教学与海外华文教育之异同．教育研究，2010（6）．

孙浩良．澳大利亚华文教育的历史和现状．海外华文教育，2002（3）．

吴凤斌．东南亚华侨通史．福州：福建人民出版社，1994.

吴小伟，杨道麟．南非华文教育浅论．八桂侨刊，2013（1）．

吴勇毅．新时期海外华文教育面临的形势及主要变化．浙江师范大学学报（社会科学版），2010（2）．

杨立．美国侨社华文教育的曲折历程．文史天地，2012（9）．

袁慧芳．20世纪90年代美国“中文热”述评．八桂侨刊，2001（2）．

郑通涛，蒋有经，陈荣岚．东南亚汉语教学年度报告之一．海外华文教育，2014（1）．

周聿峨，罗向阳．论海外华文教育与中国汉语推广．贵州社会科学，2008（6）．

祝晓宏．近十余年来的华语研究：回顾与前瞻．语言文字应用，2021（2）．

宗世海，马天欢．东南亚全日制华校华文教学质量问题分析．华文教学与研究，2021（3）．

第十章

中文测试与评价

测试与教学大纲、教材编写及课堂教学并称语言教学四大要素。语言测试可以用来对受试的语言能力作出判断，同时也可以用来检验和评估语言教学的效果。一方面，语言测试服务于语言教学，为教师和学生提供反馈，在一定程度上可以将其看作课堂教学的延伸；另一方面，语言测试对语言教学具有导向作用，测试内容和形式在一定程度上对教材编写、教学大纲的设定以及课堂教学内容的选择施加影响。本章主要围绕如何科学设计测试与评价，如何分析测试与评价的质量，以及在中文教学中如何通过中文水平测试的反馈促进教学等问题展开讨论。

第一节
测试与评价的设计

一、测试与评价的基本概念与理论

（一）基本概念

教学中经常会遇到“测试”“考试”“测验”“测量”“评价”“评估”等术语，这些术语之间既相互关联又存在不同程度的差异。

泰勒（Ralph. W. Tyler）在 20 世纪 30 年代提出了“评价”一词，在此之前，常用的术语是“考试”和“测试”。测试指的是在教育过程中，测量学生某一个领域的能力或知识的系统程序或方法。考试与测试是同义词，但更多时候是指与教学大纲相联系的评价。使用“测试”和“考试”两词时并没有明显区别。传统上，测试的主要功能是选拔。在中国，早至汉代就开始用笔试来选拔人才，隋代的科举考试也发挥了重要的选拔功能。

测试和测验也是同义词。测验的种类主要分为四大类：智力测验、教育测验、心理测验、职业测验。其中，智力测验度量个人或团体的智慧能力，教育测验度量个人或团体的教育成绩，心理测验度量个人或团体的心理现象，职业测验度量个人是否具有某种特殊的职业能力。在教育领域内，用于评价各学科学业成绩的，即为教育测验。英国教师乔治·费舍尔（George Fisher）设计了最早的教育测验，认为教师评定学生成绩需要确立标准，于 1864 年编制量表集，用数字评定科目的好坏程度。美国学者莱斯（Joseph Mayer Rice）于 1894 年测验儿童学习拼写的成绩，并于 1897 年发表测量教育成果的量表，指明学习成绩的优劣可以用准确的数字来表达，被认为是美国教育测量运动的起步。

在心理学领域的测量专指心理测量。实验心理学先驱高尔顿（Francis Galton）最先采用量化方法对智力和人的其他心理特征进行测量。受高尔顿的影响，1904 年，法国心理学家、教育家、现代智力测验的创始人比纳（Alfred Binet）与同事西蒙（T. Simon）设计了一份用以诊断儿童智力的测验量表。1905 年，“比纳—西蒙智力量表”正式公布。量表由

30道测验题组成，按由易到难的顺序排列，以通过测试的题目数量作为智力水平的标志。美国教育心理学家桑代克（Edward Lee Thorndike）在1904年出版《智力与社会测量的概说》，推动了教育测量的发展，标准化测验随之兴起。不过，随着人们认识到，非传统测量方法并非必要，在学生成长和学习过程中也要进行测量，为了适应这一需要，“教育测量”逐步走向“教育评价”。

现代意义上的教育评价起源于20世纪30年代。泰勒提出了“教育评价”的概念并建构了系统的评价理论体系。泰勒将教育评价作为教学方案的一个部分，在本质上确定课程和教学大纲实际上是实现教育目标的过程，同时强调评价中要基于目标进行测量，开发了行为目标评价模式，即泰勒模式。此后一些新的评价模式并没有突破这一模式的基本框架，考查目标达成程度仍然是教育评价的核心任务。

20世纪60年代初，克隆巴赫（Lee J. Cronbach）建议将评价作为一个搜集和报告对课程研制有指导意义的信息的过程，强调评价的诊断和反馈作用，并于1963年发表《通过评价改进课程》。传统教育评价主要是对学生进行评判和分类。20世纪60年代末，斯克瑞文（Michael Scriven ）在《评价方法论》中进一步阐明了评价的核心是价值判断。根据教学评价的不同目的，首次将评价分为形成性评价（Formative Assessment）和总结性评价（Summative Assessment）。形成性评价是在教学活动过程中进行的评价，对提高教育活动质量有重要作用；总结性评价是在教学活动结束后对其结果进行的评价，主要目的是问责。

1969年，评价专家布鲁姆（Benjamin Bloom）提出形成性评价可用于指导教学过程本身并提高教师的教学质量，他将形成性评价定义为在教学过程中为了获得有关教学的反馈信息，改进教学，使学生对所学知识达到其所需掌握的程度而进行的系统性评价，是教学控制的关键一环。1971年，布鲁姆等人出版《学生学习的形成性与总结性评价手册》一书，该书基于掌握学习理论，详细梳理了形成性评价、总结性评价在“测试—教学—测试”这一教学流程中的应用。形成性评价可以在教学过程中的任一阶段给学生提供反馈和纠正。不过，这里的形成性评价指的是教师和学生在学习过程中采用简短测验所做的评价。尽管也可以评分，也可以作为评判和分类的依据，但如果它与评分过程分离开来，主要用作教学的辅助与支持，那么它就是一种更为有效的形成性评价。此外，根据评价目的的不同，又提出了安置性评价（Placement Evaluation）、诊断性评价（Diagnosis Evaluation）。

安置性评价发生在教学开始前，是教师根据教学大纲，对学生已学知识和技能的掌握程度进行的评价，不仅包括对旧知识与技能的掌握程度，也包括对即将开展的新的教学知识的掌握程度。若学生没有掌握或仅部分掌握，则需要修改教学过程，进行补充性的教学；若已经掌握，则没有必要开展，可进入下一个学习单元。布鲁姆在介绍形成性评价时，更多地将其用于学习诊断，即在学生学习的形成性阶段就对学生的学习进行必要的检测，诊断学习中存在的问题，通过必要的矫正来实现掌握。因此，诊断性评价随时可以发生，其功能是识别学生的学习或课堂行为是否受到与教学实践不直接相关的因素的不利影响。教师必须能够识别某种意义上的非课堂因素，这些因素仍会对学生的学习或课堂行为产生不利影响。诊断性评价主要在于反映教与学中存在的问题，以便改进。在学校，当教授完一个知识点或一个单元后，教师都应该设计一些测试任务给学生，以便判断学生对哪些内容掌握得比较好，哪些一般，哪些根本没弄懂。另外，测试对教师的教学也间接起到了诊断作用。测试反映出来的学生问题在某种程度上反映出教学中存在的问题，教师可以根据学生对知识的掌握情况调整教学计划和策略。

到了20世纪80年代，“evaluation”这个术语较少被提及，越来越多使用的术语是

“assessment”。“assessment”从“evaluation”中演化而来。教育评价概念发生了变迁，更为关键的在于评价的工具和方法得到了发展丰富。随着对被评价者主体性的重视、注重评价过程、重视评价任务的真实性以及着眼发展等课堂教学观念、理论的形成，发展性评价（Developmental Assessment）、真实性评价（Authentic Assessment）、形成性评价（Formative Assessment）、档案袋评价（Portfolio Assessment）、表现性评价（Performance Assessment）以及为了学习的考评（Assessment for Learning）等逐渐形成。

现在，牛津词典中对于“assess”的解释是“对……的性质或质量做出评判”（make a judgement about the nature or quality of somebody/something），“assessment”指向了与之相关的行为（the act of judging or forming an opinion about somebody/something; an occasion when this is done）；“evaluate”的解释是“形成关于……的量、价值或质量的认识”（to form an opinion of the amount, value or quality of something after thinking about it carefully），“evaluation”指向了与之相关的行为（the act of forming an opinion of the amount, value or quality of something after thinking about it carefully）。因此，可以说，“assessment”的特点是系统性搜集、个性化、持续进行，以及以改进学习与教学为目的。而“evaluation”往往在某一阶段结束时进行，其目的在于测量目标达成程度，在于评价质量。两个概念存在差异。目前，“assessment”“assess”都被翻译为“评价”，与英文“evaluation”“evaluate”等同。混淆术语在含义上的差异，在某种程度上会导致理解上的偏差，应予以注意。

（二）理论基础

语言测试发展到今天已经成为一门独立的学科，有着自己的研究领域和研究方法。语言测试从语言学、语言教学法和学习论取得科学内容，从心理与教育测量学获得科学手段，成了一门跨学科的综合性科学。

语言学发展历史、语言教学法发展历史在其他章节中已有介绍，在这里不再赘述。总的来说，心理与教育测量理论发展至今，大约经历了两个阶段：第一阶段为标准测验理论阶段，包括经典测量理论、项目反应理论和概化理论；第二阶段是以认知诊断为核心内容的新一代测验理论。经典测量理论与项目反应理论的主要目的是得出被试潜在特质的位置，主要强调被试的行为反应，而不是学习过程；认知诊断理论是建立在认知心理学基础之上的测量，可以揭示项目反应背后的机制，也被称为基于认知心理学的项目反应理论。

语言测试经历了三个发展阶段：传统或科学前阶段，现代或心理测量-结构主义阶段，以及后现代或心理语言学-社会语言学阶段。传统或科学前阶段是指 20 世纪 50 年代初以前，当时没有任何有关语言测试的研究，语言测试是基于当时的语法-翻译法来开展的。50 年代初至 60 年代末被称为语言测试的第二个发展阶段——心理测量-结构主义阶段。在这一阶段，对比分析理论十分盛行，结构主义语言学与行为心理学被结合起来，应用于语言教学，测试着重于对单个要素的考查，如语音、语法、词汇等方面，即离散型测试。也是在这一阶段，测试的客观性得到了重视，也开始运用统计方法对语言测试进行分析，开展了一系列语言测试的相关研究。第三个阶段是指 60 年代末以后至今，语言研究开始把重点放在交际能力和语境上，语言测试专家们开始探索考查交际能力的方法，综合型测试逐渐取代了离散型测试。

二、语言测试的整体设计

在语言测试的整体设计阶段，主要做好以下工作：(1) 确定测试的目的/功能；(2) 确定测试目标；(3) 确定测试形式与题型。

(一) 确定测试的目的/功能

首先，根据目的的不同，测试有不同的分类。

1. 安置性测试、诊断性测试和选拔性测试

安置性测试（Placement Test）用于评估学生的语言能力水平，以便将学生安排到合适的课程或班级中。这类测试可能基于相关机构所使用的教学大纲，或者基于其他与课程无关的材料，如学习的课时、学过的教材、某些语言水平考试的成绩。如果曾学过先行课，也可以根据学生的成绩排名进行安排，例如，前八名的学生可能可以去最好的班级。而在进行安置性测试时，也有可能对学生们的不同技能，如阅读、写作能力进行水平鉴定。这样，一个学生可能被安排在最好的阅读班级，却同时也被安排进了最差的写作班级，或者其他的组合班级。

诊断性测试（Diagnostic Test）的目的在于确定学生在特定方面是否需要更多的帮助。这类测试很普遍，它能表明一个学生是否需要四种主要语言技能中某一种的特殊帮助，或者更具体而准确地发现学生语法使用方面的弱点。这些更精准的诊断性测试制定起来并不容易，因为语言能力是很复杂的，很难精确诊断个人语言能力的强项和弱项，也因此，很少有单纯的诊断性测试。尽管不具有系统性，但是总结性测试和能力测试其实是更为常用的诊断性测试。

选拔性测试（Selective Test）的目的在于通过测试，按一定的条件进行选拔。在基础教育阶段，目前国内高中招生考试和高考都属于选拔性测试。

2. 形成性测试和总结性测试

依据测试实施阶段的不同，可将测试分为形成性测试、总结性测试。

形成性测试（Formative Test）是在正在开展的语言课程的不同阶段设置的考试，用来测试学生们学到了什么，通过及时揭示问题，及时反馈以促进教学。形成性测试一般以反馈调控和改进完善为主要目的。在教学过程中开展形成性测试，往往是通过诊断教学方案、计划、过程、进展情况和存在问题，并及时反馈，及时改进、调控、矫正，来达到提高教学质量的目的。

总结性测试（Summative Test）也很相似，但更倾向于在课程结束的时候设置，是对学生一定时期的较全面的学习状况所进行的价值判断，旨在对教育活动作出总结性的结论，甄别优劣，鉴定分等，为各级决策人员提供参考依据。它注重对教育活动的结果作总体分析，提供描述性信息，关心对效率的陈述，并强调自身的效果。其基本特点是，在学习或教学活动后，就学习或教学的效率，对学生、教师或课程编制者作出价值判断。如果说形成性测试具有使整个教育活动正确进行的促进、改善和指导功能，那么总结性测试则以确

定教育活动的成果并对此进行评定的功能为主。

形成性测试和总结性测试的共同点在于，它们都是基于课程大纲或者教材来设置考试内容。总结性测试的重点是评估、总结一定教育阶段达成教育目标的总体水平，但是相对说来，也具有诊断性和形成性测试的一定功能。

3. 成绩测试、能力测试和表现性测试

成绩测试（Achievement Test）的目的，是在不同的学习阶段，检查学生对所学内容的掌握程度，看是否达到了教学大纲预定的目标。教学中的随堂测试、单元测试或者期末成绩测试都属于成绩测试的常见形式。成绩测试的特点在于其测试所覆盖的内容，客观地反映了教学大纲的要求和具体教学内容，并通过学生的语言行为，体现其对语言交际能力的掌握。

能力测试（Proficiency Test）与成绩测试不同，并不考虑考生的具体学习内容，是为了测试不同教育背景下学生的能力而设计的。由于并不基于某一具体的教学内容，因此能力测试中的考试内容很难预测。语言测试领域中的能力测试倾向于说明学生是否达到了特定的语言级别，也可以说明学生在某些特定的专业领域，如医学、旅游或学术领域是否有足够的语言运用能力。这些能力测试通常被叫作专业语言测试，并且这些测试的内容是根据特定目的语言范畴的需求分析来决定的。

表现性测试（Performance Test）既有别于能力测试，也有别于成绩测试。表现性测试同样不考虑考生的具体学习内容，在这一点上与能力测试是相同的。但与能力测试不同之处在于，表现性测试是通过完成一些实际的任务，诱导出学生的真实表现，以此评价学生掌握和运用知识和能力的方法。在语言测试中，表现性测试测量了在真实或者模拟情境中运用第二语言完成任务的能力。形式可以有多种，主要有书面报告、作文演讲等等。

需要注意的是，虽然可以依据测试的目的将测试分类，但不同测试常常很难截然分开。形成性测试与总结性测试的区分是相对的，同一个测验既可以是形成性的，也可以是总结性的。一个学习评价活动，无论在教学过程中的哪个时间点举行、由谁设计、在哪里实施、以什么方式举行以及内容覆盖范围有多大，只要所搜集的信息用于诊断、分析和改进教师的教与学生的学，那么，它就是形成性评价。

（二）确定测试目标

语言测试整体设计的第二个步骤，是要依据课程目标或教学目标确定测试目标。

评价的目的是检验课程目标或教学目标的实现程度，因此应根据教学目标的性质选择适当的评价方法。在学校教育中，目标是一个有层次结构的系统，按照从宏观、抽象到微观、具体的顺序可分为三个层次：第一层为培养目标，是相对抽象的、陈述较为宏观的目标，是学校开设各种类型课程及课程领域的依据；第二层为课程目标，是某门课程实现的目标，要依据课程特点、学习领域内容、学习者特征，以行为目标的形式把宽泛的培养目标分解得更加具体；第三层是教学目标（即课堂教学目标或学习目标），是将课程目标分解到操作化的程度，描述具体的行为结果，从而引导教学循序开展，往往是教师在课堂教学中确定需要完成的具体目标，它是目标系统中最具体且可操作的单位。

课程目标一旦确定，就成了评价课程实施效果的重要依据。课程目标既有宏观的一般要求，又有具体的操作性指标，可以帮助教师确定适当的评价标准，编制科学合理的试卷，准确地评价和检验学生的学习情况。教学目标是对实际教学结果的预期，为教学过程中和教学结束时对教学结果进行的测量与评价提供了科学依据。根据检验的结果，可及时采取矫正性措施，实施补偿性教学。

确定课程目标或教学目标可以依据的是外语教学的课程标准、学习标准或是能力标准。不少国家都对外语教学提出了课程标准、学习标准或是能力标准。如美国的《21世纪外语学习标准》、加拿大的《加拿大语言标准》、欧洲的《欧洲语言共同参考框架》、澳大利亚的《国际第二语言水平标准》等，再如我国的《中国英语能力等级量表》（GF 0018—2018）、《国际中文教育中文水平等级标准》（GF 0025—2021）等。尽管这些标准在表述形式、措辞、语言简洁性等方面存在差异，但总体来说，都包括了对于语言能力的描述指标，主要是语言知识和语言技能。这无疑对评价目标、测试内容的确定大有裨益的。

另一个可以依据的是目标分类理论，如布鲁姆教育目标分类学。20世纪50—60年代，布鲁姆及其合作者在泰勒的行为目标理论的基础上，确立起教育目标分类学，将课程目标分为三大领域：认知领域、情感领域和技能领域。这对指导当代课程与教学设计产生了深远的影响。在布鲁姆本人去世之后，以安德森（L. W. Anderson）为首的一个专家小组（由三位心理学家、三位课程与教学论专家、两位测量与评价专家组成）经过五年的工作，于2001年公布了原分类学的修订版《学习、教学和评估的分类学——布鲁姆教育目标分类学修订版》。“学习”指学习目标；“教学”指教学过程和方法，即教学策略；“评估”指学习结果的测量与评价。修订版将认知领域的教育目标（即学习结果）按两个维度分类，一个是知识维度，另一个是作为知识掌握水平标志的认知过程维度。这两个维度相互交叉，形成知识类型与认知过程二维分类模型。

依据课程目标或教学目标合理确定测试目标十分重要。正如评价在产生之初，其目的就在于确定目标达成程度。假如测试目标没有确定，是无法展开评价活动的。另外，在形成性测试中，测试目标可能是一个知识点的掌握情况，而在总结性测试中，如果仅就知识点而言，测试目标就可以是一个复杂的知识体系。在国际中文教育领域，可以参考的内容有《国际中文教育用中国文化和国情教学参考框架》、《国际汉语教学通用课程大纲》（修订版）等。

（三）确定测试形式与题型

在确定测试目标之后，需要确定测试形式，如是档案袋测试还是面试，是直接测试还是间接测试，是客观测试还是主观测试，等等。其中，直接测试是指在真实的（非创设）的交际情境下对考生运用语言的能力进行考查；间接测试是在非直接、非真实的情形下对考生的能力进行考查，例如使用选择题考查语言运用能力，使用笔试考查考生的口语能力。

接下来，可以进一步确定一个测试的整体结构，需要确定的要素有题型。从题型的角度可将测试分为客观性测试和主观性测试。客观性测试题指考生得分客观、评分不受评卷人主观因素（如英语水平、情感、疲劳等）影响的试题。客观性测试题常见的题型有多项选择题、完形填空题、正误判断题、配对题等。由于已提供了固定的答案，可以采取机器评分形式，或者人工参与的成分不大，因此很少受到主观因素的影响。客观性测试评分误差一般都很小。主观性测试题的评分需要评分员的主观参与，要依据评分标准给出分数，考生得分会受评卷人主观因素影响或控制，如写作题。如果再进一步划分，还可以根据语言技能的不同来选择语言测试的题型，具体来说有是非判断、配对、替换、排序、词形/句型变换、错误辨认、改错、补全句子、完形填空、短答案问答、听写、信息转换、按指令做事、朗读、改写、复述、记笔记、提要、限制性讲话/写作、自由讲话/写作等。

假如测试有多种题型，所需考查的知识与技能点复杂，就需要通过考试大纲来进行系统规划了。虽然校内小规模测试大多以测试学生所掌握的知识和技能为主，但其根本目的仍然是要考查学生的语言能力，所以还必须考虑到各领域知识和能力间的联系与组合。一般来说，考试大纲至少需要包括以下方面：

（1）考查目标，亦称考查能力层次。它反映了该门课程对学生知识和能力的要求。

（2）考查内容，反映了课程的基本纲要或内容体系。如果测试内容的覆盖面过窄或过宽，测试结果就难以真正反映学生的学习发展水平；而测试内容的覆盖面具有代表性，是保证测试效度以及对测试结果进行解释的重要前提条件。

（3）考查目标与考查内容的比例，亦称权重。它反映了考查目标和考查内容各项目之间的相对重要性。可以结合学生完成测试所需时间、题目难度等因素综合考虑，确定测试内容和试题分布。

为了给试题设计奠定良好的基础，还可以依据考试大纲编制命题双向细目表，整体规范试题编写工作。

三、测试试题的设计与编写

无论题型如何分类，在将题型运用到实际评价活动中时，更需要重视的都是题目的设计。为了编好试题，可以这样做：

（1）把握试题编写原则及编写时需要考虑的各个细节，避免出现编写时的一些常见问题。

（2）了解考试对象，如考生使用的课本和所学习的内容、考生考试心理、答题行为等。

（3）积累命题素材。一方面是积累考试时使用的语言材料，为题目设计做准备；另一方面则是累积考生之前的语言错误及相关研究等，为选项设计做准备。

（4）完成试题编写后，应认真进行审查修改。可以自己全面检查一遍，推敲一些自认为不妥的题目。另外也可以请有经验的专家、教师，从五个方面进行检查：①试题内容是否与考试目标紧密联系；②试题是否考查了语言材料的核心内容；③试题的措辞是否清楚简洁，考生是否能看懂题干和选项；④试题的难度是否合适；⑤试题的分布是否符合考试大纲、命题双向细目表的要求。

具体到每一个试题的编写，也有需要注意的内容。

（一）题干的编写

在语言测试中，试题的题干最好来自实际语言交流的自然篇章。这样的题干不仅可以为考生提供一定的语境，而且命题方便，同时也保证了试题的真实性。在编写题干时要注意：

第一，题干简单、准确、明了地陈述问题。编写题目时，措辞需反复推敲。这一点不仅是由于经济的原则，更是测验效度的需要。例如在阅读测试中，要考查的是考生对语料的理解，就应尽量减少考生其他方面的阅读，冗长烦琐的题干和选项只会增加考生不必要的阅读负担。如果是编写选择题的题干，同时选项中有重复性的部分（如相同的叙述或修饰成分），那么重复性的部分都应该放在题干中，而不要放在选项中，以使选项尽可能精练。

第二，题干一般只使用特指问句，不用是非疑问句、正反问句和选择疑问句。是非疑问句、正反问句和选择疑问句的提问方式会使选项的设计非常困难或者不理想。例如：

他决定去不去？

A. 去　　B. 不去　　C. 没决定　　D. 决定不了

这个题目的选项即使凑出了四个，也显得非常勉强。更重要的是，这类选项缺乏有效的干扰，并且互相之间构成了暗示。例如 A 与 B 是矛盾的，肯定有一个是正确的，这样就增加了猜中概率，降低了选项的有效性。修改的方法是使用特指疑问的方式，拓宽选项的内容，使选项之间具有相互独立性。针对此题，可将题干改为“他最后决定怎么做?”。

第三，题干设计关注与语言材料有关的核心问题。题目要有效地，反映计划考查的目标。测试中的考点应是重要、关键、有意义的知识和技能，同时避免考查常识性问题。因为题目如果是常识性问题，那么考生不需要听懂或读懂题干就可以回答出来，题目的有效性就得不到保证了。比如：

根据本文，大海是什么颜色的？

A. 红色　　B. 蓝色　　C. 绿色　　D. 白色

众所周知，大海是蓝色的，这是一个常识性问题，因而此题考查的是常识还是语言能力就不得而知了。

第四，尽量不使用反向提问，尤其不要使用双重否定。反向提问的常见提问方式有：“不正确”“不包括”“除了”等。这些提问方式会造成思维上的困难，而这种思维上的能力又不是考查能力的重点。另外也会造成某些考生由于粗心大意而答错题，增加随机误差，降低考试的信度。如果必须使用，应该给予考生明显的提示，如改变字体、加粗、加下划线等，提醒考生注意。

第五，题目与题目之间应有相对的独立性，避免相互依赖、相互包含或相互暗示。在听力理解或阅读理解的题组中，很容易出现题目缺乏独立性的问题。这有可能会使考生因为会做第一个题目而自然会做下一个题目，或因为不会做这个题目便也不会做另外的题目；也有可能会使题目中的一个选项即为上一道题目的正确答案等。此时应更换考点或者根据情况适当调整选项。还有一些题目虽然不在一个题组中，也可能会互相提示。如写汉字题，如果所考查的汉字在试卷上已经出现过，那么考生抄写过来即可。再如考查语法的题目，如果考点在试卷上出现过了，那么一定程度上也会降低考试难度。

（二）选项的编写

在语言测试中，使用最多的题型是选择题。选择题由两大部分组成：题干和选项。题干提出问题让考生回答，选项供考生选择正确答案来回答题干所提出的问题。选项又包括正确答案和干扰项。正确答案是题干问题的答案，其余的选项为干扰项。干扰项的作用是干扰那些水平不高的被试，起到迷惑的作用，所以也称为“迷惑选项”。在理想的情况下，考生不能依靠猜测作答，必须依靠自身语言能力进行判断才能正确作答。在设计选择题时，一道题目应该有多少个选项才最佳，这是值得研究的问题。从理论上讲，干扰项越多，题目就越可靠，但实际上问题并非那么简单，因为要多写几个好干扰项往往很困难。大多数人认为 4～5 个选择项就可以了，如果要降低难度，还可以适当减少选项的数量。目前标准化语言测试的试题大部分采用四个选项。

1. 选项的编写原则

如果是设计单项选择题，首先要保证在多个选项中只有一个正确答案或最佳答案。如果使用正确答案型试题，正确答案必须绝对正确；如果使用最佳答案型试题，答案必须是没有争议的最佳答案。试题设计中最忌讳的就是出现两个答案。其次，选项中应避免使用诸如“以上皆对”“以上皆错”之类的词以减少猜测概率。考生若发现选项中有一个是错的，就会排除“以上皆对”。此外，有一些词，如“从不”“总是”“所有”等，常常由于意思过于绝对而会给考生太多提示。再次，正确答案与其他选项应大致相同。如果选项是词，则各选项的词性应该一致；如果是短语或句子，在结构上应该平行，语法上应该一致。在字数上，应避免各选项过短或过长。正确答案往往因为需要限定而长于干扰项，这常会给考生提供暗示。之前在考生中曾流传过一些猜题技巧，如“三长一短选最短”“三短一长选最长”，就是对这种暗示的总结。由于过长的选项提供较多的信息，因此考生往往能猜出此选项为正确答案。过短的选项信息不够，考生就会将其排除掉。因此，编写选项时应尽量使四个选项长度一致，当然也可以采用“两长两短”的选项来减少猜测的可能性。如果选项在形式上长短不一，可以按长短进行排列。而如果选项含有数字或具有某些规律，则要按数值大小顺序或其规律性排列。最后，选项应尽量避免使用与语言材料一样的措辞。可以换一个意思一样的词语、换个说法等等。

2. 干扰项的编写

很多人有这样一种观点，即认为干扰项只不过是几个错误答案而已，随便写几个即可。这种看法是错误的。可以说，设计选择题的学问和功夫都在设计干扰项上，要保证干扰项都起到干扰作用，使每个干扰项对学生来讲都有一定的“吸引力”。如果干扰项写得好，那么考生只能通过直接选择来回答，不能通过排除法来回答。因此，编写干扰项要有根有据。在编写干扰项时，要以受试者围绕本题考点可能会产生的反应为根据。如何才能编好干扰项呢？

首先，教师根据自己的教学经验判断学生可能会犯的错误。教师在教学过程中会遇到各种各样的情况，从这些情况中会积累经验，根据经验，就可以知道学生在哪些方面存在问题，或有哪些弱点，自然也会知道在某考点上考生可能会犯什么错。

其次，所有的干扰项都应显得合情合理，具有吸引力。一道选择题是一个整体，荒唐或无吸引力的干扰项会影响整体，使难度适中的题目变易，因此题目的难度与所有的选项都有关。要使干扰项具有吸引力，可以使用学生的典型错误。如学生书面作业中的错误、先前考试中的典型错误、学生语言与目的语的差异错误等。

再次，每个干扰项都应该似是而非，具有一定的迷惑性。但干扰项的难度一般不要比正确选项大，因为干扰项的难度大于正确选项的难度，就可能把水平高的考生也迷惑了，其结果是题目的区分度降低。要编写出真正具有一定迷惑作用的干扰项，必须充分利用语料中包含的各个要点或难点，仔细揣测考生可能会在哪个环节出现问题以及这一点是不是与预定要考查的语言能力紧密相关，做到有根有据地编写干扰项。

最后，为了使干扰项发挥作用，保证难度，应最大限度地避免题目内部的相互暗示。试题中的暗示可能会使题目变易，降低区分度，或帮助会考试的考生找到答案，使考生间的分数差异无效。

编写选项要注意避开以下暗示。

（1）语法暗示。

如果题干是不完整的，那么每一选项填入题干都应语法正确（考查语法的题目除外）。

如果题干是完整的，则每个选项都应该是针对问题的回答（某些特殊题型除外，如考查对所听到句子的正确回答）。

例如下面这道阅读题：

根据本文，我们知道小红买了一瓶：

A. 果汁　　B. 牛奶　　C. 香蕉　　D. 西瓜

这道题的正确答案是A，选项C、D在名量搭配上是错误的，语法好的考生马上就能将它们排除，降低了此题测量阅读能力的效力。实际上，C、D可以改为啤酒或者汽水等。

再如，下面这道听力题：

小李为什么取得了成功？

A. 是个司机　　B. 他很勤奋　　C. 今年二十岁　　D. 非常喜欢

这道题的正确答案是B，其他选项与题干并不搭配，虽然也可以在一定程度上考查考生的听力理解能力，但并不能推断考生是否听懂了听力材料中的关键信息。

（2）选项间的不一致。

各选项的难度、词性、语体、感情色彩等如果截然不同，或其中一个与其他的不同，便会给考生造成暗示，使得测试效度降低。因此，各选项应大致相同，以免考生迅速排除明显不合题意的选项。

（3）答案位置。

如果正确答案总是出现在某个位置，如总是出现在选项“C”的位置上，考生找到规律后也可能对不把握的题目进行猜测，固定选某个选项，从而降低了测试的效度。

正确答案在选项中的位置不应固定，应做到出现频率相同，出现顺序随机。比如，不能把大部分的正确答案都放在选项“C”的位置上，应使其均匀分布，以减少猜测对测量效度的影响。

选项如有一定顺序，最好按顺序排列。如果是时间，以先后排列；如果是数字，按大小排列。这样符合人们接受、调用信息和思考问题等的习惯，考生阅读容易些，也不会因为粗心大意而选错了答案。

本节关键词

测试　考试　测验　测量　评价　评估　题型

第二节 测试与评价的质量分析

无论测试还是评价，都是对一组行为进行衡量，这组行为是表征目标能力的全部行为的一个抽样。测试或评价的目的是提供一种客观、准确、科学的测试工具，搜集有关教学的信息，为提高教学质量服务。教师可以利用测试或评价提供的反馈信息，发现教学中的长处与不足，发现学生学习中的问题，并以此为依据调整教学方法和教学内容。但前提是，测试与评价本身应该是高质量的。因此，在设计测试与评价并应用于实践之后，需要对其质量进行分析。

一、测试与评价的质量分析

测试与评价的质量分析是借助数据统计方法，运用定量分析指标，如成绩分数分布、平均分、信度、效度、难度以及区分度等指标，来判断考试作为测量工具的检测质量如何。质量分析也离不开价值判断。例如，即使一份试卷有合适的难度和很好的区分度，也要进行以下判断：它是很好地测量了考生对语言知识的识记，还是很好地测量了考生对所掌握的语言交际能力的运用？考试实际测量的与预设测量的目标吻合吗？考试内容与考试大纲的要求一致吗？考试目标设置合理吗？

另外，对试题的评价也是质量分析的重要内容。该评价以考试大纲、考试说明和教学大纲为尺度，在考试统计数据定量分析的基础上，结合评价者定性的教学经验，通过比较、分析和归纳而对测试工具做出价值判断。一般要涉及以下方面：判断试卷是否遵循了既定的原则，对试题执行命题依据的情况做出分析和基本判断；分析试题总体的特点是什么，做了哪些新的尝试；分析试题结构是否合理，试题的难度控制得怎样，试题对学生语言水平的区分度如何，对学科能力的考核表现如何，是否反映了教学实际和基本要求，是否具有较好的鉴定功能；试题的典型分析及存在问题的分析，在此基础上提出对今后命题的建议。

测试后教师往往面临着读懂测试结果数据和撰写测试分析报告的任务。正确解读测试结果数据和针对学生个体的学习情况分析报告，能够使教师及时掌握测试对教学的反馈信息，调整教学策略，从而不断提高教学质量，同时促进教师的反思能力发展，提高专业化水平。

基于对大规模测试的研究，已形成了一整套测试与评价的质量分析程序。一些大规模测试已经提供了每次测试的基本数据及分析工具，如大学英语四、六级考试等。规范的做法保证了命题的科学性、评分的一致性和成绩的可比性。

由于统计分析的内容非常专业，测试的统计分析一般需由专业人士进行。作为教师，则需要理解以及应用统计分析的结果。

（一）基本分析

在各项分析指标中，教师往往最看重平均分，因为学校总是用平均分来衡量一个班级考试的总体水平。一个班学习成绩的平均分，能代表全班学生成绩的集中程度（典型情况）。个人的成绩提升了，班级平均分自然会提升。在描述集中程度时，不仅有平均数，还有中数、众数。

1. 集中程度分析

（1）平均数。

所有数据 x_i 的总和除以总个（次）数所得之商，简称平均数（Mean）或均数。

$$\bar{x}=\frac{x_1+x_2+\cdots+x_N}{n}=\frac{\sum x_i}{n}$$ 公式 1

平均数的特点在于：①所有的定量数据都有算术平均数。②计算平均数时使用了所有数据。如果有数据缺失则无法计算平均数。③一组数只有一个平均数。④各变量值与平均数的离差之和等于零。

$$\sum(x-\bar{x})=0$$ 公式 2

（2）中数。

将一组数据按大小顺序排列后，处在数列中点位置的数值，即为中数（Median）。中数是以居中间位置的一个点的数值来表示一组数据的集中趋势。

中数的特点在于：①对一组数据是唯一的；②不受极端值的影响；③主要用于顺序数据，也可用于数值型数据，但不能用于分类数据。

可以根据原始数据计算中数：当数据总数 N 为奇数时，中数等于第（$n+1$）/2 个数；当 n 为偶数时等于第 $n/2$ 和（$n/2$）+1 个数的平均值。

中数的优点在于它计算起来很简单，容易理解，概念简单明白。但是中数的反应不灵敏，极端值的变化对中数不会产生影响。也正是因为这个原因，当数据中有极端数据或模糊数据时，可以使用中数来描述数据的集中趋势。

（3）众数。

众数（Mode）是在一组数据中出现次数最多的数值。众数的主要特点在于：①不受极端值的影响；②有的数据无众数或有多个众数；③对未分组定量资料很少使用。

众数的概念简单明了，容易理解，但它不稳定，受分组影响，计算不严密，不能更进一步地进行代数运算。众数也有优点，当需要快速而粗略地计算一组数据的代表值时，或者数据中有极端值时，都可以利用众数来描述集中趋势。

比较平均分的意义是很有限的，在教学中，要注意不同统计量的使用范围。平均数是计算全部数据平均得来的，描述集中趋势的可靠性较高，但极端数据对平均数的影响较大。这时，可参考中数或众数分析数据的集中趋势。在数据分布的两端比较匀称时，三种数大致接近，两端越对称，三个数就越接近。

2. 分散程度分析

除了需要知道数据的集中程度外，往往还需要了解数据的分散程度，这样才能比较清楚地了解数据的全貌。从差异量数中，我们可以了解班级学生的成绩是否整齐。如果差异量数很小，说明成绩很整齐，集中量数的代表性很大；相反，差异量数很大，说明学生成绩不整齐，集中量数的代表性很小。常用的差异量数有全距、方差、标准差。

（1）全距。

全距（Range）又称两极差，用符号 R 表示。它是说明数据离散程度的最简单统计量。把一组数据按从大到小的顺序排列，用最大值减去最小值就是全距。

$$R=x_{\max}-x_{\min}$$ 公式 3

比如，某次考试最高分是 100 分，最低分是 60 分，则全距为 40。

（2）方差和标准差。

方差也称变异数、均方，它是每个数据与该组数据平均数之差乘方后的均值。方差也是表示数据离散程度的特征数。要解释方差，先得介绍离差。每个数据与平均数的差叫作离差，用符号 d 表示。

$$d=x-\bar{x} \quad \text{公式 4}$$

每个数据的离差，表示这个数据与平均数的偏离程度。如果把所有数据的离差都加起来，因为有正、有负，所以其和会等于零，这不能说明离散程度。为避免这一缺点，就把各个离差平方。因为采用了各数据的离差的平方数，所以得到的为平均方差，简称方差，记为 σ^2。

$$\sigma^2=\frac{\sum(x_i-\bar{x})}{n} \quad \text{公式 5}$$

由于数据和方差的计量单位不一致，在说明离散程度时不方便，因此通常取方差的算术平方根，这样单位就一致了。由此就得到了标准差，也叫作方根差，记作 σ。

标准差的主要意义在于了解学生成绩的两极分化现象是否严重。标准差过大，说明学生个体成绩与班级平均成绩的分差大。另外，也可以计算差异系数（Coefficient of Variation）。

差异系数又称变异系数、相对标准差等。它是一种相对差异量，用 CV 来表示，为标准差对平均数的百分比。

$$CV=\frac{s}{\bar{x}}\times 100\% \quad \text{公式 6}$$

差异系数可用于同一团体不同观测值离散程度的比较，可对水平相差较大但进行的是同一种观测的各种团体，进行观测值离散程度的比较。

例如：刘老师所教的两个平行班 A 班和 B 班同时参加了中级测验，A 班的平均分数为 60 分，标准差为 4.02 分，B 班的平均分数为 80 分，标准差为 6.04 分，问这两个班的测验分数中哪一个分散程度高？

$$CV（\text{A 班}）=4.02/60\times 100\%=6.7\%$$
$$CV（\text{B 班}）=6.04/80\times 100\%=7.55\%$$

因此，B 班的测验分数分散程度高。

另外，总体数据分析还会通过分数的分布图来描述。这时，需要关注分数分布的偏态（Skewness）和峰度（Kurtosis）。偏态系数（Coefficient of Skewness）就是对数据分布的不对称性即偏斜程度的测度。当偏态系数=0 时，数据为对称分布；当偏态系数>0 时，数据为右偏分布；当偏态系数<0 时，为左偏分布。

偏态系数记为 SK，计算公式为：

$$SK=\frac{\sum_{i=1}^{n}(x_i-\bar{x})^3 f_i}{\sigma^3\sum_{i=1}^{n} f_i} \quad \text{公式 7}$$

峰度系数（Coefficient of Kurtosis）是描述数据分布的扁平或尖峰程度的数据。当峰度系数=0 时，说明数据分布扁平程度适中；峰度系数<0 时，说明数据分布为扁平分布；当峰态系数>0 时，说明数据分布为尖峰分布。通常峰度越小，密度曲线的顶部“越平”，反之则“越尖”。峰态系数记为 K，计算公式为：

$$K=\frac{\sum_{i=1}^{n}(x_i-\bar{x})^4 f_i}{\sigma^4\sum_{i=1}^{n} f_i}-3 \quad \text{公式 8}$$

（二）信度与效度分析

大规模测试一般会报告本次测试的信度（Reliability）和效度（Validity）。信度又称可靠性，指的是测量结果的一致性和稳定性程度。所谓一致性表现为在不同时间使用同一测验或者在同一时间使用它的不同版本，或在不同的测试条件下测量同一组受测者的同一个心理特质所得的分数都相同。一个好的测量工具，对同一事物反复多次测量，其结果应该保持一致，否则它的测量结果便不可信。效度是指测量结果的有效性程度，也就是所测得的结果与测量目标的符合程度。不同的测量理论对信度和效度的理论定义不同。由于基于经典测量理论的分析方法对数据量的要求不高，一般参加每次测试的被试在 30 人左右即可，因此，其应用最为广泛。本书主要介绍经典测量理论的几个相关概念。

经典测量理论（Classical Test Theory，简称 CTT），又可称为真分数理论，它是心理和教育测量学科发展历史上最早实现数学形式化的测量理论，从 19 世纪末开始兴起，到 20 世纪 30 年代趋于成熟。

1. 真分数

经典测量理论的基础是真分数理论，经典的信度理论是由真分数理论导出的。在真分数理论中，真分数是指在测量中不存在误差时得到的纯正分数。但在实际的测量中，误差总是存在，我们通过测量直接获得的是观察分数，观察分数中包含了真分数和误差分数，而真分数是不可直接观察到的。如果我们进行无限多次的测量，我们得到的观察分数的平均数（期望值），就是真分数。

2. 两类误差

误差是指在测量过程中由那些与测量目的无关的因素所产生的一种不准确的测量效应。在语言测试中，存在着两类误差，即随机误差和系统误差。系统误差是由某种因素造成的一种有规律的效应，只要找出原因，是可以控制的。随机误差是与测量目的无关、由偶然因素引起的又不容易控制的误差，它对测量结果的影响是不确定的、随机的。

信度不受系统误差的影响，非系统性的因素会引起误差变异进而影响信度。

3. CTT 的三个假设

假设一，真分数不变。考生具有恒定的心理特质，取值是常数。

假设二，误差完全随机。这里包含两层意思：一是重复测量无限多次，误差的期望值为 0；二是误差与真分数之间、误差与误差之间、误差与其他变量之间相互独立。

假设三，观察分数等于真分数与误差分数之和。

$$X=T+E \qquad \text{公式 9}$$

以这一公式为基础，可以做出一个意义重大而用途广泛的推论，即观察分数的方差等于真分数方差与误差分数方差的和。

$$\sigma_X^2=\sigma_T^2+\sigma_E^2 \qquad \text{公式 10}$$

其中，X 指观察分数，T 指真分数，E 指误差分数，σ_X^2 指观察分数的方差，σ_T^2 指真分数的方差，σ_E^2 指误差分数的方差。

4. 平行测验

平行测验是指能以相同的程度测量同一种心理特质的两个或多个测验。其内容和形式可能完全相同（如同一测验重复施测），也可能存在差异，但关键是要能以相同的程度测到相同的心理特质。平行测验误差分数的平均数等于平行测验在每个考生上所得误差分数的平均数，它们都等于0。

5. 信度的不同定义

在平行测验中，所有误差分数的方差相等，所有考生的误差分数的方差相等。基于以上几个基本概念，可以从三个角度定义信度。

角度一：信度是观察分数与真分数联系的强度（即观察分数与真分数的相关），联系越强，观察分数就越能代表真分数。这个定义直接体现了 $X=T+E$ 的内在实质。

角度二：信度是多组平行测验在考生个体上所得的误差分数的标准误。因为平行测验中误差分数的方差等于所有考生误差分数的方差，对误差分数的方差求算术根，即得到测量标准误。利用标准误，可以用考生个体的观察分数为中点，建立起真分数的置信区间。标准误越小，置信区间越窄，估计越精确。这个定义体现了测量误差统计学上的含义。

角度三：信度是两个平行测验中观察分数间的相关。这是由斯皮尔曼（G. E. Spearman）在1904年最早提出的。

前两个定义使用真分数本身，直接抓住了控制误差这一本质，在理论逻辑上有明显的优点。但真分数是不可直接观察、无法直接获得的值，据以建立的这两个定义只有理论上的价值，实际操作起来比较困难。后一个定义只使用观察分数，观察分数可以直接获得，因此更具有现实可行性。

6. 信度指数和信度系数

信度指数，指观察分数与真分数的相关，其值等于真分数标准差与观察分数标准差的比值。

$$\rho_{XT}=\frac{\sigma_T}{\sigma_X} \qquad \text{公式 11}$$

其中，σ_T 指真分数的标准差，σ_X 指观察分数的标准差。

由于真分数不可观察，真分数标准差的值不能直接获得，所以信度指数不能利用实际测量资料求得。信度指数是一种相关系数，取值范围是［－1，1］。

信度系数，指两个平行测验间观察分数的相关，其值等于真分数方差与观察分数方差的比值。

$$\rho_{XX'}=\frac{\sigma_T^2}{\sigma_X^2} \qquad \text{公式 12}$$

信度系数也是一种相关系数，它的值是真分数方差在观察分数方差中所占的百分比。既是百分比，取值范围应为［0，1］。

比较信度指数和信度系数的公式可知，信度指数是信度系数的算术根。

$$\rho_{XT}=\sqrt{\rho XX'}=\sqrt{\frac{\sigma_T^2}{\sigma_X^2}}=\frac{\sigma_T}{\sigma_X} \qquad \text{公式 13}$$

7. 测量的标准误

由于真分数的方差是未知的，我们不能直接用公式 12 来计算信度系数。根据公式 10 和公式 12，可得：

$$\sigma_E^2=\sigma_X^2\ (1-\rho_{XX'}) \quad \text{公式 14}$$

$$\sigma_E=\sigma_X\ \sqrt{1-\rho_{XX'}} \quad \text{公式 15}$$

σ_E 即为测量的标准误。当测验的信度系数逐渐增大，接近于 1 时，标准误会越来越小。当信度系数等于 1 时，标准误为 0，表示从一个考生的观察分数对他的真分数进行估计不存在任何误差，观察分数等于真分数的值。当信度系数为 0 时，测量的误差最大，这样的测验没有任何用处，由此不能做出任何有意义的决策。

依据经典测量理论，实得分数＝真分数＋误差。检验测量结果可靠与否，实质上就是判断在考生实得分数中有多大成分是由其真分数的变异引起的。若此比例偏低，则表明真分数对测量结果起作用不大，实得分数变异中的大部分是由误差变异引起的。对于误差，可以分为随机误差与系统误差。随机误差，顾名思义，是由随机因素引起的。例如考场环境、考生身体因素等等。而系统误差，往往是由测试本身引起的，例如测试内容设计不合理、试题出现错误等等。由随机误差引起的真分数变异与实得分数变异的比例，被定义为信度，而由系统误差引起的真分数变异与实得分数变异的比例，被定义为效度。测验所得分数的方差可以分解为与测验目的有关方差、系统误差方差和随机误差方差之和。

$$S_X^2=S_V^2+S_{SE}^2+S_{RE}^2 \quad \text{公式 16}$$

$$r_{xy}=\frac{s_v^2}{s_x^2} \quad \text{公式 17}$$

8. 常用相关关系

以上是信度与效度的理论定义，实际是难以依据公式进行计算的。因此，信度一般通过计算相关系数来进行评价。依据所获得的数据的不同，需要使用不同的计算方法。相关分析是根据实际观察或测验取得的数据资料来研究两个或多个变量之间共同变化的相互依存关系的形式和密切程度的统计分析方法。相关关系可分为不同类型：（1）按相关关系的因素多少可分为单相关和复相关。两个变量之间的相关关系为单相关；一个变量与另外两个或两个以上变量之间的相关关系为复相关。（2）按相关关系的形式，可分为线性相关和非线性相关，也可分为直线相关和曲线相关。（3）按相关关系变化的方向，可分为正相关和负相关。在直线相关中，当自变量由小到大变化时，因变量也随着发生相同方向的变动，称为正相关；当自变量的数值增加时，因变量的数值却朝着相反的方向减少，这种相关称为负相关。（4）按相关程度可分为完全相关和不相关以及不完全相关，其中不完全相关是相关分析的主要研究对象。在计算相关系数时，应以两个变量之间含有某种关联为前提条件。此外，由于不同相关系数是用不同单位度量的，因而它们不能作加、减、乘、除的运算，但相关程度的显著性要通过统计检验。根据数据情况，不同相关系数的假设检验方法各有不同。所有假设检验都需要分析显著性，如果显著，则表明相关的确存在，不是抽样误差导致的。

常用的相关关系有积差相关、等级相关、质与量相关。

（1）积差相关。

积差相关也称皮尔逊相关，是求直线相关的基本方法，适用于两列数据都是测量的数据，而且两列变量各自总体的分布都是正态的情况，即正态双变量。为了判断计算相关的两列变量其总体是否为正态分布，一般要根据已有的研究资料查询，若无资料可查，研究者应取较大样本分别对两变量作正态性检验。这里只要求保证双变量总体为正态分布，而对要计算相关系数的两样本的观测数据，并不要求一定为正态分布。另外，两列变量之间的关系应是直线性的，如果是非直线性的双列变量，则不能计算线性相关。积差相关系数的基本公式为：

$$r=\frac{\sum xy}{NS_XS_Y} \qquad \text{公式 18}$$

式中 $x=X-\overline{X}$，$y=Y-\overline{Y}$，N 为成对数据的数目，S_X 为 X 变量的标准差，S_Y 为 Y 变量的标准差。

如果用原始数据计算，可用下式：

$$r=\frac{\sum XY-\sum X\sum Y}{\sqrt{\sum X^2-\frac{(\sqrt{X})^2}{N}}\sqrt{\sum Y^2-\frac{(\sqrt{Y})^2}{N}}} \qquad \text{公式 19}$$

（2）等级相关。

①斯皮尔曼等级相关。

斯皮尔曼等级相关适用于只有两列变量，而且是属于等级变量性质，具有线性关系的数据。如果是属于等距或等比性质的变量，若按其取值大小，赋以等级顺序，也可计算等级相关。因而，有些虽属于等距或等比变量性质但其分布不是正态的数据，且样本容量 n 小于 30，不能用积差相关的方法求相关，但能计算等级相关。由此可见，等级相关方法适用的范围要比积差相关的适用范围大，又对数据总体分布不作要求。这是它的优点。缺点是同一组能计算积差相关的资料若改用等级相关计算，精度稍差。

斯皮尔曼等级相关常用符号 r_R 表示。具体做法：首先将两列标志的具体表现按从小到大的顺序定出等级，若有相等的分数，可用它们所占等级的平均数作为它们的等级，最低分的等级为 1，随分数上升而等级数递增，然后计算每对数据等级的差数 D。等级相关系数计算公式为：

$$r_R=1-\frac{\sigma\sum D_i^2}{n\ (n^2-1)} \qquad \text{公式 20}$$

式中 D_i 为一一对应等级数据之差（即 $D_i=X_i-Y_i$），n 为等级数目。

②肯德尔等级相关。

肯德尔等级相关中多计算肯德尔 W 系数，又称和谐系数（the Kendall Coefficient of Concordance），是表示多列等级变量相关程度的一种数据。这种资料的获得一般采用等级评定的方法，即让 K 个被试（或称评价者）对 N 个事物或 N 种作品进行等级评定，每个评价者都能就 N 个事物（或作品）的好坏、优劣、喜好程度、大小、高低等排出一个等级顺序。因此，最小的等级序数为 1，最大的为 N，这样，K 个评价者便可得到 K 列从 1 至 N 的等级变量资料。另外，一个评价者先后 K 次评价 N 个事物或 N 件作品，也是采用等级评定的方法，这样也可得到 K 列从 1 至 N 的等级变量资料。这类 K 列等级变量资料综合起来求相关，可用肯德尔 W 系数。肯德尔和谐系数常用符号 W 表示，其计算公式为：

$$W=\frac{s}{\frac{1}{12}K^2\ (N^3-N)} \qquad \text{公式 21}$$

式中 $S=\sum R_i^2=\frac{(\sum R_i)^2}{N}$

R_i为每一个被评价事物的K个等级之和；N为被评价事物的件数，即等级数；K为评价者的数目或等级变量的列数。

（3）质与量相关。

若一列变量是等比或等距的测量数据，另一列变量是按性质划分的类别，那么这样两列变量的直线相关，称为质与量相关，包括点二列相关、二列相关及多系列相关。

①点二列相关。

如果两列变量中有一列为等距或等比的测量数据而且其总体分布为正态，另一列变量只是名义上的变量，而实际上是按事物的性质划分为两类的变量，如性别可分男、女，选择答案的是、否，生命状态的生、死等，那么这类变量被称作二分名义变量。在计算相关系数时，应计算点二列相关，可记为r_{pbi}，计算公式为：

$$r_{pbi}=\frac{\overline{X}_p-\overline{X}_q}{S_X}\sqrt{pq} \qquad \text{公式 22}$$

$\overline{X}_P$为p部分X数列的平均值，$\overline{X}_q$为q部分X数列的平均值，S_X为连续变量X的标准差，p为二值变量中一个变量出现的频率，q为二值变量中另一个变量出现的频率（$q=1-p$）。

②二列相关。

二列相关适用的资料是两列均属于正态分布，但其中一列变量为等距或等比的测量数据，另一列变量虽然也呈正态分布，但它被人为地划分为两类。例如，健康状态可视为正态分布，但可将其分为健康与不健康两类；再如，学习成绩也可视为正态分布，仍可依一定标准将其划分为好、差两类或及格、不及格两类；等等。与点二列相关不同，二列相关不要求二分变量是否为正态，这也是两者的区别。二列相关可记为r_B，计算公式为：

$$r_B=\frac{\overline{X}_p-\overline{X}_q}{S_T}\times\frac{pq}{y} \qquad \text{公式 23}$$

或者

$$r_B=\frac{\overline{X}_p-\overline{X}_T}{S_T}\times\frac{p}{y} \qquad \text{公式 24}$$

式中S_T与$\overline{X}_T$是连续变量的标准差与平均数；$\overline{X}_p$为与二分变量中某一二分变量对偶的连续变量的平均数；$\overline{X}_q$为与二分变量中另一二分变量对偶的连续变量的平均数；p为某一二分变量在所有二分变量中所占的比率；y为p的正态曲线的高度，可查正态表得到。

③多系列相关。

多系列相关，适用的资料为两列正态变量，其中一列为等距或等比的测量数据称为连续变量，另一列正态变量被人为地分成多种类别，称为名义变量。例如学习成绩可为正态变量，被人为地划分为优、良、中、差四类；思想品质也可视为正态分布的变量，划分为不同的类别；等等。如果正态变量被划分为四类，则称为四列相关，分为三类则为三列相关，如此等等。多系列相关用于处理一列正态连续变量与另一列正态的名义变量之间的一致性分析，在测验中时常用于效度检验。

常用的信度包括重测信度、复本信度、同质信度和评分者信度。重测信度是估计测验跨时间一致性的指标；复本信度是估计测验跨形式一致性的指标；同质信度（又称内部一致性系数）是估计测验内部跨试题的一致性指标；评分者信度是估计不同评分者对同一对象进行评定时的一致性指标。由于信度系数总是在特定条件下获得的，因此只有当一项考试在不止一种情况下证实具有较好的信度时，才能说明这个考试是真正可靠的。不过在这里，“信度”指的是使用评定工具所获得的结果是否可信，而不是指工具本身，更为恰当的说法是“测验得分”的信度或者是“考试结果”的信度，而不是“考试本身”或“工具”的信度。

传统意义上，效度是指测量工具（测验）测出其想要测量的特质的程度。由于效度反映的是测验的准确性与有效性，效度被认为是测量工具本身的一项特征，因此效度的检验可说是测验开发最关键的步骤。随着测量理论和实践的发展，效度概念也在发生变化，从单一的相关系数指标到三元分立（内容效度、效标关联效度、构念效度），最终发展为内涵丰富、一元多维的整体概念系统。在这里，效度指证据和理论支持从测验分数得出的推断的程度；效度验证就是搜集证据来科学合理地论证测验的解释是恰当的，测验的解释是关于测验所要测量的构念或概念的解释。效度验证包括两个步骤：首先明确要对测验分数作出哪些解释和使用，然后搜集有关证据支持所提议的解释与使用。检视或确认效度的标准/证据来源却是多方面的，包括测验内容、内部结构、反应过程、与其他变量相关、测验后果。在评价效度的方法上，基于证据来源的不同有所区别。基于测验内容的证据主要是指考查内容与欲测构念之间是否匹配，即测验题目在考查的知识点和认知层次上与测验要求的吻合性。基于内部结构的证据是指对测验内部结构本身的检验，与题目的同质性有关，可以通过内部一致性信度、因素分析、多维尺度分析和结构方程模型等方法来检验。基于反应过程的证据主要是基于对考生反应过程的观察，检验考生在回答题目时是否使用或表现出测验开发者所要求使用或表现的能力或策略，出声思维是搜集这一证据的主要方法。与其他变量相关的证据主要是指在该测验上的得分与在测量同一构念的相近测验上的得分的相关程度，相关分析与回归分析是搜集这一证据的常用方法。基于测验后果的证据是指与测验项目有关的后果是积极的还是消极的，也可称为测验的反拨作用，一般通过问卷调查以及访谈的方法来进行。

一个同时具有高信度和高效度的测试是很理想的，但往往很难同时满足，需要寻求一个妥协或折中的方案。有的测试可能信度要求高些，效度要求低些，而有的测试则相反，这主要取决于测试的使用目的。如果是选拔性的测试，如单位组织的招聘考试，信度就应放在首位，因为这类测试首先要求客观、公正。如果是教学服务测试，效度就应放在第一位，因为效度越高的测试，反拨效应越大。

（三）试题质量分析

对试题的定量分析，主要是测量每一道题的难度和区分度，随后计算题目平均难度和平均区分度作为试卷的难度与区分度质量评价的参考。

难度是指试题的难易程度。在实际分析过程中，对于客观题和主观题，难度的操作定义不同，难度值（用 P 表示）的计算公式也就不同。当试题为客观题时，答对得分，未答对则不得分。难度的计算公式如下：

$$P=\frac{R}{N} \qquad \text{公式 25}$$

式中 R 为答对该题的人数，N 为参加测验的总人数。

如某次考试中，有 100 人参加有 40 人答对了某个客观题，则该题目的难度就是 0.4。

主观题的难度，以考生在该题上的平均分占满分的比率来表示，如满分 60 分的作文，考生平均得分 42 分，则难度为 42/60＝0.7。当考生人数很多，统计全部考生很困难时，也可以采取一种简便的分组取样法：先把考生按考试得分的高低顺序排列，然后在两极按一定比例分别划出高分组和低分组，再分别计算两极端组考生答对某题的人数百分比或得分比率，最后求它们的平均值。

题目的难度值的取值范围在是［0，1］。当题目难度值为 1 时，说明 100%的考生都答对了这道客观题或者在这道主观题上取得满分，题目非常容易；当题目难度值为 0 时，说明没有考生答对这道客观题或这道主观题没有人得分，题目非常难。可见，难度值与题目的实际难度是一种反序关系，即 P 值越大表示难度越小。

另外，题目难度具有相对性，任何一个题目的难度值都是以一定的被试为对象计算出来的，其数值的高低取决于所选取的被试。题目的难度水平多高合适，主要取决于考试目的、题目形式及考试的性质。如果测验的目的是用于选拔，那么难度应控制在接近录取率的水平。

基于难度，就可以对学生典型易错试题进行分析。对于测试中暴露的整体问题，教师首先应进行自我反思。同时，教师要对试卷题目做一个分析：哪些题目不必讲，哪些题目应该重点讲？学生存在哪些问题和薄弱之处？讲评中应该渗透哪些知识？下一阶段学生学习的重点在哪里？……教师课前要充分准备，目标明确，这样就能重锤敲打疏漏之处，促进知识巩固。组织订正后可以再出类似题目进行再测试，最终达到巩固、掌握的目的。

题目的区分度是指测验题目对考生实际水平的区分程度或鉴别能力，又称为鉴别度。具有良好区分度的题目能把不同水平的考生区分开来，水平高的得高分，水平低的得低分。

由于题目区分度的计算依赖于对考生水平的准确测量，所以分析题目的区分度就要有一个参照标准，这个参照标准既可以是外部效标，也可以是测验总分。以测验总分作为考生水平的参照标准为例，当试题为客观题时，可按测验总分把全部考生从高到低依次排列，从两极端定出高分组和低分组（如前 27%和后 27%），再求这两组考生在某一题目上的通过率或得分率，然后计算鉴别指数 D。

$$D=P_H-P_L \qquad \text{公式 26}$$

其中，D 为鉴别指数，P_H为高分组的通过率或得分率，P_L为低分组的通过率或得分率。

当该题为主观题时，可按测验总分把全部考生从高到低排序，然后确定测验总分的前 27%和后 27%作为高分组和低分组，列出试题分析表，最后将数据代入公式计算。

$$D=\frac{X_H-X_L}{N\ (H-L)} \qquad \text{公式 27}$$

其中，X_H为高分组总分，X_L为低分组总分，H 为该题最高分，L 为该题最低分，N 为考生总人数的 25%。

此外，当试题为 0、1 计分的客观题时，也可以计算题目得分与总分之间的相关，称为题总相关。公式如下：

$$r_{pbi}=\frac{\bar{X}_p-\bar{X}_q}{\sigma_X}\sqrt{pq} \qquad \text{公式 28}$$

其中，$\bar{X}_p$ 为 p 部分 X 数列的平均值，$\bar{X}_q$ 为 q 部分 X 数列的平均值，σ_X为连续变量 X 的标准差，p 为二值变量中一个变量出现的频率，q 为二值变量中另一个变量出现的频率（$q=1-p$）。r_{pbi}值越大，区分度越高。

计算区分度的方法很多，各种方法在含义上略有差别。例如，在一些大规模考试中，经常以题目得分与总分的相关系数作为题目区分度的指标，相关系数越高，题目的区分度越高。各个题目的区分度要采用同一种数量指标表示，通过比较确定题目的鉴别力。当然，也可以同时使用多种方法，以相互验证。

区分度一般为［－1，＋1］，值越大，区分度越高。一般而言，区分度在 0.4 以上表明题目的区分度很高；0.3～0.39 表明题目区分度较高；0.2～0.29 表明区分度不太好，题目需要修改；0.19 以下表明区分度不高，题目应淘汰。

题目的区分度与难度有密切的关系，一般而言，题目的难度过大或过小，区分度会比较低。题目的区分度与测验的信度也有密切的关系，整个测验中题目的区分度平均值越大，测验的信度越高。与题目的难度一样，区分度也是以某一群体为被试计算出来的，受所选群体的同质性影响。如果群体中被试的差异很小，一个区分能力很强的题目的区分度指标可能很低；如果群体中被试的差异很大，一个区分能力很差的题目的区分度指标也可能很高。结合区分度，以及学生作答分析，就可以了解到，哪些题目具有迷惑性，哪些题目容易因粗心而发生错误等等。将这些信息汇总起来，就能了解学生学习的第一手资料，为调整教学奠定了良好的基础。

二、测试分数的报告

在大规模标准化测试中，依据分数解释的不同，可将测试分为标准参照测试和常模参照测试。标准参照测试是在一定的行为领域中按照具体的行为标准水平对被试的测试结果做出直接解释的测试。它为人们提供了有关被试是否达到某种行为标准水平或要求的信息，标准参照测试设计必须依据预先设定的测试目标，跟教学目标配套，测试的分数反映考生与这个预设标准有关的能力。常模参照测试的目的主要在于考查被试的个体差异，一般用在衡量被试相对水平的、以选拔为目的的大规模测试中。常模群体在测试中的分数分布就是这类测试分数解释的依据。个体所得分数的解释要通过与考生群体的其他人的分数比较获得。因此，在校内测试中，更多采用的是标准参照测试，教师依赖某一“标准”来评价学生，从而对分数进行解释。教师只有理解测试分数，才能正确地将分数反馈给相关者。

测试结束后，一般以书面测试报告的形式向学生、家长及测试使用者告知测试结果。测试报告的形式很多，采用最广泛的是分数制，如百分制（0～100 分）以及五分制（1～5 分，有时 1 分会是最高分），分数几乎就等于评价的结果。在分数制的基础上，加以简单的转换，就可以变为第二种形式——字母或者文字等级制，如 A、B、C 等以及甲、乙、丙等，有时候为了更加精确而附加“＋”和“－”加以进一步区分。如 A＋，或者甲－。这种形式将学生的整体表现用非常简单明了的文字或者字母概括出来，有利于进行横向比较，易于记录。假如设定了及格线，基于分数，可更进一步转换为两分形式，如通过/不通过、合格/不合格。以上形式的精确程度总体来说是逐渐降低的，同时这些形式都没有能够指明学生的优点与缺点。

描述性报告是一种典型的质性反馈形式，是指对学生在评价中的表现以书面报告形式进行描述，一般由教师完成。通过描述性报告，教师可以相对直观而详尽地描述学生的优点与缺点，同时家长、学校管理者等比较容易把握评价信息，而不像分数那样会导致评价信息的缺失。描述性报告不同于量化的反馈形式，它需要教师在评分完毕后，再将学生的表现转化成书面语言予以反馈。这样一来，无疑增加了教师的劳动量。同时，由于描述性报告需要行文流畅，以保证交流无阻，因此教师必须有一定的文字功底和总结能力，既要将学生的所有表现加以准确汇总，又要使报告容易被接受。对此，语言测试的研究者们提供了两种相对便捷的转换方式。一是依据评价时的评分量表进行转换。评分量表的基本内容是按照评价内容以及学习目标等来进行设计的，可将学生应该达到的语言能力表现描述出来。评分量表可以较为便捷地转换为等级表，也称为等级量表，其优点在于信息细致、丰富。依据等级量表，学生可以准确理解自己已经达到与尚未达到的学习要求，家长亦容易从中明确自己孩子的当前学习水平。另外也可结合测评理论中的认知诊断模型进行转换。认知诊断模型的使用建立在语言能力的系统性界定划分上，对于提供诊断性信息有重要意义。对学生的知识或技能掌握程度进行评估后，根据认知诊断模型，测试结果使用者就可以获得更为细致的学生表现信息。

描述性报告有时也显得有些过分注意细节，难以形成一个整体的反馈。总结性、阶段性的反馈，教师常常会将多种形式加以组合，如将分数反馈形式与描述性报告形式加以组合，由分数反映学生成绩，在描述性报告中提供有针对性的评语，给学生提出改进和发展的建议等。评价最重要的目的是改进。一方面，评语有激励、启发、诊断、反馈、批评等积极作用。恰当的评语能够使学生获得学业上的满足感，激发学习兴趣，提高学习效率；能进行正向导引，培养学生的自信等。然而，另一方面，评语使用不当，也会在一定程度上影响学生的积极性，甚至挫伤学生的学习信心，对学生的心理以及行为产生不容忽视的影响。

总而言之，测试的各种报告形式都有着各自的优点，但也存在着这样那样的缺点。教师必须明了各种形式的特点，进行优化组合。要想使反馈趋于有效，首先必须明确反馈对象的特点及其对反馈的需求，其次要确定反馈的目的与基本构成。学生、家长和学校管理者是最为主要和直接的反馈对象。

反馈给学生的信息应该是有关学生知识掌握和能力形成的实际状况。家长的需求有所不同，他们更希望知道学生在学校学习的总体情况。学校管理者除了从学校层面的学生评价获得一部分信息之外，还需要教师给他们反馈一些有关课堂教学评价的信息。学生、家长以及学校管理者对反馈的需求不尽相同，不同的需求导致反馈的频度、内容各不相同。

从反馈频度来说，对于学生而言，评价是学习的一部分，反馈则是其中的一个必要环节，处于学习情境中的学生经常需要教师或者自己的评价，以诊断当前的学习，因此，他们经常得到来自教师的反馈。至于家长以及学校管理者，他们是游离于学习情境之外的，不需要经常性的反馈以及一些过于琐碎的信息，而需要得到比较系统的整体评价信息，因而给予他们的反馈往往不是即时性的，而是阶段性的。

从内容上来说，给予学生的反馈，应更为详细。仅仅将反馈等同于表扬或者批评，会丧失反馈带给学生的改进作用，而将反馈定位为一种指导，告知学生应该如何去提高、去改进，则会忽视学生的自主性，因此，教师的指导应在学生反思过程中出现问题时再给予。反馈给家长的信息，应该能够让家长理解，知晓自己孩子的现状到底是怎样的。反馈给学校管理者的信息，则既需要较为统一，又需要容易记录。

本节关键词

平均数　中数　众数　信度　效度　难度　区分度　标准参照测试　常模参照测验

第三节
中文水平考试与“教”“学”“考”一体化

考试、教学和考试结果的使用，三者构成一个系统，要发挥系统的作用，三者必须协调。考试、教学和考试结果的使用又是完全不同的过程，应当区分开来，各司其职、各尽其责。要想取得整个系统的最佳效果，各方正确处理好各自的关系，做到有效测试、有效教学、有效使用，才有可能找到正确的解决之道。语言测试是伴随着语言教学出现的，没有语言教学也就无所谓语言测试。语言教学是第一性的，语言测试为语言教学服务。中文测试是语言测试的一个重要且特殊的分支，同样需要做到有效测试、有效教学和有效使用。

一、中文水平考试

中文水平考试是为测试母语非汉语者的汉语水平而设立的国家级标准化考试。1984 年经中国教育部提议和委托，中文水平考试（HSK）在北京语言学院（现北京语言大学）立项并开始研制。

随着国际中文教育在海内外推广的日趋热烈，中文考试的考试目的从最初检测来华留学生的中文水平，转换到为了满足广大海外学习者工作需求、旅游投资需求、对中国历史文化的兴趣爱好需求等。需求的变化也带来了中文考试的变革，考试类型从初期的只有中文水平考试（HSK）一种类型，发展到了现有的中文水平考试（HSK）、中文水平口语考试（HSKK）、商务中文考试（BCT）、中小学生中文考试（YCT）、医学中文考试（MCT）等多种类型。①

从规模及影响力来说，HSK 最大。HSK 是一项国际标准化考试，重点考查中文非第一语言的考生在生活、学习和工作中运用中文进行交际的能力。HSK 总体能力描述如下：

通过 HSK（一级）的考生能理解并使用一些非常简单的中文词语和句子，具备进一步学习中文的能力。

通过 HSK（二级）的考生能用中文就生活中一些常见的话题进行简单而直接的交流。

通过 HSK（三级）的考生能用中文完成生活、学习、工作等方面的基本交际任务。

通过 HSK（四级）的考生能用中文就比较复杂的话题进行交流，表达较为规范、得体。

通过 HSK（五级）的考生能用中文就比较抽象或专业的话题进行讨论、评价和发表看法，能较轻松地应对各种交际任务。

通过 HSK（六级）的考生能用中文自如地进行各种社会交际活动，中文应用水平接近中文为母语者。

HSK 以评估考生运用中文进行实际交际的能力为目标，遵循“考教结合”的原则，考试设计与目前国际中文教学现状、使用教材紧密结合，目的是“以考促教”“以考促学”；

---

① 由于“汉语”“中文”在国际中文教育领域交替使用，所以 BCT 也称“商务汉语考试”，MCT 也称“医学汉语水平考试”，本书未作硬性统一。

HSK关注评价的客观性和准确性，更重视发展考生中文应用能力；六个等级的设置，既扩大了考试覆盖面，又明确制定了不同级别的考试目标，便于考生有计划、有成效地提高中文应用能力。教师了解学生中文水平，实现“因材施教”。学生了解自己的中文水平，达到“有的放矢”。与此同时，它也是对教师中文水平、教学水平、中文教学机构教学水平评价的依据；可以作为免修中文课程的证明；可以作为人员选拔聘用过程中中文水平评价的依据。

中文水平口语考试（HSKK）主要考查考生的中文口头表达能力，包括HSKK（初级）、HSKK（中级）和HSKK（高级）。HSKK遵循“考教结合”的原则，考试设计与目前国际中文教学现状、使用教材紧密结合，目的是“以考促教”“以考促学”。HSKK关注评价的客观、准确，更重视发展考生的中文口语应用能力。HSK制定明确的考试目标，便于考生有计划、有成效地提高中文应用能力。HSKK采用录音形式，采取“听说结合”“读说结合”的模式来考查考生的中文口头表达能力。考生可根据实际水平，自由选择报考。HSKK分为笔试和口试两部分，笔试和口试是相互独立的。

HSKK总体能力描述如下：

通过HSKK（初级）的考生可以听懂并用中文口头表达较为熟悉的日常话题，满足基本交际需求。

通过HSKK（中级）的考生可以听懂并用中文较为流利地与中文为母语者进行交流。

通过HSKK（高级）的考生可以听懂并用中文流利地表达自己的见解。

《国际中文教育中文水平等级标准》（下文简称《标准》）在2021年7月1日实施后，HSK逐步进行了调整。总体来说，《标准》是指导国际中文学习、教学、测试与评估各个环节的规范，而非HSK命题和实施的考试大纲。《标准》是指导性、非强制性的，HSK则是工具性、实践性的。《标准》为HSK提供总体指导，主要体现在国际中文教育考试的理论和理念上：一是以学习者为中心的理念；二是突出中文特色，强调中文音节、汉字、词汇、语法“四维基准”，全面夯实中文基础；三是通过言语交际能力、话题任务内容、语言量化指标，以及听、说、读、写、译五种语言基本技能，全方位提升国际中文教育质量和学习者中文水平。现有HSK一至六级考试，基本满足了外国中文学习者初等、中等水平测试的需求，但针对来华留学硕博阶段的学生、各国中文专业学生，以及运用中文开展学术研究、经济文化科技交流工作的人员等，缺少中文高等水平的评测工具。因此，HSK将依据《标准》，在保持现有六个级别考试稳定的基础上，首先增加HSK七至九级，形成“三等九级”考试等级体系。

HSK七至九级重点考查中文作为第二语言的考生运用中文就社会生活、学术研究等领域的复杂话题进行规范得体的社会交际的能力。考试依据《标准》设计研发，一卷三级，包括七、八、九三个级别，根据考试成绩划分具体级别，九级为最高级别。HSK七至九级已于2022年11月26日进行全球首考。HSK七至九级面向中文作为第二语言的高水平学习者，包括来华留学硕博阶段的学生、各国中文专业学生，以及运用中文开展学术研究、经济文化科技交流工作的人员等。

HSK七至九级能力描述如下：

HSK七至九级全面考查《标准》规定的中文言语交际能力、话题任务内容，衡量听、说、读、写、译五种语言技能。

通过HSK（七级）的考生具备良好的听、说、读、写能力和初步的专业翻译能力。能够就较为广泛和较高层次的话题进行基本规范、流利、得体的社会交际。

通过HSK（八级）的考生具备良好的听、说、读、写能力和基本的专业翻译能力。能够就各类高层次或专业话题进行较为规范、流利、得体的社会交际。

通过HSK（九级）的考生具备良好的听、说、读、写能力和专业翻译能力。能够综合运用各种技能，在各种情境下，就各类话题进行规范、流利、得体的社会交际。

综观 HSK 七至九级试题设计特点，基本契合了考试主要“面向中文作为第二语言的高水平学习者”（包括来华留学硕博阶段的学生、各国中文专业学生，以及运用中文开展学术研究、经济文化科技交流工作的人员等）的难度需求。其具体结构及内容、题型如表 10－1 所示。

表 10－1　　HSK 七至九级考试结构及考试内容、题型

考试结构		考试内容	题型描述	试题数量（个）			考试时间（分钟）
				客观题	主观题	合计	
听力	第一部分	包括新闻报道、商务谈判、辩论、采访、演讲/讲座、纪录片、会议发言等	判断对错	10	—	40	约 30
	第二部分		选择/填写正确答案	9	3		
	第三部分		选择/填写正确答案	15	3		
阅读	第一部分	包括新闻报道、科普文章、调查报告、学术文献、中华文化及中国概况等	选择正确答案	28	—	47	60
	第二部分		选择正确语序	5	—		
	第三部分		简短回答问题	—	14		
写作	第一部分	描述与分析图表，根据所给话题发表及论证自己的看法	图表作文（200 字）	—	1	2	55
	第二部分		话题作文（600 字）	—	1		
翻译	第一部分	将说明文、记叙文、议论文等不同体裁的外文材料笔译或口译成中文	笔译	—	2	4	41
	第二部分		口译	—	2		
口语	第一部分	就应用文、记叙文、议论文等材料转述或发表自己的观点	应用读说	—	1	5	约 24
	第二部分		结合材料回答问题	—	3		
	第三部分		观点表达	—	1		
共计				67	31	98	约 210

二、中文水平考试的反拨效应

与小规模的校内测试不同，大规模测试往往是高风险测试、高利害测试。反拨效应是考试后效的一种。语言测试对语言学习、语言教学的影响被称为语言测试的反拨效应。从影响对象看，包括考试的使用、考试对考生与教育者的影响、决策者对考试结果的解释、任何可能产生的考试误用和滥用以及预期以外的影响。其作用对象可以是个人，如学生、教师；也可以是整个教育系统或整个社会。从性质来看，反拨效应分为积极效应和消极效应，也称为“正面反拨效应”和“负面反拨效应”。语言测试对语言教学的正面和负面反拨效应是同时并存的，只是两种效应的大小视情况而有大小之分。

一个高质量的语言测试除了可以直接促进目的语的学习和教学外，还可以直接或间接地促进整个教育和社会的发展，并反过来促进教学。客观、公正、准确的测试结果可以为教育管理部门提供可靠的决策依据，为社会用人单位提供可靠的衡量标准，而社会用人单位的反馈，又为教学提供有益的信息，使语言教学与社会需求形成互动。因此，语言测试可以对语言的学习和教学，以及整个教育和社会产生正面的促进作用，并形成一种测试、教学、教育和社会发展的良性循环，这就是语言测试的正面反拨效应。

以 HSK 为例。HSK 面向成人中文学习者，其成绩可以满足多元需求，除了可以为中文学习者了解、提高自己的中文应用能力提供参考依据以外，还可以发挥以下作用：（1）为院校招生、分班授课、课程免修、学分授予提供参考依据。凭 HSK 成绩报告可申请中国大学相关专业，教外厅〔2010〕2 号文件规定外国留学生凭“中文水平证书”和“新中文水平考试（HSK）成绩报告”均可注册入本科专业学习。同时，将新 HSK（四级）的及格线 180 分，暂时视为对应 HSK 的初等水平证书 C 级，作为中国政府奖学金理学、工学、农学、医学（中医药专业除外）、经济学、法学、管理学、教育学等学科专业的预科学生完成一学年预科教育后应达到的语言水平。（2）为用人机构录用、培训、晋升工作人员提供参考依据。现在在欧洲，要获得一份与中文相关的工作，至少需要通过 HSK（五级）考试，HSKK（中级）考试。在联合国下属机构，雇员如果掌握两门及以上联合国工作语言并达到 C1 以上水平，可以申请语言津贴。关于语言水平，可以参加联合国统一考试，或者参加其认可的语言考试，其中 HSK 是联合国认可的语言考试。（3）为相关中文教学单位、培训机构评价教学或培训成效提供参考依据。

总的来说，以上都属于 HSK 的正面反拨效应。然而，即使是高质量的语言测试也有一定的负面反拨作用，这些负面反拨作用产生的主要原因就在于考试的误用。

在教育领域存在一些考试的误用现象。一些行政部门在评价学生的学习和教师的工作表现时，仅以学生的考试成绩为主要依据。然而，考试通过率只能反映出达到了及格线的学生人数，并不能反映学生在课程目标或教学目标上的达成度，仅以此为依据，缺乏科学性和准确性，会误导教学。有些学校因此片面追求考试通过率，甚至规定通过率指标，乃至于只求通过、不求提高，这完全违背了中文教学规律和教学目的，容易挫伤师生的积极性。教师被迫以通过测试为目的、以测试为中心进行教学，把提高学生考试分数放在第一位，而把培养学生的语言能力放在次要位置，“应试教学”“题海战术”大行其道。对于学生来说，以获得证书为目的，而不是以提高实际运用中文的能力为目的，热衷于提高各种“应试技巧”，这是忘记了学习中文的根本目的，也必然会导致某些学生出现高分低能的情况。

考试误用不但会冲击正常教学，也会冲击考试本身，影响考试的评估。对应试教育应坚决予以反对，但应试教育不是考试的直接结果。作为对学生成绩的鉴定手段，科学的考试始终是需要的。应试教育是对考试的不当使用造成的。因此，反对应试教育需要综合治理。一项考试若产生负面影响，冲击教学，必遭质疑和抨击，大规模高风险测试对教和学产生的影响在教育领域已成共识。就一项测试来说，需要搜集充分的证据证明其正面反拨效应。国内外反拨效应的实证研究多是关于英语考试的实证研究，对于中文考试的实证研究相对较少。

从对教师教学的反拨效应来看，“以考促教”的理念初步体现，但覆盖面较小，程度还不深。HSK 虽然对国际中文教学产生了一些影响，但并不显著。可能的原因在于：第一，教师对 HSK 的认识不足，对其设计理念、科学性等方面均不了解。第二，HSK 于教师而言并非一项高风险测试，HSK 的考试成绩与教师教学水平评价并无关系。第三，各学校的中文教学与 HSK 无关。各中文教学单位有独立的培养计划、课程大纲及教学目标。但这从另一方面表明，HSK 的负面反拨效应也不明显。

HSK 对中文学习的正面反拨效应大于负面反拨效应，“以考促学”的理念实现较好。正面反拨效应主要体现在三个方面：第一，HSK 基本能反映学生的中文水平，有助于学生发现自己目前的不足，从而调整学习方法和策略。HSK 分为听力、阅读和书写三个部分。

各部分分别报告分数，并设置及格线。学生参加一次考试，便可了解自己的优势与不足。同时，各部分内部题型也各不相同，从而可以调整后续学习方法和策略。第二，HSK 能够帮助学生提高中文交际水平。学生普遍认为考完 HSK 之后，听、读、写以及整体的中文水平提高了，扩大了词汇量，增进了对中文语法的理解，能更好地进行日常交际。第三，HSK 增加了学生学习中文的热情，为后续的中文学习提供持续的动力。HSK 的低级别考试，尤其是一级、二级考试，主要面向的是中文词汇量不高，同时中文交际能力十分有限的考生。通过短期的学习、掌握一定数量词汇，即可通过 HSK（一级）考试，这对于刚开始学习中文的学生是很大的鼓励。总的看来，负面反拨效应表现为阻碍学生的学习，不利于持续性、发展性学习。主要表现在两个方面：第一，对于高级别的 HSK 考试，如 HSK（五级）（六级），学生往往需要花费过多的精力备考，同时由于一般的课程教学与备考无关，因而准备 HSK 考试会在一定程度上影响课堂学习效率，学生会由此产生焦虑和压力。不理想的成绩给学生带来挫败感，甚至会让他们产生放弃中文学习的想法。第二，学生过分注重应试技巧，违背了语言学习的规律。从长远角度看，学生的应试技巧学习行为会阻碍中文学习的进展，尤其是当课程学习与 HSK 考试无关时。

除了对教师教学和学生学习反拨效应的关注，研究还聚焦于教材。自新 HSK 推出之后，考教结合成为一种趋势，即中文学习和考试之间的关系日益紧密，教材也随之迎来新的变化。但从主流教材来看，当下的中文教材和 HSK 之间的衔接还存在一定距离。与 HSK 衔接较好的教材是“HSK 标准教程”系列，全套教程对应 HSK 考试分为六个级别，一至三级每级 1 册、四至六级每级 2 册，共 9 册。以教程 1 为例，共设 15 课，覆盖 HSK（一级）考试的 150 个词语、45 个语言点。学完教程 1 的学生可达到“理解并使用一些简单的中文词语和句子，满足具体的交际需求，具备进一步学习中文的能力”的目标。该教材将 HSK 真题作为基本素材，以 HSK 考试为课程设计线索，实现了与 HSK 考试内容、形式及等级水平的全方位对接，充分体现了“考教结合、以考促学、以考促教”的理念。

三、“教”“学”“考”一体化

要想实现中文水平考试与“教”“学”“考”一体化，教师、学生以及测试设计者应共同努力。

就教师来说，首先应全方位了解各等级的考试大纲及其相对应的能力要求，明确测试目标。在 HSK 辅导教学中，教学目标应该是提高学生的语言交际能力而非仅仅通过考试，从而尽量减少应试教学的色彩。另外，教师也应在课堂上向学生明确相关的能力标准，帮助学生树立正确的学习目标。其次，适当拓展教学内容，采取多样的教学方法。HSK 考查的是学生运用语言的能力而非单纯的语言知识，教师应从这个角度出发，着力提高学生的语言运用水平。同时，在不影响正常教学进度的情况下，针对 HSK 考试的重难点进行讲解和训练。再次，结合 HSK 考试结果，及时给学生反馈，并给予有针对性的指导。HSK 考试本身具有较强的科学性，考试成绩也具有很高的信度，可以在一定程度上反映学生的中文水平。在实际的中文教学中，教师应根据 HSK 考试结果，发现学生的薄弱之处并给予学生及时详尽的反馈。这对教师提出了较高的要求，教师需要掌握基本的评价素养。最后，在组织测试反馈的过程中，教师要把握好知识特点，坚持“新知识及时测试，旧知识定期测试，易错知识反复测试”的原则，尊重记忆和遗忘规律，促使学生及时掌握知识。刚学的内容，及时训练反馈，有助于强化知识概念的形成，有助于教师明确教学中的疏漏之处，从而及时补救。根据延迟测试效应，学习后立即测试不利于知识的长期保持，因此对新学的知识点可适当延迟初次测试时间。初次测试后应安排多次测试以复习、巩固该知识点。对于容易错的知识，教师要反复训练、反复强调，使学生在不断练习—测试中掌握。

就学习者来说，首先应对 HSK 有正确的认识，树立正确的学习目标——提高中文交际能力。其次，要正视测试的作用，把测试作为一种学习策略。测试后充分利用教师的反馈，及时纠正自己的错误，并总结错误类型，获悉学习的薄弱之处，调整今后学习的侧重点。最后，有意识地多加练习，进行自我测试，并通过之后教师提供的重复测试和反馈不断更新自己的掌握情况。考前多模拟，考后多听讲评。考前可多进行模拟测试，熟悉测试题型和应试技巧，从而在考试中正常发挥。这与应试教学和题海战术不是一回事，这是一种考试技能，也是提高考试信度、效度的一个方面。考后讲评使学生知道自己的问题所在，从而在以后的学习中加以解决。

就测试设计者来说，首先要保证 HSK 的效度。目前，对考试的信度的考虑是优先于效度的。HSK 的试题大多是一种综合技能试题，试题同时测试听、读、写（或者其中两或三项）技能，考查汉字、词汇、语法等语言知识。其笔试客观题的分数比例占三分之二，而 HSKK 的影响力并不大，这也许是中文教学、中文应用水平能力，特别是口语和写作能力没有明显提高的一个原因。而要提高效度，增加主观题的比重，测试的施考和评卷的信度就难保证。但是，不能为了测试好实施和保证信度，就牺牲效度。没有效度的测试，信度再高也没有意义。其次，要提高语言测试的正面反拨效应，保证分数的可解释力。学生的测试表现、测试结果（分数）即分数，对学生的学习方法、学习态度、学习积极性均有很大的影响。分数必须准确地反映学生的语言能力，才能对他们的语言学习有积极的影响。基于分数对学生做出的决定，包括录用与不录用、升级与不升级、聘用与不聘用等，必然要影响他们的语言学习。再次，要保证测试本身与课程目标、教学目标一致。如果测试本身与课程目标、教学目标一致，那么它对教学的反拨效应就是正面的，否则就是负面的。HSK 的主要目的和中心任务就是服务中文教学、促进中文教学，因而应该遵行“怎样有利于教学，就怎样考”的原则。在设计试题的时候，应该考虑：这个测试是否最有利于教学？这个测试的正面反拨效应是否最大？语言测试，尤其是为语言教学服务的测试，测试的必须是语言学习者对目的语的灵活应用，能力测试应该放在第一位。虽然这样可能会给测试实施工作和阅卷带来很大困难，但是，如果这样的测试能够最大限度地促进语言教学，那就是值得的。最后，语言测试应真实化、情境化。测试材料或者测试任务的设计应该尽可能真实。语言教学应该结合真实的情境去教和学，语言测试也应结合真实的情境去考，这样才有利于培养学生在真实的交际情境中运用语言的能力。现代多媒体技术为语言测试的高度情境化提供了可能，居家网考也使得线上考试日益成熟，可以预见，未来对语言应用的测试能在更加真实的情境中进行。这种语言测试可以使用音频、视频形式，未来甚至可能采用 AI 技术，使得测试成为一个愉快的学习过程。

本节关键词

HSK　HSKK　YCT　BCT　MCT　考试的反拨效应　“教”“学”“考”一体化

【本章小结】

测试与评价是语言教学的环节之一。与其他语言作为第二语言的测试与评价相比，中文教学测试与评价既有共性，也有其独特之处。设计测试与评价是中文教学中的重要教学活动，本章第一节主要介绍了测试与评价设计的基本内容，如测试目的的确定、测试中的常见题型、客观题试题题干及选项的设计、主观题评分标准的设计等。完成某一次测试分析报告，以及基于测试对学生进行反馈与指导，并对教学进行调整，是校内测试结束后的常规安排。第二节主要介绍了测试与评价的质量分析方法，对考试分数的基本统计概念，质量评价的基本概念，如信度、效度，以及题目的难度、区分度等做了介绍。第三节主要介绍了中文水平考试的研制过程、发展历程以及最新的发展趋势，对中文水平考试的反拨效应进行了讨论。

【思考与练习】

一、简答题

1. 比较语言测试中的形成性测试与总结性测试，总结两者的共同点和不同点。
2. 为什么对测试来说客观性非常重要？在什么情况下可以放弃部分客观性？为什么？
3. 请简要论述客观性试题与主观性试题的优缺点。

二、案例分析

（一）某研究人员开发了一个词汇量的测试。研究人员设计了两项研究，请根据研究数据评价该词汇量测试的信度和效度。

研究一：研究人员邀请 10 位同学，参加了两次词汇量测试，第二次测试在第一次测试的一周后进行。10 位同学两次测试的分数如下：

考号	1	2	3	4	5	6	7	8	9	10
第一次（分）	70	99	95	60	58	54	84	81	92	40
第二次（分）	72	99	92	63	60	55	88	83	93	41

研究二：研究人员邀请 10 位同学，在参加第二次测试后又参加了另一个具有高信度、高效度的词汇量测试。该测试的分数如下：

考号	1	2	3	4	5	6	7	8	9	10
某测试得分（分）	833	999	997	580	540	520	900	910	992	360

（二）下面是一次考试的数据分析报告。该数据分析是以 Assessment Systems Corporation 所提供的 CITAS 免费软件进行统计分析的。该软件可以在 http：//www. assess. com/citas/网站上填写信息免费下载。假如你是这次考试的老师，你会从哪些方面依据数据分析报告进行成绩分析？请予以说明。

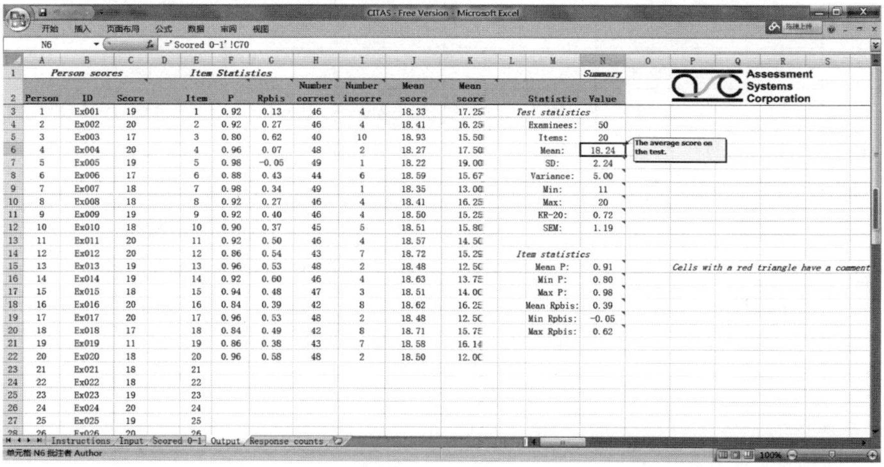

CITAS - Free Version - Microsoft Excel

N6 ='Scored 0-1'!C70

Person scores

Person	ID	Score
1	Ex001	19
2	Ex002	20
3	Ex003	17
4	Ex004	20
5	Ex005	19
6	Ex006	17
7	Ex007	18
8	Ex008	18
9	Ex009	19
10	Ex010	18
11	Ex011	20
12	Ex012	20
13	Ex013	19
14	Ex014	19
15	Ex015	18
16	Ex016	20
17	Ex017	20
18	Ex018	17
19	Ex019	11
20	Ex020	18
21	Ex021	18
22	Ex022	18
23	Ex023	19
24	Ex024	20
25	Ex025	19
26	Ex026	20

Item Statistics

Item	P	Rpbis	Number correct	Number incorre	Mean score	Mean score
1	0.92	0.13	46	4	18.33	17.25
2	0.92	0.27	46	4	18.41	16.25
3	0.80	0.62	40	10	18.93	15.50
4	0.96	0.07	48	2	18.27	17.50
5	0.98	-0.05	49	1	18.22	19.00
6	0.88	0.43	44	6	18.59	15.67
7	0.98	0.34	49	1	18.35	13.00
8	0.92	0.27	46	4	18.41	16.25
9	0.92	0.40	46	4	18.50	15.25
10	0.90	0.37	45	5	18.51	15.80
11	0.92	0.50	46	4	18.57	14.50
12	0.86	0.54	43	7	18.72	15.29
13	0.96	0.53	48	2	18.48	12.50
14	0.92	0.60	46	4	18.63	13.75
15	0.94	0.48	47	3	18.51	14.00
16	0.84	0.39	42	8	18.62	16.25
17	0.96	0.53	48	2	18.48	12.50
18	0.84	0.49	42	8	18.71	15.75
19	0.86	0.38	43	7	18.58	16.14
20	0.96	0.58	48	2	18.50	12.00
21						
22						
23						
24						
25						
26						

Summary

Statistic	Value
Test statistics	
Examinees:	50
Items:	20
Mean:	18.24
SD:	2.24
Variance:	5.00
Min:	11
Max:	20
KR-20:	0.72
SEM:	1.19
Item statistics	
Mean P:	0.91
Min P:	0.80
Max P:	0.98
Mean Rpbis:	0.39
Min Rpbis:	-0.05
Max Rpbis:	0.62

Assessment Systems Corporation

The average score on the test.

Cells with a red triangle have a comment

Instructions Input Scored 0-1 Output Response counts

单元格 N6 批注者 Author

表格 1　　　　　　　　　　第 1～20 题试题分析数据汇总

Item	P	Rpbis	Number correct	Number incorrect	Mean score correct	Mean score incorrect
1	0.92	0.13	46	4	18.33	17.25
2	0.92	0.27	46	4	18.41	16.25
3	0.80	0.62	40	10	18.93	15.50
4	0.96	0.07	48	2	18.27	17.50
5	0.98	−0.05	49	1	18.22	19.00
6	0.88	0.43	44	6	18.59	15.67
7	0.98	0.34	49	1	18.35	13.00
8	0.92	0.27	46	4	18.41	16.25
9	0.92	0.40	46	4	18.50	15.25
10	0.90	0.37	45	5	18.51	15.80
11	0.92	0.50	46	4	18.57	14.50
12	0.86	0.54	43	7	18.72	15.29
13	0.96	0.53	48	2	18.48	12.50
14	0.92	0.60	46	4	18.63	13.75
15	0.94	0.48	47	3	18.51	14.00
16	0.84	0.39	42	8	18.62	16.25
17	0.96	0.53	48	2	18.48	12.50
18	0.84	0.49	42	8	18.71	15.75
19	0.86	0.38	43	7	18.58	16.14
20	0.96	0.58	48	2	18.50	12.00

表格 2　　　　　　　　　　迷惑项分析统计数据

Mean Score							Frequencies				
Item	Key	A	B	C	D	E	A	B	C	D	E
1	A	46	3	0	1	0	18.33	17.00		18.00	
2	D	1	1	2	46	0	11.00	18.00	18.00	18.41	
3	C	3	5	40	2	0	18.00	14.20	18.93	15.00	
4	D	1	0	1	48	0	17.00		18.00	18.27	
5	B	1	49	0	0	0	19.00	18.22			
6	D	1	4	1	44	0	17.00	14.75	18.00	18.59	
7	A	49	0	1	0	0	18.35		13.00		
8	C	1	1	46	2	0	17.00	19.00	18.41	14.50	
9	D	2	1	1	46	0	15.00	14.00	17.00	18.50	
10	B	1	45	4	0	0	17.00	18.51	15.50		
11	A	46	2	2	0	0	18.57	16.50	12.50		
12	A	43	3	4	0	0	18.72	18.33	13.00		
13	D	1	0	1	48	0	13.00		12.00	18.48	
14	C	0	2	46	2	0		15.00	18.63	12.50	
15	C	0	2	47	1	0		15.50	18.51	11.00	

续表

Mean Score							Frequencies				
16	D	3	4	1	42	0	16.00	17.00	14.00	18.62	
17	A	48	1	0	1	0	18.48	13.00		12.00	
18	B	2	42	4	2	0	15.50	18.71	15.75	16.00	
19	B	1	43	5	1	0	17.00	18.58	15.80	17.00	
20	B	1	48	1	0	0	11.00	18.50	13.00		

（三）下面是一位考生收到的成绩分析报告。假如你是这位考生的老师，你会如何对他进行学习指导？请分析说明。

考试项目	题目	分数	分析
HSK 六级	听力	60	分析
	阅读	80	
	写作	70	
	总分	210.0	

时间范围	⊙本次考试	○本年度	○过去 12 月
考生范围	⊙本考点	○同国籍	○全球

准考证号	考试项目	题目	分数	平均分
	HSK 六级	写作	70	61.45
		听力	60	72.30
		阅读	80	75.21
		总分	210.0	208.97

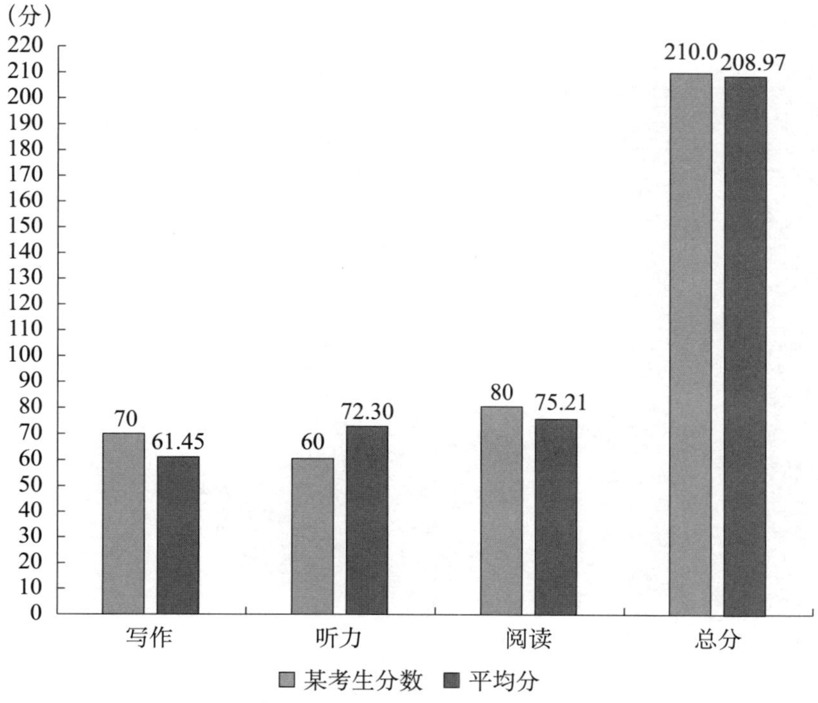

【拓展阅读】

刘润清．外语教学中的科研方法：修订版．北京：外语教学与研究出版社，2019.

张厚粲，徐建平．现代心理与教育统计学．北京：北京师范大学出版社，2003.

巴克曼，昆南．语言测评中的统计分析．邵永真，导读．北京：外语教学与研究出版社，2021.

桑代克，桑代克-克莱斯特．教育评价：教育和心理学中的测量与评估：第8版．方群，瑞芳，陈志新，译．北京：商务印书馆，2018.

本章参考文献

安德森，等．学习、教学和评估的分类学：布卢姆教育目标分类学修订版（简缩本）．皮连生，主译．上海：华东师范大学出版社，2008.

蔡永强．国际汉语教学“教、学、考”一体化研究．北京：中国社会出版社，2021.

教育部中外语言交流合作中心．国际中文教育中文水平等级标准（GF 0025—2021）．北京：北京语言大学出版社，2021.

教育部中外语言交流合作中心．国际中文教育用中国文化和国情教学参考框架．北京：华语教学出版社，2022.

孔子学院总部，国家汉办．国际汉语教学通用课程大纲：修订版．北京：北京语言大学出版社，2014.

李筱菊．语言测试科学与艺术．长沙：湖南教育出版社，1997.

刘建达，刘晓华，贺满足．语言测评效度理论新发展研究．北京：清华大学出版社，2021.

王振亚．现代语言测试模型．保定：河北大学出版社，2009.

许宏晨．第二语言研究中的统计案例分析．北京：外语教学与研究出版社，2018.

许宏晨．第二语言研究中的结构方程模型案例分析．北京：外语教学与研究出版社，2019.

易丹辉．结构方程模型：方法与应用．北京：中国人民大学出版社，2008.

BACHMAN L F，DAMBÖCK B. Language assessment for classroom teachers. Oxford：Oxford University Press，2017.

BAILEY K M，CURTIS A. Learning about language assessment：dilemmas，decisions，and directions. 2nd ed. Boston：National Geographic Learning，2015.

BROWN H D，ABEYWICKRAMA P. Language assessment：principles and classroom practice. 2nd ed. Beijing：Qinghua University Press，2013.

CHENG L，FOX J. Assessment in the language classroom：teachers supporting student learning. London：Palgrave，2017.

COOMBE C，DAVIDSON P，O'SULLIVAN B，et al. The cambridge guide to second language assessment. Cambridge：Cambridge University Press，2012.

GENESEE F，UPSHUR J A. Classroom-based evaluation in second language education. Beijing：Foreign Language Teaching and Research Press，2000.

HUGHES A. Testing for language teachers. 2nd ed. Beijing：Foreign Language Teaching and Research Press，2011.

LEE I. Classroom writing assessment and feedback in L2 school contexts. Singapore：Springer Singapore，2017.

第十一章

教师资格与教师教育

汉语国际化进程不可逆转，推动中文作为第二语言教学事业进入了国际中文教育的新时代。顺应时代发展，更好地满足各国学习者的需求，打造更加优质可及的国际中文教育新格局是广大中文教学工作者追求的目标。为实现国际中文教育的高质量发展，制约学科发展的“三教”法（教师、教材、教学）亟待有所突破。“三教”问题中，教师问题最为核心、最为重要。因为中文教学质量的高低、中文教学科研水平的强弱，归根到底都是由中文教师的素质与能力决定的。因此，学界围绕教师队伍建设、教师资格与教师教育展开了深入研究，在诸如怎样认识与理解中文教师应具备的素质与能力，如何科学测量中文教师的能力与水平，怎样科学有效培养国际中文教育硕士专业研究生，如何引导现有教师进行职业规划以实现其职业发展等问题上取得了一定的共识与积极的成果。

第一节 国际中文教师专业能力

国际中文教师应具备什么样的专业素养和基本能力，不仅关乎教学质量和水平，更关乎学科的地位与建设。多年来，业界对国际中文教师应具备的业务能力等进行了广泛的讨论。进入21世纪，特别是2007年汉语国际教育硕士专业学位设立以来，有关教师的研究受到前所未有的重视。赵金铭（2007）、李晓琪（2007）、崔希亮（2012）、陆俭明和马真（2016）、李泉（2018）等学者进行了一系列从宏观到微观的深入探讨，为搭建国际中文教师个人素养与基本能力框架奠定了坚实的学理基础。2022年，世界汉语教学学会发布了《国际中文教师专业能力标准》（T/ISCLT 001—2022）。这是该学会首个以团体标准形式发布的重大标准，旨在规范引领国际中文教师培养、培训、能力评价和认定以及教师专业发展与职业规划，是基于教师资格标准、高于教师资格标准的倡议性标准。

图11-1　国际中文教师专业能力结构图

《国际中文教师专业能力标准》以中文作为第二语言教学、教师专业发展、教师评价等理论为基础，突出师德为先、素养为基、学习者为本、跨文化能力为重等国际中文教师发展理念，从专业理念、专业知识、专业技能、专业实践和专业发展五个方面搭建了国际中文教师专业能力结构（见图11-1），科学描述了国际中文教师的专业能力。

一、专业理念

将专业理念列为国际中文教师应具备的首要能力，体现出师德为先的教师发展理念。专业理念包括职业道德和专业信念两部分（见表 11－1）。

职业道德指从业者在中文教学中应遵循的行为准则，涉及职业操守和法规意识两方面的指标。国际中文教师的职业操守表现在能够遵守职业道德和行为规范，明确职责范围，具备教师责任意识等；法规意识指教师必须遵守任教国家、地区或学区的语言政策、规章制度、基本法律问题等。

教师的专业信念，宽泛地讲，是教师在教学情境与教学历程中，对教学工作、教师角色、课程、学生、学习等相关因素所持有的观点。具体到国际中文教师，其专业信念包括对学科发展、教学习得规律等的专业态度，开放包容的多元文化意识，以及相互尊重的合作精神。

表 11－1　　国际中文教师专业理念指标

一级指标	二级指标	具体描述
专业理念	职业道德	1. 遵守国际中文教师职业道德 2. 了解任教国家、地区或学区的语言教育政策和法规，并在国际中文教育中执行 3. 遵守任教学校及相关教育机构的规章制度 4. 尊重学习者权益，公平公正对待每一位学习者
	专业信念	1. 理解国际中文教育的独特性和专业性，认同国际中文教师的职业价值 2. 尊重学习者发展规律和中文学习规律，提供适合学习者特点的国际中文教育内容和教育形式 3. 具有开放包容的态度，尊重任教国家和地区的文化传统与社会现实 4. 具有团队协作精神，与同事、家长、社区及其他相关者开展合作

二、专业知识

国际中文教育是多学科交叉的新兴学科，教育学、语言学、心理学是学科理论体系的重要支撑，国际中文教师应该具备的专业知识也与这些分支学科密切相关，牵涉教育知识、中文和语言学知识、中华文化与中国国情知识、第二语言习得知识四大板块的内容（见表 11－2）。

一般来说，现代汉语及中国文化是国际中文教学内容的核心。因此，国际中文教师一方面应熟练掌握中文语音、词汇、语法、汉字以及语用层面的知识，综合运用语言学知识，对比分析学习者母语与中文的差异，解决教学问题；另一方面，还需要掌握中华文化和中国国情基本知识，能够通过对文化现象、习俗、文化产品的展示和说明，向学生准确、客观地介绍、阐释中华文化、中国现当代社会生活。同时，国际中文教师也应该了解教育学、第二语言习得等相关领域的必要知识，学以致用，将这些知识融会贯通，综合运用到教学实践当中。

表 11-2　国际中文教师专业知识指标

一级指标	二级指标	具体描述
专业知识	教育知识	1. 理解教育学、教育心理学基本理论，掌握相关基础知识 2. 理解认知科学、学习科学相关理论，了解不同学习者认知特点和心理发展规律 3. 能够综合运用教育教学相关知识，分析、解决国际中文教育中的问题
	中文和语言学知识	1. 掌握中文语音、词汇、语法基础知识，能够描述、分析和解释中文语音、词汇、语法的特点 2. 掌握汉字基础知识，能够分析汉字字形、解释汉字的特点 3. 掌握中文语用、语篇基础知识，能够描述、分析和解释中文语用、语篇的特点 4. 具备语言学基础知识，了解语言普遍性和中文特殊性，能够进行语言对比 5. 能够综合运用中文和语言学知识，分析语言现象，解决教学问题
	中华文化与中国国情知识	1. 了解并能够介绍教学中涉及的历史、哲学、文学、艺术等中华文化知识 2. 了解并能够介绍教学中涉及的中国社会、政治、经济、教育、科技、生态等国情知识 3. 分析常见的社会和文化现象，解决教学与交流中的问题 4. 能够认识到文化是涵盖古今的，也是在不断变化的
	第二语言习得知识	1. 了解第二语言习得基本理论及中文作为第二语言习得的主要特点 2. 了解第二语言习得和母语习得的异同 3. 了解学习者个体差异对第二语言习得的影响 4. 了解不同年龄阶段和不同群体学习者中文学习的特点 5. 能够运用第二语言习得知识，解决教师教学和学习者学习中的问题

三、专业技能

国际中文教师不仅需要拥有合理的知识结构，还需要有将专业知识应用到教学实践的技能，如教学技能、跨文化交际能力和教育技术应用技能（见表 11-3）。

语言要素教学和语言技能教学是国际中文教学的主要形式，国际中文教师应掌握一定的方法和技巧，从这两个方面提升学习者的语言交际能力。21 世纪以来，网络与多媒体技术的飞速发展带来了国际中文教学的变革，这也要求国际中文教师要具备信息化教学能力、网络资源运用与线上教学能力。跨文化交际方面，文化理解力、阐释力、解决跨文化交际问题的能力，也是国际中文教师顺利推进教学进程所必备的技能。

表 11-3　　国际中文教师专业技能指标

一级指标	二级指标	具体描述
专业技能	中文要素教学	1. 掌握中文语音教学的常用方法和技巧，帮助学习者了解中文语音的特点，培养学习者的听辨和发音能力 2. 掌握中文词汇教学的常用方法和技巧，帮助学习者了解中文词汇的特点，掌握词汇学习策略，培养学习者词汇运用能力 3. 掌握中文语法教学的常用方法和技巧，帮助学习者了解中文语法的特点，理解常用语法点的结构与功能，并能够在语境中恰当使用 4. 掌握汉字教学的常用方法和技巧，帮助学习者了解汉字的特点，掌握汉字的形音义知识，培养学习者汉字认读、书写和电子输入能力 5. 理解语言与文化的关系，能够处理语言要素中的文化因素，帮助学习者理解语言中的文化 6. 掌握判断、分析、处理偏误的基本原则与方法，能够有效处理学习者在语音、词汇、语法、汉字等方面的偏误
	中文技能教学	1. 熟悉中文听力教学的目标与内容，帮助学习者掌握听力理解的技巧，提高理解不同类型听力材料的能力 2. 熟悉中文口语教学的目标与内容，帮助学习者掌握交际策略，提高在不同场景中使用中文进行交流的能力 3. 熟悉中文阅读教学的目标与内容，帮助学习者掌握阅读技巧，提高理解不同类型阅读材料的能力 4. 熟悉中文写作教学的目标与内容，帮助学习者掌握写作技巧，提高中文书面表达能力 5. 了解中文翻译教学的目标与内容，帮助学习者掌握基本的翻译方法和技巧，具备相应的翻译能力 6. 了解第二语言主要教学法，能够恰当地运用于中文技能教学
	跨文化交际	1. 了解世界文化的多样性，尊重不同文化，培养学习者文化平等意识和文化理解能力 2. 了解任教地区人们在思维方式、价值观念、交际规约、行为方式等方面的主要特点，适应不同文化环境 3. 掌握跨文化交际的基本理论，能够运用不同策略，有效解决教学中的跨文化交际问题
	教育技术	1. 了解并关注前沿技术应用于国际中文教育的最新进展，理解教育技术在中文教学中的本质作用，具有将信息技术与中文教学过程深度融合的意识 2. 能够根据教学目标、教学内容和学习者特点选择合适的信息化教学手段 3. 了解常用信息化教学设施使用方法，掌握教学所需的信息化技术，具备设计、制作课件等教学资源的能力 4. 能够检索、采集、选择网络教学资源，具备在教学中运用资源库的能力 5. 能够利用网络平台开展线上及线上线下相结合的中文教学与管理 6. 在资源建设特别是本土化、职业化建设与应用等方面，具有创新意识 7. 具备基本信息伦理，包括明确知晓保护知识产权、尊重他人信息、重视信息安全等

四、专业实践

在掌握了有效、丰富的教学方法与技巧的基础上，组织课堂教学的实操能力是直接体现国际中文教师能力水平的关键指标。教师应该能够制订科学合理的课堂教学计划，要会选用合适的教学资源，可以组织与管理课堂，能够对学习者的学习情况予以科学全面的评估等（见表 11－4）。

表 11－4　国际中文教师专业实践指标

一级指标	二级指标	具体描述
专业实践	课堂教学计划	1. 熟悉相关教学标准和教学大纲，掌握撰写教学计划的基本原则与方法 2. 制定适合学习者年龄、文化背景、中文水平、兴趣爱好、认知特点、学习需求等因素的教学目标 3. 合理确定中文教学内容，设计与教学目标相适应的教学活动，注重培养学习者自主学习与合作学习能力 4. 根据教学目标与教学资源，选择教学方法，安排教学环节，设计练习与测试 5. 合理设计板书，准备教学所需的课件、教具等辅助材料 6. 具有跨学科意识，能够将中文课程与其他科目、课内学习与课外学习相关联
	教学资源选择与利用	1. 根据中文教学实际需要，选择合适的教学资源 2. 根据学习者中文水平和需求，灵活使用和改编教材 3. 在现有资源无法满足教学需求时，能够开发新的中文教学资源
	课堂组织与管理	1. 选用合适的教学语言，帮助学习者理解学习内容和学习任务 2. 采用恰当的教学手段和策略，激发学习者的学习兴趣 3. 组织有效的教学活动，提高学习者的参与积极性 4. 合理安排教学环节和步骤，帮助学习者完成学习任务 5. 有效管理时间，注重课堂互动与反馈，提高教学效率 6. 制定课堂管理规则，营造健康、安全、平等的学习环境，采取恰当的方式方法，及时、公正地解决问题 7. 组织课外活动，拓展课外学习
	学习评估与反馈	1. 运用与教学目标相适应的多元评估方式，评估学习者中文学习成效 2. 指导学习者自我评估，帮助学习者反思，完善学习计划 3. 理解、分析评估结果，诊断学习者需求，帮助学习者确定新的学习目标 4. 与学习者及相关人员交流学习者的中文学习情况，提出反馈与建议

五、专业发展

日新月异的专业知识更新、学习者需求变化、教育信息技术发展，是促使教师不断拓展个人素质、丰富知识储备、实现教学能力可持续发展的强劲动力。国际中文教师的专业发展，既包括对教学实践开展反思性研究的能力，通过分析自己的教学行为和教学观，省察课堂教学过程，从中发现问题、总结经验、寻求解决问题的方法，进而达到改进教学和提升教学能力的目的；也包括学习国际中文教育相关理论，了解国际中文教育发展概况，实现自身专业持续发展的能力（见表11－5）。

表11－5 国际中文教师专业发展指标

一级指标	二级指标	具体描述
专业发展	教学反思	1. 具备反思意识，将反思贯穿于国际中文教育与专业发展全过程 2. 通过分析学习者学习成效、同行观摩交流、撰写反思日志等途径，进行反思与自我评估 3. 能够将反思结果运用于实践，改进教学
	专业发展规划	1. 具有自我发展意识和终身学习理念，能够制定不同阶段的专业发展目标 2. 参加与专业发展相关的专业培训、专题讲座、学术会议等活动，加深对国际中文教育的理解，提高教育教学能力 3. 掌握教育教学研究基本方法，具备基本的教育行动研究能力，促进自身专业持续发展

总之，《国际中文教师专业能力标准》从专业理念、专业知识、专业技能、专业实践和专业发展五个维度，详细叙述了国际中文教师应具备的知识、技能、态度以及专业发展等能力，勾勒出一个全面、系统、科学的国际中文教师胜任力模型。在这样的评价指标指引下，国际中文教师的培养、教育工作必将更加科学有效，国际中文教师专业能力认定与评估将更为科学规范，国际中文教师专业发展也将更加科学。

本节关键词

专业能力　专业理念　专业知识　专业技能　专业实践　专业发展

第二节 国际中文教师执业资格与教师资格考试

《国际中文教师专业能力标准》引言部分提到，它是“基于教师资格标准，高于教师资格标准的倡议性标准”。换言之，它是对理想的、优秀的中文教师能力的全面认定与规范，是广大一线国际中文教师努力的方向。而要想成为一名国际中文教师，首先需要满足行业的准入资格，通过教师资格考试。

一、中文教师执业资格

为了确保教师队伍质量，我国从20世纪90年代初就出台了对外汉语教师资格审定办法，审定从事对外国人进行汉语教学的教师资格。随着国际中文教育形势的不断发展，中文教师执业资格制度大致经历了初创起步、逐步完善和成熟发展三个阶段。

（一）初创起步阶段

1990 年 6 月 23 日，为“提高对外汉语教师队伍的政治业务素质，保证教学质量”，原国家教育委员会颁布并实施了《对外汉语教师资格审定办法》。这标志着国家实行对外汉语教师资格制度进入起步阶段。

《对外汉语教师资格审定办法》共分八条，对制定目的、汉语教师所应具备的政治素质、知识结构、能力结构、申请条件、领导机构、审查方式、实施时间等都做了具体规定。如：

第三条　对外汉语教师必须具有大学本科以上学历或同等学力，并具有一学年（累计学时为 320 小时）以上的对外汉语教学经历，取得了一定的教学经验，知识结构应达到下列要求：

（一）教学理论和教学方法方面

1. 了解对外汉语教学的性质和特点；

2. 了解主要的语言教学法流派的基本理论和基本方法；

3. 掌握教育学基本知识。

（二）语言学和文字学知识方面

1. 比较全面地掌握现代汉语理论知识，包括语音、词汇、语法、修辞、文字等方面的基本理论知识，并能对现代汉语的语言现象进行科学分析；

2. 掌握古代汉语的基础知识，具有阅读一般古文的能力；

3. 系统掌握普通语言学知识，并掌握应用语言学的基本知识。

（三）文学知识方面

1. 了解中国文学发展概况，熟悉我国主要作家及其代表作品；

2. 对世界著名的作家和作品有所了解。

（四）其他文化知识方面

1. 熟悉中国的历史和地理，了解主要的名胜古迹，有一定的社会、民俗知识；

2. 具有一般的世界历史、地理知识。

第四条　对外汉语教师能力结构应达到下列要求：

（一）语言文字能力方面

1. 能讲普通话，口齿清楚，熟练掌握《汉语拼音方案》，能辨别和纠正错误的语音语调；

2. 能分析学生常犯的汉字、词汇、语法错误，并掌握科学的纠正方法；

3. 熟悉简繁两种汉字字体，掌握汉字笔顺规则，书写正确、工整；

4. 有较强的汉语口语和书面表达能力；

5. 有一定的外语水平，熟悉教学用语，能进行日常生活会话，能借助工具书阅读专业书刊。

（二）工作能力方面

能有效地组织课堂教学，正确贯彻和运用课堂教学的原则和方法。

（二）逐步完善阶段

1994 年到 2006 年，《〈对外汉语教师资格审定办法〉实施细则》《汉语作为外语教学能力认定办法》相继出台，标志着汉语教师资格制度进一步优化。

1.《〈对外汉语教师资格审定办法〉实施细则》

为完善对外汉语教师资格的审定工作，审查委员会 1994 年暂停了始于 1991 年的对外汉语教师资格考试，继续讨论并修改《〈对外汉语教师资格审定办法〉实施细则》（简称

《实施细则》)。

1996年9月3日，原国家教育委员会重新发布了《实施细则》。《实施细则》共十三条，对汉语教师资格证书的效力、审查及考试安排、申请条件及办法、申报程序、考试内容等做了详细的说明。其中，第五条更加细化了对外汉语教师资格申请者的基本条件。

第五条　具备下列第（一）和第（二）项，以及第（三）、（四）、（五）、（六）、（七）项条件之一者，可申请对外汉语教师资格：

（一）遵守国家宪法和法律，热爱对外汉语教学事业，具有良好的思想品德和职业道德，为人师表；

（二）具有大学本科以上学历；

（三）在学校或者教学机构从事对外汉语教学实习工作，并具有320学时（累计）以上对外汉语教学经历者；

（四）在审委会指定的学校接受过对外汉语教师资格专门培训并取得合格证书者；

（五）对外汉语教学专业本科毕业生；

（六）对外汉语教学第二学位毕业生；

（七）对外汉语教育和现代汉语（对外汉语教学研究方向）专业硕士毕业生。

根据《实施细则》，在总结对外汉语教师资格审查工作经验的基础上，国家教委制定了供对外汉语教师资格考试用的《国家对外汉语教师资格考试大纲》，汉语教师资格审定工作进入正轨。

2.《汉语作为外语教学能力认定办法》

2004年8月23日，教育部颁布了《汉语作为外语教学能力认定办法》（简称《认定办法》），同时取消了1990年以来实施的《对外汉语教师资格审定办法》，以“汉语作为外语教学能力认定考试”取代“对外汉语教师资格考试”，“汉语作为外语教学能力证书”取代“对外汉语教师资格证书”。

《认定办法》共十四条，其鲜明特色体现在以下几个方面：

（1）适用对象更加宽泛，从事汉语作为外语教学工作的中国公民和外国公民都可申请。

（2）申请条件有所变化，学历门槛降至大专，取消320学时工作经历要求。

（3）对外汉语专业方向的本科生、研究生可免试申请。

总之，《认定办法》推进了更广阔范围内的对外汉语教师的职业化和专业化发展，对加强对外汉语教学师资队伍建设具有一定的推动作用。2005年，《认定办法》对应的汉语作为外语教学能力考试正式开考，但由于种种原因，该考试于2006年停考。

（三）成熟发展阶段

为了进一步提升国际中文教师执业资格认证的科学性、合理性、规范性，在借鉴TESOL等国际第二语言教学、汉语教学经验的基础上，国家汉语国际推广领导小组办公室于2007年颁布了《国际汉语教师标准》（简称《标准》），作为国际汉语教师培养、培训、评价和资格认证的依据。2012年，孔子学院总部/国家汉办组织国外专家与学者对2007版《标准》进行了修订。

两版《标准》的主要内容基本相同，都提出汉语教师要充分掌握语言学基本技能与知识，巧妙应用汉语教学方法，更好地弘扬中华文化，进行跨文化交际，都是引领国际汉语教师教育走向专业化、科学化发展之路的指南针，是教师培养、准入、培训、考核等工作的重要依据，是评价教师水平和教师教学质量的重要依据，代表了未来一段时间国际汉语教师的培养走向。

但在具体层级设计上，二者有所不同。2007 版《标准》包含四个层级：模块（5 个）→标准（10 个）→次标准（52 个）→具体内容（585 项）。模块包括语言基本知识与技能、文化与交际、第二语言习得与学习策略、教学方法、教师综合素质。每个模块有 1～4 个具体标准，具体标准内含 5～10 个不等的次标准，次标准共包含若干具体内容。2012 版《标准》包含三个层级：标准（5 个）→次标准（21 个）→具体内容（58 项）。标准分别是：汉语教学基础、汉语教学方法、教学组织与课堂管理、中华文化与跨文化交际、职业道德与专业发展（见表 11-6）。

表 11-6　　**2007 版、2012 版《国际汉语教师标准》内容对比**

2007 版《标准》		2012 版《标准》	
模块	标准	标准	次标准
语言基本知识与技能	·汉语知识与技能 ·外语知识与技能	汉语教学基础	·具备汉语交际能力 ·具备基本的汉语语言学知识和语言分析能力 ·了解第二语言学习基本原理 ·熟悉第二语言教学基本原则与方法
文化与交际	·中国文化 ·中外文化比较与跨文化交际	汉语教学方法	·掌握汉语教学的基本原则与方法 ·掌握汉语语音、词汇、语法和汉字教学的基本原则、方法与技巧，了解汉外语言主要异同，并能进行有针对性的教学 ·掌握汉语听、说、读、写教学的特点、目标、原则与方法，并能进行有效的教学 ·了解现代教育技术，并能应用于教学
第二语言习得与学习策略	第二语言习得与学习策略	教学组织与课堂管理	·熟悉汉语教学标准和大纲，并能进行合理的教学设计 ·能根据教学需要选择、加工和利用教材与其他教学资源 ·能设计课堂教学的任务与活动 ·能进行有效的课堂管理 ·能有效地组织课外活动 ·了解测试与评估的基本知识，能对学习者进行有效的测试与评估
教学方法	·汉语教学法 ·测试与评估 ·汉语教学课程、大纲、教材与辅助材料 ·现代教育技术及运用	中华文化与跨文化交际	·了解中华文化基本知识，具备文化阐释和传播的基本能力 ·了解中国基本国情，能客观、准确地介绍中国 ·具有跨文化意识 ·具有跨文化交际能力
教师综合素质	教师综合素质	职业道德与专业发展	·具备教师职业道德 ·具备良好的心理素质 ·具备教育研究能力和专业发展意识

总之，从初创起步到逐渐完善阶段，业界对汉语教师资格的认证经历了从“对外汉语教师资格”到“汉语作为外语教学能力”、从“资格证书”到“能力证书”的转变，这反映出对中文教师的要求从强调知识到重视能力的转变。在成熟发展阶段，无论是 2007 版还是 2012 版《标准》，都体现出对教师能力更详细、具体的规定与要求。相信在《国际中文教师专业能力标准》的规范指引下，国际中文教师执业资格认定将更加科学、全面、与时俱进，凸显“素养为基、学习者为本、跨文化能力为重”发展理念。

二、汉语教师资格考试

上文回顾了汉语教师资格制度的变化历程，从发展阶段看，无论是初创起步阶段的《对外汉语教师资格审定办法》，还是逐步完善阶段的《〈对外汉语教师资格〉实施细则》《汉语作为外语教学能力认定办法》，抑或是成熟发展阶段的两版《国际汉语教师标准》，都为相应的汉语教师资格考试提供了重要依据。汉语教师资格考试与汉语教师资格制度同步发展。

（一）对外汉语教师资格审定试点考试

1991年12月26日，在《对外汉语教师资格审定办法》的指导下，国家教委对京、津、沪三市部分院校进行了对外汉语教师资格审定试点考试（简称“试点考试”）。考试分为专业和外语两类。

（1）专业考试是以对外汉语教学为特点的综合考试，包括现代汉语、古代汉语、语言学和语言教学理论，以及中国文学、中国文化等知识。

（2）外语考试分英语、俄语、日语三个语种。从1991年到1993年，全国共有1 051名教师通过考试获得了对外汉语教师任职资格证书。

（二）对外汉语教师资格考试

1996年颁布的《〈对外汉语教师资格〉实施细则》，对对外汉语教师资格考试（简称“资格考试”）的具体科目进行了详细说明：

（1）汉语（包括现代汉语、古代汉语）。

（2）对外汉语教学理论和语言学。

（3）中国文学和中国文化知识（中国文学包括现代文学和古代文学）。

（4）普通话。

（5）外语（英语、日语、俄语、法语、西班牙语、德语、意大利语、阿拉伯语、朝鲜语，任选一种）。

与试点考试相比，资格考试有三方面的变化：一是将综合考试具体分为三个彼此独立的科目，更为细致地考查汉语教师的专业知识；二是增加了普通话测试，体现对汉语教师字正腔圆的要求；三是进一步丰富不同语种的外语考试，为报考教师提供更多元的选择。

（三）汉语作为外语教学能力认定考试

与“能力证书”对应的是汉语作为外语教学能力认定考试。该考试最大的特点是分等级设置考试。不同等级的考试科目、难度不同，相对应的能力水平也有所区别（见表11-7）。

表11-7　汉语作为外语教学能力认定考试科目与能力描述

证书等级	考试科目	能力描述
初级证书	现代汉语基本知识、中国文化基础常识、普通话水平	具备汉语作为外语教学的基本知识，能够对母语为非汉语学习者进行基础性的汉语教学工作
中级证书	现代汉语、汉语作为外语教学理论、中国文化基本知识	具备汉语作为外语教学的较完备的知识，能够对母语为非汉语学习者进行较为系统的汉语教学工作

续表

证书等级	考试科目	能力描述
高级证书	现代汉语及古代汉语、语言学及汉语作为外语教学理论、中国文化	具备汉语作为外语教学的完备的知识，能够对母语为非汉语学习者进行系统性、专业性的汉语教学和相关的科学研究

（四）国际中文教师证书考试

依据2012版《国际汉语教师标准》，2016年孔子学院总部/国家汉办推出了国际汉语教师证书考试（2020年更名为国际中文教师证书考试），由教育部中外语言交流合作中心主办。该标准化考试分通用版和本土版两种类型，通过对中文教学基础、中文教学方法、教学组织与课堂管理、中华文化与跨文化交际、职业道德与专业发展等五个标准能力的考查，评价应试者是否具备作为国际中文教师的能力。考试成绩可作为报考国际中文教师志愿者、国际中文教师的优先与必要条件，海内外学校、教育机构选聘和评价汉语教师的参考依据，评价国际汉语教学机构师资水平及教学实力的参考，具有“卓越的应用前景”。

1. 通用版考试

通用版考试面向具有普通话水平测试二级甲等（含）以上，并熟练掌握一门外语、具有大学专科以上学历的中国公民，或中文水平相当于HSK（六级）的外国公民。考试分笔试和面试两部分（见表11-8），笔试通过后，可参加面试。

表11-8　　通用版国际中文教师证书试卷结构

<table>
<tr><td></td><td colspan="2">试卷结构</td><td>考查内容</td><td>题量（道）</td></tr>
<tr><td rowspan="4">笔试</td><td colspan="2">第一部分　基础知识</td><td>中文教学基础
中文教学方法</td><td>50</td></tr>
<tr><td colspan="2">第二部分　应用能力</td><td>教学组织与课堂管理
中华文化与跨文化交际</td><td>50</td></tr>
<tr><td colspan="2">第三部分　综合素质</td><td>教学组织与课堂管理
中华文化与跨文化交际
职业道德与专业发展</td><td>50</td></tr>
<tr><td colspan="3">总计</td><td>150</td></tr>
<tr><td></td><td colspan="2">试卷结构</td><td>考查内容</td><td>时间（分钟）</td></tr>
<tr><td rowspan="6">面试</td><td colspan="2">第一部分　外语自我介绍</td><td>外语能力</td><td>2</td></tr>
<tr><td colspan="2">第二部分　说课</td><td rowspan="2">中文教学基础
中文教学方法</td><td>3</td></tr>
<tr><td colspan="2">第三部分　试讲</td><td>7</td></tr>
<tr><td rowspan="2">第四部分
问答</td><td>中文问答</td><td>教学组织与课堂管理
中华文化与跨文化交际
职业道德与专业发展</td><td>7</td></tr>
<tr><td>外语问答</td><td>教学组织与课堂管理
中华文化与跨文化交际</td><td>6</td></tr>
<tr><td colspan="3">总计</td><td>25</td></tr>
</table>

（1）笔试。

笔试全部为客观题，分为基础知识、应用能力、综合素质三部分，全卷共 150 题，满分 150 分，合格线 90 分。考试时间 155 分钟（含 5 分钟填涂答题卡时间）。试题主要采取案例导入式设计，案例源于教学实际，形式多样。

（2）面试。

面试是对笔试达到要求的考生进行的考官小组面试，着重考查考生综合运用各种方法设计教学方案、组织实施教学过程、完成教学任务以及用外语进行交际和辅助教学的能力，同时考查考生的沟通交际、心理素质、教姿教态等基本职业素养。

面试采用结构化面试和情境模拟相结合的方法，准备时间 30 分钟，通用版面试考试时间 25 分钟，包括说课、试讲、问答和外语能力考查（包括外语自我介绍和外语问答）四个环节。考官根据考生面试过程中的表现，进行综合评分，满分 150 分。

2. 本土版考试

本土版考试适于中文水平相当于 HSK（五级）或 HSKK（中级）、具有大学专科以上学历的海外本土教师。考试同样分为笔试和面试两部分（见表 11－9）。与通用版考试相比，本土版考试的笔试部分不含“综合素质”，面试部分少了外语能力的考查环节，题量相对缩减，难度相应降低。

表 11－9　　本土版国际中文教师证书试卷结构

	试卷结构	考查内容	题量（道）
笔试	第一部分　基础知识	中文教学基础 中文教学方法 中华文化	60
	第二部分　应用能力	中文教学方法 教学组织与课堂管理 中华文化与跨文化交际	20
	总计		80
	试卷结构	考查内容	时间（分钟）
面试	第一部分　说课	中文教学基础	3
	第二部分　试讲	中文教学方法	9
	第三部分　中文问答	教学组织与课堂管理 中华文化与跨文化交际 职业道德与专业发展	8
	总计		20

总的来看，国际中文教师证书考试借鉴了汉语作为外语教学能力认定考试的合理做法，细化考试类型，针对不同使用者设计不同的考试结构；同时，又进一步深化了对外汉语教师资格考试的内容与形式。类型上，实现笔试与面试的有机融合；内容上，强调对中文教学方法、教学组织与课堂管理、中华文化与跨文化交际三项基本技能的考查；形式上，主要采取案例导入式设计，案例源于教学实际，真实多样。该考试具有较高的信度和效度，

能够科学、规范地测量国际中文教育教学工作的胜任能力，必将引领一段时间国际中文教师的培养走向，进一步促进国际中文教育事业健康发展。

本节关键词

《国际汉语教师标准》　资格考试　国际中文教师证书考试

第三节 国际中文教育硕士专业学位研究生的培养

为了完善国际中文教育专门人才的培养体系，2007 年，国务院学位委员会办公室设立了 24 所试点院校招收汉语国际教育硕士专业学位研究生（Master of Teaching Chinese to Speakers of Other Languages，MTCSOL，简称“汉硕”），并发布了《汉语国际教育硕士专业学位研究生指导性培养方案》[简称《培养方案》（2007）]。专业学位设立以来，在国务院学位委员会的指导下，在全国汉语国际教育硕士专业学位教育指导委员会（简称“教指委”）的督导下，人才培养工作取得了令人瞩目的成就。截至 2020 年底，全国汉硕培养院校已有 147 所，共培养了近 6 万名汉硕学生，不仅在国内外特别是海外孔子学院汉语教学中发挥了不可替代的作用，也为国内中小学教育和企事业等部门输送了大批高层次专业人才，为国家经济社会和文化事业的发展做出了应有的贡献（李泉，2021）。

2022 年 9 月发布的《研究生教育学科专业目录（2022 年）》中，将“汉语国际教育”更名为“国际中文教育”，增设国际中文教育博士专业学位类别，国际中文教育硕士专业学位研究生培养工作进入新的历史发展阶段。

一、培养目标与培养要求

随着汉硕人才培养实践的深入，教指委在《培养方案》（2007）的基础上，于 2009 年、2010 年对全日制中国学生和国际生的培养方案进行了修订和完善，发布了《全日制汉语国际教育硕士专业学位研究生指导性培养方案》[简称《全日制中国学生培养方案》（2009）] 和《全日制汉语国际教育硕士专业学位外国留学生指导性培养方案》[简称《全日制国际学生培养方案》（2010）]。三个培养方案对汉硕的培养目标、培养要求都给予了较为清晰的说明（见表 11－10）。从内容上看，在《培养方案》（2007）的基础上，结合汉语教学实践的具体要求，全日制学生的培养目标和培养要求更突出了文化传播、教学技能层面的规定；同时，对于中国学生和国际学生的培养，也赋予一定的差异性。

表 11-10 三个培养方案有关培养目标、培养要求的对比

	《培养方案》(2007)	《全日制中国学生培养方案》(2009)	《全日制国际学生培养方案》(2010)
培养目标	培养具有熟练的汉语作为第二语言教学技能和良好的跨文化交际能力，适应汉语国际推广工作，胜任多种教学任务的高层次、应用型、复合型专门人才	培养具有熟练的汉语作为第二语言教学技能和良好的文化传播技能、跨文化交际能力，适应汉语国际推广工作，胜任各种教学任务的高层次、应用型、复合型、国际化专门人才	培养了解中国，理解中华文化，具有较熟练的中国语言文化教学技能和跨文化交际能力，胜任汉语教学任务的专门人才
培养要求	掌握马克思主义基本理论，具备良好的专业素质和职业道德	掌握马克思主义基本理论，具备良好的专业素质和职业道德	具备良好的专业素质和职业道德
	热爱汉语国际教育事业，具有奉献精神和开拓意识	热爱汉语国际教育事业，具有奉献精神和开拓意识	
	具备熟练的汉语作为第二语言教学技能	具备熟练的汉语作为第二语言教学技能，能熟练运用现代教育技术和科技手段进行教学	具备较熟练的汉语教学技能
	具有系统的专业知识、较高的中华文化素养和跨文化交际能力	具有较高的中华文化素养和传播能力	具有较好的中华文化理解能力和中外文化融通能力
	能流利地使用一种外语进行教学和交流；能熟练运用现代教育技术和科技手段进行教学	能流利地使用一种外语进行教学和交流，具有跨文化交际能力	具有较强的跨文化交际能力
		具有语言文化国际推广项目的管理、组织与协调能力	具有一定的语言文化项目组织、管理与协调能力

培养目标方面，全日制中国学生的培养目标在原方案的基础上，增加了对“文化传播技能”“国际化”的描述；而全日制国际学生的培养目标则相应有所减省，突出强调了学生对中国的了解和对中国文化的理解。

培养要求方面，在《培养方案》(2007) 的基础上，全日制中国学生的培养要求增加了“具有语言文化国际推广项目的管理、组织与协调能力”的内容，与此同时，还对原要求中第 3、4、5 条内容进行了重新归纳：将教学技能与熟练运用现代化技术手段结合，将用外语进行教学与跨文化交际能力结合。总的来看，全日制中国学生的培养要求更为全面，每个要求之间的逻辑性、关联性也进一步提升。全日制国际学生的培养要求未涉及奉献精神和开拓意识的内容，其余角度与全日制中国学生的培养要求基本相同，具体标准略有降低。

总之，从第二语言教学理论和实践来看，培养方案中的培养目标和培养要求体现出如下几个特色：

第一，注重能力培养，体现学科特点。培养方案要求培养对象掌握“汉语作为第二语言教学的技能”，具备“良好的文化传播技能、跨文化交际能力”，成为“应用型”专门人才，是要求汉硕学生首先应是教汉语的行家里手。

第二，注重职业要求，兼顾工作特点。汉硕专业的设置，是为了适应国际汉语教学形势发展的需要，而海外的中文教学正呈现教学层次、教学需求、教学目标以及教学模式等多样化趋势，汉语教学的大发展，带来了教学工作的多样化和复杂化。作为汉语的母语国，我们不仅要适应形势的需要，更要主导开拓汉语教学的新局面。因此，培养方案提出了“具有语言文化国际推广项目的管理、组织与协调能力”的新要求。

第三，注重质量要求，明确人才规格。培养方案要求的“具有系统的专业知识”“具有

较高的中华文化素养和传播能力”“具备熟练的汉语作为第二语言教学技能”“能熟练运用现代教育技术和科技手段进行教学”“能流利地使用一种外语进行教学和交流”等，是对汉硕的质量要求，其中“系统”“较高”“熟练”“流利”是质量要求的标准。培养目标中对人才的“高层次、应用型、复合型、国际化”的限定，体现了对汉硕人才规格的更高要求。

二、课程体系

表 11-11 展示了《培养方案》(2007) 和《全日制中国学生培养方案》(2009) 汉硕培养方案中对课程的设置情况。从类型上看，《培养方案》(2007) 将汉硕课程分为公共课、必修课和选修课三类，其中选修课涉及五大板块；从课程结构上看，28 门专业课程中，教学、教育类 (含习得) 课程最多，有 15 门，占比 53.57%，文化类课程 7 门 (占比 25%)，汉语类课程最少，只有 6 门，占比 21.43%。《全日制中国学生培养方案》(2009)“以实际应用为导向，以国际汉语教师的职业需求为目标，围绕汉语教学能力、中华文化传播能力和跨文化交际能力的培养，形成核心课程为主导、模块拓展为补充、实践训练为重点的课程体系”，不仅课程类型发生变化，具体课程设置也有所不同。以中国学生培养方案为例，完全取消了汉语类课程，专业课的课程结构只有教学与文化两大类，其中教学类课程 16 门 (占比 69.57%)，文化类课程 7 门 (30.43%)。

表 11-11　　汉硕培养方案课程设置

类型			课程名称
《培养方案》(2007)	公共课		政治、外语
	必修课		汉语语言学导论、汉语作为第二语言教学法、第二语言习得导论、中华文化与跨文化交际、课堂教学研究
	选修课	语言类	汉语语音概说、汉语语法概说、汉语词汇概说、汉字概说、汉外语言对比
		教学类	汉语测试与教学评估、汉语教材分析与编写、汉语教学案例分析、现代教育技术及教学应用
		文化类	中国思想史、当代中国概况、国际政治与经济专题、国别与地域文化、礼仪与公共关系、中华文化技能
		教育类	外语教育心理学、国外中小学教育专题、儿童心理发展与成长、教师发展概论、教学设计组织与管理
		方法类	教学调查与分析、课堂观察研究、案例分析研究
《全日制中国学生培养方案》(2009)	核心课程	学位公共课程	政治、外语
		学位核心课程	汉语作为第二语言教学、第二语言习得、国外汉语课堂教学案例、中华文化与传播、跨文化交际
	拓展课程	汉语作为外语教学类	汉语语言要素教学、偏误分析、汉外语言对比、课程设计、现代语言教育技术、汉语教材与教学资源
		中华文化传播与跨文化交际类	中国思想史、国别与地域文化、中外文化交流专题、礼仪与国际关系
		教育与教学管理类	教育心理学、国外中小学教育专题、教学设计与管理、汉语国际推广专题
	训练课程		教学调查与分析、课堂观察与实践、教学测试与评估、中华文化才艺与展示

从课程体系来看，汉硕培养重点关注教学技能的掌握，这对培养“胜任各种教学任务”的“应用型”人才是非常必要的。但是，对汉语和汉语作为第二语言教学自身特点和个性化教学规律的忽视，是培养方案的一个疏漏（李泉，2021）。前文提到，汉语和汉字知识、汉语语言学知识是汉语教师的核心知识储备，汉语能力是汉语教师最根本、最重要的能力。汉语理解能力、汉语表达能力和汉语阐释能力，是教师开展教学的基础。完全不开设与汉语相关的课程，势必会造成汉硕学生知识结构的不足，进而影响未来他们从事汉语教学的质量。

此外，还需要清醒地看到，随着国际中文教学背景、教学对象、教学需求等的变化，国际中文教育硕士专业学位课程建设也应处于不断发展的过程中。在不同的教学环境下（如网络教学环境、中小学教学环境），如何细化“高层次、应用型、复合型、国际化专门人才”培养目标的内涵？网络中文教师、中小学中文教师应具备哪些素质？国外相关学科的课程设置理念怎样与专业硕士的培养过程有机结合？怎样才能编写出与国际中文教育硕士课程相配套的系列精品教材？对这些课题的充分讨论，将有助于完善汉语国际教育专业的课程体系，将相关研究引向深入。

三、培养模式

指导性培养方案对汉硕的培养目标、培养要求和课程设置进行了规定与规范，但在具体的人才培养过程中，还需要培养单位结合自身的实际情况与优势，将培养方案中的宏观要求落地落实，实现培养目标、培养过程、评价体系、培养单位的有机结合，因地制宜设计满足汉硕学生需求的课程体系，创新构建培养模式。经过培养单位的不懈努力，部分院校在培养过程中形成了特征有异的培养模式。总体来看，大致可分为定向培养和非定向两大类。

（一）定向培养模式

汉硕定向培养模式，是指针对某个国家、某个区域、某种语言或某个年龄段学生群体培养中文师资的培养模式。该模式可以从不同视角进一步划分为若干类别。

1. 国别定向培养模式

专门针对某个国家定向培养汉语教师的培养模式，可称为国别定向培养模式。中央民族大学针对美国对中文教师的需求——教师既要掌握汉语、中华文化基础知识，还要了解美国语言、文化、教育制度、学生学习特点、家长期望和要求等传统教学内容很少涉及的知识和能力，制定了中外联合的“就业导向培养模式——1＋2＋X”，以培养面向美国的“高层次、应用型、复合型”中文教师。“1”指的是一学年在校学习，“2”指利用两个暑假进行汉语基础补修和英语强化训练，“X”为从第二学年开始学生进行海外实习、套读美国高校硕士学位、申请教师执照，为日后在美就业提供坚实的基础。

2. 区域定向培养模式

区域定向培养模式是针对某一地区培养汉语教师的模式。东北、西北、西南地区部分高校对这类模式进行了积极探索。如辽宁大学、辽宁师范大学、沈阳师范大学将韩国、日本、蒙古等国作为汉硕培养的特定对象国，除第一外语外，还鼓励学生选择韩、日、蒙古语之一作为第二外语学习。新疆师范大学、新疆大学等汉硕培养院校多针对中亚各国的教学情况，鼓励学生学习俄语或中亚某一国家语言。云南师范大学、云南大学、广西民族大学、广西大学、广西师范大学等高校则利用邻近东南亚各国的地理优势，培养面向泰国、缅甸、老挝、越南和柬埔寨等国的汉硕学生，开设了泰语、缅语、越南语、老挝语、柬埔寨语等东南亚国家语言作为课程体系中的必修或选修课。

3. 层级定向培养模式

所谓层级定向培养模式，指的是针对不同教育层级定向培养汉硕的模式。如北京师范大学针对海外中小学培养中文师资。在汉硕培养课程中，开设了“少儿汉语教学”等课程，还要求所有汉硕必须赴国外中小学等不同教育层级机构实习一年方可毕业。

（二）非定向培养模式

汉硕非定向培养模式，是指在其培养模式中并未体现定向培养特点，而是笼统地针对海外培养汉语师资的培养模式。实施“非定向培养模式”的院校，在遵从2009和2010年两个“指导性培养方案”的同时，多数院校也在积极探索培养模式的特色问题。

1. 学术-实践型培养模式

采用这类培养模式的院校，以促进学生全面发展为培养目标，既注重对学生学术能力的培养，又兼顾实践能力训练。如北京大学对外汉语教育学院认为，学生的科研、教学等综合素质、能力的提高是人才培养的重要目标，因此特别注重专业理论知识的教学，并在学生硕士论文选题时特别强调学术性。中国人民大学文学院/国际文化交流学院在汉硕培养过程中，既强调学生在扎实专业基础之上积极开展教学实习，又针对毕业论文写作创新性地提出“四关八审”制度，在论文选题、开题、预审、答辩环节设置严格的审查环节，强调培养学生严谨的科学态度与良好的科研能力。

2. 实践型培养模式

采用这类培养模式的院校，都十分重视对汉硕实践能力的培养，并在实践能力培养方面摸索出一套较为科学的方法。北京外国语大学中国语言文学学院在海外实习管理方面探索出了一条行之有效的管理办法。学校充分利用承办海外孔子学院多的优势，为学生提供了赴国外孔子学院实习的岗位和机会。天津师范大学国际教育交流学院在课程体系建设中强调应用性，强化“见习—实践—实习（顶岗）”过程培养，注重职业能力培养和实践环节的课外延展相结合，实施汉教与国际学生的一对一互助学习，注重课程与实践的对接。中山大学汉语国际教育硕士专业的“全程见习实习”培养模式，着力培训学生的语言教学技能、文化传播技能、跨文化交际能力，为学生未来从事汉语教学工作打下坚实的基础。

以上这些培养模式，都是各培养单位充分挖掘和利用自身的优势与特点，对两个“指导性培养方案”的创新。究竟哪种培养模式更有效、更能适应汉语国际化的进程，还需理性思考汉语国际教育硕士培养模式四个要素（培养目标、培养机构、培养过程、评价体系）之间的内在联系和逻辑关系，从而搭设科学的培养体系，建立严格的管理与培养程序，推进汉语国际教育硕士的学科建设（林秀琴，2013）。各院校要综合考虑培养目标、培养特色、课程设置、实践环节、教学方式、培养方式、师资状况、管理保障、论文完成、就业状况这十个要素，制定科学可行的方案，不断推动汉硕培养模式的系统优化（李东伟、吴应辉，2017）。

本节关键词

国际中文教育专业硕士　培养目标　培养要求　课程体系　培养模式

第四节 教师职业规划与发展

教师的职业规划，是教师结合个体与学校发展的双重需要，对决定教师职业生涯的因素进行分析，进而确定事业发展目标，并设计相应的行动计划的活动过程。教师发展指的是教师在教育教学活动中不断学习提高、积累经验、革新教育观念与教学方式、提高道德水平和专业能力、全面提升教育教学质量、造福于学生和社会的一个过程。区别于其他职业，教师的职业具有很强的专业性和应用性，教师讲授专业知识、解决教学问题、提升教学质量方面的能力提升，在很大程度上决定了其事业发展目标能否实现。换句话说，教师发展与其职业规划具有同质性、同向性。着眼于业务水平的角度，二者是相同的，教师对自己的个人素质、教学能力、科研水平的规划，即是其专业发展不断提升的过程。

另外，站在实施主体的角度，教师发展（Teachers Development）与专业发展（Professional Development）略有不同：前者强调教师个人的自发行为；后者通常由某机构组织实施，蕴含鲜明的工具性、功利性。有学者认为二者是相关但不相同的两个概念（孙德坤，2008），也有学者认为前者包含后者（郑艳群，2019）。本节将这两类不同实施主体的“发展”都纳入研究范畴，所提及的“教师发展”内涵较宽泛，指教师通过积极反思、不断改进自己的教学实践，更新自己教学理念的过程。

一般来说，教师发展的相关研究内容涉及教师教育研究、教师认知研究和教师行为研究等三大领域（郑艳群，2019）。其中教师教育是对教师培养和培训的统称，具体内容参见本章第三节、第五节，本节主要讨论教师认知研究与教师行为研究。

一、教师认知

教师认知是近二三十年来教育界和第二语言教学界共同关注的一个热门的研究领域，主要揭示教师的心理世界，即他们的信念、思想、知识结构及其对教学实践的影响（孙德坤，2008）。教师认知空间所映射的主要内容有教师信念、教师思想情感以及教师知识结构（郑艳群，2019）。

（一）教师信念

教师信念（Teachers' Beliefs）是指教师在自己的职业活动中，积累形成并贯彻到教育教学工作中的关于教与学的态度、价值、思想和理念。国际中文教师的信念系统包括对语言本体、语言教学、语言学习、语言环境以及语言教师职业的信念（见图 11－1）。这些内容深刻地影响着课堂的教学过程和教学效果、推动教师发展，同时，积极的教师发展也有利于教师信念的不断更新。

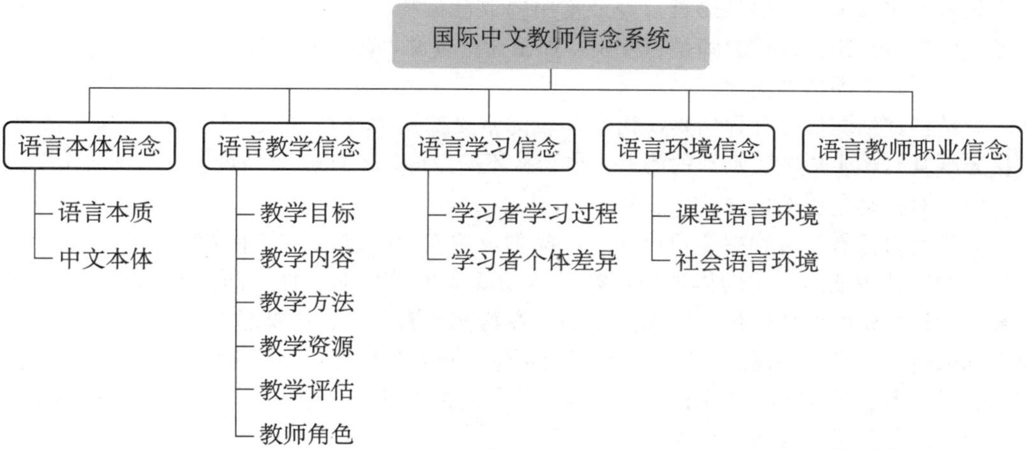

图 11－1　国际中文教师信念系统结构图

1. 语言本体信念

语言本体信念指的是教师对语言以及中文的看法。具体又分为语言本质和中文本体两个方面。

（1）语言本质方面，需要了解的是，教师更看重语言本身还是将语言视为一种社会交际工具。结构倾向的信念关注语言本身的构成要素以及语言要素的组合关系与聚合关系，而功能倾向的信念关注的则是语言作为一种表达工具在交际过程中能起到什么作用。

（2）对中文本体的认识是指对中文本身的语音、词汇、语法等诸种现象及其历史演变和发展的了解（陆俭明、马真，2016）。李泉（2C18）指出，应“尽可能多地关注适合汉语汉字特点及教学规律的教学信念”。中文作为世界语言的一种，在语音、语法、语义、语用等方面与其他语言有何异同，在教学中有哪些重点和难点，语言教师对此会有自己的认识，并且会在实践中根据这些认识进行具体的教学设计。

2. 语言教学信念

教师对语言教学的信念可细分为其对教学目标、教学内容、教学方法、教学资源、教学评估、教师角色等六个方面的定位。

（1）对教学目标的信念。

以传授语言知识为目标的中文教师，会在实践中详细、充分地进行语法讲解与分析；而以训练语言交际能力为目标的中文教师，会更关注语法项目使用情境和使用条件的说明。教师对教学目标的信念，直接影响其对教学内容、教学方法、教学策略的布局。

(2) 对教学内容的信念。

中文教学内容包括语音、词汇、语法、汉字、文化等。教师如何看待这些内容的重要性，会对他们在教学过程中的具体处理方式产生影响。

(3) 对教学方法的信念。

国际中文教学方法有很多，语法翻译法、直接法、听说法、全身反应法、交际法、任务型教学法等不同教学流派均有不少拥趸。教师对这些教学理念的看法与态度，直接影响其教学活动的设计与编排，进而影响教学效果。

(4) 对教学资源的信念。

教材和多媒体课件等是语言教师最常用的教学材料，随着信息技术的发展，不同模态的教学资源也纷纷出现，教师是否使用、加工这些资源，源于其对教学资源的信念。

(5) 对教学评估的信念。

总结性评估与形成性评估是汉语教学较为常见的两大评估理念。汉语教师的评估观会直接影响其对学生成绩、水平的测评，也会从不同角度、不同程度对教学产生反拨作用。

(6) 对教师角色的信念。

教师对自己教学过程中的角色认知，深刻影响教学的过程。在中文教学中，教师对自身角色的定位应该是：①助体地位，教学活动要突出学生的主体，凸显教师在答疑解惑、引导活动过程中的助体地位；②师生平等，在跨文化教学中，中文教师应从主观和行动上树立和践行师生平等的观念，以更好地淡化师生之间的距离感，拉近彼此的距离；③服务意识，要善于为学习者搭设“脚手架”，一步步引导他们实现语言进步，深入了解中国文化。

3. 语言学习信念

第二语言学习理论关注学习者的学习过程及其影响因素，以及学习者作为学习主体的特征。据此，教师对语言学习的认识信念应包括学习者的学习过程、学习者的个体差异两个方面。

(1) 对学习者学习过程的信念。

很多因素都会对学习者的学习产生影响，例如母语负迁移、目的语特征、教师的互动反馈、学生的年龄、学习动机、学习风格等等。这些因素能否改变学习者的语言获得顺序，或者说学习者有没有固定的语言习得顺序，也一直是学界争论不休的问题。教师对第二语言学习者的学习过程势必会有不同的看法，这也间接影响其教学实践。

(2) 对学习者个体差异的信念。

学生不同的需求或者个性特点，如年龄、性格、动机、学能等，都会影响其语言学习的进程；而教师对学生的个体差异持什么样的态度会影响其教学进度的安排、教学活动的开展等。

4. 语言环境信念

随着信息技术的发展，外在环境越来越复杂，传统课堂已经远不能囊括现有语言学习环境中所涉及的各种外部因素。课堂语言环境和社会语言环境两个方面，会牵涉师生、技术等不同因素之间的相互作用，也体现出教师对语言环境的态度。

5. 语言教师职业信念

教师对语言本体、语言教学、语言学习相关理论的认识体现的是教师的专业素质。作为这个行业的从业者，对自身职业的定位也应引起研究者的重视。尤其是在现代科技广泛应用于教学的信息时代，教师更需要正视自身角色的调整和改变，努力适应时代变化所带来的挑战。教师对汉语教学行业的期待、对学历提升的要求、对信息素养培训的看法，都是其职业信念的具体体现。

在以上教师信念系统框架下，对中文教师在教学实践中所秉承的信念进行科学调查，剖析影响信念产生的因素，探讨什么样的教学意识、理念更有利于中文教学，将极大地助推中文教师的职业发展。

（二）教师思想情感

教师思想情感指的是教师在教学中所产生的态度，包括教师自身的情感因素，如教学态度和教学情感投入等，以及外界影响教师情感的因素，如学生反馈、教学环境等。在中文作为第二语言教学中，教师既有正面积极的情感，如喜好、高兴，也有负面消极的情绪，如悲哀、恐惧、厌恶、愤怒，还可能有中性情绪，如惊讶等（吴勇毅，2019）。这些不同的情感投入和情绪体验，会直接影响到教师的课堂教学行为，乃至课外（课前、课后）行为，关乎教学效果，也会影响（支持或抑制）教师的成长和发展。从已有研究看，目前学界对教师思想情感的关注多涉及职业倦怠、教学焦虑等方面，对具体情绪状态的研究还有很大的空间。

1. 教师职业倦怠

职业倦怠指的是行业职员所感受到的一种身心极度疲惫的综合反应状态。这种状态容易导致职员产生一些负面情绪和行为，进而影响工作质量和效率。教师是职业倦怠的高发群体之一。国外从 20 世纪 80 年代就开始对教师职业倦怠进行研究，将职业倦怠细分为情感耗竭（教师对待教学缺乏热情，感觉自己的情感损耗殆尽而处于极度疲惫的状态）、去人性化（教师对学生表现出消极、否定、冷漠的行为，缺乏同情心）和低成就感（教师无法从教学中体验到成就感，而且倾向于消极评价自己和工作）三个方面。

有关中文教师职业倦怠的调查研究显示，从整体情况看，中文教师总体上表现出一定程度的职业倦怠。具体来说，情感耗竭维度上，属于中度倦怠；去人性化和低成就感两个维度上，则属于轻度倦怠。从影响因素看，教龄和学历是影响职业倦怠的主要因素。教龄在中文教师职业倦怠的情感耗竭维度上有显著影响，五年及以下教龄的教师情感耗竭程度显著低于六年以上教龄的教师；在去人性化和低成就感两个维度上，拥有硕士研究生学历的教师比拥有博士研究生学历的教师倦怠程度更严重（郭睿，2014）。

2. 教师教学焦虑

教师的教学焦虑是一种涉及教师在准备与执行课堂活动时经历的焦虑，常出现在职前教师或新手教师群体中。对教龄小于 12 个月的新手汉语教师进行访谈发现，导致中文新手教师产生教学焦虑的因素主要有 10 个：教师语言知识和能力、教师教学能力、学生异质性（指学生在文化背景、学习风格、汉语水平等方面的差异）、教学条件、校方压力、学生课堂表现、师生关系、教学效果、教师自尊（指教师很重视学生以及学校同事对自己的评价）、教师自我效能感（教师自我效能感指教师对自己教学特点的了解程度，对教学过程的把握程度，以及对自己教学水平的信心）。其中，教学效果、教师自尊和教师自我效能感是导致教师焦虑的直接原因，其他因素是通过这三个因素的作用而引发焦虑的。如，教师语言知识和能力、教师教学能力、学生异质性、教学条件、校方压力这五个因素通过学生课堂表现和师生关系的中介作用而影响教学效果、教师自尊和教师自我效能感，从而导致教学焦虑产生。总体来看，教师自尊在中文新手教师教学焦虑中起到关键作用（张蔚、徐子亮，2016）。

3. 其他情感

除职业倦怠、教学焦虑两种情感之外，还有学者讨论了教师的惊讶情感对教师认知的影响。首先，在培训活动和教学实践中，惊讶情感能够凸显教师新旧认知的冲突，进而促进认知的更新与发展；其次，惊讶情感可以反映教师进行信息处理与加工的成效，体现教学诊断与反思中的变化契机，能推动创新性认知的产生与建构（方雯、吴勇毅，2021）。

（三）教师知识结构

在中文教师知识结构方面，学者们主要围绕实践性知识进行集中探讨。所谓教师实践性知识（Teacher's Practical Knowledge），是指教师在具体的日常教育教学实践情境中，通过体验、沉思、感悟等方式来发现和洞察自身的实践和经验之中的意蕴，并融合自身的生活经验以及个人所赋予的经验意义，逐渐积累而成的运用于教育教学实践中的知识以及对教育教学的认识，有助于教师重构过去经验与未来计划以至于把握现实行动（姜美玲，2006）。从某种意义上说，教师实践性知识是在教学实践基础上形成的各种经验的“集合”，相比从书本中获得的理论知识，实践性知识在教师教学活动中的作用更为关键。它依赖于教师过去的经验，存在于教师当前的教学生活中，并预测着教师未来的教学活动。可以说，教师实践性知识是教师专业发展的主要知识基础。

中文教师实践性知识的研究成果，多采用个案研究的方式进行。如曾有研究对比了新手教师和熟手教师的实践性知识差异，结果显示，在中文教师所考虑和运用的教学知识中，使用频率最高的为一般教学知识和语言教学知识，语言学知识和文学文化知识使用频率较低。与熟手教师相比，新手教师使用跨文化交际知识、关于学生的知识和语言教学知识的频率较低（江新、郝丽霞，2011）。不过，关于影响实践性知识形成的因素有哪些，怎样科学有效地提升或更新教师的实践性知识，还有很大的研究空间。

二、教师行为研究

教师的所信、所思、所想一般来说是内隐的，它往往会通过外显的教师教学行为表现出来。对具体教学行为科学性、合理性、有效性的反思、自省，有助于教师不断改进自己的教学工作，提升教学质量，进而促进教师的个人发展。

近年来，以教师在实践中遇到的问题或困惑为切入点，通过教师自己实践摸索来寻求解决问题的行为研究范式，越来越受到国际中文教学界的关注。行为研究是由教师针对自己教学中的问题自己制定、亲自参与并展开调查与研究的系统的反思性探究活动，其目的在于不断改进教师自己的教学工作，使教学在最佳状态下进行并取得最佳效果，是促进教师专业发展的重要途径。尽管广大一线中文教师对行为研究具有一定的兴趣，但在实施层面还存在一些问题：一些教师虽有一定的兴趣，但对行为研究的内涵还比较模糊，相关理论基础比较薄弱，研究方法不够科学严谨，特别是不善于对自己的教学过程予以反思，难以从中发现和窄化研究问题。因此，提升教师教学反思的能力，成为国际中文教师开展行为研究、实现专业发展的主要路径（王添淼，2015）。

教学反思，是指教师对教学实践活动及其背后的理论以及行为的结果进行主动的、持续的反思、审视和分析，从而不断改进自身的教学行为，提高教学实践的合理性的过程。

教学反思并不等于静坐冥想式的教学实践回顾，而是在复杂的教学实践情境中捕捉具体的问题，深入探究并寻求解决问题的方法和策略。这需要教师在实践中不断地“解构”与“重构”，挖掘教育实践潜在的价值，主动构建教师的实践性知识。

王添淼（2019）总结的国际中文教师教学反思的实施路径主要包括：

（1）撰写反思日志，建立自身专业成长档案袋。记录专业发展过程中的成功与失败，通过对自己的教育观念、行为进行回忆和反思，努力挖掘思想深处的成因，追问个体思想、行为产生的背景，从而使反思的内容超越现象或是行为控制的局限。文档的建立过程是教师对已有经验进行系统化整理的过程，是对自己成长的记录过程，也是教师对自身教育教学进行反思的过程。

（2）采用微格教学法促进教师反思和教师间的交流与借鉴。微格教学是一种在较短的时间内模拟的教学经历，在这段教学时间里，教师将一个简短的教案实践环节向自己的几个同事或向一个较小的班级的学生呈现。在微格教学的过程中，教师可以用新的视角去审视自己、审视学生、审视课程，不断地更新自己的认知结构。同时，教师可以与同事交流，与不同学校的教师对话，也可以与专家、学生等进行交流。通过相互交流与借鉴，实现更为深刻的反思。

（3）采用教育叙事研究方法使教师对教育世界中的真实情境进行更为深刻的反思。教育叙事，就是教师讲有关自己或教育教学的故事，包括想象叙事、口头叙事和书面叙事。教育叙事研究，是借助教育叙事的方法，研究教师的教育生活与发生在教育世界中的事情。从本质上说，教师叙事研究不仅仅是对个人经历和孤立经验的故事的反思，而是对社会大背景下整个教育的反思。合理的叙事研究会使教师把自己个人的经历和体验与社会生活联系起来，在社会政治、经济与文化的大背景下反省自己的生活、工作与学习，从而走上更宽广的反思道路。

（4）搭建教师专业学习共同体，使教师感性的实践经验上升为理性的、系统化的知识。教师专业共同体是建立在教师专业化浪潮的基础之上，以学校为基地，以教育实践为载体，以共同学习、研讨为形式，在团体情境中通过相互沟通与交流最终实现整体成长的提高性组织。通过教师学习共同体这座桥梁，可以使教师内心深处和潜意识中的知识和经验转化为显性知识，得到确认、整理并系统化，与其他教师共同分享和相互促进，进一步提高教师在专业发展过程中的反思和协作能力。

本节关键词

教师发展　教师认知　教师信念　教师思想情感　教师知识结构　教师反思

第五节
多元化的中文教师培训

20世纪50年代是新中国对外汉语教学的开端。彼时对外汉语教学规模小，教师多为知名学者（如朱德熙、邢公畹、郭预衡等先生），师资队伍建设问题并未引起学界关注。60 年代，对外汉语教学体系初步形成，外派教师和来华留学生人数大量增加，北京语言学院开始为国内其他高校举办对外汉语教师培训班，对外汉语教师培训工作进入起步阶段。

20 世纪八九十年代，汉语教学进入快速发展期，许多院校和机构都根据自己的条件和优势，开展了不同形式的对外汉语教学业务，教师队伍也得到了快速发展。由于教师专业不一、素质不齐等问题，一些对外汉语教学单位进行了教师业务培训，主要有全国性脱产培训班、相关学校联合举办半脱产短期专题培训、各单位进行的培训三种形式。

进入 21 世纪，汉语国际推广不断深入，为满足各国本土化、多层次汉语教学需要，提高中文教师的专业素质和教学水平，中文教师培训呈现出多元化发展趋势。

一、外派教师岗前培训

推进中文的国际化进程，解决海外中文教师紧缺的问题，最直接的方法就是外派大量专业的中文教师，以推动海外中文教学的长足发展。为确保赴外任教的中文教师能够顺利在海外开展教学，对其进行岗前培训是非常必要的。

（一）志愿者教师岗前培训

汉语教师志愿者项目是中国为帮助世界各国解决中文师资短缺问题而专门设立的志愿服务项目，于 2004 年正式实施。志愿者主要从对外汉语、汉语言文学、外语、教育学、历史、哲学等文科专业的在职教师、在读研究生、本科以上应届毕业生中招募选拔，经培训合格后派出任教。

志愿者教师岗前培训是国家汉办/孔子学院总部组织的规模最大的教师培训。以 2017 年为例，培训的志愿者教师人数共 6 306 人，派往 1 277 个国家。培训的主要目的是使学员增加对当今世界和中国国情的了解，进一步坚定理想信念；增强作为汉语教师志愿者的光荣感、使命感和责任感，激发对国际中文教育事业的热情、感情和激情；全面掌握中文作为第二语言的教学能力、中华文化传播能力和跨文化交际能力；能够适应赴任国生活，胜任志愿服务工作，成为中外友好交流的民间使者。

在统一的培训目标下，不同的培训承办单位会根据各自特点设计具有个性化的培训方案。以华东师范大学国际汉语教师研究基地为例，该校培训项目强调理论与实践相结合，主要采用集中强化的形式，以案例教学为手段，以小班试讲点评为特色。培训课程主要由四个模块构成：（1）理想信念与志愿精神；（2）汉语教学能力，包含教学与课堂管理、教育技术与教学资源等内容的介绍，教学观摩与实践等；（3）中华文化传播能力，涵盖中华文化、跨文化交际、赴任国语言、中华才艺等内容的讲解；（4）关于涉外教育、安全教育等方面的赴任指导（丁安琪、陈文景、曲福治，2021）。

总体来看，志愿者教师培训项目有助于志愿者教师了解中文教学的基本情况，提升其对教学实践的理性认识以及对教学技术与资源的有效利用。但培训内容对海外中文教学特点的关注、对教学对象特点的分析、对教学实践的操练等方面还需进一步提升与完善（江傲霜、吴应辉，2021）。

（二）国家公派教师岗前培训

为促进中外文化教育交流，加强国际中文教学和教育援外工作，教育部与国家汉办/孔子学院总部根据与国外的教育交流协议和国外对中文教学的需求，由国家汉办/孔子学院总部具体负责向国外教育部、大学、中小学等教育单位派出中文教学顾问及中文教师。国家公派教师岗前培训是国家汉办组织的规模仅次于志愿者教学培训的项目。根据 2009—2017 年的统计数据，国家年公派教师数最高达 6 300 人，派往 146 个国家。

国家公派教师岗前培训的目标是通过强化培训，全面提高教师中文教学能力、中华文化传播能力和跨文化交际能力，使教师能够适应赴任国工作和生活，胜任孔子学院及外国大中小学的教学任务。

与志愿者教师岗前培训相似，各培训单位会制定各具特色的培养方案。华东师范大学国际汉语教师研究基地的培训重点在于提升教师的中文教学能力、中华文化传播能力、跨文化交际能力、岗位职责及赴任指导、外事教育和安全意识。培训方式有案例教学、实训教学、自主学习、任务式学习与团队合作等。其中，实训教学主要通过微格教学、网络教学、模拟教学、试做课件、试讲评析等方式来提高学员实战能力。培训课程根据学员的专业背景、工作经验、赴任国别和岗位特点量身定制，一般包括六个模块：（1）教师职业精神，包括师德教育、职业发展、学术研究、教师行为规范、团队合作精神等；（2）汉语教学，包括要素与技能教学；（3）教学组织与课堂管理，包括大纲、课堂管理、课堂活动、多媒体课件、测试与评估、教材选用和教学资源利用等；（4）中国文化和跨文化交际，涉及中国文化、中华才艺、当代中国、跨文化交际、中外教育的差异、汉语与文化教学相关内容；（5）孔子学院总部重大项目介绍；（6）赴任指南和安全教育。

（三）其他赴外教师岗前培训

除了国家汉办/孔子学院总部组织的赴外教师岗前培训项目外，一些高校也会针对赴外任教的中文教师进行有针对性的岗前培训。

如美国某高校孔子学院针对赴美的中文新教师进行的岗前培训，紧紧围绕“新教师课前、课上、课后要做什么”这个关键问题布局，分为四大板块：（1）热身部分，加深新教师之间的互相了解，建立熟知、友好、互信的团队；（2）课前部分，训练新教师发现自己的强项弱项、熟悉教学材料、了解学生特点；（3）课上部分，训练新教师展示内容提要和时间分配、展示学习目标、提供良好教学以及完成结课测评；（4）课后部分，主要涉及教学联络、批改作业及考试、备课和研究工作（李惠文，2014）。

与志愿者教师、公派教师岗前培训课程设置相比，美国高校对赴美教师的岗前培训方案减省了语言学、语言教学等理论知识的讲解与阐释，侧重教学策略、教学方法和教学技术的培训，更强调实践性，以达到新教师迅速适应教学环境、投入教学工作的目的。

二、海外本土教师培训

随着国际中文教育事业的不断发展，越来越多国家的中文教学机构认识到，解决海外中文教师匮乏的问题，不能单纯依靠增加外派教师和志愿者的数量。培养从事中文教学的本土化教师，才是中文教学在当地可持续发展的根本之道。为此，各国积极开展本土教师培训工作。

(一) 美国中文教师培训

美国的中文教师培训有很多不同的形式。从时间来看，可分短期（针对某种教学法理论技巧或测试方法的为期几天的培训）、中期（为期数周的较综合性的培训）和长期（一年以上、可颁发学位或证书的项目）。从培训方式来看，可分注重某种教学法理论的讲座性培训、注重教学技巧实践的工作坊式的培训以及两者兼而有之的双轨式培训。从培训动机来看，大致可分为岗前培训、在岗督导和脱岗进修三种：岗前培训是指一些语言项目为保证其教学质量，在项目开始前对一些经验不足的教师或者对一些对本项目教学方法不熟悉的教师进行的培训；在岗督导指的是对正在任教的教师进行岗位上的监督和指导；脱岗进修指的是对已经积累了一定教学经验的教师进行的以进一步提高其业务水平为目的的培训。

1. 岗前培训与在岗督导结合模式

岗前培训与在岗督导相结合的模式是比较常见的，特别是在雇用研究生做教学助理（或称助教）的研究性大学最为普遍。

在俄亥俄州立大学，每年秋季开学前有一个为期三周的工作坊，为承担中文教学任务的新任助教传授外语教学法理论，并组织小规模的模拟课堂，以便让他们在学习理论知识的同时获得教学的过程性知识；学期开始后，工作坊指导教授以及各年级主任监督新助教一边教课一边继续受训（虞莉，2007）。

夏威夷大学沉浸式师资培训项目也采用此培训模式。该项目持续 24 天，前三天以专题讨论形式对参训学员进行集中强化培训，主要学习中文教学基本原理、课程设置和如何写教案等。之后三周是参与汉语沉浸式体育夏令营教学。夏令营聘请五位指导教师，既负责对学员进行教学指导，也负责为参加夏令营的学生授课。夏令营第一周，学员要跟着指导教师一起听课，观摩指导教师授课并做课堂观察记录；第二周指导教师指导学员备课，并让学员配合自己组织课堂活动；第三周则主要由学员对夏令营的学生进行授课，学员要将自己前期通过研讨和观察获得的教学理论转化为教学实践。从第一周开始，每天课后，指导教师与学员都要共同对当天的课程进行反思，并为第二天的课做准备（丁安琪，2012）。

这种培训模式的好处是培训目的性强，理论与实践结合紧密，有利于参训人员知识、技能的并行发展；但由于培训时间短，而且教学任务紧随其后，因此培训往往只能粗线条式地规避一些教学中的难点问题。

2. 岗前培训模式

单独的岗前培训项目在美国不多见，比较成功的有俄亥俄州立大学东亚语言文学系的暑期教师培训项目（SPEAC Chinese Teacher Training Program）。该项目为期七周，开设三门课程，分别是中文教学法理论、教材设计与评估及教学实践。学员每天受训四到五个小时，其中两个小时上理论课，一个半小时在学员之间进行教学演习（模拟课堂），另一个小时在同时进行的暑期语言强化班内见习或实习。该项目是一个高强度的密集型培训项目，最大的特点是理论、实践双轨并行，让学员最大限度地在两方面同时发展。

3. 在岗督导模式

单独使用在岗督导模式的语言项目也不多，因为不是所有的中文项目都会对专任教师有系统、严格的教学指导与监督。只有管理比较严格的项目，如普林斯顿大学的中文部、哈佛大学中文部、明德大学中文暑校有在岗督导的传统，校长或年级主任通过听课、会议讨论、集体备课等方式，对经验不足的教师进行岗中培训。这种培训模式的好处是能够帮助在职教师在工作中不断提升教学水平，确保语言项目的稳定教学质量。

总的来说，以上三种形式的教师培训模式，在很大程度上满足了美国中文教师的职业发展需求。培训内容设置遵循“在实践中学习”的教学理念，注重让受训教师通过工作坊、讨论心得等实际参与的方法来发展其教学技能，让更多的中文教师获益。

（二）英国中文教师培训

英国中文教师的培训主要分为职前培训、在职培训和师资证书培训三类（宋连谊，2007）。

1. 职前培训

英国文化委员会（the British Council）每年会从中国聘请部分教师到英国中学教一年中文。为了帮助中国教师尽快熟悉西方课堂教学和学生学习特点，在这些教师赴英之前会为其安排相应的职前培训。

2. 在职培训

（1）校内培训。

在英国正规大、中、小学校任教的中文教师，需要参加所在院校安排或组织的业务培训课程。以伦敦大学亚非学院为例，既有为语言教师举办的工作坊（如制定教学大纲、教授词汇、使用网络资源等），也有就具体中文教学不同方面进行探讨的讨论会。

（2）校外培训。

除在校内参加培训外，英国中文教师还可以参加一些机构举办的教师培训项目或学术会议。

SSAT 是英国专长学校联合会（The Specialist Schools and Academies Trust，现改名为 The Schools Network）的简称。SSAT 教师培训项目以非华裔背景的英国本土教师为培训对象，拟通过三周的语言学习和文化体验，让学员在真实的中国环境中对中文语言知识及中华文化形成一个初步的认识和了解，打下良好的基础，以便他们回英国之后能够为英国的中小学生开设初级水平的中文课程。从培养方式和内容来看，该项目虽是教师培训，但培训内容以汉语语言知识与技能为主，以教学方法为辅。换句话说，培训是在教授中文的同时，将如何教汉语的方法融入其中，而不是以显性方式向学员讲授中文教学的方法与技巧。另外，SSAT 项目还安排了诸多综合技能课（如剪纸、书法、太极等）和丰富的文化活动（如观看京剧、体验茶馆文化等），这些内容都是为了提升国际中文教师的综合素质。

此外，英国汉语教学研究会、中文学校联会等机构，每年也会举办学术交流活动，为英国中文教师提供探讨、提高的平台。

3. 师资证书培训

在英国，与中文教学相关的证书有两个：一个是英国师资培训的中文 PGCE，另一个是伦敦大学亚非学院授予的中文教师证书。

PGCE（Postgraduate Certificate in Education，师范硕士学位）是英国中小学教师必须获得的证书。英国有三所大学开设中文 PGCE 证书培训项目：埃克塞特大学（University of Exeter）、伦敦大学金史密斯学院（Goldsmiths，University of London）和谢菲尔德大学（University of Sheffield）。

伦敦大学亚非学院（School of Oriental and African Studies，简称 SOAS）语言中心承办了中文教师证书（Certificate in Teaching Chinese as a Foreign Language，简称 CTCAFL）课程。学制一学年，每周三学时，包括理论学习、课堂观摩、学员试讲、实验班授课实践等环节。同时，学员须完成相当数量的课后作业、六篇学科论文和报告，以及最终完成毕业论文。

（三）澳大利亚中文教师培训

澳大利亚的中文教师培训项目主要包括职前培养、在职培训和进修两部分（张玉喆，2015）。

1. 职前培养

澳大利亚中文教师的职前培养，就是在高等院校教师教育课程中引进中文元素，学员接受三至五年正规的系统师资训练，经州政府认证获得公立学校执教资格。

2009 年至 2012 年期间，澳大利亚政府和新南威尔士州一所大学合作，实施了为期三届的“亚洲语言认证项目”（Asian Languages Accreditation Program，ALAP）。该项目对澳大利亚非中文科目的中小学教师进行在职培训，让他们能够获得注册资格来教中文、日语、印尼语中的一门课程。受训教师大部分是当地学校有经验的教师，他们对学校制度和学生的了解，便于他们更顺利地开展中文教学、开发当地资源、组织中文类活动。

2. 在职培训和进修

（1）政府资助中文教师到中国游学。

澳大利亚相关政府机构近年来主要通过“奋进语言教师奖学金”（The Endeavour Language Teacher Fellowships，ELTF）资助（正规教育体系中的）中小学外语教师去目的语国家短期强化学习。中文项目一般是三周，语言和语言教学法学习占用两周，文化体验占用一周，教师通过在中国大学集中学习中文，参观游览名胜古迹、现代都市，提升自身的中文语言水平和对中国传统文化及当代社会的理解。

（2）政府资助中文教师拓展中文课程。

澳大利亚联邦政府和州政府的教育部门为当地学校新开设的中文项目（也包括其他非英语语言项目）提供启动经费，资助中文教师拓展中文课程。尤其是设有专项经费用于与中国中小学校进行校际交流，让中文教师带领学生到中国访学，以提高学生学习中文的兴趣，并提高中文教师的业务素质。

（3）其他组织资助当地中文教师培训。

澳大利亚现代语言协会和澳大利亚中文教师协会等语言教师机构，也会定期组织会议，交流中文学习教育理论和教学经验，促进当地中文教师的终身学习和职业发展。

（四）泰国中文教师培训

加强本土中文教师的培训，一直是泰国中文教育发展研究的重要议题。泰国本土中文教师的培训模式主要有（赵燕华、韩明，2013）：

1. 本土教师来华研修

（1）中泰合作培养泰国本土化中文教师项目。

从2008年至2011年，泰国教育部每年选派100名泰国本土中文教师来华攻读一学年汉语教育课程。这个项目为泰国培养了约300位具有较高教学能力的中文教师。

（2）泰国中文教师来华研修项目。

该项目是由中国国家汉办和北京语言大学、山东大学、北京师范大学、华东师范大学等院校合作，为泰国本土中文教师提供来华研修机会。研修周期一般为1～4周，主要分为汉语强化班、专项技能班、大学教师研修班、《国际汉语教师培训大纲》研修班、中小学教师研修班等类型。

（3）泰国孔子学院组织泰国本土教师赴中国参加培训。

泰国孔子学院与中国大学合作，选派泰国本土教师赴中国大学进行教学培训。如东方大学孔子学院组织泰国中文教师培训班学员赴中国温州医学院进行为期两周的中文强化培训学习；宋卡王子大学孔子学院选派50位泰国中小学中文教师赴广西师范大学进行为期10天的教学培训。

2. 泰国国内本土中文教师培训

（1）泰国教育部或国内学校举办的泰国中文教师培训。

为了提高泰国中文教师师资水平，泰国教育部或泰国高校的中文系会利用泰国假期举办一些区域性的中文教师短期培训班。此外，泰国中小学和大学也常常举办本校中文教师的短期培训班或教学研讨。

（2）中文教学专家组赴泰国培训本土中文教师。

这种培训方式主要由中国国家汉办组织派遣国内中文教学专家组赴泰国举办中文教师培训班，以提高泰国本土大学中文教师或中小学中文教师的教学能力和教学水平。培训时间一般为2～4周。

（3）泰国孔子学院或孔子课堂举办的泰国本土中文教师培训。

泰国孔子学院和孔子课堂会不定期举办本土中文教师培训班。培训时间一般为一个星期或两个星期，形式包括为在职教师或预备教师开设培训班，举办不同层次的研讨会、经验交流会等。

以上各国本土教师培训情况是海外中文教师培训的一个缩影，呈现出培训多渠道、多样化、多层次的特点。这些在各国外语教育政策规定下开设的形式各异、特点鲜明的教师培训，为提升当地中文教师的语言水平与教学能力，推进中文教学本土化发展做出了积极贡献。但也需要看到，有些培训内容还缺乏针对性，授课方式需要更新，对培训的评估尚缺乏科学性。特别是在信息技术发展的形势下，如何创新培训服务模式，设置适合远程培训的课程，提升中文教师的线上教学能力，构建教师培训的新生态，为中文教师提供个性化、差异化的培训方案，是我们急需积极探索并解答的新问题。

三、其他教师培训

随着国际中文教学事业的不断发展以及对教师培训的高度重视，除了传统意义上的对外派教师或本土教师进行的培训之外，还出现了一些聚焦新角度的教师培训，如对教学产品、专门用途汉语教学、网络汉语教学的师资培训等。

(一)“长城汉语”教师培训

“长城汉语”是基于网络多媒体技术开发的新型对外汉语教学模式。自2009年5月起，国家汉办长城汉语中心开始组织海外教师培训。

“长城汉语”培训是一种以教学产品为中心、以实践为导向，汇集各类教学人才而进行的一种协商性的学习项目。培训由教材资深使用者进行教学指导，专家、编教者开展讲座，融合产品推介、教学法交流、人才发掘与培养、实践解决方案探讨、发展合作等多个目标，整个过程一般为4～5天（王祖嫘，2011)。

(二) 国际商务汉语师资培训

国际商务汉语师资培训对象主要有三类人群：第一类是已上岗的海内外中文教师，他们具有较丰富的对外汉语教学经验，甚至有一定的商务汉语教学经验，是目前国际商务汉语师资的重要力量；第二类是汉语国际教育专业硕士研究生，他们具有较强的可塑性，是未来国际商务汉语师资的重要力量；第三类是从事企业商务汉语培训的人士，他们多具有较扎实的商务基础知识和外语能力，但欠缺对外汉语教学技能，可能是今后商务汉语培训市场的生力军。

国际商务汉语师资培训内容可在以下五大板块中选择和组合：第一板块是商务汉语语言知识及教学法，重点是商务交际功能与案例教学法；第二板块是中外商务跨文化交际；第三板块是商务外语；第四板块是商务知识，重点是宏观经济学与微观经济学的基本概念与原理；第五板块是中国国情，重点是中外经济交流与中国政治、经济政策。具体培训可采用基于案例教学法的慕课平台与微格实训师资培训模式（周红，2017)。

(三) 网络汉语教学教师培训

在网络视频教学模式蓬勃发展的背景下，网络汉语教学教师培训模式应运而生。网络汉语教学教师培训课程主要涉及理论层面（如专业基础培训、网络教学基础培训)、实践层面（如平台使用技能培训、在线授课技能培训、课件应用技能培训）和发展层面（如实录教学案例分析、实战教学案例分析）等。其中，理论课程为网络汉语教学教师架构合理的知识结构；实践课程旨在提升新手教师实施网络教学的能力，发展课程重视通过案例分析提升教师的教学反思能力；从而促进其专业发展。

网络汉语教学教师培训可分三个阶段进行：第一阶段讲授网络教学概况、操练新手教师使用平台的技能；第二阶段围绕语言教学实践展开；第三阶段开展教学案例反思培训（章欣、李晓琪，2017)。

总的来说，为实现中文教师模式的专业化、国际化发展，更有效地推进教学实践的深化，各国都在积极尝试，通过多样化的培训手段促进教师专业成长。为进一步推进国际中文教师高质量培训，各国应进一步加强合作，切实满足多元化海外本土教师的实际需求，培训内容应更侧重于教师实践，线上培训与线下培训并举，以打造更加专业的分类、分级培训课程体系。

本节关键词

岗前培训　本土教师培训　在岗督导

【本章小结】

“三教”问题中，教师是制约教材、教学法发挥作用的关键因素。国际中文教师师资队伍的建设应从教师资格与教师发展两个层面展开。20世纪90年代初，我国开始实行对外汉语教师资格制度。从对外汉语教师资格考试到国际中文教师证书考试的历时发展，预示着国际中文教师的行业准入不断步入标准化轨道。《国际中文教师专业能力标准》颁布，预示着国际中文教师执业资格标准、资格考试将向着更加科学、合理、规范的目标迈进。国际中文教师的职业生涯发展包括教师教育、教师认知和教师行为三个方面，要注重教师信念培育、教学反思以及包括教师后备人才（即汉语国际教育硕士）培养的教师教育的研究。

【思考与练习】

1. 对照国际中文教师的素质与能力，你认为自己在哪些方面有优势，哪些方面还需补充提高？

2. 你认为国际中文教育硕士专业课程应该侧重哪些能力的培养？

3. 你对自己未来的职业规划是什么？汉硕学习对你的未来规划有哪些帮助？

4. 请谈谈你对教师发展的理解。

5. 你就读的学校有没有针对国际中文教师开展培训？具体的培训情况如何？请调查后简要说明。

6. 小组活动。2～3人一组，根据下列材料，完成以下任务：

（1）说明教学目标、教学内容、教学重点及难度、教学步骤。

（2）选择恰当的教学内容，设计教学环节，包括导入、讲解、操练和活动。

教学材料：

小王：小李，中国大使馆在哪儿？
小李：在亚非学院的西南面。
小王：大使馆南面是一个大公园，对吧？
小李：不对。公园在大使馆的北边。
小王：大使馆对面有没有公共汽车站？
小李：有。大使馆对面有一个银行，车站就在银行前头。
小王：有没有地铁站？
小李：也有。地铁站在大使馆和公园的中间。
小王：谢谢。我明天想去大使馆，还想去书店。
小李：大使馆后面就有一个书店。
小王：里面有中文书吗？
小李：有。

【拓展阅读】

崔希亮．汉语教师的知识结构、能力结构和文化修养//周小兵．国际汉语：第二辑．广州：中山大学出版社，2012.

李泉．汉语国际教育硕士培养目标与教学理念探讨．语言文字应用，2009（3）．

陆俭明，马真．汉语教师应有的素质与基本功．北京：外语教学与研究出版社，2016.

赵金铭．汉语作为外语教学能力标准试说．语言教学与研究，2007（2）．

本章参考文献

崔希亮．汉语教师的知识结构、能力结构和文化修养//周小兵．国际汉语：第 2 辑．广州：中山大学出版社，2012.

丁安琪．美国夏威夷大学沉浸式汉语师资培训模式分析：兼谈国际汉语教师培训．课程·教材·教法，2012（7）．

丁安琪，陈文景，曲福治．国际汉语教师培训的历史回顾与现状分析//周小兵．国际汉语：第 5 辑．广州：中山大学出版社，2021.

方雯，吴勇毅．惊讶情感与汉语教师认知生成性发展的交互作用．上海教师，2021（3）．

郭睿．对外汉语教师职业倦怠：现状与对策．语言教学与研究，2014（6）．

侯颖．对外汉语教师资格制度的回顾与前瞻．语言教学与研究，2012（6）．

江傲霜，吴应辉．泰国汉语教师志愿者教学适应能力探析．华文教学与研究，2021（1）．

江新，郝丽霞．新手和熟手对外汉语教师实践性知识的研究．语言教学与研究，2011（2）．

姜美玲．教师实践性知识研究．上海：华东师范大学，2006.

李东伟，吴应辉．我国汉语国际教育硕士培养模式现状与优化策略．中国高教研究，2017（10）．

李惠文．赴美高校华文新教师岗前培训设计．海外华文教育，2014（3）．

李泉．汉语国际教育硕士培养目标与教学理念探讨．语言文字应用，2009（3）．

李泉．优秀汉语教师：知识、能力和素养及其维度与权重//上海师范大学《对外汉语研究》编委会．对外汉语研究：第十七期．北京：商务印书馆，2018.

李泉．汉语国际教育专业硕士《指导性培养方案》修订建议．国际中文教育（中英文），2021（2）．

李晓琪．汉语国际推广事业中的教师队伍建设．云南师范大学学报（对外汉语教学与研究版），2007（5）．

林秀琴．关于开展 MTCSOL 培养模式研究的一点思考．首都师范大学学报（社会科学版），2013（增刊）．

陆俭明，马真．汉语教师应有的素质与基本功．北京：外语教学与研究出版社，2016.

邵滨，邵辉．新旧《国际汉语教师标准》对比分析．云南师范大学学报（对外汉语教学与研究版），2013（3）．

宋连谊．英国中文师资培训的实践与思考．海外华文教育，2007（3）．

孙德坤．教师认知研究与教师发展．世界汉语教学，2008（3）．

王添淼．国际汉语教师行动研究现状、问题与对策．汉语学习，2015（5）．

王添淼．国际汉语教师专业发展模式的构建．国际汉语教育（中英文），2019（1）．

王祖嫘．“实践共同体”理论下的教学人才培训模式：以《长城汉语》教师培训为例．中国人才，2011（7）．

吴勇毅．论情感在教师汉语二语教学中的重要作用：基于叙事的探究．华文教学语言与研究，2019（4）．

虞莉．美国大学中文教师师资培养模式分析．世界汉语教学，2007（1）．

张蔚，徐子亮．基于扎根理论的对外汉语新手教师教学焦虑研究．华文教学与研究，2016（2）．

张玉喆．澳大利亚大学中文教师培训课程设置介绍．国际汉语教学研究，2015（1）．

章欣，李晓琪．汉语网络教学教师培训研究．语言教学与研究，2017（3）．

赵金铭．汉语作为外语教学能力标准试说．语言教学与研究，2007（2）．

赵燕华，韩明．泰国本土汉语教师培训现状及对策分析．广西师范大学学报（哲学社会科学版），2013（4）．

郑艳群．汉语教师发展研究的“内核与投影”空间形态及实现．华文教学与研究，2019（4）．

周红．基于案例教学法的国际商务汉语师资培训模式研究．国际汉语教育（中英文），2017（2）．

第十二章

国际中文教育前瞻

习近平总书记2021年7月1日在庆祝中国共产党成立100周年大会上的讲话中指出："实现中华民族伟大复兴进入了不可逆转的历史进程！"语言强则国强，文化兴则国兴，反之亦然。国际中文教育事业的发展壮大是跟新中国的发展壮大同步的，从对外汉语教学到国际中文教育的70年来，国际中文教育的学科定位与学科体系建设、事业发展与国际影响力、语言治理与全球布局、文化张力与国际话语权、课程建设与教学模式、教师发展与教材编写、标准建设与基础研究等领域均取得了不同程度的突破，为助力"讲好中国故事，传播好中国声音，促进民心相通""展现可信、可爱、可敬的中国形象""对外文化交流和多层次文明对话""构建中国语言文化全球传播体系和国际中文教育标准体系""建成文化强国"奠定了坚实的语言文化基础。

第一节 机遇与挑战——国际中文教育当前的形势与任务

从短期宏观层面看，当前国际政治经济环境正经历深刻变革和复杂调整，贸易保护主义和单边主义有所抬头，逆全球化趋势有所加剧，加之2020年以来新冠病毒感染疫情的冲击，都让全球政治经济的稳定发展面临较大挑战。国际中文教育在教学活动层面上也受到较大冲击，国际学生数量有所下降，一些新问题新动向亟待深入研究。国际中文教育正处在转型升级提质增效、实现高质量发展的前夜，急需加强顶层设计。但长期来看，机会多于危险，世界多极化、经济全球化、社会信息化、文化多样化将呈不可逆转之势，国际中文教育仍将处于一个和平稳定的国际大环境中。国际中文教育从业者应该抓住难得的机遇，齐心协力，助推中文走向世界、中华文化走向世界。

语言走不出去，文化就走不出去，中华文化走向世界必先中国语言走向世界。中文走向世界有四个重要标志：（1）中文教学能进入各国或者多数国家的国民基础教育体系；（2）初级中文教学阶段，其中文教师基本都能由对象国的国民来担任，真正实现中文教师本土化；（3）世界各国阅读中文书刊报纸、能上中文网站浏览的人可占到各国拥有本科学历国民的15%～20%。[①]（4）市场上真正出现与《牛津高阶英语学习词典》《朗文当代英语词典》为代表的五大英语学习词典编纂水平与普及规模相当的外向型中文学习词典。这四个标志既是目标也是任务，具体来说主要包括以下四个方面。

一、助推中文教学进入更多国家的国民基础教育体系

来自2022年国际中文教育大会的信息显示，截至2022年底，全球有180多个国家和

① 著名语言学家陆俭明先生2016年7月28日在其《汉语教师应有的素质与基本功》新书发布会上的发言中指出，汉语走向世界有三个重要标志。

地区开展中文教学，81 个国家将中文纳入国民教育体系，8 万多所各类学校及培训机构开设中文课程，超过 3 000 万人正在学习中文。进入海外国家国民教育体系，是中文教学海外深入发展的重要象征，特别是将中文列为中考和高考科目，必将大大提高当地学习者的学习热情和学习动力。海外孔子学院等相关部门或机构应该在现有基础上继续稳步推进，吸引更多的国家将中文纳入本国国民教育体系。

二、加强师资储备及教师教育研究，助推初级中文教学实现教师本土化

英语作为外语教学的成功经验告诉我们，第二语言教学或外语教学的最佳方式是在目的国普及化，国际中文教学也应该渐渐走这条路子。国际中文教育要注重加强师资储备和教师教育研究，相关学校要招收更多的外籍国际中文教育本科生和硕士研究生，以满足初级中文教学的教师本土化需求。

三、以不同策略立体化推进汉语书面语教学

汉语书面语教学的地位不言而喻。如果外国学生只学“说的汉语”“听的汉语”，不学汉字，不学习掌握书面语，就会成为只会说汉语的“文盲”（赵金铭，2004）。而在汉语教学中不能掌握汉字的学生，最终可能会放弃汉语（李宇明，2013）。陆俭明先生也在不同时间和场合指出加强汉语书面语教学的重要性。例如，他在 2022 年“海外华文教育论坛——新时代海外华文教育高质量发展”上所做的报告中指出，必须重视并加强汉语书面语教学，外国学生如果不学习、不掌握好汉语书面语，就不能很好地阅读中文文献，而他们又生活在非汉语环境下，他们就不可能了解掌握中华文化的真谛。如何加强书面语教学？如何破解“汉字难学”伪命题？这些是亟待突破的大课题。

四、借鉴英语学习词典的成功经验，编纂外向型中文学习词典

语言学习离不开词典，词典是语言学习的脚手架，国际中文教育离不开汉语学习词典的强有力支撑。以《牛津高阶英语学习词典》《朗文当代英语词典》为代表的五大英语学习词典取得了巨大成功，但我们的中文学习词典，实事求是地说，还远远未达到主流英语学习词典的市场规模与编纂水平。我们编纂的中文学习词典并不少，但为什么中文学习者没有选择我们编纂的学习词典？问题出在哪里？中文学习词典是汉语教学资源建设的重要组成部分，学习词典的外向型、工具性（学习性）和现代性等固有特质需要编纂者建立汉语本体研究、汉语教材编写、学习词典编纂之间的联动，以“三位一体”攻略意识打造好用和实用的理想的汉语学习词典，最大限度满足学习者解决词汇问题的需求，缩短理想的汉语学习词典与汉语学习词典的现实距离。汉语学习词典编纂的“三位一体”攻略并非权宜之计，而是坚持基于“用户友好”和“以学习者为中心”的用户至上理念的集中体现，是解决学习者词汇问题的有效途径。

本节关键词

形势　任务　学习词典　书面语教学　国民基础教育体系

第二节 汉语国际化进程中的国际中文教育

汉语国际化进程支撑了国际中文教育事业，是国际中文教育事业发展的原动力。为加快构建中国语言文化全球传播体系和国际中文教育标准体系，首先必须加快构建国际中文教育新发展格局，着力破除制约构建新发展格局的主要矛盾和问题。

一、加强顶层设计

国际中文教育转型升级提质增效，实现高质量发展，需要理念升级，要加强顶层设计。顶层设计本质上属于一种政府主导的战略管理，核心是通过统筹考虑各层次和各要素，对整体性、全面性、长远性以及重大性、全局性目标进行设定，在最高层次上寻求问题的解决之道。例如，国务院办公厅转发的教育部等 11 部委《关于加强汉语国际推广工作的若干意见》（国办发〔2006〕17 号）（以下简称《意见》）提出，汉语国际推广必须转变观念和工作重点，实施六大转变：一是发展战略从对外汉语教学向全方位的汉语国际推广转变；二是工作重心从将外国“请进来”学汉语向汉语加快“走出去”转变；三是推广理念从专业汉语教学向大众化、普及型、应用型转变；四是推广机制从教育系统内推进向系统内外、政府民间、国内国外共同推进转变；五是推广模式从政府行政主导为主向政府推动的市场运作转变；六是教学方法从纸质教材面授为主向充分利用现代信息技术多媒体网络教学为主转变。《意见》所做出的顶层设计凝聚了共识，在较长一段时间内对汉语国际教育工作都具有很强的指导意义。新时代国际中文教育转型升级提质增效，实现高质量发展，也急需这种顶层设计。

2020 年以来，新冠病毒感染疫情席卷全球，国际范围内的教育理念、教学模式等发生了深刻变化。李泉（2020）建议将 2020 年确定为国际中文教育学科建设转型之元年，呼吁后疫情时代的学科建设应抓住这次线上教学的机遇，从学科建设、课程设置、教学模式、教师发展、教材编写、教学和学习理论研究等角度对国际中文教学和研究进行长远的、全方位的规划和设计，促使学科建设向着网络化转型和升级，促使未来仍以线下教学为主的国际汉语教学走上高质高效的现代化发展之路。这一观点应该引起足够重视。在线教育已经成为一种新的教学形态，国际中文教育应该大力完善平台建设，尽快实现教育教学数字化、智能化和泛在化，构建基于教学、考试、研究、管理和服务的一体化支撑服务体系。

他山之石，可以攻玉。我国英语教学经过一百多年的历时发展取得了长足的进步，国际中文教育在教学理念、教学模式、教师教育、教材编写和教学法创新方面可以广泛借鉴英语作为外语教学的成功经验。国内英语教学与汉语作为第二语言或外语教学本质上具有相同的学科属性，二者应该互融互通、互相借鉴，加强教学与研究当面的交流。

二、平衡供给侧和需求侧研究

国际中文教育的高质量发展，需要平衡供给侧和需求侧研究，特别是要扩大国内中文教学市场、加强国际中文教育需求侧的研究。国际中文教育已经形成国内国外两大市场，从对外汉语教学到国际中文教育，国际中文教育经历了从“请进来”到“走出去”的转变，新时代应该进一步平衡供给侧和需求侧研究，特别要加强需求侧研究，在“走出去”的同时进一步加强“请进来”。加强需求侧研究是供给侧研究的前提，只有知道需求方需要什么才能最终确定我们可以提供什么。汉语目的语环境是中文学习的最佳环境，是学习者近距离“感知中国”“走读中国”“视听中国”的最佳环境，新时代应该通过健全体制机制进一步加大“请进来”的步伐，继续扩大吸引留学生来华学习。习近平主席 2020 年 5 月 17 日给北京科技大学全体巴基斯坦留学生的回信中说：“中国欢迎各国优秀青年来华学习深造，也希望大家多了解中国、多向世界讲讲你们所看到的中国，多同中国青年交流，同世界各国青年一道，携手为促进民心相通、推动构建人类命运共同体贡献力量。”2021 年 6 月 21 日给北京大学的留学生们的回信中说：“百闻不如一见。欢迎你们多到中国各地走走看看，更加深入地了解真实的中国，同时把你们的想法和体会介绍给更多的人，为促进各国人民民心相通发挥积极作用。”百闻不如一见，“请进来”也是中文学习者了解真实中国、向世界介绍中国的最佳方式。

三、提升国际中文教育育人体系研究

实现国际中文教育的高质量发展，需要将国际中文教育育人体系研究提高到一个新高度。中文学习者背景各异，层次水平等参差不齐，但国际中文教育应该在教育理念上回答“为谁培养人、培养什么人、怎样培养人”这一教育根本问题，以培养知华、友华、爱华的国际中文人士为根本目标。苏辙《老聃论》曰：“上善与人言者，因其人之言而为之言，则天下之为辩者服矣。”国际中文教育就是要通过持续不断的高质量语言文化教学及语言文化活动“讲好中国故事，传播好中国声音，促进民心相通”“展现可信、可爱、可敬的中国形象”，并最终让广大中文学习者“讲好中国故事”。知华、友华、爱华是一个完整的育人体系，知华是基础目标，爱华是育人的最高目标，如何通过语言文化教学等方式达成这一目标应该成为国际中文教育研究的重要领域。

四、加强汉语自信和文化自信

实现国际中文教育的高质量发展，需要不断加强汉语自信和文化自信。要彻底转变

“汉语难学”“汉字难学”的错误观念，说学习某种语言难、学习某种语言容易是缺乏常识的表现。每种语言都有作为语言的一些共性和本身固有的特点，无论是教汉语还是学汉语，都应该对汉语有这样几个基本认知：汉语是目前世界上历史悠久而基本未被分化的语言，汉语有复杂的方言，记录汉语的书面符号是形、音、义融为一体的方块汉字，汉语属于非形态语言，是语用强势语言，汉语是节律性很强的语言（陆俭明，2016）。归根结底，是要让中文教师明白教的是什么样的语言，让中文学习者明白学的是什么样的语言。在此基础上，通过中文教学解决学习者汉语汉字学习的难题。中华优秀传统文化博大精深，历经千百年得以传承为国人独特的价值观和精神世界，主体内容已经成为中华民族的文化基因。“和为贵”“和而不同”“己所不欲，勿施于人”“天人合一”等核心文化内容深刻影响了中国人民的世界观、人生观、价值观和审美观，并成为全球治理中国智慧和中国方案的文化根基。作为国际中文教育从业者，我们深深以此为豪，应该以有效的方式传播我们的主流文化和优秀文化，在“物质文化出超”的基础上尽快实现“制度、精神层面”的文化出超。

五、创造良好的业态发展环境

实现国际中文教育的高质量发展，需要放水养鱼，为国际中文教育创造良好的业态发展环境。语言文化教学是一个独立的学科，应该切实从学科的高度审视国际中文教育，在大学设立专门的教学机构从事国际中文教育研究及实践，而非把国际中文教育挂靠在别的学院。保持国际中文教育的学科独立性、学院建制与编制独立性，是学科高质量可持续发展的内生动力。作为综合性交叉学科，国际中文教育固然与语言文学、哲学、教育学、心理学、文化学等学科存在密切关系，但如果仅以此为据就将该学科挂靠在其他学科类别下，进而使其成为挂靠在其他学院的一个教研室或中心，就会让国际中文教育学科彻底失去独立性和发展空间。放水养鱼，单独成立或在大学成立专门的国际中文教育机构应该成为国际中文教育顶层设计的重要内容。与此相关，放水养鱼也意味着需要捋顺本科、硕士和博士三级培养体系的学科内在逻辑关系，不断改善国际中文教学机构的软硬件设施，加大资金投入等。

我们正面临世界百年未有之大变局和中华民族伟大复兴的战略全局，在此国际大背景下，国际中文教育将何去何从？正如崔希亮（2022）所说，我们需要冷静思考国际中文教育应该做什么，怎么做，以及如何才能肩负起历史使命，在不同文明之间搭建起理解和沟通的桥梁，为构建人类命运共同体做出应有的贡献等问题。在新的历史节点上，我们应该重新评估我们的工作，调整工作重心，看清楚我们能够做什么，想明白我们应该怎么做，在保护语言和文化多样性的同时贡献中国智慧。

本节关键词

顶层设计　文化自信　育人　因其人之言而为之言

【本章小结】

在国际中文教育提质增效转型升级的关键时间节点上，我们面临很多挑战，但也不乏诸多机遇，宜以转变理念为指引，基于“中文走向世界的四个重要标志”确立国际中文教育宏观发展目标。在不可逆转的汉语国际化进程中，我们更需要理念升级、加强顶层设计，平衡好供给侧和需求侧研究，不断加强汉语自信和文化自信，解决好长期制约国际中文教育学科和事业发展的体制机制瓶颈问题，放水养鱼，为国际中文教育培养知华、友华、爱华的育人体系创造良好的环境。

【思考与练习】

1. 制约国际中文教育高质量可持续发展的因素有哪些？
2. 国际中文教育面临哪些机遇与挑战？
3. 加强汉语书面语教学有哪些具体策略？
4. 说说你对“因其人之言而为之言”的理解。
5. 在国际中文教育工作中，如何做到汉语自信、文化自信？

【拓展阅读】

崔希亮．汉语国际教育与人类命运共同体．世界汉语教学，2018（4）．

陆俭明．汉语二语教学要为构建人类命运共同体出力做贡献．国际汉语教学研究，2019（4）．

本章参考文献

崔希亮．全球突发公共卫生事件背景下的汉语教学．世界汉语教学，2020（3）．

崔希亮．世界格局剧烈变化背景下的国际中文教育．天津师范大学学报（社会科学版），2022（4）．

李泉．2020：国际中文教育转型之元年．海外华文教育，2020（3）．

李宇明．重视汉字教学：序《汉语国际传播研究理论与方法》．汉语国际传播研究，2013（1）．

陆俭明．教汉语，学汉语对汉语要有这样的认识．双语教育研究，2016（3）．

陆俭明．汉语二语教学要为构建人类命运共同体出力做贡献．国际汉语教学研究，2019（4）．

吕必松．试论汉语书面语言教学．华文教学与研究，2000（1）．

赵金铭．“说的汉语”与“看的汉语”//赵金铭．汉语口语与书面语教学：2002年国际汉语教学学术研讨会论文集．北京：北京大学出版社，2004.

赵金铭．如何建设国际中文教育资源体系．语言战略研究，2021（6）．

后　　记

新中国对外汉语教学事业经过 70 年的发展，2019 年 12 月迎来国际中文教育事业发展与学科建设元年。从“对外汉语教学”到“国际中文教育”并不仅仅是名称的简单变更，而是事业发展与学科建设的转型升级和迭代升级，是“学科在海内外发展的标记”，“反映出业界同行对学科发展方向的关注”。

用国际中文教育统筹汉语作为第二语言教学、汉语作为外语教学和海外华文教学，体现了学科内涵发展的丰富性与外延拓展的逻辑性，为未来大学科建设和发展奠定了基础。语言教育是教育事业的重要内容，以孔子学院为龙头的国际中文教育是世界各国民众学习中文以及了解、理解和读懂中国的有效途径，是中外双方的共同事业。“支持中外高校、企业、社会组织开展国际中文教育项目和交流合作，聚焦语言主业，适应本土需求，帮助当地培养中文教育人才，完善国际中文教育标准，发挥汉语水平考试的评价导向作用，构建更加开放、包容、规范的现代国际中文教育体系”成为国际中文教育学科发展的未来方向。

站在世界百年未有之大变局和中华民族伟大复兴战略全局的历史节点上，国际中文教育事业将何去何从？我们应该重新评估我们的工作，调整工作重心，看清楚我们能够做什么，想明白我们应该怎么做，在保护语言和文化多样性的同时贡献中国智慧，更应该在“讲好中国故事，传播好中国声音，促进民心相通”“展现可信、可爱、可敬的中国形象”“对外文化交流和多层次文明对话”“构建中国语言文化全球传播体系和国际中文教育标准体系”“建成文化强国”等维度上充分发挥国际中文教育应该扮演的重要角色。

基于以上认识，我们八人组编写团队尝试编写了这本教材。经充分讨论和论证，全书共分十二章，力求展现国际中文教育作为事业、学科和教学的全貌。编写工作的具体分工情况如下：

第一章：蔡永强
第二章：蔡永强
第三章：殷何辉
第四章：刘振平
第五章：刘振平（第六节：吕吉宁）
第六章：童小娥
第七章：蔡永强（第一节：童小娥；第四节：张洁）
第八章：章欣
第九章：张锦玉
第十章：张洁
第十一章：章欣
第十二章：蔡永强

感谢中国人民大学出版社给我们八人组编写团队宝贵的学习与交流机会，感谢中国人民大学出版社岳娜女士给予我们的鼓励与督促，感谢知名语言学家和书法家崔希亮教授慷允担任我们的学术顾问并为本书作序。

作为国际中文教育一线从业者，我们深爱并持续关注国际中文教育事业和学科的发展。虽几易其稿，但书中不足与疏漏恐在所难免，敬请读者批评指正，以便日后修订完善。

蔡永强
2023 年 2 月 14 日

图书在版编目（CIP）数据

国际中文教育概论 / 蔡永强主编. --北京：中国人民大学出版社，2023.9
新编21世纪中国语言文学系列教材
ISBN 978-7-300-32019-9

Ⅰ.①国… Ⅱ.①蔡… Ⅲ.①汉语-对外汉语教学-教学研究-高等学校-教材 Ⅳ.①H195.3

中国国家版本馆CIP数据核字（2023）第150049号

新编21世纪中国语言文学系列教材
国际中文教育概论
主　编　蔡永强
Guoji Zhongwen Jiaoyu Gailun

出版发行	中国人民大学出版社		
社　　址	北京中关村大街31号	**邮政编码**	100080
电　　话	010－62511242（总编室）		010－62511770（质管部）
	010－82501766（邮购部）		010－62514148（门市部）
	010－62511173（发行公司）		010－62515275（盗版举报）
网　　址	http://www.crup.com.cn		
经　　销	新华书店		
印　　刷	天津中印联印务有限公司		
开　　本	787 mm×1092 mm　1/16	**版　　次**	2023年9月第1版
印　　张	23.5插页1	**印　　次**	2025年9月第2次印刷
字　　数	596 000	**定　　价**	59.00元

关联课程教材推荐

ISBN	书名	作者	单价（元）
978-7-300-30672-8	语言学概论（第五版）	周士宏 岑运强	49.00
978-7-300-22073-4	古代汉语（第二版）	殷国光 赵彤	49.80
978-7-300-22534-0	汉语史纲要（第二版）	殷国光 龙国富 赵彤	55.00
978-7-300-29629-6	汉语音韵学概论（第二版）	赵彤	35.00
978-7-300-20237-2	交际语言学（第二版）	岑运强	49.00
978-7-300-08230-1	西方语言学名著选读（第三版）	胡明扬	34.00
978-7-300-26570-4	现代汉语（第二版·数字教材版）	张谊生	68.00
978-7-300-28454-5	应用语言学纲要（第三版）	齐沪扬 陈昌来	49.00
978-7-300-17764-9	中国古典文献学	项楚 罗鹭	38.00
978-7-300-29638-8	中文学科论文写作（第三版）	卢卓群 普丽华	49.00

配套教学资源支持

尊敬的老师：

衷心感谢您选择人大版教材！相关的配套教学资源，请到中国人民大学出版社官网（www. crup. com. cn）下载。部分教学资源需要验证您的教师身份后，才可以下载。请您登录出版社官网后，点右上角“注册”，填写“会员中心”的“我的教师认证”项目，等待后台审核。我们将尽快为您开通下载权限。

如您急需教学资源或教材样书，也可以直接与我们的编辑联系。

联系人：龚洪训　　电话：010－62515637　　电子邮箱：6130616@qq. com

欢迎加入全国汉语言文学教师群（QQ 群号：1062057602），交流教学心得，分享教学资源。

全国汉语言文学教师群

扫一扫二维码，加入群聊。

俯仰天地　心系人文

www. crup. com. cn

中国人民大学出版社网站

欢迎登录浏览，了解图书信息，下载教学资源